# 资产证券化
## ——基础、创新与案例

郭杰群　著

中国金融出版社

责任编辑：张智慧　王雪珂
责任校对：孙　蕊
责任印制：陈晓川

**图书在版编目（CIP）数据**

资产证券化——基础、创新与案例/郭杰群著. —北京：中国金融出版
社，2018.11

ISBN 978 – 7 – 5049 – 9816 – 3

Ⅰ.①资…　Ⅱ.①郭…　Ⅲ.①资产证券化—研究　Ⅳ.①F830.91

中国版本图书馆CIP数据核字（2018）第239862号

出版
发行　**中国金融出版社**

社址　北京市丰台区益泽路2号
市场开发部　（010）63266347，63805472，63439533（传真）
网上书店　www.cfph.cn
　　　　　　（010）66024766，63372837（传真）
读者服务部　（010）66070833，62568380
邮编　100071
经销　新华书店
印刷　保利达印务有限公司
尺寸　169毫米×239毫米
印张　27
字数　353千
版次　2018年11月第1版
印次　2021年4月第2次印刷
定价　79.00元
ISBN 978 – 7 – 5049 – 9816 – 3
如出现印装错误本社负责调换　联系电话（010）63263947

献给我的亲人、老师、朋友、同学、同事
没有你们的关爱与友情，我一无所有

# 中国资产证券化发展路径的专业探索

巴曙松

中国银行业协会首席经济学家

香港交易所首席中国经济学家

为了促进中国金融界与海外金融界的专业交流，近年来，我组织了"连线华尔街"等电话会议，并且通过微信群讲座等形式，试图建立专业的金融界平台，促进有专业水准的交流。在这些交流中，以资产证券化为代表的金融创新一直是探讨的重要课题之一，郭杰群博士则是这些专业交流中对资产证券化领域有持续的理论思考并有丰富实践经验的资深专家。他的一些主讲和发言，一直得到金融界同仁的认可与赞赏。因此，他将近几年在资产证券化领域持续钻研耕耘的成果结集出版，我认为对当前中国资产证券化的发展，是十分有参考价值的。

从发展历程看，资产证券化在中国市场上的发展也是一波三折。2005年信贷资产证券化在中国开始试点，后在2008年美国金融危机后暂停。2013年7月，国务院办公厅发布《关于金融支持经济结构调整和转型升级的指导意见》（又称为金融国十条），其中明确提出，推进信贷资产证券化常规化发展，盘活资金支持小微企业发展和经济结构调整。2013年8月，国务院提出扩大信贷资产证券化试点规模到3000亿元人民币。此后，在各个部委的政策支持下，中国资产证券化事业突飞猛进。到2018年中，中国存量资产支持证券规模已达2万亿元。年发行规模在亚太地区排名第一。

但正如郭杰群博士在这本书中反复指出的，在中国金融市场的实践中，基于种种局限，市场对资产证券化的认识还不完善，资产证券化仅仅被看成是一种融资手段。企业在发行资产支持证券时，首先考虑的往往还是成本，而不是它对盘活存量、提高资产流动性的功能。因此，银行也好，大型企业也好，对资产证券化的利用相对较为淡漠。信贷资产支持证券在2016年和2017年都面临发行规模递减的事实；如果扣除一些金融机构为完成上级考核任务而操作的信贷资产证券化产品，那么实际规模还将下降更多。相反，在传统途径融资难的状况下，企业使用资产证券化的热情高涨。资产支持证券作为一种直接融资的工具，在中国市场上，其融资成本反而高于间接融资成本，凸显了多方面深层次值得思考的问题。至少从这个现象可以看出，在中国的融资体系中，商业银行仍是资金的主要提供方和控制方，市场其他参与者仍缺乏定价能力，依赖牌照优势仍是不少金融机构谋取利润的主要手段之一。

从金融功能角度看，资产证券化的运用可以有效地降低企业杠杆，减少负债率，因此有助于以市场化的方式实现降杠杆的政策要求。从微观来看，企业、金融机构强调做大规模，大量的资产沉淀在资产负债表上，不但流动性受到影响，而且风险也积聚在表内。而资产证券化强调的是盘活资产、转移风险。从宏观上看，通过资产换资金，不但增加了金融体系对企业的资金支持，而且没有增加社会总体货币的投放量，因此对整个金融体系的深化以及宏观经济的平稳运行也具有积极意义。

资产证券化作为一个复杂的金融工具，无论在哪个金融市场上，本来仅有为数不多的专业人士可以深入理解。但在现在的市场运行中，似乎资产证券化已经成为中国金融界争相涌入的领域，讨论资产证券化的各类报告充斥报端。一方面，这可能是好事，表明中国的资产证券化获得了更多的关注，有利于专业知识的普及；另一方面，也使得资产证券化的功能扭曲，特别是表现在对资产证券化的理解不全面。例如，一个券商，似乎只要是发行量高，就是市场竞争的成功者。在原来的刚性兑付环境下，市场各方实际上对其产品深层次的逻辑、法律构架关注不够。从 2017 年开始，一些资产证券化产品的违约现象开始浮现。这不得不让市场开始警惕，也同样促使我们反思前一阶段对于资产证券化的看法。

正是在这样的市场环境下，这本书的内容凸显出独特的专业价值。本书的第一部分包含了资产证券化的基本原理、交易结构、评级流程、数学和模型的系统介绍，其中不少内容在中国资产证券化操作中还从来没有使用过。本书的其他章节紧密围绕海外经验和国内实践，特别是来自资产证券化发源地和最大发行国的美国市场的资产证券化发展经验和教训，值得专业从业者学习。

是为序。

# 序 言

　　1995 年，我从上海搭乘飞机前往万里之外的异国他乡去追求梦想。1996 年夏，易纲老师在校园餐厅请我和他的另一位学生吃饭时说道，一定要学成之后回国。弹指一挥间，时间就在学习、工作、生活中一点点溜过，但这么多年来，老师的话我一直记在心里。然而，对在海外学习工作近 20 年后的我能否成功回国落地这一问题上，我仍心怀顾虑。正是这种内心忐忑使得我在如何回国的问题上一直徘徊不前。2012 年，中国证监会在全球招聘上海期货交易所副总经理。在历经近半年的多轮考核、答辩、评审后，我最终胜出，并被授予总经济师的职位（据说还是副厅级别）。然而，的确如上面所述的不安以及对国内体制的不了解，让我临阵婉拒。但命运又一次把我推向中国。2013 年我被老东家 ZaisGroup 外派到上海负责公司的亚太事务。ZaisGroup 是美国一家专注结构性信用风险的对冲基金，在 2013 年被享有盛誉的 Barron's 杂志评为当年中型对冲基金第一名。Zais Group 下面还拥有一家 REIT 上市公司。那时，中国刚刚重启资产证券化事业。2013 年 8 月，李克强总理主持的国务院常务会议决定进一步扩大信贷资产证券化试点。不久，在大连举办的世界经济论坛年会上，李克强总理在回答我的另一位老东家瑞士信贷集团董事会主席乌尔斯·罗纳的问题时，再次指出中国将推进资本市场的多元化发展和资产证券化。因为此前在房利美、瑞信、ZaisGroup、IDC 工作期间一直从事结构性金融以及衍生品的交易、策略、研究、和管理工作，因此内心备受鼓舞。2014 年我决定落地创业。

　　然而不久，我就发现中国的金融实践发展与美国有很大区别。不仅是体制的不同，思维方式也不同。资产证券化作为一个蓬勃发展的新金融被简单化地操作、被片面化地理解。市场参与者主要关心的是产品发行规模，是能否低成本地募集到资金，而对资产证券化庞大的其他功能，如盘活资产、转移风险、设计满足投资人所需要的金融产品、在企业战略转型中的作用等还缺乏一定的关注。成者为王的思维使得大家认为只要产品能够发行就是成功，各种宣称为首单、创新的宣传时常可见。在日常交往中，我常常鼓励大家要加强对资产证券化基本理论的研究和理解，多借鉴和考虑海外产品模式的原因和结果，而不要急于求成，过于模仿国内已发行产品的逻辑框架。毕竟，资产证券化在海外发展了40多年，其中有很多经验与教训值得我们学习、借鉴和思考。实际上，我们已经看到在2014，2015年间发行业绩排名前茅的某个国内券商，其原本具有AAA评级的资产支持证券在随后两三年就经历了信用等级被直接下调到B；以及AA+评级的产品被直接下调到C；产品违约；操作不合规被证监会等监管部门处罚等事件。而这些产品的设计思维在我国实践中并不是特例。在本书中，我们反复对比了国内与国外的经验，正是为了让大家从多个维度对资产证券化的理论和实践进行体会、借鉴、和反思。任何事业的长期、健康的发展一定是建立在规范的基础之上。

　　从发展历史来看，资产证券化产生的原因并不是以融资为目的，虽然它的融资功能极为重要。但如果我国的实践仅仅关注融资这一片面目的，那么资产证券化就难以发挥其魅力，也难以发展壮大。2015年，我接受了清华大学五道口金融学院的研究员职位聘请，开始将大量的时间用于资产证券化实践与理论的结合研究，并坚持相关论文写作和教学工作。五道口金融学院前身为中国人民银行研究生部，也被称为中国金融界的黄埔军校。学院的特点非常明显，它聚集了大量勤勉、经世济民、为国家金融事业效力的研究学者。学院的政、商、学、研的结合显著，既有雄厚的金融理论研究，又关注国内外的金融实践，并积极为国家金融政策出谋划策。在国内所有金融学院中，它独具特色。通过与众多学者、业界专家的探讨以及实践考察，自己对中国金融实情有了进一步的了解，对资产证券化与国情的结合有了更多思考。本书汇集了我在过去四年中的部分论文和演讲，但没有包含我在海外发表的英文论文。论文与书在展示流程上还是具有很大差别。为了理清一个顺序，我对部分原论文做了适当修改和融合，并对部分题目进行了调整。书中也包含了我与其他老师、朋友的一些合作文章。这些合作都是非常愉悦的过程，从中我也学到很多东西。我习惯将自己的署名排在论文合作者之末也是因为此，同时也是对合作者的尊重。

从历史来看，资产证券化对实体经济的支持作用极为重要。我国资产证券化自 2005 年开展以来，在短短的 10 多年间发展到万亿规模，监管部门与业界都付出了极大的努力，成果难能可贵。尽我所能推动资产证券化在中国的健康成长也是我的心愿。也许多少年后，回首曾经付出的努力，却发现是那么的微不足道，但人生之所以有意义和充实不正是那一份情怀和奉献吗？

在这里，我还希望能借机表达一下对亲人、老师、朋友、同学、和同事的感谢。没有他们的支持和理解，我无论如何也无法长时间埋头于研究。但受本人能力所限，一些内容可能存在错误和不足，恳请大家指正。

2018 年 8 月 7 日于清华五道口
2018 年 9 月 22 日修订于纽约

# 目　录

# 第一部分

# 基础篇

# 资产证券化的本质与特点

资产证券化（Asset-backed Securitization）来自于英文，但中文翻译并不完全准确。从英文字面上看，应该是资产支持证券化[①]，强调的基于特定资产的证券化过程。它描述的是资产拥有方（原始权益人、卖方、融资方）将低流动性的，但预计有独立现金流的单一或众多零碎的存量资产或广义的非会计意义上的资产通过特定的载体进行汇集、结构化（重新包装资产的未来回款现金流）、信用增强（提升产品的评级），并转化为可交易证券的金融活动。这个金融活动的实际功能非常庞大，包括盘活原始权益人的资产、提供融资、转移风险等。

不过这样的定义与解释非常晦涩，难以领会。让我们先从容易理解的融资角度来看资产证券化，再从不同维度进行剖析。

## 1. 从融资角度来理解资产证券化

在企业的发展过程中，融资是一个永恒的主题。融资的途径有很多，但总的来说，可以分为权益融资，如发行股票；或负债融资，如银行贷

---

① Securitization 最初出现于 1977 年的华尔街日报。当时，报社专栏作者 Ann Monroe 需要就由老牌投行所罗门兄弟所承做的、美洲银行发起的世界上第一只常规住房按揭过手债券写一篇报道。Ann 找到了所罗门兄弟业务负责人，也就是被称为资产证券化之父的 Lewis S. Ranieri。在文章写作中 Ann 需要一个合适的名词来描述整个过程。Lewis 建议了 securitization。对用词非常讲究的华尔街日报编辑却并不认可 securitization 这个单词，但却苦于无法找到一个更好的替代。因此，在文章发表时，华尔街日报特地加上一个注释——securitization 是由华尔街编造的，它并不是一个真正的单词。不过，这个词却从此被沿用下来。资料来源：A Primer on Securitization，edited by Leon T. Kendall, Michael J. Fishman, MIT Press, 2000。

款、发行企业债等。不过，在我国，这些途径虽然表象不同，但都立足于一个共性。这就是：融资是基于企业主体的资质。当主体资质优秀时，比如对于一个央企，那么上述任何一个融资途径基本上都不存在问题。银行给予的贷款利息可能比央行公布的贷款基准利率还低。反之，当主体资质较弱时，比如规模中小的民企，上述融资途径虽多，却基本都不可行。这也是为什么中小企业融资难的原因。传统的金融机构，如银行，由于本身业务定位和风控标准等原因难以给中小企业提供大量资金。所以将融资难的问题片面地全部归于银行服务不到位有失偏颇。

我们知道，资产负债表是企业财务报表中的第一报表，反映的是企业在某一个特定日期的财务状况。从资产负债表的角度来看上述融资途径，不论何种方式，都体现在对融资主体负债端（见图1）的扩张。为了企业生产经营，企业通常需要借债，而不是完全依赖股东自身资金。但举债越多，负债率就越高。因此，通过上述传统的融资途径会导致企业负债率的增加，或者净资产回报率[①]（ROE）的减少，以及资产周转率的下降等多种不利企业业绩展示的结果。

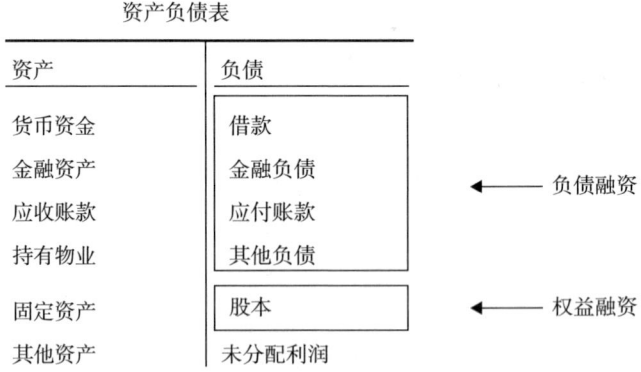

**图1　传统的融资方式是从资产负债表的负债端入手**

---

① 净资产也称为所有者权益、股东权益，等于总资产与总负债之差，反映的是股东在企业资产中所享受的经济利益。企业通过经营获得利润来回报股东。当净资产占总资产的比例越低，股东收益的杠杆就越高。

　　那么有没有较好的方法来解决中小企业融资难的问题呢？资产证券化就是一个不同思维角度的思路。仍然利用资产负债表来展示，资产证券化是通过企业的资产端入手（见图2），即通过转让资产来融资。因此，资产证券化融资对企业的负债率无影响，或者仅有很小的负面影响。

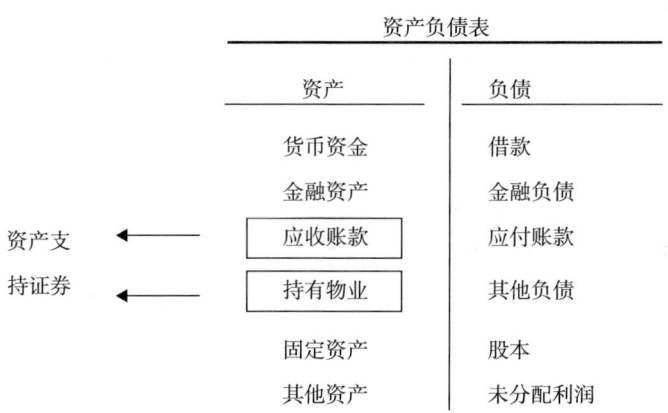

**图2　资产证券化通过资产负债表的资产端进行融资**

　　我们可以通过下面一个简单展示来做个对比（见图3）。当某企业（假定为企业A）运用传统融资方式，以应收账款做担保来借贷时，在企业现金增加的同时，资产负债表的负债也增加了，这导致净资产负债率增加（从100%增加到200%）。但如果将企业A的应收款进行资产证券化操作（将应收款转让出去换取现金），现金的增加并没有导致债务增加（图3中证券化方式1）。不但如此，如果增加的现金被用于偿还债务，则负债率甚至得以减少（图3中证券化方式2）。当然，这仅是一个简单的展示，实际操作更为复杂，但其本质没有发生改变。

　　因此，资产证券化的这个特点对负债率高的企业尤为有吸引力。不但如此，通过资产证券化的操作可以将存量资产、缺乏流动性的资产转移出资产负债表，在获得当前现金之时，盘活了存量，转移了风险，提高了资产周转率和企业利润。如果该企业是金融机构，比如银行，那么上述模式还使银行不再受限于未偿付贷款对资金的占用，并直接导致风险资本金的节约，因此尤为有益。

原资产负债情况

| 资产 | 负债 | 比率 |
|---|---|---|
| 应收款 100 | 负债 100 | 负债 / 权益 =100/（200−100）=100% |
| 设备 100 | 权益 100 | |

传统融资方式：应收款做担保借贷，资产负债率增加

| 资产 | 负债 | 比率 |
|---|---|---|
| 现金 100 | 负债 200 | 负债 / 权益 =200/100=200% |
| 应收款 100 | | |
| 设备 100 | 权益 100 | |

证券化方式 1：应收款证券化，获得现金，负债率维持

| 资产 | 负债 | 比率 |
|---|---|---|
| 现金 100 | 负债 100 | 负债 / 权益 =100/100=100% |
| 设备 100 | 权益 100 | |

证券化方式 2：应收款证券化，所获现金偿付债务，则负债率降为 0

| 资产 | 负债 | 比率 |
|---|---|---|
| | 负债 0 | 负债 / 权益 =0/100=0 |
| 设备 100 | 权益 100 | |

**图 3　简单案例对比**

# 2. 与传统债务融资的对比

## 2.1　基础介绍

仍然从融资角度来看，虽然传统融资和资产证券化都是债券融资，但一个重要区别在于，传统的融资方式是基于融资主体（企业）的资质（资质的优劣以企业信用等级的高低为表象），体现为融资主体的债项（在某些时候，融资方可能需要提供抵质押，但抵质押物只是信用担保的手段。如果融资主体非常好，贷款方可能也不需要融资方提供资产来抵质押）；而在资产证券化中，融资是基于资产资质，也即企业必须拥有可

产生未来现金流的资产。资产证券化是基于对资产的认可，并不一定表现为融资主体的债项（之所以表述为"不一定"，而不是"不"，主要看资产支持证券是否留在融资主体的资产负债表内）。换句话说，拥有高质量资产的企业，即便主体信用等级较低，也可以通过资产证券化在市场上以较低成本募集到资金。这是因为资产支持证券的信用等级是基于资产未来的现金流，与企业自身信用评级并没有很强的关联性。当然，在我国，实践比较复杂。我们在后面再详细解释。

从另一个角度来看，资产支持证券投资人的收益依赖于资产的回报，比如图3中应收账款的回款与融资主体企业A无关。当企业A发生财务风险时，如破产，资产支持证券的投资人也不会受到影响。当然如果应付账款方违约而导致应收账款无法回收，投资人也无权力向企业A进行索赔。传统的债项融资则完全依赖于企业A的信用，无法规避融资者的财务风险。在后面我们还将进一步阐述资产支持证券的其他特点，这些特点保护了投资人的收益不局限于单一的回款来源。

在传统的债项融资中，即便存在一些刻意的交易设计，大多数交易结构相对较为简单，企业的角色较为单一，最终大都体现的还是借款人角色。但资产证券化的操作则相对较为复杂。作为资产证券化的发起机构，企业具有多重角色：

第一，在资产证券化的基础资产被转让之前，发起企业必须是基础资产的权益人，其相关权属在法律上可以准确、清晰地予以界定，能够在一定时期内合法、有效地使用、持有和处置资产，并且可以从中获取经济利益。

第二，为保护发起企业和资产支持证券投资人的利益，资产证券化操作过程中需要设立一个载体来归集基础资产［这个载体一般是以特定目的载体，Special Purpose Vehicle（SPV）的形式存在］。发起企业通过《出售协议》将原有基础资产真实转让给SPV（也有人称其为Special Purpose Entity，SPE，但实质不变），并获得资本市场公允价值的对价。

同时，为了实现资产与发起企业的法律隔离也需要规定在资产发生信用风险时，SPV 对发起企业无追索权。当然在《出售协议》中，原始权益人需要就所出售的资产特征做出"陈述和保证"（Representations And Warranties），对所出售的资产达到一定标准进行陈述。如果发生违反陈述和保证的情形，原始权益人需要按照《出售协议》平价回购（外加累计利息）。投资人购买资产支持证券的资金最终作为企业出售基础资产的对价回到企业（见图 4）。

此后，如果企业继续承担基础资产的服务功效，特别是租赁、贷款等业务，发起企业通常会承担回收款清收等责任，起到服务商职能，因此还可以享受有偿服务收入。

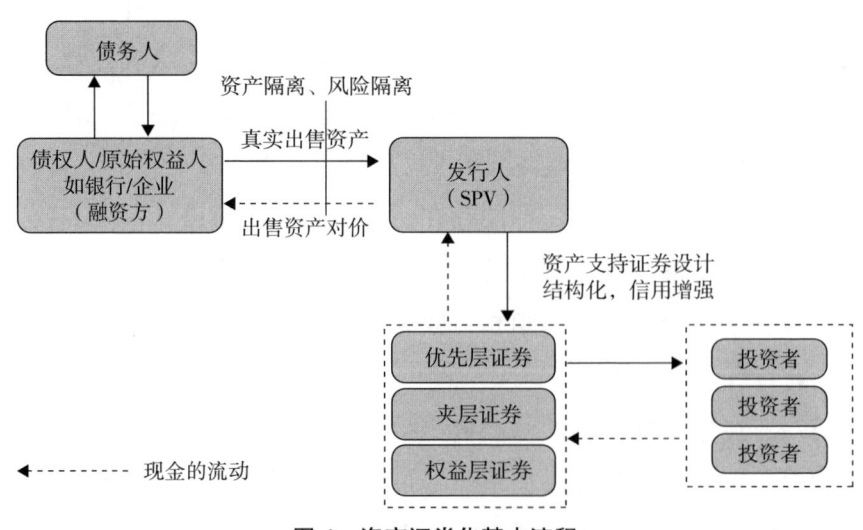

**图 4　资产证券化基本流程**

## 2.2　以公司债（Corporate Bond）为例的对比

从上面基础介绍中，我们看到资产支持证券与传统债务融资的重要不同点主要是结构上的差异。以企业债／公司债为对比，资产证券化具有一系列优点。比如，公司债虽然是公司的债务，不论公司是否盈利都有负法律责任按时偿付债权人的本金和利息。但是，在公司违约时，债权人并不一定有特定的、相对应的资产来解决还款问题，而只能对公司的资产和现金流提出权利要求（claim）。而且由于公司债权人可能众多，因为公司债极有可能不是该公司唯一债务（公司可能还有银行贷款，欠有供应商的应付账款等），所以，在面对所有债权人的权利要求时，偿还顺序必须进行排序，这个过程是复杂和冗长耗时的。但在资产支持证券中，通常最终借款人比较多元化，且有具体资产对应，因此，提供给投资人的保护措施相对较多。图5展示了 AAA 级公司债与不同基础资产类型的资产支持证券在 2008 年金融危机前后市场交易价格对比。可以看出在危机时刻（图中椭圆内），资产支持证券的表现要好于同级别公司债。

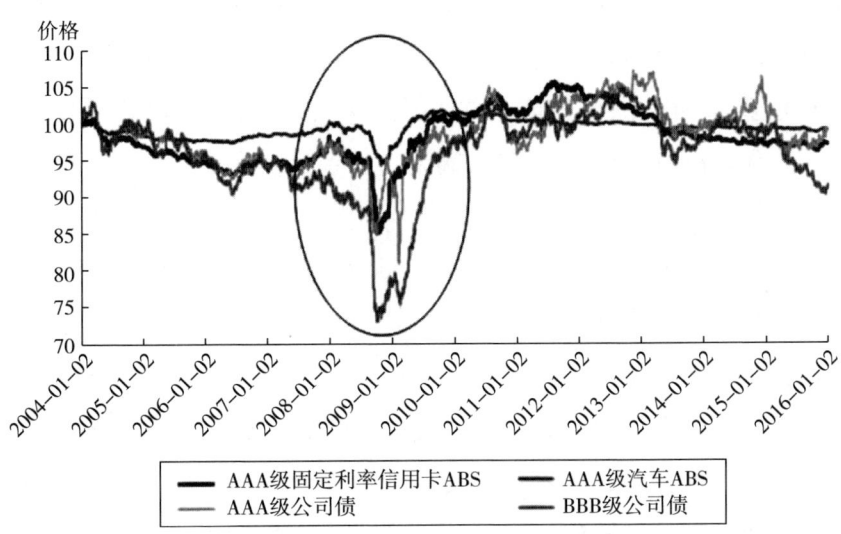

资料来源：美洲银行美林指数。

**图 5　金融危机时价格表现**

不但如此，公司债的票息一般为固定利率，且每半年支付利息，到期还本。在资产支持证券中，票息可以是固定利率或浮动利率；还款周期灵活，可按月或按年或其他频率；在存续期间，部分类型的资产支持证券，如以个人住房抵押贷款为基础资产的 RMBS，可以设计未到期前部分本金按计划偿还（本金摊还），这减轻了借款人在到期时一次性还本的资金压力，同时降低了投资人在面临违约事件发生时损失的减少。

# 3. 三大基石

资产证券化的发展依赖于三大基石：破产隔离、信用增强和风险与收益重组。

## 3.1　破产隔离

从上面的阐述中，我们看到资产支持证券的发行方并不是企业，而是获得企业已经真实出售资产的 SPV。SPV 发行以基础资产未来现金流为支持的证券，即资产支持证券。在这个资产证券化操作过程中，资产在发起企业与 SPV 的破产隔离是必须具备的，而破产隔离的基础就是 SPV 的设置。没有 SPV 的存在，就无法达到我们在上节中所说的隔离融资主体（原始权益人）财务风险对资产证券化操作的影响。如图 4 所示，当融资者的资产被汇集，形成资产池，并通过真实出售被转移到 SPV 后，资产从法律角度会被认定为 SPV 的资产，而不再是原始权益人的资产。原始权益人转让资产获得的对价应被理解为出售资产的回款，而不是 SPV 以资产为抵质押向原始权益人发放的贷款。原始权益人不再保留资产的收益或其他权利，也不承担资产的损失或其他风险。所以即便原始权益人破产，其已经转移至 SPV 中的资产也会受到法律的保护，因此保护了资产支持证券投资人的利益。SPV 的设立使得未来发行的资产支持证券的风险与原始权益人的信用风险相脱节，这实际上既保护了投资者的利益，也使原始权益人的利益得到保障。

要达到上述破产隔离的有效性，需要确保资产在法律上的真实出售，用以隔断其他主体（包括原始权益人的债权人）对资产的请求权。在资产证券化项目中，交易结构的设计一般都需要律师出具意见书。律师应该就原始权益人是否对转移至 SPV 的资产继续享有所有权以及权益，是否承担资产违约风险，是否保留对资产的控制权，以及资产交易价格的公允性[①]，交易目的为资产出售而不是融资进行表述。在美国，这被称为是真实出售意见（True Sale Opinion）。

同时，为了达到破产隔离的目的，SPV 的交易结构应避免原始权益人的其他资产和 SPV 资产进行合并的可能性，否则，原始权益人的债权人就可以追索已经被转移到 SPV 的资产，导致资产支持证券的投资人受损。在设立 SPV 时，应考虑其结构仅具有为资产支持证券的发行所进行的资产购买、现金流归集等有限目的，其清算行为应该明确设定。在美国，原始权益人和 SPV 还需对真实出售进行一系列所谓"隔离条例"的法律承诺，以确保它们在法律上的独立性。在我国，这种承诺并不存在。

但即便上述设计都已经被考虑，且附带律师就破产隔离的法律意见书，也并不能排除在原始权益人破产时，法庭对破产隔离的认可，也即法庭可能认为这是原始权益人的借债而非出售。在美国，资产交易的文件中一般都含有原始权益人就所转移的资产的担保物权（Security Interest）向 SPV 做出的预防性授权。担保协议（Security Agreement）是设立担保物权的常见形式，在其中，担保物和担保义务被准确描述，并且债务人向债权人授权和承诺担保物权。但为了防范担保物权在对抗其他债权人时的无效性，交易还会进一步安排完善措施。因为担保物权总是基于具体资产，而资产的类型又纷繁多样，完善措施一般根据资产的不同或采取登记（比如无形资产）或持有（有形担保物，如合约）或控制（如账户）方式进行。其中，控制意味着被担保方可以在无须原始权益人的配合下出售或处置相关担保物。在资产证券化操作中，原始权益人常常将资产先转移给一个中间机构，并在需要时按照被担保方的指令对担保物进行处置。

---

[①]　比如我国最高法院对《合同法》第七十四条中的"明显不合理的低价"解释为，转让价格达不到交易时交易地的指导价或者市场交易价百分之七十的，一般可以视为明显不合理的低价。

从上面的描述中可以看出，SPV 的破产隔离的有效性是一个非常重要的问题。大量的法律措施被设置以确保资产支持证券的投资人利益得以保护。

### 3.1.1 SPV 的组织形式

在海外，SPV 可以以公司的形式，作为一个法律实体存在，但这个实体并不存在其他经营目的，也无盈利动机，也无员工。由于不对外承担非此单资产支持证券之外的其他业务或债务，一般也不会面临破产风险。在我国，受《公司法》所限，比如注册地、股东人数等要求，我国的 SPV 还只是一种信托关系，而不是法律实体。作为一种信托关系，我国 SPV 的存在实际上就是受制于一系列与其他主体签订的法律协议。

图 6 显示了天津银行发起的天元 2015 年第一期信贷资产支持证券的构架。在这个构架中，《信托合同》规定了天津银行作为发起机构、委托人将相关的信贷资产信托与作为受托机构的中融国际信托，由中融国际信托设立特定目的信托（SPV），并详细约定了受托机构的职责，以及受益人范围、确定方法和信托财产收益的分配顺序，资产支持证券持有人大会的召开事由、法定人数、表决和决议等事项。由于 SPV 并无员工，其所有事务都在受托机构的管理下委托外包。在本案中，联席主承销商根据与受托机构、发起机构签订的《主承销协议》，负责资产支持证券的承销；同时，联席主承销商与承销商签订《承销团协议》，组建承销团对资产支持证券进行销售；根据《服务合同》的约定，受托机构委托天津银行作为贷款服务机构向受托机构提供资产池的管理服务，包括回收资产池的贷款、保存与资产池有关的账户记录、出具服务机构报告，并规定了贷款服务机构解任的条件等；根据《证券托管协议》的约定，委托中国国债登记结算有限公司来承担登记托管和兑付服务；根据《资金保管合同》的约定，受托机构委托建设银行天津市分行作为资金保管机构对在其机构开立的信托账户进行托管，并根据受托机构的指令划转信托账户内的现金等。

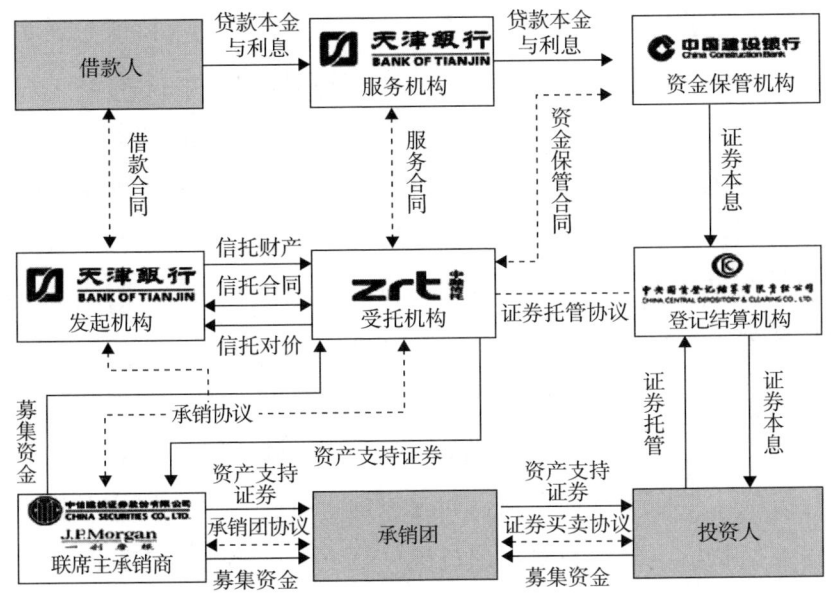

图 6 天元 2015 年第一期信贷资产支持证券的结构图

### 3.1.2 SPV 的结构

SPV 的结构有多种方式，包括静态摊销型、循环购买型、主信托型。

在静态摊销型结构中，SPV 不得购置新的资产或替换资产池中的资产，除非在 SPV 形成的一定初始期发生违约或有违反项目要求的资产。所有投资人按事先设定的摊还偿付规则顺序得到本、息还款。该结构会根据资产池的特点设计本金摊还计划，本金还款可以是按期摊还，自然过手摊还、也可到期还本。RMBS 的 SPV 常采用此结构。

循环购买型结构通常有两个阶段：第一阶段是动态循环期，在此阶段，基础资产所产生的本金回款被用于购买新的资产以维持资产池的规模稳定。因此，资产池中资产被频繁更新。从某种角度来看，动态循环的设置既满足了原始权益人对持续购置新资产的资金需求，又提供了时间便于原始权益人聚集资产。为了确保投资人利益，所购置的新资产需要满足项目设定时的购买标准。第二阶段是摊还期，资产池不再购买新的资产。对于基础资产的本金回款，投资人按事先设定的偿付规则顺序进行分配，或将回款的本金沉淀于一个账户，在资产支持证券到期时，一次性返还给投资人。这个结构主要用于应收账款、车贷等。

主信托型尤其适用于资产支持证券频繁发行者，比如美国的信用卡资产证券化通常采用此结构。该结构允许同一个 SPV 实施多个资产证券化项目，且每个项目都享有共同的资产池。而静态摊销型和循环购买型必须针对每一个资产证券化项目设立一个单独的 SPV。因此，主信托型结构节省了发行方的时间与成本。在我国当前，SPV 的结构中还不存在主信托型，我们将在后面细谈。有些人将主信托型结构与储架式发行（Shelf-offering）混为一谈。储架式发行不是 SPV 的一种结构，而是一种发行方式。类似于企业在银行通过授信审批获得一定的信用额度，在后期需要信贷资金时，只要不超过授信额度，就不再需要再通过银行内部严格的审批流程。在资产证券化发行中，发行人可向监管机构提交注册或审核文件后，获得一定规模的注册或储架发行额度，在随后的有效期限内（当前为一年），按自身融资需要，灵活选用发行窗口持续发行资产支持证券。但是每一单资产证券化项目仍然需要设立一个 SPV。储架式发行制度起源于美国，是对公司公开再融资行为的一种特殊流程的规定。

## 3.2　信用增强

所谓信用增强，是指降低资产支持证券面临损失的概率，增加该证券信用等级的过程。高等级证券对本息的按时回款有更高的确定性。需要指出的是，信用增强针对的是部分证券，而非针对 SPV 中的整个资产包。当一个证券的信用等级提高后，该证券的融资成本也自然降低。一个信用较弱的融资主体完全可以借助资产支持证券通过信用增强的方法提升证券的评级。在我国实践中，这对于信用等级不高的企业尤其具有意义。

信用增强的渠道可以分为外部增强和内部增强。

比较简单明了的是外部增强，即借用外部机构的信用，比如，第三方担保、银行信用函，来提升资产支持证券的信用等级。20世纪，美国不少私营 RMBS 采用专业保险公司（Monoline）来增信。但借用外部机构的信用不但需要花费额外的费用（以美国为例，在当时，保费根据资产的质量而变化，一般是担保额的万分之五到万分之七十五），也受到第三方担保机构的信用风险影响，所以这种增信方式从20世纪90年代后期逐步减少。目前还常在使用的外部信用增强方式主要是储备账户，即为了减少底层证券发生账面价值的减记，预先设置一个现金账户以用于承担相应信用风险。储备账户的设置可以提升底层证券的评级。但将现金闲置在现金储备账户也有机会成本（Opportunity Cost）。因此，储备账户的现金也可以用于投资一些高评级、高流动性、低风险的金融产品，如国债，以换取一定的收益。通常，储备账户的现金额规模等于下一期兑付日需偿付的税费及优先层本息规模的1~2倍。发起方也可以做相应测算，从综合成本的角度来判断储备账户的规模。在我国实践中，原始权益人通常也通过自身提供差额支付承诺来增强部分证券的信用评级。但这种方式将原始权益人的主体信用进行了捆绑，使得上面所设置的破产隔离机制不尽完美。

内部信用增强则是通过对基础资产未来现金流和损失在不同证券中的自我分配来完成。它包括几种方式，如优先劣后、超额利差、超额抵押、信用触发机制和现金变道机制、对冲机制、利益疏导（Shifting Interest）等。

### 3.2.1 优先劣后

优先劣后的设计是资产支持证券中一个典型的内部信用增强方式。如图7所示，一个项目可以发行多个评级等级不同的资产支持证券，如从级别最高 AAA 级，到 AA 级，到 A 级，到 BBB 级，到无评级的最底层证券。这些证券的收益取决于基础资产的未来现金流。在优先劣后的设计中，资产池的现金流在归集后被重新分配给不同的证券。最先获得分配权利的证券自然在等级上要高于其他证券。需要强调的是，任意一个证券的还款都不与资产池中某一具体的资产所对应，而是取决于整体资产池的回款状况。由于产品设计可以实现资产的信用风险和提前还款风险与部分证券的隔离，因此可以形成具有不同还款和风险特性的资产（比如，AAA 级别的优先层 1 年期证券，中低评级的夹层证券），并极大地满足有不同风险偏好的投资人对资产的选择。当基础资产发生信用风险时，归集的现金流就会低于预期，这部分损失，简单来说（实际操作上虽更为复杂一点，但不破坏下面陈述的实质），是从最底层证券开始逐步逆向来承担［也即该证券的票面价值（Face Value）根据损失而减记］。对于基础资产的回收现金流，则先支付给信用评级最高的证券（或按照项目计划的特定设计），如图 7 所示。

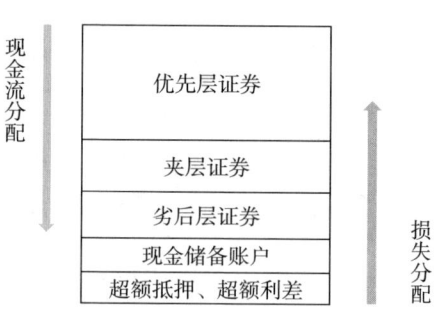

图 7　优先劣后结构中现金流与损失走向

如图 7 所示，现金流分配是首先满足高级别证券的要求，其次，逐步向下流动。这种现金流分配机制被称为顺序付款机制，它强调的是对高级别证券的优先付款。损失分配则相反运动，在高级别证券账面价值发生减记前，由低级别证券先进行减记。因此，低级别证券实际上是高级别证券的垫护层，为高级别证券提供了信用保护。这是为什么优先层证券可以获得更高信用评级的原因之一。此外，低级别证券在整个发行证券中的占比越大，提供给高级别证券的信用保护就越多。当然，从发起人角度来看，他们希望高级别证券占比越大越好。这是因为高级别证券给投资人的票息要低于其他层级的证券，高级别证券占比大，自然可以降低总体融资成本。各层证券的最终占比取决于产品结构设计和评级公司的估算。

在资产证券化的结构设计中，基础资产产生的本金回款和利息回款（如果有）既可以归集在一个账户，也可以分账户；既可以本金和利息回款仅仅支付高级别证券，也可以在本金回款上对所有证券按本金余额进行平摊。不过在后一种方式中，总是附有下面所说的信用触发机制和现金流变道机制。需要指出的是，当基础资产的现金流合并时（只有一个归集账户），现金流是严格按优先劣后顺序进行分配，也被称为 IPIP（Interest Principal Interest Principal，即先付优先层的本、息，再支付非优先层的本、息）；当不合并时（分本金归集账户和收益归集账户），现金流按本金和利息各自的顺序进行分配，也叫 IIPP。IIPP 相对更为常见。

不过，损失分配还存在一个时间因素。因为某些资产虽然在当前违约，不能按计划提供现金流，但可能在不确定的后期也回收部分资产价值。损失分配该如何处理呢？不同的资产，不同的项目方法都不同。比如，在 RMBS 中，一般是现损失现减记（Write-down-as-you-go），即便未来存在价值回收也无法对已经减记的证券进行补偿。不过还有一些交易，特别是在贷款抵押证券化（CLO）中，证券的本金并没有被实际上减记。在项目清算时，资产价值回收现金按结构顺序来偿付各级证券。需要注意的是，利息计算在两种方式中也不同。在现损失现减记中，已经减记的本金不累计利息；在后一种，名义本金仍然包含减记额，因此，减记额仍然计息。

### 3.2.2 超额利差（Excess Spread）

超额利差是最容易设计，也是抵御风险的第一道防线。即便在有外部担保时，外部担保的实施也是在用尽超额利差之后。对于部分基础资产，如小额贷款，最终借款人需支付一定利息，该利息为 SPV 的收益。SPV 资产端的收益与负债端的支付（给资产支持证券投资人的利息）之差为超额利差（也被称为净利差，Net Interest Margin）。

超额利差存在的重要性与很多资产证券化交易设计中将基础资产未来现金流分为本金归集账户和收益归集账户有关。一般来说，本金归集账户的现金用于偿付证券的本金，收益归集账户的现金用于偿付证券的利息，以及 SPV 的相关费用，如服务费、税费等。但在交易设计中，也可以将超额利差用于冲抵基础资产的损失，或用于加速对高级别证券本金的偿付。一个有趣的现象是，随着超额利差用于偿付优先层本金，会导致优先层的占比越来越小，非优先层占比越来越大（优先层的保护垫越来越厚），远远超过优先层评级级别所需 [①]。在这种情况下，交易结构中也会设计一个逐步减少机制（Step-down），将超额利差分配给非优先层。如果之后，基础资产信用发生恶化，逐步减少机制会停止，超额利差再分配给优先层。这种结构在我国还没有被采用。

利差倒挂，即超额利差为负的情形，是优质资产证券化业务中的一种常态，比如，个人住房抵押贷款资产证券化（RMBS）中，基础资产的利率（个人住房按揭利率）可能低于 RMBS 支付给证券投资人的票息。如果仅从融资成本角度，那么利差倒挂会影响原始权益人进行资产证券化的动力。利差倒挂在美国优质车贷资产证券化中也存在。还有些资产，如应收账款，本身并没有利息，因此也无超额利差。在实践中，超额利差除了上述方式外，还有多种获取设计。比如，部分产品对最终债务人设有提前偿还的惩罚。这部分罚金可以被归集在收益账户用于对高级别证券本金的补偿。对于利差倒挂，在我国实践中一般是拉长封包期（资产入池起始日与利息计算起始日之间的期限），在此期间的利率收益作为未来利息差异的补偿。在美国，对于这种情况，一般可以预先设置受

---

① 　一般是通过超额抵押测试（Over Collateralization，OC）来设定，表达为在当前证券兑付日，基础资产池未偿付本金总额与所发行证券余额之比。夹层证券的 OC 临界点要低于优先层。如果 OC 测试不满足临界点，那么本金和收益现金流将仅仅用以偿付优先层，一直到 OC 要求得以满足。除了 OC 测试外，还有利息覆盖率测试（interest coverage，IC）。IC 等于在当前证券兑付日，资产池产生的利息收益与证券计划利息回款之比。同时，每个证券都有其自己的 IC 测试。

托人名义下的收益补充账户（Yield Supplement Account）对于不能达到一定利率的基础资产进行利息补充。此外，还可以将证券的本金与利息进行剥离，设计仅支付利息（Interest-only）证券和仅支付本金（Principal-only）证券，这样仅支付本金证券不再有利息收益，而剥离出来的利息可以支付给仅支付利息证券，或补充资产端与资金端的利差。

除了由基础资产本身产生的利差倒挂外，还有因为交易结构设计产生的利差倒挂。比如，基础资产是浮动利率，而资产支持证券是固定利率，当基准利率下浮到一定程度后，收到的收益下降，而支付的票息没有改变，这一般被称为基差风险（Basis risk）。对于这类风险，有时交易结构中会设置可使用资金上限（Available Fund Cap），将利率短缺（Interest Shortfall）后延至未来支付。

### 3.2.3　超额抵押（Over-collateralization）

超额抵押一般是指基础资产的本金总额超过所发行的资产支持证券的账面价值总额。该差额用于对资产支持证券的信用保护。

### 3.2.4　信用触发机制（Trigger）和现金流变道机制

这是资产支持证券所独有的一种保护高等级证券的措施。在产品现金流设计中安排了能够改变现金流偿付顺序的触发机制。它既可以是基于基础资产的表现，如违约率超过预先设置的触发水平，或证券等级下调；也可以是基于特定的主体，如原始权益人发生了破产事件或其他债项违约事件；或基于潜在信用保护力度，如信用增强占比低于一定下限。一旦信用触发机制被激活，基础资产的利息和本金收入就会向最高级别证券（或按照事先设定的偿付顺序）进行加速偿付。显然，这种设计的目的就是为了保护高级别证券免除潜在信用风险。不但如此，夹层等证券一般也只有在超额抵押等指标得到满足的情况下才可以收到利息和本金。

### 3.2.5　对冲机制

在资产支持证券中，对冲机制的根本目的是减少资产与资金端的现金流不匹配。对于资产支持证券，特别是久期（Duration）较长的证券中的一些风险，合理对冲机制的设置可以极大地规避风险。比如，上面所说的基差风险，就可以通过利率掉期（Interest Rate Swap）协议来对冲（在上面案例中，通过利率掉期协议来向第三方支付浮动利息并收取固定利息，然后将固定利息支付给资产支持证券持有人）。还有一些证券发行货币与基础资产不匹配，比如在境外发行以美元计价的国内资产，也可以通过设置货币掉期对冲机制进行规避。对冲工具包括掉期（Swaps）、利率封顶期权（Interest Rate Caps）等。

不过设置对冲机制可能需要考虑更多因素，且面临额外成本，另外交易对手的风险也会增加，监管规则对衍生品的趋严和评级机构的认可也可能会有额外要求。比如，上面所说的货币掉期，就可能会涉及主权风险。因此，是否设置对冲机制还需要综合考虑。

为了减少对冲成本，也可以在产品结构设计上采用一些方法。比如，H或Y构架。这两类构架在我国还没有应用。当前我国资产证券化实践中采用的都是I构架，也即所有资产支持证券的现金流都来自同一资产池。而在H或Y构架中，不同的证券受到不同资产池的保障，但在个别证券中又存在交叉支持的安排。这种设计虽然较为复杂但具有极大的灵活性，可以较好地满足资产方和投资者的需求。

### 3.2.6　利益疏导

这里的利益主要是指提前偿付及资产清算后的本金回款。利益疏导机制和顺序偿付机制有一定区别，一般是在交易结构中单独设立本金归集账户，同时区分按计划本金回款和非计划本金回款，并对非计划回款设计一定比例，或按照各证券的票面余额，或按照预先设定的比例，在各证券之间进行分配。比如，对于只有两层证券的产品，设定高级别层与低级别层的分配比例为80∶20（高级别层的信用保护为20%。在这里为了展示简便，忽略了其他信用支持方式），如果有10%的提前本金还款，且设计是将这些本金还款按票面余额比例（80∶20）在两个证券中进行分配（为展示方便，暂忽略计划本金还款），那么导致分配后高级别层与低级别层比例是 72∶18（比例等同于 80∶20），高级别层的信用保护比例没有发生改变（仍为 20%）。但如果将利益疏导比例设计为 100% 的早偿本金还款用于高级别层本金的偿付，那么分配后两个证券的比例将为 70∶20，也即高级别层的信用保护为 22%，比原来的 20% 更多，高级别层的信用得到增强。我们在后面谈到的房利美 CAS 证券交易结构就采用了这种方法 [①]。在我国产品中，目前还没有利益疏导的设置，所有提前非计划本金还款基本全部用于优先层的偿付。在海外，一般设置一个锁定期（lock-out period），在此阶段，非优先层不会被分配以任何非计划提前本金还款（优先层本金加速减少，所受到的损失垫款增加）。但在锁定期结束后，非优先层开始逐步收到占比更多的非计划提前本金还款。

通过上述的一系列信用增强，基础资产的未来现金流可以被结构化为多个不同评级的资产支持证券。在我国当前一般分为优先层、夹层（或者次优）及劣后（或次级）层。优先层的评级一般为 AAA 级（也有 AA+ 级），期限较短，并且规模一般要远远大于其他剩余层级（不过，也有例外的，如 2018 年新派公寓类 REIT，其优先层占整个发行证券之比不到 50%）。优先级证券的目标投资人大都为对风险偏好较低，追求稳定回报的大投资资金方，如银行。夹层的评级波动大，根据资产状况既有高评级，如 AA+ 级，也有较低评级。在我国，夹层投资资金也以银行为主，辅之以资产管理公司，但这些投资方对回报要求更高，也有更高的风险承受能力。劣后层为权益层，它通常没有评级，一般也没有固定的票息。通过一定的设计，劣后层可能获得的回报非常高，其投资资

---

[①]　在其中，基础资产的计划本金还款与非计划提前偿付本金还款被进行了区分。虽然两类本金还款都是按本金余额比例进行分配，但是如果发生了信用触发事件，那么非计划提前偿付本金将按优先顺序进行分配。

金一般是有相当高风险承受能力的投资者，比如专业机构、对冲基金。在我国，不少劣后层由原始权益人自持。这其中的原因很多，一方面是专业机构缺乏；另一方面，对这些证券的风险分析缺乏数据，难以判断其风险收益率。

## 3.3　风险与收益重组

资产支持证券的风险与收益通过重组达成匹配也非常重要。资产未来现金流和损失的结构化结果是一方面使一部分证券获得更高的信用评级，但伴随的是这些证券的收益率较低；另一方面，一部分证券承担更多的风险，但这些证券的预期收益率会得以提升，比如，非投资级别的证券。资产证券化使投资人在投资风险和收益方面达到合理匹配。对风险厌恶的投资人可以购买具有多重本息保障措施的高等级资产支持证券但以低收益为代价，对风险偏高的投资人可以购买具有高收益资产支持证券但以低等级信用评级甚至无等级信用评级，即高风险为代价。资产证券化通过对资产未来现金流和损失的设计产生出不同信用等级、不同久期、不同收益的证券，完美地满足了社会资本的投资风险需求。不过在海外，虽然一个项目包含投资级别和非投资级别证券，但一般来说，非投资级别常采用私募发行，且这部分证券的投资人具有对项目风险的专业分析能力。

从上面的描述，结合我国资产证券化实践来看，这三个基石都还面临一定的困境和提升空间，而由此引申出来的不少问题。比如，通过结构化设计出来的短期 AAA 级别证券，由于久期短、等级高、信用风险低，应该仅具有较低的"理论"收益；但由于购买此类资产的大多数资金为银行理财资金，再加上其他费用要求，给投资人的收益必须高于原本较低的"理论"收益（否则，资金方不会购买）。但如果不得不给短期 AAA 级别较高的收益，那么分配给劣后层证券的收益一定会被降低（因为总收益，即来自基础资产的现金流是固定的）。如此一来，风险与收益便无法达到匹配。

# 4. 基本原理——大数定律（Law of Large Number）

由于转入 SPV 的基础资产具有一定的信用风险，发生极端事件，如资产违约的可能性是存在的。那么如何减少信用风险？一种直接的方式是提高基础资产的质量，比如银行在发起资产证券化业务时，只将对央企的信贷资产转入 SPV（市场普遍认为央企具有高信用等级）。固然这种方式存在一定的道理，但并没有充分利用资产证券化的益处。这是因为由于央企的资质较好（可能企业本身评级就是 AAA 级），所以银行对其发放的贷款利率也较低（也许就是央行发布给商业银行的贷款指导性利率，即贷款基准利率）。而具有 AAA 级别的基础资产，即便通过各种上述方式做成资产支持证券，该证券等级最高也不过为 AAA 级。资产支持证券的票息虽随市场融资成本波动，但肯定要高于贷款基准利率，导致出现我们在论述超额利差中的票息倒挂问题。

显然，在我国当前金融体制和宏观环境下，通过高质量的基础资产来减少信用风险对资产证券化业务并不是完全合适的，可以说，是杀鸡用了牛刀，或者说，是没有很好地利用我们上述的三个非常重要的利器。需要强调的是，资产支持证券产生的是风险和收益匹配的证券，而不是以高评级证券为唯一。信用增强的手段具有通过对未来现金流和损失分配的设计来隔离风险，并提升部分证券等级的可能性。因此，从某种意义上，在我国当前，基础资产的选取并不应该为：高质量资产为唯一。

但是，假定 SPV 中的基础资产只是银行对单一风险极高的中小企业的贷款，那么不论如何设计，只要这个企业违约，也会造成现金流的断流。违约事件本身不可怕，实际上只要安排了风险预防措施即可。但是安排风险预防措施有一定成本，所以可怕的是违约事件发生概率的波动大。当安排了风险预防，却没有发生风险事件，成本增加了；当没有安排风险预防，发生了风险事件，成本也增加了。因此，应该如何解决风险？这就需要谈一谈两个概念：风险和资产证券化的基本原理——大数定律。

所谓风险，并不是投资损失的大小，而是投资实际回报与期望回报的差异。这个概念理解很重要。不同的投资人对风险承受或偏爱度不同。银行对风险承受度小，因此喜欢一些稳定（实际回报与期望回报差异小），而不是损失额小的投资机会。对冲基金对风险承受度大，所以喜欢波动大的投资机会（但对冲基金也会凭借其专业技能配置一些投资策略以减少不利事件发生时所带来的损失）。度量风险的统计方法一般是依据方差或标准差。

大数定律是指当资产池中资产越多时，那么资产池的平均损失就越接近损失预期。举例来说，当我们投硬币时，假定正面为利好，背面为违约。那么，抛一次硬币，出现正面和背面的可能性都很高，各是50%，结果波动大。如果 SPV 中含有的风险资产单一，那么产品风险的标准差就很大。但如果硬币被抛出 1 000 次，那么损失的标准方差就会减少，也就是说平均损失越接近预期，风险在降低。

因此，结合到资产证券化中的基础资产挑选问题上，解决风险的一个关键就是增加入池资产数量。一个比较好的类比，就是保险公司提供的车险。每一位投保人仅需要支付几千元的年费，但遇到事故时，可以获得保险公司的赔偿，而保险公司仍可以获利丰厚。在这个模式中，就是充分利用大数定律，只要保险公司能够准确定价，估算出预期损失，那么当投保人规模充分大时，资产池的平均损失不会过度偏离预期损失，保险公司也可盈利。

除了大数定律之外，资产证券化的资产池也要强调基础资产的多元化。这里的多元化是指在相同类型资产中存在着不同特性（如不同债务人、不同地域）。此外，基础资产间不能是强关联性。这样的资产池才能防范因个体资产违约而形成的对资产池现金流所造成的巨大影响，才能达到风险重组和信用增强的可能。目前，我国资产证券化产品中存在大量单一资产为基础的产品，超过一半多的产品其基础资产不足 50 个。发生在 2016 年的我国第一单资产证券化产品违约事件就是仅具有单一基础资产的产品。当基础资产单一时，在缺乏相应的产品风险防范措施下，产品设计就会违背我们上面所说的资产证券化的基石，此时的任何产品内部信用增强配置都形同虚设 [1]。

当资产池中基础资产数量足够大时，一个直接的结果就是资产的集中度降低（每个基础资产在资产池中的占比减小）。这对于基于大量历史数据而建立起来的统计模型来说，是非常有利的。一般来说，如果债务人在资产池中的占比超过 1% 的金额，那么对此债务人就需要做出额外的风险分析。同时，占比高的债务人之间还需要进行关联分析。由于债务人的标识标签是多维的，比如包括年龄、地域、职业等，因此在各个维度的集中度都需要进行分析。具有统计模型使分析工作变得有效和及时，并且使增加新的风险因子更为便利。如果资产池中基础资产有限，比如在 CMBS 中，统计模型就不再能够有效地分析出资产池中的风险，因为资产池集中度太大，个别资产的特性会对资产池的总体表现造成较大影响，使资产池后期表现的波动增加。

## 5. 提前偿付风险（Prepayment Risk）

在资产支持证券中，一个比较特殊的风险是提前偿付风险。所谓提前偿付是指最终借款人在合约预定的到期日之前偿还全部或者部分本金。在固定收益证券中，由于收益取决于收购价、利率、本金余额、信用风险、期限等因素，因此提前偿付会通过对部分因子的改变而影响最

---

[1]　在标准的资产证券化产品中，虽然也有单一资产单一借款人的产品存在，如商业房地产贷款抵押资产证券化（CMBS），但对其未来现金流的测算非常严格，其定价也与具有多资产的资产证券化产品存在显著差异。

终收益率。特别是，提前还款一般发生在市场利率下行中，当资产支持证券投资人在原定期限之前获得投资还款，就面临再投资风险，也即无法找到具有与原来相同回报的投资机会。同时在资产池的早期阶段，提前还款者大都信用较好，他们可以获得更好的贷款或有能力提前偿还债务，这导致留在资产池中的资产质量相对较弱，违约风险相对增加。但对于部分资产，如住房按揭，奇妙的是，在资产池进入存续期较长的一段时间后，留在资产池中的正常还款资产的质量又会较好，这是因为这些资产已经积累了相当多的净值（equity，比如房价上涨了），违约成本增加（或对风险抵御能力加强）。因此可见，提前偿付模型非常重要。

有人问，资产支持证券的基础资产多元化，又有结构性设计隔离风险，为什么面对同级别、同期限的企业债和资产支持证券，投资人却要求资产支持证券提供更高的收益率？这其中有多个原因，包括资产支持证券的流动性可能较弱（流动性溢价），产品设计更为复杂（复杂度溢价），但一个重要因素是提前偿付风险在资产支持证券中的存在，因此需要给投资人予以收益补偿。

不过，由于结构化设计中的顺序支付机制，这些不规则的本金提前偿付款通常被用来兑付高级别证券的本金，而低级别证券则面临的影响相对较小。当然，由于资产证券化结构设计的灵巧性和自由度，也可专门设计出一款证券免除一定规模提前偿付的冲击，比如，计划摊还证券（Planned Amortization Class）[①]。但不论如何设计，基本思路都是通过改变现金流在不同证券中的分配来实现的，比如，设置提前还款率的上限，一旦基础资产的提前还款超过此限，那么超出的本金还款将被分流

---

① PAC 本身就产生于 1986 年，当时的美国正在经历利率的显著下降。但当提前还款速度过快时，PAC 也不能完全免除本金提前还款的问题。这是因为 PAC 解决提前还款的不确定是通过设立一个附随证券（Companion）用以吸纳超出预期的提前还款。而此附随证券的规模是有限的。除了 PAC 外，还有 TAC，RTAC，PAC I，PAC II 等设计。由此可见，资产支持证券的设计非常灵巧，可以满足不同投资人的需求。

给其他证券，而不是由高级别证券承担。我们在上面所说的利益疏导机制也是一个常用防范早偿风险的设计。对于多于计划本金还款（Scheduled Principal Payment）的现金可以安排在高级别层和其他层级之间进行分配，以避免过多的本金流入高级别层；同时，再安排触发机制，在资产池信用风险增加时，全部本金还款又用来支付优先层。

上面对提前偿付风险的防范主要体现在现金流在不同证券中的分配顺序。除此之外，还可以利用我们在上面所说的循环购买结构。也就是在动态循环期间的本金还款用于购买新的符合要求的资产并保持资产池总额不变。但在特殊情况下，如市场利率大幅下跌时，也可能发生新入池基础资产的利率降低，并直接导致超额利差的减少，因此可能会引发信用风险的增加。因此，也需要一些防范措施，比如，加速高级别层证券的还款速度等。

## 6. 评级概述

上面所说的信用增强是以资产支持证券所获得的更高信用评级为表现形式。在资产证券化业务中，SPV 的受托人会寻求监管认可的评级机构对证券的信用提供分析意见。中美在证券评级方法上、监管要求上差距甚远。从结果体现来看，美国只有两家公司（微软、强生）具有 AAA 级信用评级，而中国有约 840 家 AAA 级别企业。在资产证券化方面，2008 年国际金融危机后，美国评级机构的监管受到很大改变，其中一个重要的规则为 17g-5。比如，此规则要求发起方将评级机构在评级工作中需要用到的信息存在一个具有密码的网站，让所有评级机构都可以使用，不论评级机构是否被要求提供评级服务。在国际金融危机之后，各国都不允许评级机构的分析师和委托人进行商务交流，也不允许评级机构的业务团队涉及分析工作。

一般来说，在资产证券化业务中，评级流程包括收集信息、现场访谈、出具评级报告，持续跟踪。在评级服务合同签订前，发起人与评级机构有前期接触，但主要局限于发起人联系评级机构业务团队就一些概念性问题，如3年的数据是否充分等进行咨询，评级机构会进行就数据充分性以及是否有能力或意愿继续评级工作进行判断。在我国，评级公司与委托人签订合同、收费并报备人民银行后，分析师方可正式开展评级业务。在评级工作开展后，分析师开始对发起人提供的数据和资料（包括与基础资产相关的历史数据、市场数据、交易的法律构架及财务资料等），以及可信任的第三方报告进行收集整理，并开展现场访谈（注意是访谈而非尽调。访谈是了解规则，而尽职调查不但了解规则，对规则的执行还需要进行调查）。分析师利用现金流模型（国内监管要求评级机构有自身完整的测算模型，海外还有第三方提供的现金流模型，包括利率模型、逾期模型、提前偿付模型、违约回收模型等），通过对基础资产的信用特征、风险因素、基础资产与其他类似资产的历史表现和趋势的分析得出在一般状态下的预期损失估计。然后通过压力测试（加大不利资产现金流产生的参数，如违约率增加），并计算出不同场景下的预期损失。这些受压后产生的损失数据是对偿付顺序和信用增强等交易结构的设置很重要，因为交易结构的分析就是为了确定具有相应评级的证券是否能够承受所对应的压力。产品的资本结构正是基于预期损失估计和压力测试之上得出的。

需要强调的是，资产证券化交易关联方（或交易对手）众多，因此，风险不仅只与基础资产的质量相关。尤其需要关注资产服务商（国内通常由原始权益人或发起人担任）的信用风险及服务能力，同时也要对管理人、托管银行等机构的专业能力、业务操作水平、风险管理能力等进行关注。因此，评级机构也会对他们的信用风险进行审查，包括运营流程、技术能力、历史表现、财务状况、管理层与员工的经验、经营稳定性等因素，以及这些交易关联方在此项目中的作用。由于资产证券化的目标是希望达到产品的风险尽可能只关联于基础资产，而不受其他交易对手信用风险的影响，因此在交易结构设计上要尽可能实现基础资产与现金流的风险隔离。否则，一旦交易方发生风险就会波及资产支持证券。

分析师还需要审核对最终评级有重要影响的交易文件，通过研究各交易方的职责、服务条例等内容，分析交易结构风险以及缓释措施。由于陈述和保证条款对基础资产的真实性做出了保证，分析师也会关注。同时，评级机构还会对真实出售等关键法律问题寻求律师的意见。

随着这些分析的完成，建议报告会提交给评审委员会评审。如果评审委员会未能通过评级建议，在我国，委托人可以向评级机构就复评提出书面申请，且只能申请一次。在美国，评级机构也会在交易前，发布售前评级报告或评级声明，以便投资人了解评级分析结果。为了规范行为，避免误导，评级机构还会在评级前标示预期，以表明非最终评级结果。在报告发布前评级机构需与发起人和承销商对报告内容进行确认，特别是确保内容中无任何非公开信息。只有在所有最终信息和文件提交至评级机构时，评审委才会确定最终评级。并在交易完成时，以新闻稿形式发表证券最终评级结果。我们在资产支持证券的评级中会看到 sf，如 AAA sf。sf 即 structured finance，是结构金融产品（包括资产支持证券）的缩写，但没有改变评级等级，如 AAA 级的含义。不过，在我国，最终评级报告确定后，会与其他材料一起由牵头人（计划管理人／券商，适用于证券交易所市场；受托机构，适用于银行间债券市场）上报监管部门。同时，牵头人也负责评级报告与其他资料的统一发布。

对交易产品的后续跟踪是必要的。评级机构仍然需要定量、定性分析基础资产的数据，监督交易关联方的表现，与具有可信度的第三方数据进行对比，以确定是否与初始评级时的预期一致。评级机构在产品存续期内一般每年进行一次审查，并在基础资产的表现低于预期时，加快审查的频度。此外，如果在后期交易文档有任何改变，评级机构也需要发布意见。

## 7. 常见资产与交易结构

那么什么样的资产可以用于资产证券化操作呢？要解答这个问题，首先要理解什么是资产。根据我国《企业会计准则——基本准则》（2014年修正）中的第三章，第二十条：

> 资产是指企业过去的交易或者事项形成的、由企业拥有或控制的，预期会给企业带来经济利益的资源。
>
> 前款所指的企业过去的交易或者事项包括购买、生产、建造行为或其他交易或者事项。预期在未来发生的交易或者事项不形成资产。
>
> 由企业拥有或者控制，是指企业享有某项资源的所有权，或者虽然不享受某项资源的所有权，但该资源能被企业所控制。
>
> 预期会给企业带来经济利益，是指直接或者间接导致现金和现金等价物流入企业的潜力。

如此，企业资产负债表中的存量资产，如应收账款、车贷等都是资产，都可以通过资产证券化进行融资。但还有一类资产，如高速公路的收费权，虽然没有体现在资产负债表中，但属于广义的非会计意义上的资产。这类资产也可以通过资产证券化的操作进行融资，即以这类资产的未来现金流为还款来源到市场上募集资金。需要注意的是，这类资产由于不在资产负债表中，因此也不存在出表的问题。

不过，虽然资产证券化中的基础资产种类众多，但基本思路是相同或相似的。下面虽然仅仅描述了几种常见资产，但具有一定的代表性，其证券化模式的适用性对于其他资产也可行。另外，在2008年国际金融危机后，随着监管以及市场的变化，一些产品的交易结构也发生了改变。为了不过于拘泥于细节，下面提供的只是综合阐述。

## 7.1　个人住房抵押贷款与 RMBS

个人住房抵押贷款是最先用于资产证券化的资产，基于该资产的 RMBS 也是美国占比最大的资产证券化类型。在 RMBS 中，资产可能包含上千个住房抵押贷款。经过近 40 年的实践，RMBS 的结构设计非常成熟，不但产生有不同评级的证券，也包括不同利率、不同期限、不同本金还款安排，或者按照投资人特定要求的证券设计。

正如我们在此之前反复强调的，对住房按揭进行证券化的前提是将住房抵押贷款转移至 SPV，形成资产的风险隔离，并根据投资人需要对现金流进行结构设计，最后由 SPV 发行资产支持证券。真实出售与破产隔离的步骤在中美实践中不同，有很大区别。在美国，这个流程包含两步（见图 8），第一步是由按揭资产的持有人（如银行或其他按揭贷款放款机构）将资产转移给寄托商（Depositor）以达到真实销售的目的。寄托商是专门为从不同按揭资产的出售方汇聚资产而设立的，且无其他商业业务。在某种程度上，寄托商可以被看成为过渡阶段 SPV（Intermediate SPV）或者是按揭资产出售方的通道。一般来说，寄托商是资产出售方的子公司或主要出售方的关联机构（如果存在多个出售方的话）。第二步是寄托方将资产转移给 SPV 以交换证券化产品。不过，在这个过程中，基础资产一般是转移给发行人（SPV）的委托人。寄托方在获取 RMBS 后，再将资产支持证券卖给投资人。在我国，包括海外资产担保债券（Coveredbond）[①] 交易中，按揭资产是从出售方直接转让给 SPV。

---

① 该类产品虽然可以融资，但无法从融资者的资产负债表中出表。

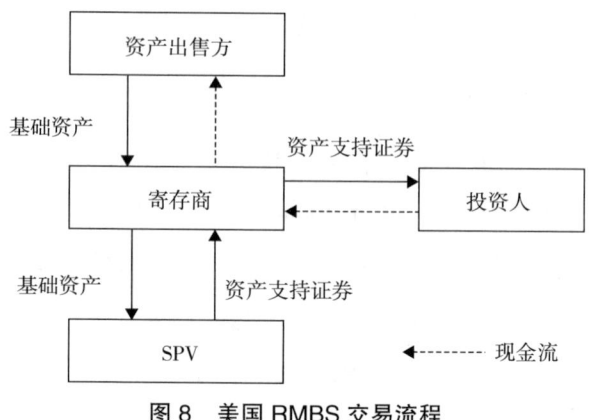

**图 8　美国 RMBS 交易流程**

在美国，RMBS 所使用的 SPV 采纳的主要是 REMIC 构架。该构架于 1986 年由国会立法通过，意味着 SPV 不是一个纳税主体，无须为收益纳税，投资人仅需就最终收益纳税即可（因此，采用 REMIC 构架，没有双重纳税问题）。但要维持 SPV 的 REMIC 的构架，那么整个交易结构必须满足一系列要求，并且在后期的任何改变（Modification）也必须与 REMIC 要求相一致，否则 SPV 就无法享受 REMIC 的待遇。

对于 RMBS，由于资产池中基础资产分散度大，单一资产占比极低，对整个项目的现金流的影响极小，因此，统计模型可以较好地分析产品风险。RMBS 一般采用顺序支付结构，即现金流先偿付最优先层证券，最后偿付最底层证券；而损失分配顺序相反。RMBS 的优先和夹层投资人大都为商业银行、公募基金、寿险公司、REIT、养老基金等。由于资产的多元化，投资人并不会对基础资产进行详细尽调，而主要是依靠交易发行文件中由第三方进行的尽调报告。同时为了确保资产信息的准确性，资产出售方还需签署陈述及保证等法律文件以保证资产达到所设定的标准并符合法律要求，否则，出售方需回购不合标准的资产。

要理解产品的风险，一定要理解产品现金流分配规则并对产品未来现金流进行测算。现金流分配规则一般被称为现金流瀑布（Waterfall），它形象地描述了从基础资产归集的现金还款是如何在不同层级的证券中按照顺序偿付和分配（像瀑布一样从上到下流动）。当对基础资产的现金回款进行汇聚时，不同的产品有不同的设计方式，有的将归集的本金和收益分别设立账户，有的只设有一个账户。但不管怎样，现金流分配规则需要非常详细，穷尽所有可能发生的事件，包括发生触发事件时的现金流的变道机制。下面以美国 RMBS 为例（因为其交易结构比国内更为丰富）。

美国的 RMBS 分类按照维度不同可以分为机构（房利美、房地美发起）RMBS 和私营机构（如华尔街投行发起）RMBS；按资产质量可以分为优质（房利美、房地美发起）、另类优质（私营机构发起）、次级（私营机构发起）。由于市场普遍认为房利美、房地美有隐性的政府担保，而且机构 RMBS 的信用风险由两房承担，因此，投资人对机构 RMBS 的风险关注点在于提前偿付风险。机构 RMBS 的证券无须评级，结构中也无次级层。现金流分配的设计思路在于如何对现金流进行导流以规避提前偿付风险。在此目标下，两房创造出，如 Planned Amortization Class（PAC），Target Amortization Class（TAC），Non-accelerating Senior（NAS）等多种证券。同时对于偏好或憎恶此类风险的投资人，两房还将基础资产的按揭利息进行归集后重新设计成类如浮动、反向浮动、仅支付利息、仅支付本金等不同证券。

在私营 RMBS 中，信用风险是投资人重要的关注点。在评级过程中，评级机构通过对信用风险和现金流的分析来决定各证券所需要的信用增强程度。当然，对这两方面的分析是通过对基础资产的一系列因子，如借款数额、期限、利率、贷款与价值比（Loan-to-value ratio）、借款人所在区域等的定量分析。这类产品的结构大都采用优先劣后，不过不同于国内设计，在美国非优先层有多个层级。同时为了防范优先层的早偿风险，也会设置利益疏导机制，这样不但可以建立对优先层的信用保护，也会在需要时防范优先层的提前偿付风险。

## 7.2　商业地产抵押贷款与 CMBS

CMBS 的基础资产主要为商业不动产，包括酒店、社区公共住房、办公楼，零售商场等。CMBS 有很多非常独特的设置。首先是 CMBS 存在一组特别的投资人，他们专门持有 CMBS 中最底层证券。这部分投资人被称为 B-piece 投资人。他们的存在对监管要求的设定都有影响。比如，2016 年 12 月开始，CMBS 的发起方需要按要求持有一部分证券，即留存部分信用风险。但监管也同意此要求可以通过将占有整个交易 5% 的最底层证券卖给 B-piece 投资人来替代（但仍有一定要求，如 B-piece 投资人需要持有该证券至少 5 年），而发起方的风险留存要求因此得以豁免。

CMBS 有三种类型，通道（Conduit），单一资产单一借款人（Single Asset Single Borrower，SASB）和融合体（Fusion）。

SASB 的资产池中只有一个向单一借款人发放的大型抵押贷款，贷款的抵押物一般只有一个物业。由于这类交易的分散度不足，风险程度高，一般不设有非投资级别的证券，因此往往没有 B-piece 投资人。对于由单一资产抵押的大型贷款，常见的做法是把该贷款分解成同权益（Pari Passu）贷款，然后分别转让给不同的通道交易中。

通道交易包含众多（虽然在资产数量上远远少于 RMBS）固定利率的中小型抵押贷款，并且在资产地域上也有一定的分布。融合体交易实际上也是通道交易，只不过其资产池中包含一些大型抵押按揭，导致对资产池未来的现金流可能产生显著影响。和通道交易一样，融合体交易中资产池的基础资产一般都对借款人没有追索权。在通道和融合体交易中的 B-piece 投资人一般对不动产有深入了解和介入，这些投资人在 CMBS 结构化时会进行深度尽调，他们可以要求将部分按揭从最初资产池中移除。在交易结构中，他们是资产损失的第一承受人，作为权利，他们是交易的控制层，可以指派特殊服务商，对违约资产的服务有决定权，对如果需要变动的按揭条款有表决权。

在美国 CMBS 中，一个非常特殊的现象是这些证券具有赎回保护（Call Protection），也即 CMBS 的证券不允许被提前还款，除非在补偿证券投资人的收益之后。如果借款人希望加速偿还贷款并将物业的抵押解除，那么需要对投资人进行补偿。补偿措施一般有收益率维持惩罚（Yield Maintenance Penalties），或废止（Defeasance）。前者指用借款人的还款和补偿金用于购买国债，并需保证投资人的收益率没有因为提前还款而降低。后者是指借款人购买政府债用以替代原来的物业抵押，并将政府债质押给 SPV。

由于 CMBS 资产数量低，投资人虽然也不常做尽职调查，但仍然需要对占比大的资产进行分析。在美国，CMBS 采用和 RMBS 一样的 SPV 构架，即 REMIC。和我国 CMBS 不同，在美国 CMBS 的入池资产一般来自于商业地产按揭贷款方，包括商业银行，和其他中介贷款机构。同 RMBS 一样，在交易中，主要按揭出售方会设立一个寄存商用来购买、聚集资产，然后将资产转让给 SPV，作为交换，SPV 向寄存商发行证券。然后寄存商再向承销商出售证券，承销商在市场上寻找证券投资人。在资产转让过程中，按揭出售方需要签署陈述与保证，通过持有一些风险来确保按揭资产的信用质量。

CMBS 中的信用风险分析与 RMBS 非常不同。投资人关注以下几个方面的因素，包括借款人、基础资产、贷款结构（和国内银行放贷不同，美国商业银行很少向一个物业放贷超出 5 亿美元。对于大型贷款，商业银行通常组成一个财团共同承担风险、市场（包括房地产市场和信贷市场）。对于基础资产，投资人关注多个指标，包括 DSCR（Debt Service Coverage ratio，等于资产的净现金流与所需支付按揭的本息之比），体现了在资产未来收益发生变化时，是否有足够的空间来承受变化；债务收益（Debt Yield，等于净现金流与资产的按揭总额之比），体现了如果放贷机构一旦接受抵押资产后，可能获得的回报；贷款价值比（Loan-to-value ratio，等于贷款余额与资产价值之比），体现了资产价格发生波动时，偿还按揭贷款的能力。

在对不同层级证券的偿付顺序上，CMBS 与 RMBS 一样，设有优先劣后。不同的是，CMBS 中 AAA 级别的优先层又被进一步分隔为超优先层（Supersenior），夹层优先（Mezzanine Senior，又被称为 AM 层），次优先（Junior Senior，或 Subordinate，又被称为 AJ、AS）。在普通夹层中，也分有多层，其评级从 AA 级到 BBB- 级，但都是投资级别。在交易结构的最底层是非投资级别或者没有评级的、最先承受损失的证券（B-piece）。优先层虽然都是 AAA 级，但超优先层明显面临最低的信用风险。在 2008 年国际金融危机后，美联储推出 TALF（TermAsset—backed Securities Loan Facility）救市机制，在 CMBS 的证券中，仅有超优先层享有资格可以利用这一机制。由于超优先层的风险极低，其收益率也低，期限相对较短，银行和货币基金是其主要的购买方。夹层优先以及普通夹层的购买方主要是保险公司和资产管理公司。非投资级别的证券主要是对冲基金和私募所感兴趣的。

在 CMBS 中，本金现金流分配相对较为简单，一般是按顺序支付，最先偿付超优先层，然后是夹层优先、劣后优先、夹层证券等。

## 7.3  信贷资产与 CLO（Collateralized Loan Obligation）

CLO 是以企业信贷为基础资产的证券化交易。但资产证券化中的信贷资产在中美定义还存在显著区别。美国资产证券化中的信贷资产主要是指评级低的杠杆贷款（Leveraged Loans）。[①] 在国内，CLO 中的基础资产大都是质量较高的企业信贷。CLO 的交易也存在不同目的，既有资产负债表型 CLO，也即原始权益人将基础资产转让给 SPV，再发行资产支持证券给投资人；也有公开市场型（Open-market）CLO。资产负债表型

---

① 一般这类贷款是由银行或财团（一组银行形成的）向非投资级别企业的放贷，属于优先有担保债。

CLO 符合我们上面所描述的传统意义的资产证券化。在我国，信贷资产证券化主要由银行发起，属于资产负债表型 CLO。而公开市场型 CLO 更是一种资产管理的模式，是目前美国 CLO 中的主流。虽然在最近几年我国也出现一些所谓的 pre-ABS 基金（通过募集资金来收购一些资产再通过 ABS 退出），但这种基金并无对资产的主动管理职能，更类似一种过桥资金。公开市场型 CLO 值得特别阐述。

在美国的公开市场型 CLO 是由资产管理人发起。[1] 在项目中，资产管理人首先与投资人就投资范围、方式、业绩评估等达成协议，然后利用在银行的信用额度从财团 / 银行或者从二级市场购买杠杆信贷（根据资产来源渠道的不同，资产管理人也可分为一级市场资产管理人和二级市场资产管理人）。此后，再通过发行 CLO 证券来募集资金并偿还银行借款，腾空信用额度。公开市场型 CLO 在发行后有一个约 2~4 年的再投资期（Reinvestment Period）。在此期间，资产管理人可以根据与投资人的协议积极主动地对资产池的资产进行管理，包括交易、购置新资产等（根据资产管理人的主动性程度，也可分为主动资产管理人和被动资产管理人。主动资产管理人可能持有 CLO 的控制权，可以在需要时实施赎回整个项目的权利）。在再投资期结束后，CLO 进入摊还期（Amortization Period），此时的基础资产还款按照事先设定的还款规则被用来偿还 CLO 的投资人，资产管理人不再起到积极的主动管理作用。公开市场型 CLO 一般不公开发行，其投资人大都为机构，如养老金、保险公司等，以及高净值人群。资产管理人需遵循《1940 年投资顾问法》并对 CLO 和投资人负有诚信责任。

CLO 基础资产产生的现金流分配由于资产管理人的主动管理而与

---

[1]　在 2008 年国际金融危机之前，CLO 的资产管理人大都通过《1940 年投资顾问法案》中对私人顾问的豁免而不必在 SEC 进行注册。但危机之后国会通过的《Dodd-Frank 法案》废除了此项豁免。从 2012 年 3 月 30 日起，CLO 资产管理人需要在 SEC 注册。

其他资产支持证券不同。这主要体现在资产管理人的收费分为多个方面：首先，在优先层证券收到任何现金流之前，资产管理人可能收取10~20个基点的优先管理费；其次，在所有证券都按计划收到偿付后，资产管理人再收取20~40个基点的管理费（如果CLO的OC或IC测试失败，那么资产管理人无法收到此笔管理费）；最后，如果CLO给权益层投资人的回报达到要求，那么资产管理人还有业绩费，一般为收益的10%~20%。不过，CLO证券之间的现金流分配与上面在其他资产中所说的按顺序偿付规则没有什么不同：首先，最高层级的证券；其次，依次为其他低层次级别证券；最后，所有剩余权益归于权益层持有人。我们在上面阐述的所有结构设计都可以在CLO中发现。

上面讨论了几类常见资产，并涉及了交易结构的重点。在实践中交易结构的变化还有多种，但万变不离其宗。交易结构设计的重点始于对基础资产的分析。也就是说，不同基础资产的交易结构可能非常不同。通过对基础资产的分析可以建立现金回款的预期和信用损失的预期。这是投资人收益的基础，也是如何设置信用增强的基础。产品结构的确立需要在上述预期的基础上考虑压力测试，并对所构建的证券设立现金流分配规则，计算出各证券所能承受的最高损失。理论上说，设计所提供的信用增强措施越多，给投资人的信心也就越强。但所有增信都有成本，且超过必要程度的增信也无意义。因此，结构的设计需要考虑发起人的需求和成本。市场是变化的，投资人对产品的需求也是变动的。考虑投资人的要求优化产品结构设计的必备。比如，当投资人是货币基金时，产品的久期就与险资所需要的产品久期显著不同。

## 8. 资产证券化业务主要参与机构与流程

资产支持证券的发行涉及多个不同的中介服务机构，因此业务流程中需要各方较强的协同性。在整个流程中，首先需要发起人（或原始权益人）对业务，如融资、套利、调节报表等提出需求。同时发起人也往往兼任项目存续期的资产服务商。关于服务商，我们将在后面专门讨论。第三方独立的服务商在我国是一个巨大的待开发市场。

一般发起人需要一个项目牵头人来统筹项目。该机构参与整个项目工作流程，就项目进展与发起人以及各中介服务机构，如评级公司、律师事务所、会计师事务所、托管和监管银行等进行协调。牵头方通常负责交易结构的设计，需要就资产筛选、证券分层等事项与评级公司保持紧密沟通。该机构通常也是资产支持证券发行时的主承销商，并可能在需要时与其他承销团队建立联系，以促进证券的发行。在我国交易所市场，主承销商一般由券商担任；在银行间市场，一般是商业银行的投资银行部。在美国，项目牵头人主要是专业投行。在产品完成销售后，投行还常常协助所发行资产支持证券的二级市场流动性。

法律顾问协助起草发行和交易文件，对交易中的法律问题，如资产买卖、破产隔离、基础资产的入池标准、增信方式的效力以及各机构的资质等提供法律意见，并出具法律意见书。如果发起人有持续发行资产支持证券的计划，通常会保持固定的法律顾问。因为，该法律顾问对发起人的背景以及项目框架可能更为了解。在我国，法律顾问主要是由发起人聘请，参与解决产品设立各个环节的法律问题。而在美国，法律顾问又分为发起人与承销商法律顾问。在发起人起草交易文件后，承销商法律顾问会对该文件进行复审。承销商法律顾问还负责承销协议和认购协议的文本。

会计师事务所的作用主要分两部分，其一，就基础资产的合同和相关票据等原始凭证和资产进行审核，并确认相关财务信息的准确性。会计师事务所同时也会对交易现金流进行模型测算并确认发行文件中交易数字的准确性，即通常所说的现金流预测商定程序。其二，针对出表型的项目，会计师需要做一系列的测试，如过手性测试、风险报酬转移测试等来判断基础资产是否具备全部出表，或继续涉入（部分出表）的条件。

值得一提的是，会计师事务所往往由对企业财务和运营情况非常熟悉的主审计机构担任，一方面，能提高效率和准确度；另一方面，避免主审计机构对出表意见的异议。

评级公司根据交易文本、现金流预测报告以及内外部增信方式等对各个层级的证券提供评级。在美国，评级机构还会在销售前给出预售评级。基于特定评级机构的评级方法，最后实际上的评级是依据交易法律结构、资产池中标的资产的历史表现和未来预测以及债券增信和分层结构等多个因素共同决定。

托管和监管机构通常为银行，主要对交易相关的账户进行管理。

就项目流程而言，可以分解为多个阶段，如图9所示。不过，具体时间因项目的成熟度、需求会发生改变。对于一些已经程序化的项目，完成时间可能仅需要几周。

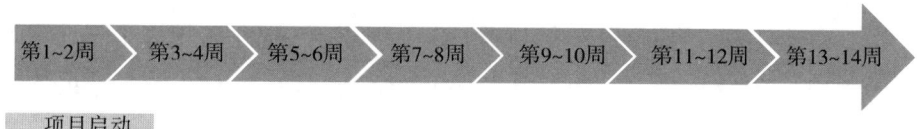

| 第1~2周 | 第3~4周 | 第5~6周 | 第7~8周 | 第9~10周 | 第11~12周 | 第13~14周 |

项目启动
尽职调查、交易设计和其他准备
现金流预测、法律意见、评级及交易文本完善
管理人内部流程、销售询价
项目申报、定价、完成销售

**图9　项目流程**

前期沟通：在发起方与项目牵头人落实项目意向之前，双方可能就企业融资目的、需求即交易的目标进行多次交流。该时间长短不定，并没有体现在图9之中；但是前期沟通非常重要，确认共同的目标有助于各机构协同一致，避免后续返工。

项目启动：项目的参与各方在项目牵头人的协调下，受发起方聘请，就各自在项目中的责权和项目预期时间表进行明确，并收集资料开展尽职调查。项目一般会选择经验丰富或之前合作过的中介结构，有必要时会履行竞标程序。

尽职调查、交易设计及其他准备：交易设计的过程往往和尽职调查的过程相结合和互动。尽职调查一般分为对交易主体（如发行人和增信机构）以及基础资产两部分。尽职调查是实现交易目标和进行产品设计的前提。

交易设计需要在基于前期交流之上，对发起方的目标做细致分析，并结合到产品结构设计之中。理解发起方的目的，如何与发起方的财务管理整体目标相匹配不单是项目成功，也是未来继续合作的要点。比如，发起方是为了将资产出表，还是融资；如果是融资，是关注融资成本，还是融资规模长期发展的财务规划等。承销商需要对发起方的目的与产品可售性进行平衡。完全按照发起方的需要但无法确定投资人的产品是浪费时间和人力物力的。在很多情形下，由于发起方对市场情况缺乏清晰的了解，同时又敝帚自珍，如果投行不能与发起方进行充分沟通，那么产品在很大程度上是失败的。因此，产品的设计还需要考虑到投资人的需求。由于我国资产证券化业务还处在发展阶段，各种新资产以及政策的变化给项目带来的可能影响，因此，可能还需要就复杂或者创新事项与交易所等监管机构进行沟通。

现金流预测、法律意见、评级以及交易文本完善：在项目牵头人的协调下，发起方与律师会就项目相关法律问题进行沟通。律师开始撰写交易文件初稿，包括基础资产入池标准以及法律尽调、交易结构、资产买卖、各参与机构的资质等。会计师事务所履行商定程序，给予基础资产的未来的现金流预测报告。评级机构基于交易结构的现金流及法律结构、基础资产类型特征、历史表现、市场预期等，给出证券分层测算和相应评级。

管理人、发起人的内部流程、销售询价：各参与方完成内部业务流程并就最后提交文件盖章签署。发起方就项目完成内部决议。承销团开始在外进行销售启动，包括询价、路演、总结市场反馈。

申报、定价、完成销售：券商收集各方的最后报告，包括法律意见书、评估报告、评级报告等，并完成全套申报文件。承销团对产品进行销售。一般可通过定向销售或者簿记建档确认最后定价，以及完善销售发行落地。

# 9. 数学基础和模型

资产证券化是一个复杂的金融活动。即便产品法律结构完善，但由于基础资产质量差异大，产品设计多样，因此，对资产支持证券的分析仍要基于量化分析之上。实际上，在美国，资产证券化的快速发展是与分析和定价模型的完善紧密相连的。下面我们以 RMBS 为例，讨论一些关键的数学概念和计算方法。这些概念与方法对其他资产的证券化也适用。

资产支持证券的还款来源是最终借款人。因此，我们首先来探讨有关现金流的数学计算。

假定固定利率的按揭，那么借款人每月的计划还款总额（TMP）是固定的：

$$TMP = \frac{UPB_0 \times \frac{r}{12}}{1 - (1 + \frac{r}{12})^{-n}}$$

式中，$UPB_0$ 为起初贷款总额，$r$ 为年化利率，$n$ 为以月计算的贷款期限。比如，$UPB_0$ 为 200 000 元，$r$ 为 6%，期限为 84 个月（7 年）。那么借用上面公式，借款人需要每月还款（TMP）2 921.71 元。

在经历了 $t$ 个月之后，剩余的未偿还本金（$UPB_t$）为

$$UPB_t = UPB_0 \times \left[ 1 - \frac{(1 + \frac{r}{12})^t - 1}{(1 + \frac{r}{12})^n - 1} \right]$$

仍以上面案例中的信息，那么在经历 42 个月正常还款后，所剩未

偿还本金 $UPB_{42}$ 为 110 435.70。令人感兴趣的是，虽然按揭还款已经过半（42 个月），但是未偿本金却不是最初贷款额的一半。这中间的差异是由于利息造成的，而利息总是基于期初的本金余额（UPB）计算的。所以，在贷款开始时，每月所附的利息额最大。如果 TMP 换一种写法，则有

$$TMP = 利息_t + 应摊还本金_t$$

$$= UPB_{t-1} \times \frac{r}{12} + 应摊还本金_t$$

因为 TMP 是常数，因此，每月应还利息或应摊还本金都是变化的。比如，在上面案例中，在第 43 个月，应还利息应为 552.18 元，应还本金为 2 369.53 元。而在第 1 个月，应还利息高达 1 000 元。

在上面基础上，我们进一步从资产池的角度来考虑现金流。第一个是提前偿付率。提前还款有两类，一类是借款人提前偿付所有本金余额；另一类是仅提前偿付部分本金余额。不过，第二类在提前还款中占比很小。市场一般用以下三种表达方式来描述资产池的提前还款率：SMM、CPR、PSA。

SMM（Single Monthly Mortality，单一月份终止率）表达的是在单一月份中，提前还款占计划按揭余额的比例：

$$SMM = \frac{（计划本金余额 - 实际本金余额）}{计划本金余额} = \frac{提前偿付本金额}{计划本金余额}$$

CPR（Conditional Prepayment Rate，条件提前还款率）[1] 是年化的 SMM。

$$CPR = 1 - (1 - SMM)^{12}$$

PSA（Public Securities Associationmodel，PSA 模型）是行业组织设定的一种简化的标准提前还款曲线，在头 30 个月，资产池提前还

---

① 也有人用 constant prepayment rate。

款比率逐渐上升，然后稳定在一个常数。PSA 也可表达为 CPR，比如，PSA=100% 意味着资产池 CPR 在第一个月为 0.2%，然后每月增加 0.2%，一直到第 30 个月为 6%，且稳定在 6%。

$$PSA = \frac{CPR}{minimum\ (t, 30) \times 0.2\%}$$

假定资产池在第 25 个月末，计划本金余额为 10 亿元，实际本金余额为 9.8 亿元，那么 SMM 为 2.04%，CPR 为 21.92%，PSA 为 438.39%。

随着我们对提前还款率的了解，我们可以成功地将每个月的还款拆分为计划摊还本金、利息与提前本金还款。假定资产池初始本金 1 000 万元，平均利率 6%，期限 84 个月，PSA 为 150%，那么可以计算出头 7 个月的实际本金余额如表 1 所示。需要注意的是，由于存在提前还款，每月的 TMP 不再是常数。实际上，第 2 个月的 TMP 是基于 83 个月的期限，未偿本金在 9 901 435.07 的基础上计算出来的。

**表 1**

| 时间 | 期初 UPB | TMP | 计划偿付利息 | 计划摊还本金 | 计划本金余额 | 实际本金余额 | 提前偿付本金 | 期末 UPB | CPR | SMM |
|---|---|---|---|---|---|---|---|---|---|---|
| 0 | | | | | | | | 10 000 000 | 0.00% | 0.000% |
| 1 | 10 000 000 | 146 085.54 | 50 000.00 | 96 085.54 | 9 903 914.46 | 9 901 435.07 | 2 479.39 | 9 901 435.07 | 0.30% | 0.025% |
| 2 | 9 901 435 | 146 048.97 | 49 507.18 | 96 541.80 | 9 804 893.27 | 9 799 977.29 | 4 915.98 | 9 799 977.29 | 0.60% | 0.050% |
| 3 | 9 799 977 | 145 975.75 | 48 999.89 | 96 975.86 | 9 703 001.43 | 9 695 693.98 | 7 307.44 | 9 695 693.98 | 0.90% | 0.075% |
| 4 | 9 695 694 | 145 865.81 | 48 478.47 | 97 387.34 | 9 598 306.64 | 9 588 655.14 | 9 651.51 | 9 588 655.14 | 1.20% | 0.101% |
| 5 | 9 588 655 | 145 719.14 | 47 943.28 | 97 775.86 | 9 490 879.28 | 9 478 933.32 | 11 945.95 | 9 478 933.32 | 1.50% | 0.126% |
| 6 | 9 478 933 | 145 535.72 | 47 394.67 | 98 141.06 | 9 380 792.27 | 9 366 603.64 | 14 188.63 | 9 366 603.64 | 1.80% | 0.151% |
| 7 | 9 366 604 | 145 315.60 | 46 833.02 | 98 482.58 | 9 268 121.06 | 9 251 743.61 | 16 377.45 | 9 251 743.61 | 2.10% | 0.177% |

上面我们谈到的是固定利率的贷款，但我国按揭主要是浮动利率的。其特殊性主要体现在利率是基于一个基准利率，如 1 年期贷款利率。每年的实际利率会根据基准利率进行浮动。由此可见，每月的计划还款总额也会发生相应改变。不过虽然计算烦琐了，但计算基本思路没有发生

改变。

在另一端，我们需要考虑的是流入证券的现金流。现金流的分配是根据产品的设计。对于一个证券，一个非常重要的概念是收益率（Yield）。收益率表述的是证券在购买后，持有到期的收益，通常也代表了 IRR（Internalrate Of Return）：

$$P = \sum_{t=0}^{n} \frac{CF_t}{(1 + \frac{y}{12})^t}$$

式中，$CF_t$ 为兑付期 $t$ 时所得到的现金，$y$ 为收益率，$P$ 为证券购买时的价格。比如，一个证券票面价值 100 元，票息为 6%，3 年后到期，每年末付息一次。如果当前证券交易价格为 101 元，那么收益率为 5.63%（可以使用 Excel 中 IRR 函数计算）。因为当前价格（101 元）超过票面价值（100 元），因此该证券被称为溢价发行。如果当前交易价格为 100 元，那么收益率为 6%，和票息一样，为平价发行（或面值发行）。我国当前大多数资产支持证券以平价发行。如果当前交易价格为 97 元，那么收益率为 7.15%，为折价发行。

从收益率计算公式中可以看出现金流的估算很重要。在 RMBS 中，$CF$ 包含计划回收款和提前还款。如果基础资产发生违约，也可能导致计划回收款减少。此外，违约的资产在后期清收中，还可能有部分回款。因此，通常 $CF$ 的模型包括提前还款模型、违约模型、违约损失模型。在提前还款和违约行为中，每个借款人的动机原因有很多，如家庭发生变化、工作调动、利率波动等多种不确定因素。精准判断每个借款人的行为动机是不可能的。但由于大数定律的存在，通过对历史数据的统计和经济分析，对资产池的潜在还款行为还是可以作出统计预计。不过也应该认识到，社会在更新，市场在变动，因此通过历史数据的分析也不可能对未来作出精准预测，特别是当市场发生显著波动时。但是，正是由于市场交易方对未来预测的不一致，才产生了交易策略和套利空间的不同。谁的模型更准确，就更有可能获利。这是靠能力的较量，而不是靠牌照带来的垄断。

一个好模型的判断标准在于两个方面。一个方面是稳健，即它可以在多个市场条件下都可以使用。如果一个模型每天都需要改动，那么难以满足变动的市场需求，也无法对未来产生稳定的预测。另一个方面是简洁。如果一个模型过于复杂，即便它可以通过某些方式很好地拟合历史数据，但也不可能对未来市场产生准确估算，这被称为过度拟合（over-fitting）。

下面我们先谈一下提前还款模型。通常那些具有专业量化训练的分析师（一般称为 Quant）会利用量化工具对借款人的行为和基本因子，如借款人特征、物业特征、按揭特征进行分析。一般来说，量化方式是借用产品可靠性的存活分析（Survival Analysis），对提前还款进行预测。使用存活分析模型的好处在于可以考虑删失数据（Censored Data）。最为常见的是 Cox 模型（Coxproportional Hazards Model）：

$$h_i(t) = h_0(t)\, e^{\beta' x}$$

式中，$i$ 代表第 $i$ 个按揭，$t$ 代表该按揭的时间（年龄），$h_i(t)$ 是该按揭在时间 $t$ 时提前还款的概率（此为条件概率，即该按揭到时间 $t-1$ 时还存在资产池中），$h_0(t)$ 为类似按揭在时间 $t$ 时的平均提前还款率（$h_0$ 可以看作是个基准曲线），$x$ 为上述因子，$\beta$ 就是我们需要估算的因子系数。

上述模型构架可以同样应用于违约模型，只是具体因子因为行为不同而改变。但一个需要关注的问题是违约的定义。理论上，任何违背合约而发生的本息偿付延迟都是违约。但在实际中，一个信贷最终导致损失会是一个渐进过程，要经历多个阶段：从正常到逾期 30 天，逾期 60 天，逾期 90 天，……，法拍，清收。在哪个阶段需要被认为是违约，不同的分析师可以根据不同的需要加以设定。美国债券市场协会（The Bond Market Association）针对美国市场上最流行的按揭产品（30 年固定利率按揭）就年化条件违约率（Conditional Default Rate，CDR）提出了一个标准违约假设（SDA）。SDA假设按揭在第一个月的年化违约率为0.02%，然后每个月以0.02%的年化违约率增加，直到第30个月达到0.60%，然后保持常量到第60个月。在此之后，以每个月年化0.0095%的速度递减，直到0.03%，然后维持常量。在实践中，该假设有时也被用于其他按揭产品。此外，也有人采用与CPR相类似的违约计算法，即计算违约额占计划按揭余额的比例再进行年化。

按揭违约后，还需一段时间进行后置处理，包括法拍、清收等。在这个过程中，中美服务商的做法不同。在美国，服务商需要对尚未最后清收的按揭进行本息垫付，除非服务商确认垫付款无法在后期资产清收中得到偿还。中国目前还没有服务商垫付这一要求。由于清收会带来一定回款，因此，在现金流模型中，还需要考虑对所有违约按揭的最终损失，即违约损失（Severity）的预测。这个模型一般采用线性回归方程。但由于违约损失的分布并不符合线型回归方程中所假设的正态分布，因此，在利用该模型时，常常需要对损失分布先进行分布转换到标准正态分布，再利用回归方程法进行量化预测。

# 中美资产证券化的国际比较与借鉴 [①]

资产证券化起源于 20 世纪 70 年代美国的住房抵押贷款证券化，并随着法律、会计、市场的逐步完善被推广到其他基础资产和其他经济发达国家。如今，美国资产证券化发行额占全球市场的 65% 以上，市场规模最大，运作模式最为成熟。我国于 2005 年正式启动信贷资产证券化试点。经过十多年的发展，资产证券化市场规模快速扩大，产品类型日益丰富，制度框架逐渐完善。但与美国相比，我国资产证券化市场还有很大的提升空间。因此，通过在资产证券化发展历程、产品类型、运作模式、监管政策和发行方式等方面与美国经验进行对比分析，对我国资产证券化的持续发展提供了借鉴。

## 1. 中美资产证券化市场发展历程比较

### 1.1 美国资产证券化市场发展历程

作为全球资产证券化市场中最成熟，同时也是规模最大的国家，美国资产证券化的发展历程与其经历的三大危机密不可分。

（1）20 世纪 30 年代经济大萧条后，高失业率造成大规模的住房贷款违约率（超过 21%[②]），房价下跌，银行也大范围倒闭（10 000 多家[③]）。

---

① 原文节选发表在《金融市场研究》2018 年 3 月刊。与吕巧玲、陈雷合作。

② Ben S. Bernanke. Non-Monetary effects of the Financial Crisis in the propagation of the Great Depression[J]，American Economic Review，pp.257-76，1983.

③ Ben S. Bernanke. The Macroeconomics of the Great Depression: A Comparative Approach[J]，Journal of Money，Credit and Banking，XXVII，pp.1-28，1995.

为化解危机并促进房地产市场稳定发展，政府成立了如联邦房贷银行（FHLB）、联邦住房管理局（Federal Housing Administration，FHA）等机构来支持银行发放长期、分期偿还、固定利率的按揭贷款，并对放贷银行发放的满足联邦要求的按揭提供承保。同时，为了给全国住房抵押贷款市场提供持续、稳定的金融支持，1938 年，国会成立了联邦国民抵押贷款协会（房利美，Fannie Mae，Federal National Mortgage Association），通过政府发行债券和短期票据募集资金来购买由 FHA 担保的对中低收入家庭发放的住房抵押贷款。房利美的成立标志着美国住房按揭贷款的二级市场的确立。

（2）1968 年，联邦政府将房利美私营化，部分功能剥离成立了全国按揭贷款协会（吉利美，Ginnie Mae，Government National Mortgage Association）。吉利美仍隶属于美国住房与城市发展部。重组后的房利美虽然私营化，但美国财政部给予了其类似隐性担保的大额授信。为了给常规住房抵押贷款市场（非中低收入家庭抵押贷款，或者说是无政府担保的普通按揭）提供流动性，1970 年设立了联邦住房抵押贷款公司（房地美，Freddie Mac，Federal Home Loan Mortgage Corporation）。房地美的性质和职能与房利美类似，都是在房屋抵押贷款二级市场中收购贷款，但不同于房利美，房地美侧重于常规住房抵押贷款市场。同年，吉利美发行了第一单住宅房地产抵押贷款支持证券（MBS）。

20 世纪 70 年代中期，第二次世界大战后早期婴儿潮[①]进入结婚生子期，对住房贷款需求激增，传统的融资渠道难以满足住房贷款机构的资金需求。与此同时，1971 年尼克松政府实行的"新经济政策"和 1973 年西方主要货币与美元实行浮动汇率导致美国通胀率高企和利率急速上扬，经济衰退，顺周期运营的银行开始减少对企业放贷。另一方面，由

---

① 是指美国第二次世界大战结束后，1946—1964 年出生的婴儿潮人口，大约有 7 830 万人。

于当时美国政府对银行存款利率的上限设置限制，银行存款利率远远低于公开市场投资人对资金的回报要求，个人的银行存款开始向更高收益的由机构投资人管理的货币基金流动。银行资金的减少进一步加剧了信贷紧缩。仅仅在 1974 年，商业银行放贷就缩减了 20%。大量企业面临贷款困难，不得不放缓商业扩展计划，削减员工。资产流动停滞、资金荒成为美国企业在 20 世纪 70 年代后期发展面临的重要问题。在这种环境下，金融机构需要变现其拥有的长期缺乏流动性的资产以应对信贷紧缩风险，企业寻求新的金融工具的需求非常迫切。由此，也导致低评级企业债（垃圾债）的发展[①]。

20 世纪 70 年代末 80 年代初，房利美、房地美和吉利美开始将大量抵押资产打包并担任担保人发行证券，MBS 被创造，并开始发展。储贷危机之后，美国联邦政府开始对金融机构的自有资本率设限（社区银行资本充足率至少达 7%，联邦储备银行至少达 6.5%），1988 年国际清算银行（BIS）推出《巴塞尔协议 I》，进一步将自有资本比率提高到至少 8%。在这种制度环境下，为满足资本充足率的规则要求，银行的资产证券化业务动机也发生演变，也即由早期的规避利率风险、提高资产流动性转变为资产负债表的管理工具，基础资产从住宅抵押贷款开始扩展至其他各种金融资产。这期间，首单设备租赁 ABS、汽车抵押贷款 ABS、信用卡贷款 ABS 等陆续成功发行。

20 世纪 90 年代，在监管政策、法律支持以及计算机、证券化技术的巨大发展推动下，投资者对不同基础资产类型的证券化产品认可度提高。21 世纪早期，在互联网泡沫和房价暴涨引发的廉价信用驱动下，ABS 领域发展迅猛，同时也带动了汽车和信用卡等消费贷款领域 ABS 的增长。

（3）2008 年次贷危机发生，ABS 的发行和需求急剧萎缩（2008 年 ABS 发行总量同比下降了 50%）。尽管资产证券化在危机期间成为众矢

---

① 郭杰群 . 企业高收益债的发展与启示［J］. 金融市场研究，2017（9）.

之的，但其在危机后的表现证明了它的强大复原力。2017 年，美国资产证券化市场发行规模达 2.31 万亿美元，相当于危机前市场平均水平（2005—2007 年 3 年的平均规模为 3.27 万亿美元）的 71%。

## 1.2　中国资产证券化市场发展历程

我国资产证券化市场起步较晚，但在内部改革驱动和外部经济环境变迁的共同影响下，自 2014 年以来以指数级的速度增长，目前已成为亚洲最重要的资产证券化市场。具体来看，我国资产证券化业务发展经历了以下四个阶段。

（1）探索阶段（1990 年初—2004 年）

我国资产证券化起步于 20 世纪 90 年代初，最早的产品是 1992 年三亚市开发建设总公司发行的总额为 2 亿元的三亚地产投资证券。为了寻找新的融资来源，这之后一些大型国企在境外发行资产证券化产品，其中代表性的有 1996 年中国远洋运输有限公司和 1997 年中国外运集团以应收账款资产发行的资产支持证券。

亚洲金融危机之后，商业银行的不良资产问题引发关注。华融、信达和工商银行宁波分行对不良资产证券化产品进行了尝试。虽然这些产品还不是严格意义上的资产证券化产品，但资产证券化的理念已经引起了市场的关注。

（2）试点阶段（2005—2008 年）

2005 年，我国信贷资产证券化试点开始启动。央行和银监会相继颁布了《信贷资产证券化试点管理办法》《金融机构信贷资产证券化试点监督管理办法》以及其他配套法规文件。同时，证监会开始了企业资产证券化业务的研究论证和试点工作。

（3）停滞阶段（2009—2011 年）

受 2008 年美国次贷危机影响，基于防范资产证券化产品风险以及维护金融安全的考虑，我国监管部门停止了各类资产证券化产品的审批发行。这期间，仅 2011 年远东国际租赁有限公司发行了 1 单企业资产证券化产品。

（4）常态化发展阶段（2012—2013 年）

2012 年，央行、银监会和财政部联合颁布《关于进一步扩大信贷资产证券化试点有关事项的通知》，标志着信贷资产证券化业务的重新启动。2012 年 8 月，中国银行间市场交易商协会颁布《银行间债券市场非金融企业资产支持票据指引》，推动了资产支持票据（ABN）业务在银行间市场的开展。2013 年，证监会颁布了《证券公司资产证券化业务管理规定》。由此可见，资产证券化业务由试点转为常规化发展。

（5）快速发展阶段（2014 年底至今）

2014 年底，监管部门出台了一系列政策支持制度，信贷资产证券化和企业资产证券化进入业务"备案制"时代。2015 年，信贷资产证券化对已取得 ABS 业务资格，并发行过信贷资产支持证券的发起机构和发行机构实行中国人民银行注册管理制。2016 年底，资产支持票据实行新规［指《非金融企业资产支持票据指引（修订稿）》的发布］。由此可见，我国资产证券化市场，通过制度完善、程序简化、信息披露和风险管理加强而得到快速发展。

## 1.3　小结

从中美两国资产证券化的起源和发展来看，美国资产证券化市场最早是为盘活资产、解决住房抵押贷款需求激增而引起的金融市场流动性紧张问题而产生，并在历次经济危机的冲击下不断完善监管法规，规范市场发展，同时在计算机、通信等新兴技术的引领下，进一步扩大证券化基础资产范围而快速发展。

中国的资产证券化发展蕴含着显著的顶层设计特色，主要体现在由政府支持、推动，在学习国际资本市场先进融资理念和创新融资工具应用上，始终遵循"试点先行、安全第一"的原则，并在提高信贷资产流动性，实体经济去杠杆，防范金融风险等经济背景下，逐步完善法律法规基础，简化业务流程，促进了资产证券化市场的高速发展。

## 2. 中美资产证券化基础资产比较及市场概况

### 2.1　中美资产证券化基础资产比较

由于中美两国的经济条件、市场环境以及监管政策等不尽相同，其在资产证券化产品种类方面也有所差异。总的来说，美国的基础资产种类清晰（见图1），以金融机构债权类资产为主，主要包括房地产抵押贷款（MBS）、债务担保证券（Collateralized Debt Obligation，CDO）、汽车贷款和信用卡贷款等。其中，美国MBS占资产证券化发行总量的80%以上，而CDO又包括CLO（信贷抵押证券）和CBO（债券抵押证券）。

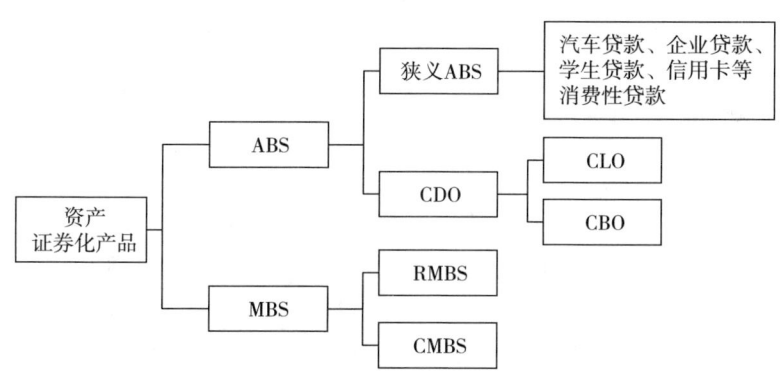

资料来源：厦门国金根据公开资料整理。

**图1　美国资产证券化产品分类**

中国金融市场实行分业监管，其中，"业"是行业，而非业务。资产证券化产品作为一种受监管的金融产品，相应地也带有行业监管特色，由此可见，我国ABS基础资产分类复杂。简单来说，我国ABS主要分为4类，分别是信贷资产证券化（以下简称信贷ABS）、企业资产证券

化（以下简称企业 ABS）、资产支持票据（以下简称 ABN）和保险资产
证券化（以下简称保险 ABS）。4 类产品的区别如表 1 所示。

表 1　我国资产证券化产品概况

|  | 信贷 ABS | 企业 ABS | ABN | 保险 ABS |
|---|---|---|---|---|
| 主管部门 | 央行＋银监会 | 证监会 | 银行间交易商协会 | 保监会 |
| 发起机构 | 金融机构 | 企业 | 非金融企业 | 企业 |
| 发行载体 | 特定目的信托 | 特殊目的载体，为资产支持专项计划或者证监会认可的其他特殊目的载体 | 特定目的信托、特定目的的公司或交易商协会认可的其他特定目的载体，也可以为发起机构 | 特殊目的载体，为保险资产管理公司等专业管理机构设立的支持计划 |
| 审核方式 | 业务资格审批与产品备案结合 | 备案制 | 注册制 | 初次申报核准，同类产品事后报告 |
| 信用评级 | 双评级，鼓励采用投资者付费模式评级；定向发行可免于评级 | 不强制双评级 | 不强制双评级 | 不强制双评级 |
| 交易场所 | 银行间债券市场 | 主要是上交所、深交所和机构间报价与服务系统 | 银行间债券市场 | 上海保险交易所 |

资料来源：厦门国金根据公开资料整理。

　　在基础资产方面（见图 2），（1）信贷 ABS 市场主要是银监会监
管下的金融机构的对公和个人贷款资产。其分类相对明确，以 RMBS（2017
年信贷 ABS 中发行规模最大）、CLO、汽车贷款 ABS 和消费性贷款 ABS
为主。

　　（2）企业 ABS 和资产支持票据（ABN）主要是企业资产，其种类
繁多（见图 2）。由于我国企业资产证券化实行基础资产负面清单制，
凡是"符合法律法规规定，权属明确，可以产生独立、可预测的现金流
且可特定化的财产权利或者财产[①]"均可作为证券化基础资产。因此可

---

① 资料来源：《证券公司及基金管理公司子公司资产证券化业务管理规定》中的基础资产定义。

见，企业资产证券化除了消费贷、应收账款等常规基础资产，也出现了信托受益权、委托贷款、保单贷款、融资融券债权、股票质押回购债权等多种在美国市场不常见的"基础资产"类型。要洞察我国企业 ABS 的实际基础资产，必须对名义上的基础资产进行穿透。在统计我国各类基础资产的 ABS 产品时是否进行穿透、如何穿透的不同做法也导致了不同的市场参与者有不同的统计数字。在企业 ABS 中，企业债权类资产虽然存在明确的债权债务关系，资产特征明显，容易辨认，但由于借款人性质分类不透明，也导致产品分类的不准确性。比如，小额贷款与消费性贷款分界不清晰（一些小额贷款实际用途是消费性贷款）。收益权类资产是形成于未来的财产权利，其现金流具有不确定性，在很大程度上依赖原始权益人的持续运营和管理能力。在收益权类 ABS 中，产品规模一般根据资产的历史运营数据而测算得出。在海外，收益权类 ABS 占比很小，但在我国是 ABS 的一个大类。截至 2017 年底，收益权类 ABS 累计发行规模近 1 250 亿元，占比企业 ABS 发行总量的 8%（由于上述资产穿透困难的原因，底层资产为收益权的信托受益权产品并没有包括在这个计算中）。

（3）除此之外，还有一类仅国内才具有的特殊类别／资产：类（准）REIT。在境外，REIT 本身是指在特定的法律框架下，专门从事房地产或与之相关资产的运营、投资、管理为投向的，以发行所有权凭证或收益凭证方式汇集投资人资金的社会组织或行为。REIT 是一种资产运营模式，本身并不属于资产证券化类别。但在国内，为规避法律、税务上的限制，目前所谓的 REIT 产品主要是结合资产证券化工具的一种融资或改善企业财务报表的手段，因此也被纳入资产证券化的范畴。国内的所谓 REIT 都既具有债的性质，即存在存续期限、固定收益，也有股的性质，即在结构中通过持有项目公司的股权而间接持有底层不动产资产。因此，国内这些产品在功能上和形式上都不是严格意义上的 REIT，只能被称为类 REIT[①]。

---

① 郭杰群.中国 CMBS、类 REIT 的运作模式、交易结构设计与风险控制［J］.清华金融评论，2017.

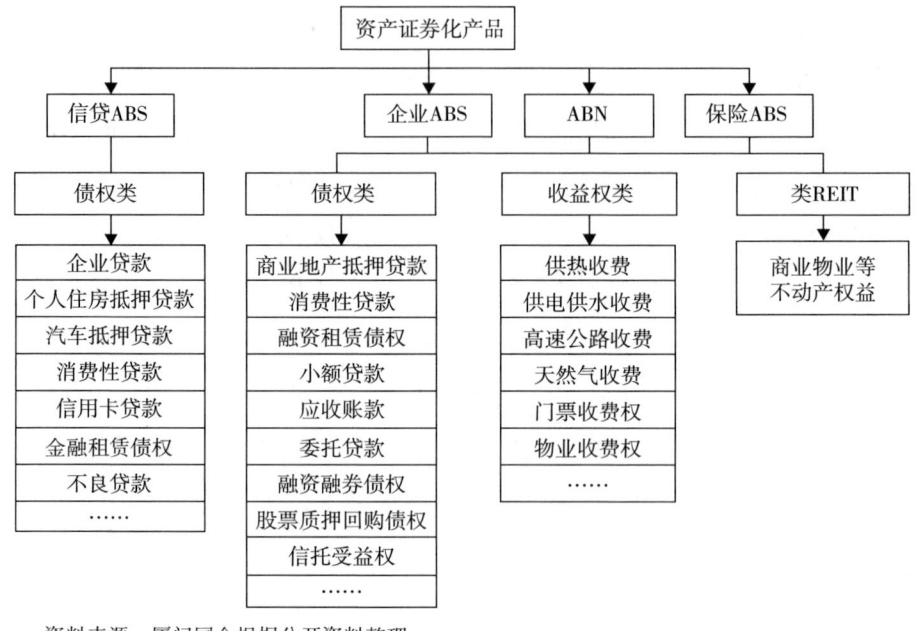

资料来源：厦门国金根据公开资料整理。

**图2　我国资产证券化产品分类**

从会计出表角度来看，债权类 ABS 和类 REIT 在满足会计准则约定的相关条件下可以实现会计出表，但收益权类 ABS 的基础资产本身是未来债权，并不体现在资产负债表的资产端，因此不存在会计出表的问题。

在国内 ABS 操作中，有时底层资产缺乏可特定化的合格基础资产，为了构造现金流，企业 ABS 出现了"信托计划＋专项计划""私募基金＋专项计划"的双 SPV 交易结构。从表面上看，"信托计划＋专项计划"的双 SPV 结构的基础资产是信托受益权（通过信托发放信托贷款而形成）；穿透来看，实际上底层资产类型多样，包括学费、保障房收入等收益权类资产；"私募基金＋专项计划"的双 SPV 形式常应用于类（准）REIT 产品中，通过借助私募基金的"股权＋债权"方式收购和控制项目公司（从而间接拥有标的物业的未来收益），再以私募基金的份额作为基础资产向投资人发行资产支持证券。另一方面，由于我国企业 ABS 在信息披露方面不够透明，一些产品无法找到发行文档（如计划说明书、评级报告等），其基础资产类型更是无法识别。由此可见，市场上对各类资产规模的综合难以达成一致意见，这也是当前国内资产证券化市场发展中的重大不足。

## 2.2 美国资产证券化市场规模

美国资产证券化是债券市场的重要组成部分，在近 15 年中，历年发行量均占债券总量的 31% 以上，2015 年一度达到 56%，自 2008 年起开始下滑（见图 3）。

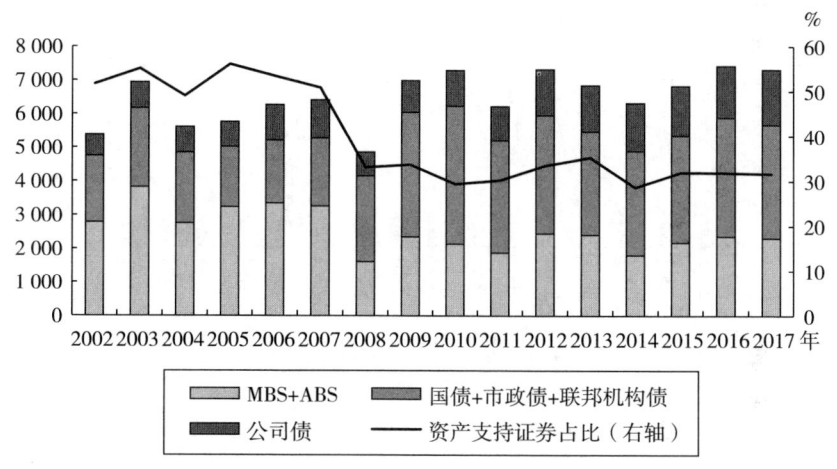

资料来源：sifma.

**图 3 美国债券市场发行总量分布（单位：十亿美元）**

从结构上看，MBS 是美国资产证券化产品的主要品种。自 2008 年以来，MBS 在整个资产证券化市场的占比达到 80% 以上（2014 年为 79%，见图 4）。2017 年，美国资产支持证券共发行 2.31 万亿美元，其中 MBS 发行 1.88 万亿美元，占比 82%，狭义 ABS 仅占 18%。

由于历年发行规模大，MBS 存量占比也很高，近年来基本稳定在 87%。截至 2017 年第三季度末，美国资产支持证券存量总计 10.57 万亿美元，MBS 存量达 9.16 万亿美元，比重为 86.66%（见图 5）。

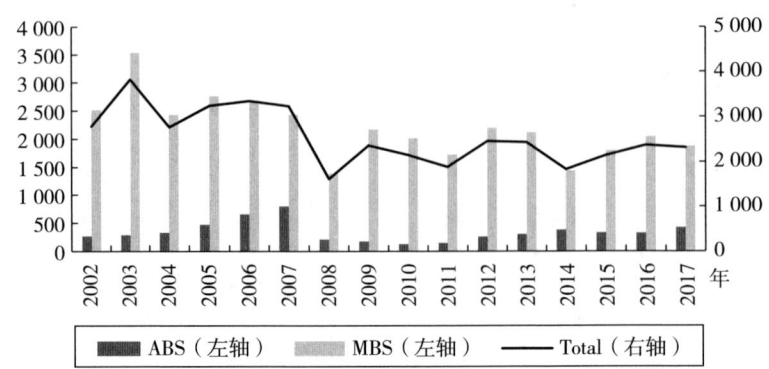

资料来源：sifma.

**图 4　美国资产支持证券发行总量（单位：十亿美元）**

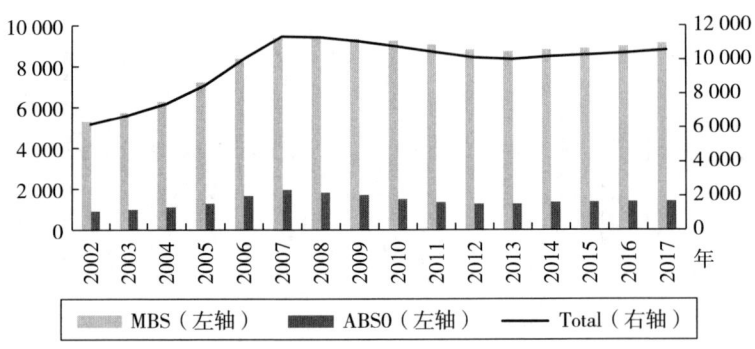

资料来源：sifma.

**图 5　美国资产支持证券存量（单位：十亿美元）**

　　美国住房抵押贷款市场属于政府主导，由房利美、房地美和吉利美发行的机构型 MBS（Agency MBS）历年发行量占到 MBS 市场的 90% 以上，远远超过非机构型的市场规模。2017 年，机构型 MBS 的发行总量达 1.71 万亿美元（见图 6）。

　　美国狭义 ABS 的基础资产包括汽车抵押贷款、信用卡贷款、设备贷款、助学贷款和其他类。汽车抵押贷款 ABS（Auto ABS）和信用卡贷款 ABS 的比重较大，两者合计占比最高达到 65%（2009 年，其后占比也在降低）。2017 年，汽车抵押贷款 ABS 总计发行 1 029.4 亿美元，占狭义 ABS 总量的 24%；信用卡贷款 ABS 总计发行 427.6 亿美元，占狭义 ABS

总量的 10%（见图 7）。

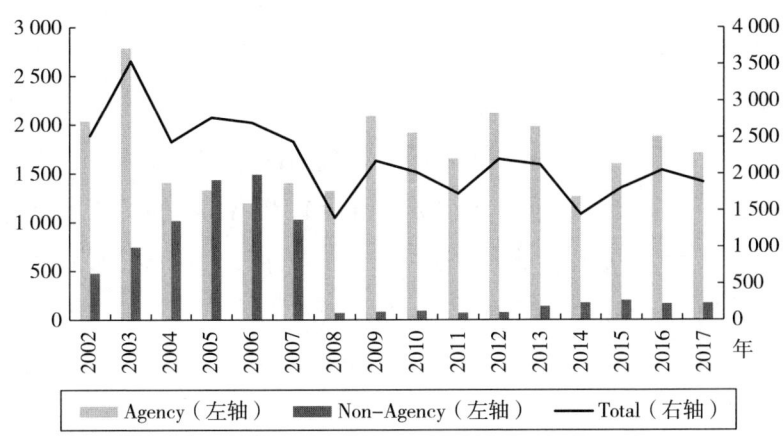

资料来源：sifma.

**图 6 美国 MBS 历年发行总量分布（单位：十亿美元）**

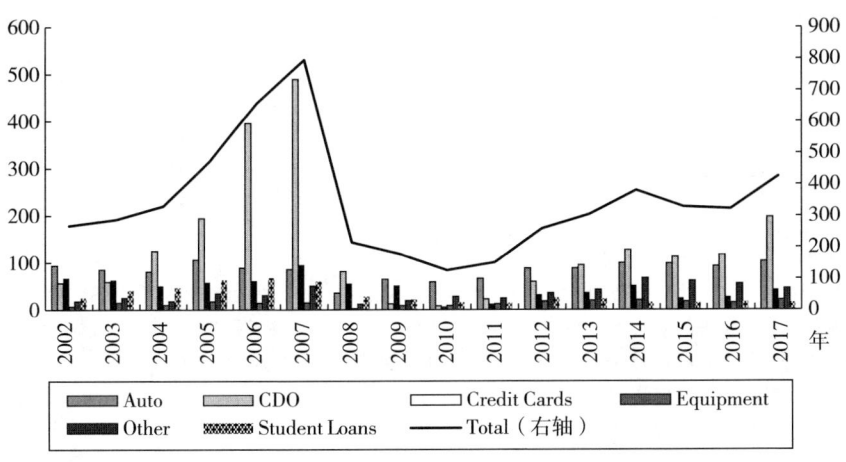

资料来源：sifma.

**图 7 美国 ABS 发行总量分布（单位：十亿美元）**

## 2.3 中国资产证券化市场规模

我国资产证券化产品的基础资产种类繁多。如果忽略上述基础资产穿透的问题，那么产品主要集中在消费性贷款、个人住房抵押贷款、企业贷款、应收账款、小额贷款、租赁债权、汽车抵押贷款和信托受益权。2017 年，我国资产证券化发行总额达 1.43 万亿元（见图 8）。其中，消费性贷款 ABS 位列第一，共发行 2 123.42 亿元，市场占比 17%；RMBS 和企业贷款 ABS 分别发行 1 707.53 亿元、1 673.94 亿元，市场占比均为 12%；租赁债权 ABS 和信托受益权 ABS 分别发行 1 438.77 亿元、1 447.82 亿元，市场占比均为 10%；应收账款 ABS 和小额贷款 ABS 分别发行 1 278.27 亿元、1 246.89 亿元，市场占比均为 9%；汽车抵押贷款 ABS 共发行 1 089.79 亿元，市场占比为 8%。

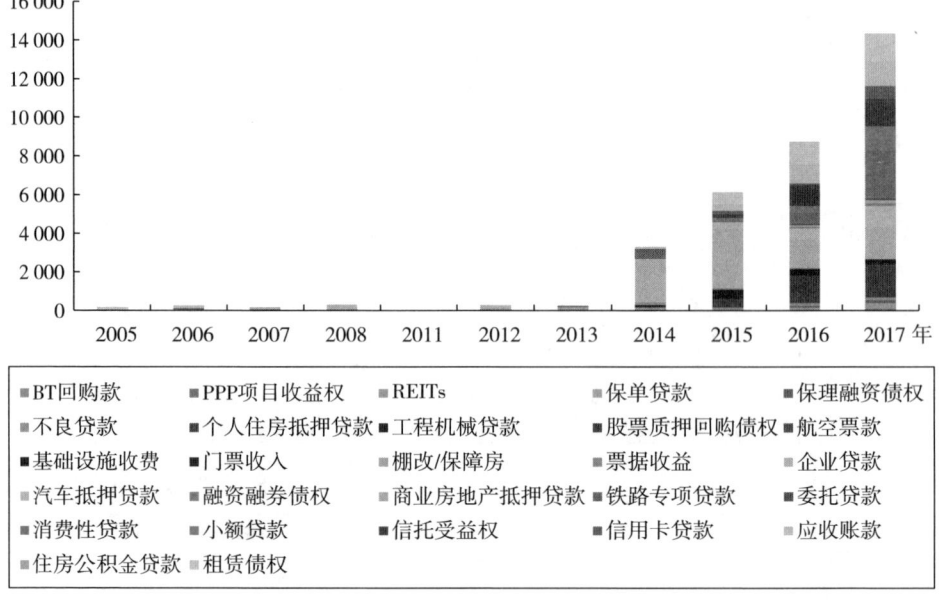

资料来源：厦门国金 ABS 云数据库（www.abscloud.com）。

**图 8　中国 ABS 发行总量分布（单位：亿元）**

## 2.4　小结

中美两国在资产证券化基础资产类型方面，存在一定的共性和个性。在大类基础资产方面基本相同，比如 RMBS、CLO、Auto ABS 等。但美国是 RMBS 独大，市场占有率在 80% 以上。相比之下，我国资产证券化的基础资产可谓是"百花齐放"，将近 30 种。创新品种主要出现在企业 ABS 产品中。就当前的市场现状来看，大多数企业将资产证券化当作一种替代性的融资渠道。

从市场规模来看，美国资产证券化市场在历经金融危机的冲击之后，正在恢复。其在 2017 年的总发行量达到 2.3 万亿美元，占全球 ABS 市场份额 65% 之多。我国自 2014 年底银行间市场和交易所市场实行"备案制"之后，资产证券化市场规模急剧扩张。2017 年发行总额突破 1 万亿元，历史累计发行额突破 3 万亿元，发展空间巨大。

## 3. 中美资产证券化运作模式比较

### 3.1　美国资产证券化运作模式分析

美国资产证券化业务通常在交易结构上将证券化资产设计成"真实出售"。典型的交易结构如图 9 所示。首先，发起人将证券化资产转移给 SPV（Special Purpose Vehicle，特殊目的载体），采用真实出售或将资产所有权转让给 SPV 或两者皆有的方式，确保基础资产在原始权益人破产或其他特殊情况下不被认定为原始权益人的资产；其次，SPV 将这些资产转让或出售给发行人（通常以特拉华州法定信托或纽约州普通法信托的形式设立，并依据信托协议进行运营）；最后，发行人以获取的资产为基础向投资者发行不同信用等级和期限的证券。在实际操作中，大多数 ABS 交易会利用 SPV+ 发行人（双 SPV）运作模式。但由于 SPV 本身就可以发行 ABS，因此有些产品也不设立发行人角色。

值得注意的是，在整个证券化交易中，SPV 非常关键。SPV 通常以特拉华州有限责任公司的形式设立，有限责任协议是其运营的主要文件。

为体现 SPV 的有限目的性，以及确保其与母公司（通常为原始权益人）之间的破产隔离，有限责任协议会包含多项承诺，包括 SPV 的经营仅限于购买基础资产、发行资产支持证券等必要的证券化活动，SPV 对外举债受限，SPV 管理层应该至少有一个独立董事等以限制 SPV 的活动和保持自身的独立性。为实现"真实出售"和"破产隔离"，原始权益人和 SPV 需要对"真实出售"或"真实交付"做一系列法律承诺（称为"分离契约"）。律师事务所会出具"关于真实出售的法律意见"和"非合并的法律意见"。这些意见书主要是在确定当原始权益人涉及破产诉讼时，SPV 的资产负债表不会与原始权益人的资产负债表合并，证券化资产与原始权益人及其附属机构的资产相互独立。

在美国资产证券化产品交易中，服务商的角色非常重要、不可缺少。个人住房抵押贷款证券化（RMBS）项目的主服务商一般由发起人充当。通常，主服务商也会雇佣基础服务商。在其中，基础服务商直接与借款方接触，负责从借款方归集贷款本息，并在必要时候垫付本息以降低出现的亏损；主服务商负责协调各贷款服务商向借款人回收本息，以及向 RMBS 信托垫付资金等工作。

在商业地产抵押贷款证券化（CMBS）交易中，除了主服务商和基础服务商，还需要聘用特殊服务商，负责处理类如评估贷款修改申请以及为"特殊服务"（如已经严重逾期）贷款进行清算和止赎等事务。特殊服务商通常是 CMBS 的 B– 级（劣后层）的持有者，由控制层证券（一般持有证券劣后级部分）的持有人指定。在非 MBS 的资产证券化（ABS）交易中，服务商主要负责归集基础资产的回款本息，以及对违约事件发生后的现金流回收。与 MBS 交易不同的是，在 ABS 交易中，服务商往往不需要为资产本金和利息的按时归集负责，因为 ABS 产品的交易结构中通常会设置诸如现金流储备账户的增信措施，以覆盖资金短缺情况。以住房抵押贷款证券化为例的交易结构如图 9 所示。

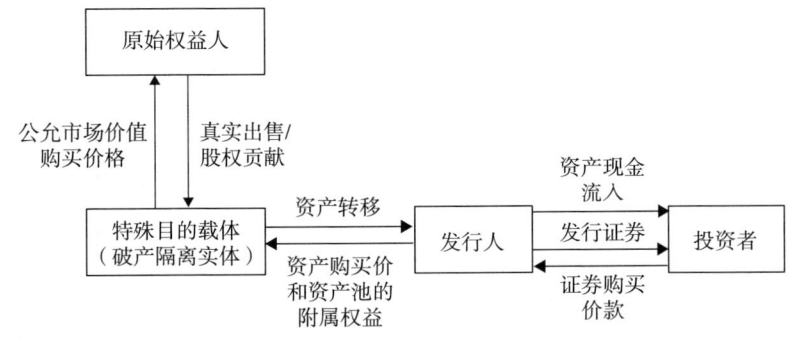

资料来源：厦门国金根据公开资料整理。

图9　美国典型的资产证券化交易结构图

## 3.2　中国资产证券化运作模式分析

我国资产证券化的运作模式有两种，一种是依据《信托法》，以信托公司设立"特定目的信托"为载体，实现法律意义上的风险隔离，主要适用在银行间债券市场发行和交易的信贷资产证券化和资产支持票据产品；另一种是依据《证券公司及基金管理公司子公司资产证券化业务管理规定》，以证券公司或基金管理公司子公司成立的"资产支持专项计划"为载体，"真实出表"和"破产隔离"需要会计师事务所和律师事务所依据相关规定进行认定，主要适用在交易所市场发行和交易的企业资产证券化产品（银行间市场和交易所市场ABS产品有关区别请见表1）。

具体来看，在典型的信贷资产证券化交易结构中，发起机构将信贷资产信托给受托机构（信托公司），受托机构以"信托财产"为支持向投资者发行资产支持证券，在扣除承销报酬和相关发行费用后将所得的募集资金的净额支付给发起机构，并以信托财产未来产生的现金流为限支付投资者收益（见图10）。贷款服务机构负责基础资产监控、本息回收和催收，以及违约资产处置等基础资产管理工作，因为发起机构拥有基础资产的现成信息系统以及相应的客户关系，贷款服务机构往往由发起机构或其附属机构担任。此外，为了保证发起机构与投资者的利益一致，信贷资产证券化设有 5% 的风险自留规定，即在产品存续期，发起机构必须"水平持有"或"垂直持有"至少 5% 的基础资产信用风险。其中，"水平持有"要求发起机构持有不低于证券发行总额 5% 的最低档次证券；"垂直持有"要求发起机构同比例持有各档次证券，且持有至少 5% 的最低档次证券。

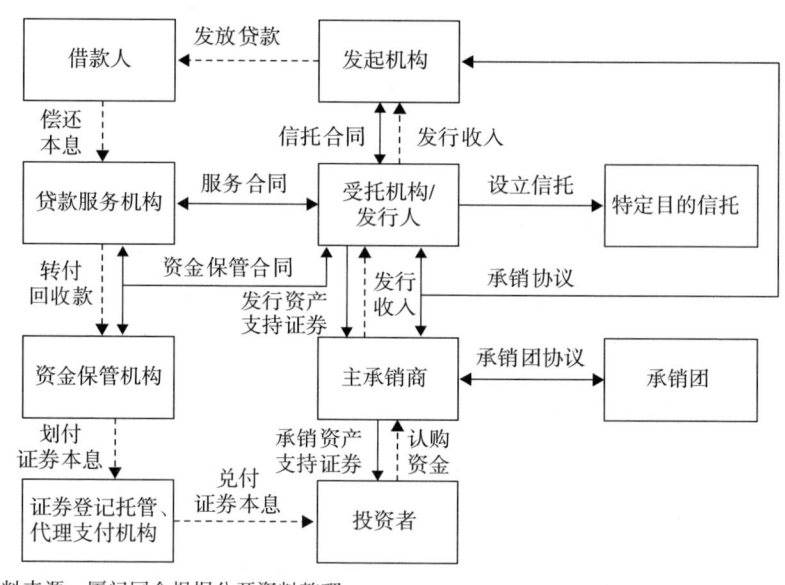

资料来源：厦门国金根据公开资料整理。

**图 10　信贷资产证券化交易结构图**

企业资产证券化与信贷资产证券化交易不同的是，投资者将认购资金以资产支持专项计划的方式委托计划管理人设立和管理，管理人通过专项计划向原始权益人购买基础资产（见图 11）。而且，为了构造合格基础资产，市场上出现了"信托计划 + 专项计划"和"私募基金 + 专项计划"的双 SPV 交易结构。证监会对原始权益人的风险自留没有明确规定。但在实际操作中，原始权益人通常参照信贷资产证券化的做法，即持有不低于证券发行总额 5% 的次级档证券。另外，如果企业证券化产品要在交易所市场挂牌转让，必须向交易场所（主要是上海证券交易所、深圳证券交易所和机构间私募产品报价与服务系统）申报取得无异议函。

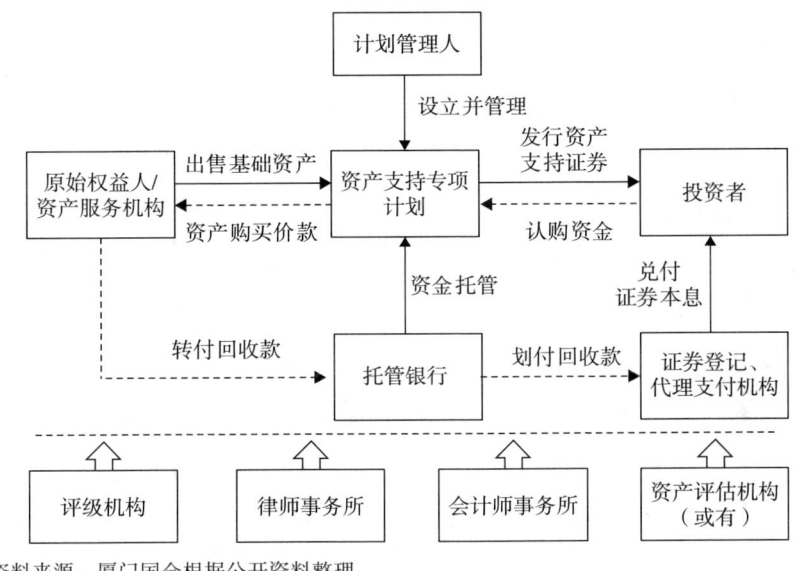

资料来源：厦门国金根据公开资料整理。

**图 11　企业资产证券化交易结构图**

## 3.3　小结

尽管同样叫做"资产证券化"，美国在 SPV 载体设立、存续期服务商管理等方面的规定，体现了资产证券化"真实出售"和"风险隔离"的创新本质。但我国资产证券化的 SPV 主体地位，特别是在企业 ABS 中还缺乏明确的法律保障。同时，我国独立的第三方服务机构还没有出现，在资产服务的功能上还有很大发展空间。

# 4. 中美资产证券化监管模式比较

## 4.1　美国资产证券化监管模式分析

美国的证券监管体系由联邦、州和自律组织三个层次共同组成。虽然美国对资产证券化没有专门的立法，但《1933 年证券法》《1934 年证券交易法》《1940 年投资公司法》和各州的"蓝天法案"构成了资产证券化业务的基本监管框架。

在美国，需要销售的证券必须在美国证券交易委员会（SEC）注册或者由于满足特定资质而得到注册豁免。根据《1933 年证券法》，各类证券的发行应该向 SEC 注册，并且发行人承担提供信息的义务，且要保证其提交信息的真实性、准确性和完整性。[①]《1934 年证券交易法》侧重于二级市场，在要求证券注册登记外，还规定发行人要向 SEC 定期报送报表，其目的在于使得投资人获得持续的、准确的相关产品信息。在证券化交易中，若采用 SPV 架构的，还面临《1940 年投资公司法》的规范。此外，美国各州还制定了相应的"蓝天法"以规范证券在本州的发行。"蓝天法"的基本架构与《1933 年证券法》类似，要求在各州发行的证券应该向该州的证券监管机构注册[②]。对于私募发行的 ABS，如果适用于 SEC 在 1972 年出台的《144 规则》、1982 年的《D 条例》和 1990 年的《144A 规则》，可豁免注册。不过，对此类私募发行的 ABS，二级市场交易有严格的限制，导致流动性大大降低。2010 年《多德—弗兰克法案》颁布，其中规定了发起机构风险自留模式、并在信息披露方面要求更加严格。

由于立法层面的证券法律包罗万象，很多内容对资产证券化并不适用。2004 年 12 月，SEC 发布了专门针对资产证券化的监管规则——《资产支持证券注册、信息披露和报告规则》（以下简称 RegAB，2006 年 1 月 1 日生效）。Reg AB 的主要作用体现在产品注册、信息披露、对外沟通和定期上报。但 2008 年国际金融危机后，监管部门意识到金融危机的原因之一是投资人无法有足够时间和必备信息来评估资产支持证券的底层资产风险。SEC 在 2014 年 8 月 27 日开始实施修改后的《Reg AB》最

---

① 特殊证券种类和交易可豁免注册。

② 但"蓝天法"基于的是资质审核，《1933 年证券法》基于的是对发行证券产品信息的审核。

终规则,即《Reg AB Ⅱ》。该条例在发行流程、信息披露和上报要求上作了重大改变,比如,对于住房抵押贷款、商业地产抵押贷款、汽车贷款、汽车租赁、债权类证券、再证券化为基础资产的资产支持证券,设立了标准化的在基础资产层面的信息要求。

在会计处理方面,就涉及资产证券化基础资产"真实出售"的认定主要依据美国《通用会计准则》下,《财务会计准则》第 166 条和第 167 条的规定。资产证券化表外化处理包含两个关键步骤:(1)《财务会计准则》第 167 条防止发起人与发行人的财务报表合并;(2)《财务会计准则》第 166 条确保发起人对发行人进行会计销售。

## 4.2 中国资产证券化监管模式分析

和美国类似,我国也没有针对资产证券化业务的专门立法。总的来说,资产证券化业务中的相关参与主体受《证券法》《证券投资基金法》《公司法》和《信托法》的法律约束。在我国实行分业监管的模式下,信贷资产证券化和资产支持票据在银行间债券市场发行和交易,由中国人民银行负责监督管理。其中,信贷资产证券化实行"备案制和央行注册制"相结合的方式,即金融机构向银监会申请相关业务资格,获批发行的产品须向银监会备案。对于已经取得监管部门相关业务资格、发行过信贷资产支持证券且能够按规定披露信息的受托机构和发起机构可以向中国人民银行申请注册,并在产品发行前由央行备案;资产支持票据的发起主体为非金融企业,实行银行间交易商协会注册制。企业资产证券化一般在证券交易所市场发行,由中国证监会负责监督管理,中国证券投资基金业协会负责事后产品备案,而且产品公开挂牌转让有 200 人合格投资者的限制。

信息披露方面,央行和银监会依据《信贷资产证券化试点管理办法》对信贷资产证券化专门出台了《资产支持证券信息披露规则》和《信贷资产证券化基础资产池信息披露有关事项公告》等文件,同时央行授权银行间交易商协会针对性地发布了个人汽车贷款、个人住房抵押贷款、个人消费性贷款等大类基础资产证券化的信息披露指引；企业资产证券化的信息披露则主要依据证监会在 2014 年底发布的《证券公司及基金管理公司子公司资产证券化业务管理规定》和《证券公司及基金管理公司子公司资产证券化业务信息披露指引》。

会计处理和税收政策方面，财政部发布了《信贷资产证券化试点会计处理规定》和《关于信贷资产证券化有关税收政策问题的通知》，但这些规定仅适用于信贷资产证券化产品。一般而言，资产证券化交易是否实现会计出表，主要从是否合并 SPV、终止确认全部或部分资产、是否已转移资产和判断风险转移的程度四个方面考量。从现有的文件规定来看，信贷资产证券化实现了税收中性，而企业资产证券化的税收政策比较模糊。

最后，在涉及证券化交易的"真实出售"和"风险隔离"问题上，信贷资产证券化依据《信托法》和《破产法》，基础资产属于信托财产，可视作实现了破产隔离；企业资产证券化中的基础资产转让仅为合同转让，是否构成真实出售交易还依赖于明确的法律意见书。

## 4.3　小结

由于我国和美国在金融业监管模式（美国实行统一监管，我国实行分业监管）上截然不同，在具体监管政策方面也有较大差异。美国《1933年证券法》将"资产证券化"纳入"证券"范畴[①]，并在法律框架下，制定了更加细化、专门适用资产证券化的监管规则，而且兼顾公募和私募证券发行。相反，我国《证券法》对"证券"的概念界定过于模糊和

---

① 　美国《1933 年证券法》规定，除非本法律另有规定，否则"证券"一词是指任何票据、股票、库存股票、债券、公司信用债券、债务凭证、盈利分享协议下的权益证书或参与证书、以证券作抵押的信用证书、组建前证书或认购书、可转让股票、投资契约、股权信托证，证券存款单、石油、煤气或其他矿产小额利息滚存权，或一般来说，被普遍认为是"证券"的任何权益和票据，或上述任何一种证券的权益或参与证书、暂时或临时证书、收据、担保证书、或认股证书或订购权或购买权。

狭窄 ①，使《证券法》无法全面适用资产支持证券的发行与交易。此外，我国对于资产证券化会计、税收等方面的规定也不甚清晰，造成业务实操上的套利行为和市场资源的浪费，在一定程度上，阻碍了资产证券化市场的健康发展。

# 5. 中美资产证券化发行交易方式比较

## 5.1 美国资产证券化发行交易方式分析

《1933 年证券法》和《1934 年证券交易法》是美国联邦监管证券销售与交易的法律。资产支持证券属于该法规所设定的"证券"范畴内。根据这两个法案，除非拥有注册豁免，否则资产支持证券的发行必须要在美国证券交易委员会（SEC）注册登记且 SEC 要宣布有效，以及保持持续的信息披露。注册登记人一般为证券发行人（适用于公司型 SPV）或发起人（适用于信托型 SPV），须向美国证监会（SEC）提供固定格式的注册登记申请表格［资产支持证券最常用的是 S–1（附件 1）、S–3（附件 2）和 S–11（附件 3）］。按照《1934 年证券交易法》的强制信息披露要求，资产支持证券在存续期还需要向 SEC 提交年度报告、季度报告和临时报告等。② 美国《1933 年证券法》的第 5 章明确指出，未经注册的证券禁止通过任何直接或间接方式销售（公开发行）。那么作为非公开发行的私募产品则具有较差的二级市场流动性。

《1933 年证券法》也设置了证券注册豁免制度，即符合第 3 章和第

---

① 我国《证券法》规定，股票、公司债券和国务院依法认定的其他证券的发行和交易适用于该法。

② 由于"两房"和吉利美具有隐含的或直接的政府信用支持，其发行的机构型 MBS 可豁免注册和自愿进行信息披露。迫于投资者要求和市场竞争压力，这些机构通常都会在自身官网或通过第三方信息服务商披露产品信息，信息披露的内容、形式和详细程度与非机构型资产证券化日益趋同。

4 章规定的证券可以不受第 5 章的约束，也就是得到法定豁免不经注册也可以进行证券公开交易。比如，3（a）2 指出，美国政府（包括州政府和地方政府）或其分支机构所发行或担保的任何证券，以及美国银行和受美国政府监管的外资银行的国内分支机构所发行或担保的证券均可豁免注册。此外，条例 D（Reg D）、条例 S（Reg S）、144 规则、144A规则含有对非公开发行私募产品的规定。这些规则极大地缓和了私募产品的二级市场流动性。

由于严苛的转售条件依然限制了私募证券市场的流动性，为进一步促进该市场的发行效率，提高二级市场流动性和透明度，1982 年 SEC 颁布了 Reg D，其中 506 规则指出，要享受《1933 年证券法》第 4（a）2（发行人不涉及公开发行的交易）的豁免保护，证券发行可面向人数不受限制的"认可投资者"（Accredited Investors）和不超过 35 人的其他购买者（同样要求有丰富的金融和商业知识及经验，有投资风险识别能力），但不能通过广告或招揽的形式营销。"认可投资者"的定义见于 Reg D 中的 501规则，为有丰富金融市场经验的自然人（近 2 年内个人年收入超过 20 万美元或夫妻共同收入超过 30 万美元，且收入稳定，或者个人净资产超过100 万美元）、银行、保险、经纪商和信托公司（总资产超过 500 万美元）等；1990 年，SEC 发布 144A 规则，与 Reg D 和 144 规则相比，144A 规则在规避《1933 年证券法》上有两点明显改进：一是允许证券转售，不受持有证券期限等条件制约；二是将受限证券转让给"合格机构投资者"（Qualified Institutional Buyers，QIBs）不影响已取得的注册登记豁免。144A 对 QIBs 作了规范。QIBs 的定义非常复杂，虽然它没有排除个人投资者的存在，但主要还是指机构投资人，如（1）拥有并主观投资无关联实体发行的证券至少达 1 亿美元，包括银行和储贷机构（净资产在 2 500 万美元以上）、投资公司、保险公司等机构投资者；（2）根据《1934 年证券法》注册并主观投资证券至少 1 000 万美元的做市商（包括个人）；（3）合格机构投资者的全资子公司。从 144 规则、Reg D 和 144A 规则的相关规定及演变过程来看，转售条件的约束、"认可投资者"和"合格机构投资者"的定义均是围绕私募证券的发行和交易，由美国证监会予以规定，其目的都是为了解决私募证券的注册豁免问题。私募发行的资产支持证券主要面对复杂的合格机构投资者和认可投资者。私募发行规则的不断改进，也培育了机构投资者群体，促进了私募证券市场的繁荣。

## 5.2　中国资产证券化发行方式分析

我国资产证券化的公募和私募划分标准与美国不同，除了在是否允许针对不特定人群营销外，还有 200 人的投资者限制。根据《合格机构投资者进入银行间债券市场备案管理实施细则》（中国人民银行公告〔2016〕第 8 号）以及《进一步做好境外机构投资者投资银行间债券市场有关事宜》（中国人民银行公告 2016 年第 3 号），银行间债券市场的合格投资者主要是指商业银行、信托公司、证券公司、基金管理公司、保险公司等金融机构及其发行的金融产品，以及符合中国人民银行公告〔2016〕第 3 号文要求的境外金融机构及其发行的金融产品，以及养老基金、慈善基金、捐赠基金等中国人民银行认可的其他中长期境外机构投资者。在银行间债券市场发行的资产支持证券没有投资者人数限制，且可公开宣传募集，一般称作公募 ABS。

而在交易所发行的资产支持专项计划遵从《证券公司及基金管理公司子公司资产证券化业务管理规定》《私募投资基金监督管理暂行办法》的要求，须面向合格投资者发行，且发行对象不超过 200 人，不能采用广告、公开劝诱和变相公开方式推广，属于私募产品。交易所市场的合格投资者具体指：（1）净资产不低于 1 000 万元的单位；（2）金融资产不低于 300 万元或者最近三年个人年均收入不低于 50 万元的个人；（3）社会保障基金、企业年金等养老基金，慈善基金等社会公益基金；（4）依法设立并在基金业协会备案的投资计划等其他证监会认可的投资者。虽然有实力的个人投资者可以属于合格投资者，但资产支持证券是在交易所做市商报价系统交易（具体来说，上交所是在固定收益证券综合电子平台，深交所是综合协议交易平台进行交易。两个平台都是对会员单位，即机构投资者而设立的），个人投资者还无法进入。

由于公募 ABS 和私募 ABS 的性质不同，两者在发行安排及信息披露方面也有很大区别。银行间市场资产证券化产品分为信贷资产证券化和资产支持票据。具体来看，信贷资产证券化实行银监会监管的业务资格审批制度，获批的金融机构在产品发行前向银监会备案，已备案产品需在 3 个月内完成发行，3 个月内未完成发行的须重新备案；向中国人民银行申请注册的信贷资产支持证券可在注册有效期内自主分期发行。非金融企业发行资产支持票据由银行间交易商协会负责注册管理。在发行选择上，信贷资产证券化和资产支持票据可向投资者公开发行和定向发行，定向发行资产支持证券可免于信用评级，但只能在认购人之间转让。信息披露方面，相关文件规定了信贷资产证券化参与机构（主要是受托机构）、基础资产池以及大类基础资产的信息披露内容，《非金融企业资产支持票据指引》和《非金融企业资产支持票据公开发行注册文件表格体系》对资产支持票据发行期和存续期的信息披露文件——《募集说明书》《信用评级报告》《财务报告》和《法律意见书》提出了详细的披露要求。

企业资产证券化可在证券交易所、全国中小企业股份转让系统、机构间私募产品报价与服务系统、证券公司柜台市场以及中国证监会认可的其他证券交易场所进行挂牌、转让，由中国证券投资基金业协会（以下简称基金业协会）负责事后备案和负面清单管理。资产证券化产品只有拿到交易所的无异议函才能公开挂牌转让，不进行挂牌转让的产品只需在基金业协会备案。证监会发布的"一个规定两个指引[①]"对尽调环节、

---

① 指《证券公司及基金管理公司子公司资产证券化业务管理规定》《证券公司及基金管理公司子公司资产证券化业务信息披露指引》和《证券公司及基金管理公司子公司资产证券化业务尽职调查工作指引》。

发行环节和存续期间各资产证券化业务参与方的信息披露内容作了详细规定。总的来看，银行间债券市场发行的资产证券化产品较企业证券化产品的信息披露内容更加完备，发行说明书、评级报告等公开文档更易获取。

此外，银监会为规范商业银行理财资金的投资管理，2013年3月颁发了《中国银监会关于规范商业银行理财业务投资运作有关问题的通知》（银监发〔2013〕8号），定义了非标准化债权资产，即未在银行间市场及证券交易所市场交易的债权性资产，包括但不限于信贷资产、信托贷款、委托债权、承兑汇票、信用证、应收账款、各类受（收）益权、带回购条款的股权性融资等。这一定义也成了金融市场区分"标与非标产品"的重要制度依据。因此，从标准和非标准化的层面来看，在银行间市场和交易所市场挂牌转让的资产支持证券都属于标准化产品。

## 5.3 小结

美国证券市场的立法理念以"完全信息披露"为指导，由投资者自主进行证券价值判断和投资决策，从而形成了证券"注册登记制＋持续信息披露"的监管制度。与此同时，对符合条件的私募证券豁免注册，并在一系列的政策演变下，明晰了私募证券发行、转售、合格投资者等概念，构建了活跃的私募证券一级市场和流动性充分的二级市场。我国公募和私募资产证券化分别对应银行间资产证券化市场和交易所资产证券化市场。就合格投资者而言，美国的投资者主体更丰富，而在我国，由于交易场所的准入规则设定，使得投资者太过狭窄和单一，不利于资产端和资金端的风险收益匹配以及证券风险分散等；在二级市场方面，美国证券市场具备了与一级市场的良性互动，相反，我国企业资产证券化二级市场的流动性严重不足，很多机构将ABS产品持有到期，缺乏存续期间的套利交易。2017年，ABS的二级市场交易量仅为1 839亿元人民币，相比1.73万亿元的存量规模，流动性较低。

# 6.美国资产证券化发展经验给我国的启示

美国资产证券化的发展初衷是为解决资产流动性不足问题，之后在金融科技（如计算机的推广应用、借款人信用评估技术）的推动下，历经多次金融危机仍不断向前发展，显示了其强大的生命力。我国的经济体制和金融环境与美国相比，有其独特性。因此，简单照搬美国的模式一定不可行，但吸取其发展中的经验，并集合我国国情加以改善，则一定能促进资产证券化助力实体经济的发展。

（1）制定完善的法律体系

近年来，我国制定了一系列部门规章为资产证券化业务提供制度保障。资产证券化市场由此迎来了跨越式的发展，但离真正意义上的资产证券化还有一些差距。目前除了《信托法》下的特殊目的信托计划具有行业普遍共识下的"破产隔离"功能，企业资产证券化的发行载体并不具备独立的法律地位，资产风险的实质转移有待商榷。因此，如何建立相关法律体系，解决资产证券化法律冲突和障碍问题，以适应资产证券化业务发展的规范化是必要的。

（2）统一监管，放松管制

资产证券化业务是一项复杂的金融创新，涉及的参与主体、行业领域较多，目前我国实行的"分业经营、分业监管"模式不利于监管的统一协调，因此，建立一致的监管政策，或对资产证券化的监管工作统一管理，避免重复监管或监管缺位问题也有必要。另外，扩大合格发行主体和投资者范围，提高二级市场的交易活跃度，促进资本市场深化发展是保证资产证券化市场健康发展的重要举措。

（3）建立完备的资产证券化会计和税收制度

资产证券化有别于其他融资工具的两个重要特性是，会计出表和税收中性。我国目前对信贷资产证券化有相关的会计处理和税收处理规定，但在企业资产证券化领域还有改善空间，而且对于存续期间执行审计的主体尚无明确定义，也没有对 SPV 能享有的税收优惠予以明确规定。随着资产证券化的发展和创新，则需要进一步完善。

（4）推进资产证券化信息披露标准化

目前我国资产证券化信息披露的基本框架已经建立。相对来讲，信贷资产证券化大力借鉴了美国 Reg AB II 条例的成熟经验，在大类基础资产差异化信息披露方面进行了安排。虽然说投资人还无法看到基础资产的细节信息，但至少产品信息披露较为公开。企业资产证券化的信息披露主要遵循业务管理规定和配套的信息披露指引要求，且由于其定位于私募产品，导致信息披露较弱。总体而言，我国的资产证券化信息披露还停留在"重视主体、轻视资产"的阶段，不利于投资者科学地对产品进行比较分析和识别判断风险。同时我们应该意识到，产品的信息披露从来就是来自于监管的强制要求，而不会是发行者的主动意愿。因此，建议加强 ABS 底层基础资产的信息披露规则，促进交易文档的电子化和标准化，充分揭示产品风险。资产支持证券产品的信息披露是我国资产证券化发展的一个极为重要的基石，是打破刚兑的必要条件。

# 为什么我国资产证券化总量难以统计 ①

　　资产证券化在我国近四年发展迅速。当前，中国已经成为亚洲资产证券化的最大发行国。但一个无奈的现象是，市场对中国资产证券化的发行量却并没有统一答案。市场上提供资产证券化研究报告的众多机构，如券商、评级公司、数据服务商、中央结算公司等，在定期报告（如周报、月报、年报）中的统计数字大相径庭。以表1中2017年发行规模为例，最大值（14 967.89亿元）与最小值（14 072.48亿元）之间相差6.4%（2016年最大与最小值之差高达20%）。而在我们随机抽取的一个周报（2018年4月23日至27日）中，最大值与最小值相差了10.1%。为什么会出现这种现象？对此，我们进行了最基础的研究。表面上看，这是个单调而微不足道的问题，不少人可能不屑一顾。但随着资产证券化规模的不断扩大，风险的不断积聚，缺乏对产品基本问题的了解，是难以应对可能出现的风险。在本文中，我们从银行间债券市场和证券交易所发行的资产支持证券的信息披露机制和要求追本溯源，还原了我国资产证券化市场的统计真相，解答了为什么数据不一致的根本原因。观滴水可知沧海，从小的方面可以窥见我国资产证券化信息披露和行业操作的一些重要缺陷。

---

　　①　文章部分节选发表在《中国金融》，2018（16）。与吕巧玲合作。

表 1 不同机构的资产支持证券统计数据比较

单位：亿元

| 机构名称 | 年报 | | 周报 | | | |
| --- | --- | --- | --- | --- | --- | --- |
| | 2017 年 | 2016 年 | 2018-04-23—2018-04-27 | | | |
| | 总发行规模 | | 银行间债券市场发行规模 | 证券交易所发行规模 | 证券交易所挂牌规模 | 合计 |
| 中央结算公司 | 14 519.82 | 8 420.51 | — | — | — | — |
| 联合评级 | 14 088.68 | 7 525.94 | — | — | — | — |
| 中债资信 | — | 9 072.36 | — | — | — | — |
| 东吴证券 | 14 378.68 | 8 429.74 | 254.66 | — | 110.49 | — |
| 天风证券 | 14 368.00 | — | 239.27 | — | 110.49 | — |
| 德邦证券 | 14 072.48 | — | | | | |
| 广发资管 | — | — | 264.66 | 372.74 | | 637.40 |
| 厦门国际金融技术有限公司 | 14 346.59 | 8 763.29 | 264.66 | 314.22 | | 578.88 |
| 零壹融资租赁研究中心 | 14 967.89 | 8 567.46 | — | — | — | — |

资料来源：各机构发布的资产证券化报告。

# 1. 资产证券化发行的信息披露

资产证券化信息披露有多个阶段和形态。一般可分为：

发行前阶段的信息披露，包括注册申请报告（针对银行间债券市场）、发行说明书 / 募集说明书、评级报告、法律意见书、发行公告 / 推广公告、发行办法 / 发行方案、认购说明、发行招标书等文件；

发行时的信息披露，包括成立公告 / 发行结果公告、挂牌转让公告、债券上市流通公告、验资报告等；

存续期间的信息披露，包括付息兑付报告、跟踪评级报告、审计报告、重大事项公告、清算报告等。

在本文中，与资产证券化总量统计相关的信息披露含有发行前和产品发行时的信息披露（见表 2），我们统称它们为"资产证券化发行的信息披露"。

表 2　部分信息披露文件区别

| 名称 | 含义 | 适用范围 |
|------|------|----------|
| 发行说明书 | 新发行资产证券化产品的详细公开说明书，包括发起人、发行人等参与机构介绍、交易概述、资产池特征分析、资产支持证券类别和基本特征、现金流支付安排、评级报告摘要及持续跟踪评级安排说明、法律意见书摘要、税收安排、信息披露内容及取得方式等内容 | 企业资产支持证券（以下简称企业 ABS）信贷资产支持证券（以下简称信贷 ABS） |
| 募集说明书 | | 企业资产支持票据（ABN） |
| 发行公告 | 新发行资产证券化产品的简短推广信息说明 | 信贷 ABS、ABN |
| 推广公告 | | 企业 ABS |
| 发行办法 | 新发行资产证券化产品的具体发行信息说明，包括发行流程、发行对象、配售规则、资产支持证券基本情况及兑付安排等相关内容 | 信贷 ABS |
| 发行方案 | | ABN |
| 信托成立公告 | 新发行资产证券化产品成功设立的简要公告 | 信贷 ABS、ABN |
| 专项计划成立公告 | | 企业 ABS |

资料来源：厦门国金根据公开资料整理。

由于我国金融业实行分业监管模式，在银行间债券市场和证券交易所市场发行的资产支持证券面临不同的监管机构、不同的部门规章，由此所导致的信息披露要求和对外的信息披露程度也不尽相同。

从信息披露途径来看，有以下区别：

（1）银行间债券市场的资产证券化披露文件可从中国债券信息网、中国货币网、上海清算所、北京金融资产交易所、交易商协会等网站获取；

（2）证券交易所市场的资产证券化披露文件可通过上海证券交易所、深圳证券交易所、机构间私募产品报价与服务系统、中国证券基金投资业协会等证监会指定网站获取。证券公司、评级公司等中介机构也会在其官网披露部分信息。

从信息披露结果来看，银行间债券市场的披露文件，相对于证券交易所市场而言，比较全面且易于获取[1]；证券交易所的披露文件相对较

---

[1]　即便如此，在具体信息披露上还与美国实践有很大差距。参阅郭杰群，资产证券化之前瞻性思考，《金融市场研究》2016（9）。另外，ABN 的信息披露不如信贷 ABS 的信息披露。后面详述。

少且难于获取。特别是在上交所发行的 ABS 产品，除了一些零星的公告、付息兑付报告外，基本上找不到发行说明书、评级报告等对投资人重要的资料。一些人认为，在证券交易所交易的 ABS 是私募产品，因此不需要公开数据。如果的确如此，那目前对公众披露部分公告，是否有违私募产品不能对公众宣传的要求呢？同时，一个企业通过交易所发行 ABS 就界定为私募，而如果通过 ABN 就界定为公募，这是否合理呢？对于"私募"和"挂牌"的定义，在我国 ABS 实践上存在一些严重混淆[1]，这也导致了我国在 ABS 信息披露要求上的一些瑕疵。

在统计我国资产支持证券发行规模时，需要弄清楚以下几个关键日期。我们对银行间债券市场与证券交易所市场分别进行讨论。在产品统计分析中常用的 5 个日期含义如表 3 所示。

**表 3　资产证券化发行的重要日期含义**

| 日期类型 | 含义及对应的披露文件类型 | |
| --- | --- | --- |
| | 银行间债券市场 | 证券交易所市场 |
| 发行公告日 | 产品发行前公告信息披露文件的日期 | |
| | 见于《发行办法》 | 监管文件无此日期设定 |
| 发行起始日 | 资产支持证券发行的起始日期 | |
| | 即"簿记建档起始日期"或"招标起始日期"，见于《发行办法》 | 即"推广起始日期"，见于《推广公告》 |
| 发行截止日 | 资产支持证券发行的截止日期 | |
| | 即"簿记建档截止日期"或"招标截止日期"，见于《发行办法》 | 即"推广截止日期"，见于《推广公告》 |
| 起息日 | 资产证券化产品正式成立的日期，从这天起，资产支持证券开始计息 | |
| | 即"信托设立日"，见于《发行办法》或《信托成立公告》；或"债权债务登记日"（针对 ABN），见于《募集说明书》。也有的 ABN 直接用"起息日" | 即"专项计划设立日"，见于《成立公告》 |

---

① 吕巧玲，陈雷，郭杰群．中美资产证券化：比较与借鉴［C］．金融市场研究，2018.

续表

| 日期类型 | 含义及对应的披露文件类型 | |
| --- | --- | --- |
| | 银行间债券市场 | 证券交易所市场 |
| 上市流通日 | 在银行间债券市场交易流通的日期 | — |
| | 见于《债券上市流通公告》 | — |
| 挂牌转让日 | — | 在证券交易所挂牌转让的日期 |
| | — | 见于《挂牌转让公告》 |

资料来源：厦门国金根据公开资料整理。

## 1.1 银行间债券市场资产证券化发行的信息披露

在银行间债券市场发行的资产证券化产品包括信贷 ABS 和 ABN。这两类产品主要采用簿记建档方式发行，也有招标发行和定向发行 ①。在信息披露制度方面，信贷 ABS 和 ABN 主要遵守《资产支持证券信息披露规则》（中国人民银行公告〔2005〕第 14 号）和《关于公布〈非金融企业资产支持票据指引〉及〈非金融企业资产支持票据公开发行注册文件表格体系〉的公告》（中国银行间市场交易商协会公告〔2017〕27 号）的规定。具体来说，

● 在发行前，受托机构应在信贷 ABS 和 ABN 发行前的 5 个工作日，向投资者披露发行说明书或募集说明书、评级报告、募集办法、承销团成员名单等；

● 在发行后，在每期资产支持证券本息兑付日或资产支持票据收益支付日的前 3 个工作日公布受托机构报告（针对信贷 ABS）或资产运营

---

① 簿记建档，是指资产支持证券发起人与主承销商协商确定利率（价格）区间后，申购人发出申购订单，由簿记管理人记录申购人申购资产支持证券的利率（价格）和数量意愿，按约定的定价与配售方式确定发行利率（价格）并进行配售的行为；招标发行，是指资产支持证券发起人根据市场情况，经与主承销商协商确定招标方式（包括定价招标和数量招标）、中标方式等发行规则，按照参与各方签订的相关协议规定，通过中国人民银行债券发行系统向投标人公开招标发行资产支持证券，投标人按照各自中标额度承购资产支持证券的方式；定向发行，是指资产支持证券面向特定机构投资人发行，并在特定机构投资人范围内流通转让的行为。

报告（针对 ABN）；

● 在每年 4 月 30 日前公布上年度受托机构报告或资产运营报告（另外 ABN 还要求在每年 8 月 31 日前披露半年度资产运营报告）；

● 在每年 7 月 31 日前向投资者披露上年度的跟踪评级报告。

此外，2016 年 11 月中国银行间市场交易商协会（以下简称"交易商协会"）发布了《信贷资产支持证券信息披露工作评价规程（试行）》，针对信贷资产支持证券信息披露的真实性、准确性、完整性、及时性和有效性等每年度评价一次，同时发起机构和受托机构在每年 1 月 31 日前要向交易商协会提交上一年度信息披露工作自评报告（不对外披露）。信贷 ABS 和 ABN 的信息披露文件类型如图 1、图 2 所示。

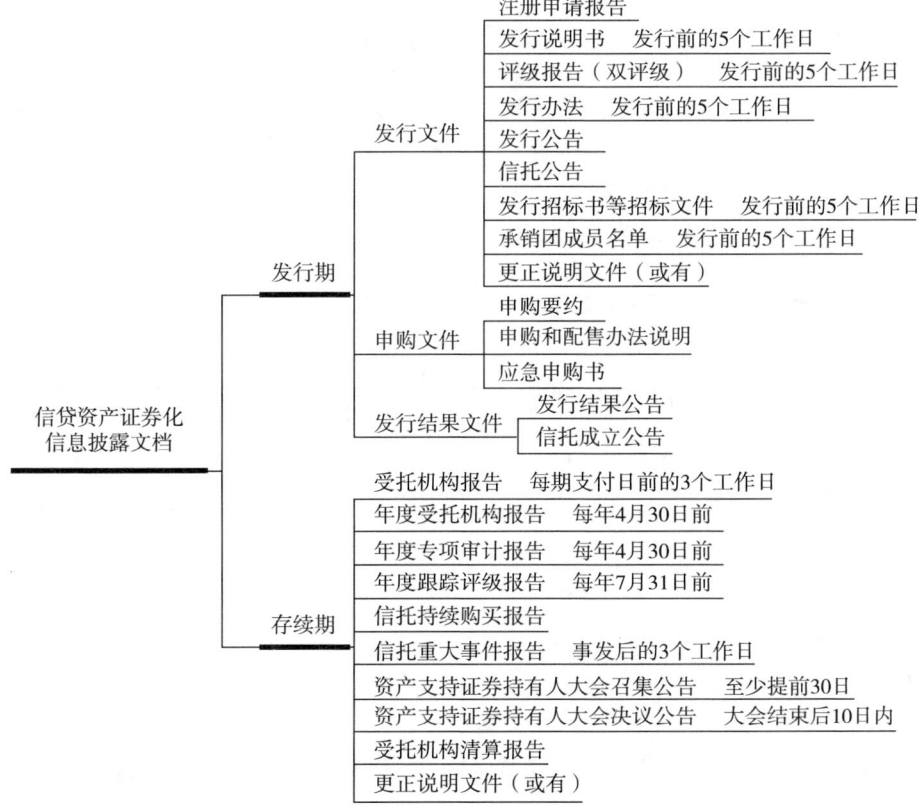

**图 1　信贷资产证券化信息披露文档一览**

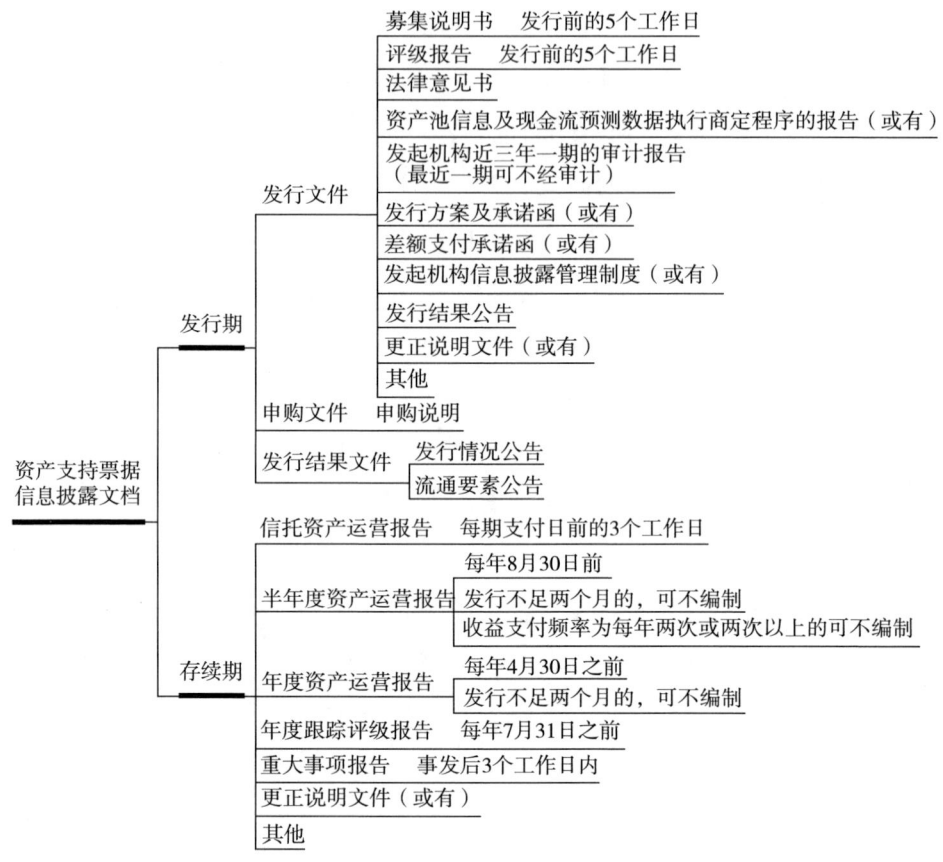

**图 2　资产支持票据信息披露文档一览**

虽然信贷 ABS 和 ABN 都有明确的信息披露要求，但两者在实践上相比，信贷 ABS 的发行文件披露得更加完备。基本上所有信贷 ABS 产品的披露文件都能通过上述监管指定的披露渠道找到，而 ABN 在公开渠道只能找到部分产品（占比不到 65%）的重要文件（如募集说明书、评级报告）。

目前机构对信贷 ABS 和 ABN 的发行统计涉及 5 个重要日期："发行公告日""发行起始日""发行截止日""起息日""上市流通日"（关于这些日期的具体定义将在下节阐述）。信贷 ABS 的"发行公告日""发行起始日"和"起息日"记载在《发行办法》和《信托成立公告》中（如附录图1所示）；"上市流通日"①记载在《债券上市流通公告》中（如附录图2所示）；而ABN的发行公告日、发行起始日和起息日记载在《募集说明书》中（如附录图3所示）；"上市流通日"也记载在《债券上市流通公告》中（如附录图4所示）。

通过统计分析万得数据库里451单信贷ABS和76单ABN产品②的日期关系，我们发现以下规律：

"发行公告日<发行起始日≤发行截止日≤起息日"③ （1）

但例外也存在（见表3）。总体来说：

（1）信贷ABS产品基本上全部满足以上不等式关系，仅有1单产品是"发行公告日=发行起始日"（经核实为2006年的产品）。另有1单产品是"发行公告日晚于发行起始日"（经核实为数据商采集公告日期时的采集错误）。相比较"发行截止日"与"起息日"，有12单产品出现了"发行截止日=起息日"的情况（占比不到3%，且均为2015年以前发行的产品。通过查找原始文件发现，有9单产品属于数据采集错误，仅3单产品符合实际情况），其余皆满足发行截止日<起息日；

（2）ABN大部分满足不等式关系。但也出现了以下异常现象：有32单产品的"发行起始日<发行公告日"（占比为ABN的42.1%）； 3单产品的"发行起始日=发行公告日"④；6单产品的"发行截止日=起息日"（占比为ABN的8%，经核实，除1单产品的起息日数据错误外，其余5单产品符合实际情况）。

---

① 目前数据服务商并未采集"上市流通日"和"挂牌转让日"字段，故在日期比较中未列明。

② 本文统计的产品包含所有在银行间债券市场以及证券交易所和机构间报价系统挂牌的的资产支持证券，其起息日早于（含）2018年3月16日。

③ 为便于叙述，我们定义"<"为"早于"，如"发行公告日<发行起始日"意味"发行公告日早于发行起始日"。定义"≤"为"早于或等于"。

④ 未能找到产品募集说明书，无法核实其准确性。

表4　1735单ABS产品有关日期统计结果分布

单位：单/%

| | 比较类型 | 发行公告日相比发行起始日 | | | 发行起始日相比发行截止日 | | 发行截止日相比起息日 | | |
|---|---|---|---|---|---|---|---|---|---|
| | 合计/占比 | 早于 | 同一天 | 晚于 | 早于 | 同一天 | 早于 | 同一天 | 晚于 |
| 信贷 ABS | 451 | 449 | 1 | 1 | 21 | 430 | 439 | 12 | — |
| | 100% | 99.60% | 0.20% | 0.20% | 4.70% | 95.30% | 97.30% | 2.70% | — |
| ABN | 76 | 41 | 3 | 32 | 22 | 54 | 70 | 6 | — |
| | 100% | 53.90% | 3.90% | 42.10% | 28.90% | 71.10% | 92.10% | 7.90% | — |
| 企业 ABS | 1208 | 96 | 108 | 1004 | 75 | 1133 | 171 | 1033 | 4 |
| | 100% | 7.90% | 8.90% | 83.10% | 6.20% | 93.80% | 14.20% | 85.50% | 0.30% |

## 1.2　证券交易所市场资产证券化发行的信息披露

在证券交易所市场发行的资产支持证券（企业ABS）主要采用簿记建档的方式发行。有些规模较小的产品会采取协议定价发行模式（直接由原始权益人和计划管理人协商确定发行价格，不采用簿记建档流程）。根据《证券公司及基金管理公司子公司资产证券化业务信息披露指引》（2014年11月19日证监会公告〔2014〕49号），企业ABS在发行环节仅面向合格投资者披露计划说明书、评级报告等文件。披露文件类型如图3所示。

在企业ABS中，"发行起始日"和"发行截止日"对应《推广公告》中的推广起止日期（如附录图5所示），"起息日"记载在《成立公告》中（如附录图6所示）。不同于信贷ABS和ABN，监管部门对企业ABS的信息披露文件中并没有"发行公告日"这一名词[①]；但《挂牌转让服务公告》中含有"挂牌转让日"（如附录图7所示）。

---

① 也即，"发行公告日"为一些企业在统计ABS时的私自设定。另外，还有其他的设定，如"入库日"等，皆为非官方设定名词。

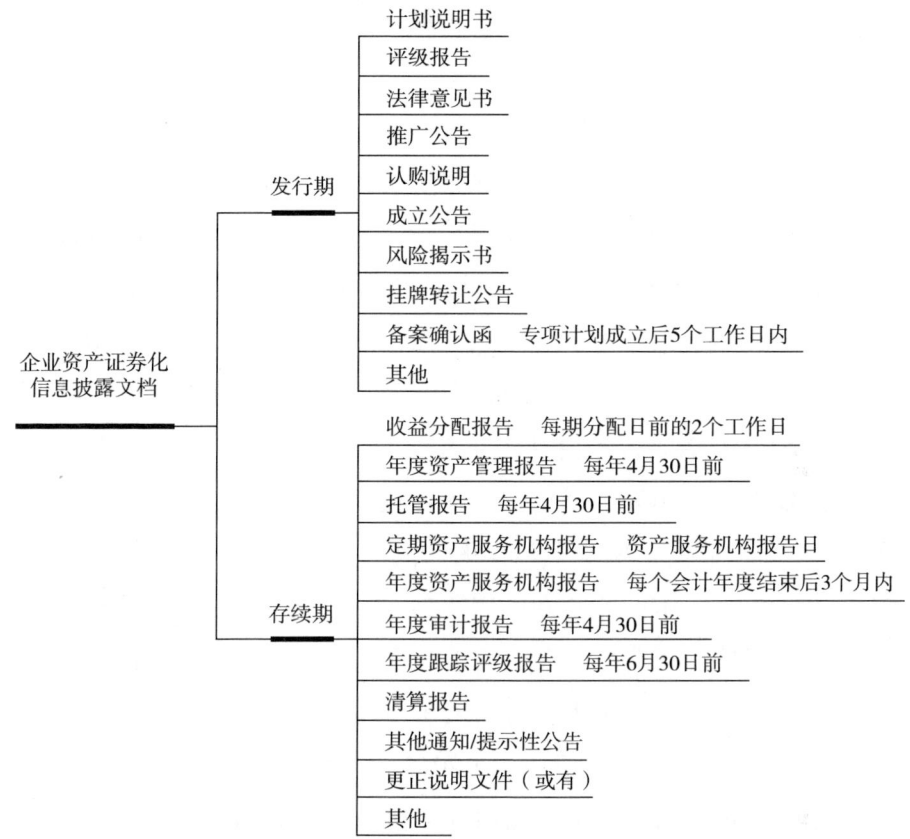

**图3　企业资产证券化信息披露文档一览**

通过统计分析1208单企业ABS产品的日期关系发现，大部分产品满足以下规律：

"发行起始日≤发行截止日≤起息日＜挂牌转让日"　　　　　（2）

其中"发行起始日＝发行截止日＝起息日"的产品数占比达81%。但是，我们也发现了92%的产品出现了"发行起始日≤发行公告日"的现象（其中，"＝"占比为9%，"＜"为83%）。另外有4单产品存在"起息日＜发行截止日"的情况（经核实，是由于产品推广期提前结束，但推广截止日期没有采集最新日期所导致）。

## 2. 资产证券化发行的重要日期辨析

　　基于上述原因，我们分别讨论银行间债券市场与证券交易所市场。根据银行间债券市场的信息披露要求，在信贷 ABS 和 ABN 发行的前 5 个工作日，受托机构要披露发行说明书、评级报告等发行材料，所以"发行公告日"早于"发行起始日"；簿记建档期限、招标期限通常为 1 天，根据市场实际发行情况也可能延长，所以"发行起始日"早于或等于"发行截止日"[①]；而"起息日"一般比"发行截止日"晚 7 个自然日（占比信贷 ABS 和 ABN 产品数总和的 92%）。虽然说，实践中存在"起息日"与"发行截止日"相等的情况，但占比仅为信贷 ABS 和 ABN 产品数总和的 1%（排除数据日期采集错误的产品后测算得出）。依据《信贷资产证券化试点管理办法》（2005 年发布）第四十二条，资产支持证券在全国银行间债券市场发行结束之后 2 个月内，可根据《全国银行间债券市场债券交易流通审核规则》[②] 的规定申请在全国银行间债券市场交易。自 2015 年 5 月中国人民银行公告〔2015〕9 号文颁布以来，包括资产支持证券在内的各类债券在银行间债券市场交易流通的流程简化。通过查阅大量《债券上市流通公告》后发现，信贷 ABS 和 ABN 的"上市流通日"与"起息日"的间隔天数基本上在 7 天之内（占比 70% 左右），也有极少数产品（占比 6% 左右）的"上市流通日"和"起息日"是同一天。因此，对于银行间债券市场的资产支持证券产品，5 个日期的正确逻辑关系应为：

　　发行公告日＜发行起始日≤发行截止日≤起息日≤上市流通日

　　对于证券交易所市场的企业 ABS 产品，由于监管对其的定位是"私

---

　　① 在实践中，发起人在发行前基本已经确定好证券的投资人。因此，发行起始日大都与发行截止日同一天。表 3 也证明了这一点。

　　② 中国人民银行公告〔2015〕9 号文注明该文件已废止。

募"产品，因而发行文件难于获取，更无从谈及资料获取的"及时性"，且在可得的披露文件中也未提及"发行公告日"字眼。我们发现企业ABS的"发行公告日"实际上是数据商自己杜撰，一般为数据商将产品纳入数据库的日期。不过理论上，如果监管部门有"发行公告日"的要求，那么"发行公告日"应该是早于"发行起始日"。企业ABS的推广期限一般是在7天以内，常见的是1~2天，所以"发行起始日"早于或等于"发行截止日"。根据企业ABS的簿记建档流程，投资者认购企业资产支持证券的缴款时间往往在发行期间，绝大多数情况下发行截止日和起息日相等，所以"发行截止日"早于或等于"起息日"。而申请在证券交易所挂牌上市，大部分（占比85%左右）是在起息日1个月之后，目前为止"起息日"与"挂牌转让日"在同一天的仅1单产品[1]，不具有代表性，所以"起息日"应该早于"挂牌转让日"。因此，对于企业ABS，5个日期的正确逻辑关系应为：

发行公告日＜发行起始日≤发行截止日≤起息日＜挂牌转让日

那么，对于ABN和企业ABS出现的"发行起始日≤发行公告日"情况，以及企业ABS出现的"起息日＜发行截止日"的非正常情形，是怎么形成的呢？经过翻阅大量产品报告和公告，我们发现，这主要是由于信息披露不透明以及数据服务商不专业造成的。具体来说，当无法及时获取或者完全获取不到产品的相关发行文件时，数据服务商通常采用以下处理方法：

1. 将产品收录进数据库的日期记载成"发行公告日"，但这个时间有可能晚于产品真正发行的时间；

2. 简单行事，将"发行公告日"与"发行起始日""发行截止日"和"起息日"全部等同处理。这就导致了"发行起始日≤发行公告日"的异常

---

① 该产品为"平安银行1号小额消费贷款证券化信托资产支持证券"，是目前为止唯一一单在证券交易所挂牌上市的信贷资产证券化产品。

结果；

3. 机械地扒取初始《推广公告》中记载的日期，当市场认购需求旺盛，产品提前结束发行时，会出现"起息日"早于"发行截止日"的情形。经核实，4 单企业 ABS 的异常情况都是由于这类因素造成的。

## 3. 资产证券化总量统计不一致之讨论

在上面，我们讨论了资产证券化业务中所涉及的监管要求，相关日期定义，以及市场行为。通过统计数据可以看到，当前市场上在统计资产证券化总量的日期口径比较分化。不同机构在对银行间债券市场产品进行统计时，主要采用"发行起始日""发行截止日""起息日"；而对证券交易所市场主要采用"发行公告日""挂牌日期""起息日"等。因此，统计总量不一致来自于以下几个方面：

（1）在日期数据完整的情况下，当采用不同的日期口径，比如采用"起息日"，或是"发行起始日"进行资产证券化总量统计计算时，统计结果会出现差异。需要指出的是，差异主要体现在企业 ABS 的统计上，这是因为企业 ABS 信息披露透明度过低。

（2）数据商将产品纳入数据库时会标记"发行公告日"。但如果产品的"发行起始日""发行截止日"和"起息日"数据未采集到，而采用"发行公告日"统计口径，则统计势必大错。这种情况较为常见。因此，过于依赖数据商的数据而不加分析会影响统计结果。

（3）当产品日期数据完整，"发行公告日"同时晚于"发行起始日""发行截止日"和"起息日"时，这表明符合这些规则的产品（共 943 单，占比全部 ABS 产品的 54%）是滞后纳入数据商的数据库的。据测算，在这 943 单产品中，发行公告日较其他 3 个日期的平均滞后期限在 18 天左右，最小滞后期限为 1 天，最大滞后期限竟达 253 天。如此，在进行产品统计时，按照发行公告日进行统计，若"发行公告日"和其他 3 个日期不在同一个统计周期内，则固定周期的发行量统计会出现错配；若这 4 个日期在同一个统计周期内，因为产品的滞后性，那么之前按周、按月、按季或按半年的每期统计数据加总，会出现与当下时点重新统计的数据不一致。

（4）当数据加工错误或处理方法不当，也会导致数据统计不吻合。比如提前结束发行的产品，发行截止日若不作相应处理，采用这一日期口径必定会造成误差。

（5）资产证券化产品的发行有可能失败或撤销，如果数据库不对这些产品加以标识便予以删除的话，那么以"发行公告日""发行起始日"或"发行截止日"作为统计口径时[1]，势必影响数据统计的准确性。

综上所述，由于我国资产证券化产品采用分业监管，各部门对信息披露程度要求不一致，导致信贷 ABS、ABN 和企业 ABS 在发行文件的可获得性、获取的及时性和完整性等方面有较大差异。这直接加大了产品数据获取、加工和统计难度和准确性。同时，数据服务商的专业性不足影响了基础数据的质量。此外，"发行公告日""发行起始日""发行截止日"和"起息日"定义不同，市场各方采用不同的日期口径也会造成统计结果的不一致。

我们认为，排除系统性因素，就产品发行统计来看，采用"起息日"是最准确的日期标准，最接近市场的真实发行情况。与此同时，数据服务商也应提高数据采集、处理和加工水平，为使用者提供可靠的基础数据，毕竟大多数使用者对数据细节并不专业和了解。当然，最重要的还是监管机构在发行文件的信息披露方面应有更为一致和明确的要求。如果这方面能有所改进，那么资产证券化总量的统计难题就会迎刃而解。这对于防范市场风险也是一个重要支持。

---

[1]　通过大量的统计分析发现，当数据库采集到"起息日"时，"发行起始日"和"发行截止日"的日期信息会一并采集到；如若没有，数据服务商通常会将三者以同等值处理。所以，只要有"起息日"，则"发行起始日"和"发行截止日"的信息也一定有。但反过来，采集到"发行起始日"和"发行截止日"，未必有"起息日"信息，比如当产品发行失败或撤销时。

# 附　录

二、　本期资产支持证券公告文件

本期资产支持证券的公告日为 2016 年 11 月 24 日，发行人于公告日在交易商协会信息披露服务系统、中国债券信息网、中国货币网、与交易商协会信息披露服务系统直连模板化披露的北京金融资产交易所官方网站及交易商协会认可的其他方式发布本期资产支持证券的发行说明书、发行办法、评级报告等文件。

| 发行价格： | 按面值发行 |
|---|---|
| 簿记建档日： | 2016 年 12 月 1 日 |
| 分销日： | 2016 年 12 月 2 日、2016 年 12 月 5 日 |
| 缴款截止日： | 2016 年 12 月 5 日 |
| 起息日： | 2016 年 12 月 6 日 |
| 信托设立日： | 2016 年 12 月 6 日 |

附图 1　《德宝天元 2016 年第二期个人汽车贷款资产支持证券发行办法》截图

## 债券上市流通公告（16德宝天元2A1）

字号大小：大 中 小　　　　　　　　　　　　　　　　　　2016-12-09 10:29

打印本页

德宝天元2016年第二期个人汽车贷款优先A1级资产支持证券即日起开始在银行间债券市场交易流通，具体要素见下表：

| 证券名称 | 德宝天元2016年第二期个人汽车贷款优先A1级资产支持证券 | 证券简称 | 16德宝天元2A1 |
|---|---|---|---|
| 证券代码 | 1689283 | 发行价格（元/百元） | 100.00 |
| 发行人 | 中粮信托有限责任公司(发行人) | 发起人 | 宝马汽车金融(中国)有限公司 |
| 债项/主体评级一 | AAA/--- | 信用评级机构一 | 中诚信国际信用评级有限公司 |
| 债项/主体评级二 | AAA/--- | 信用评级机构二 | 中债资信评估有限责任公司 |
| 发行总额（亿元） | 16.38 | 票面利率/浮动债首次票面利率(%) | 4.1800 |
| 计息方式 | 固定利率 | 基准利率名称 | / |
| 首次基准利率(%) | / | 利差(%) | / |
| 付息频率 | 每月 | 发行日 | 2016-12-01 |
| 起息日 | 2016-12-06 | 上市流通日 | 2016-12-09 |
| 交易流通终止日 | 2017-04-25 | | |

附图 2　债券上市流通公告

（德宝天元 2016 年第二期个人汽车贷款资产支持证券 2A1 级证券）

聚信国际租赁股份有限公司 2017 年度第一期资产支持票据募集说明书

有限公司 2017 年度第一期资产支持票据申购要约》（以下简称"《申购要约》"），申购时间以在集中簿记建档系统中将《申购要约》提交至簿记管理人的时间为准。

2. 每一承销团成员申购金额的下限为【100】万元（含【100】万元），申购金额超过【100】万元的必须是【100】万元的整数倍。

"发行公告日"

3. 【2017】年【8】月【4】日通过中国货币网、上海清算所网站公布：《聚信国际租赁股份有限公司 2017 年度第一期资产支持票据募集说明书》《聚信国际租赁股份有限公司 2017 年度第一期资产支持票据发行方案》。

4. 【2017】年【8】月【10】日至【2017】年【8】月【10】日簿记建档，接受承销团成员的《申购要约》，簿记管理人统计有效申购量。

5. 【2017】年【8】月【10】日，簿记管理人向承销团成员发送《聚信国际租赁股份有限公司 2017 年度第一期资产支持票据配售确认及缴款通知书》。

---

聚信国际租赁股份有限公司 2017 年度第一期资产支持票据募集说明书

| | 除外 |
|---|---|
| 15. 发行日期： | 【2017 年 8 月 10 日】 |
| 16. 缴款日期 | 【2017 年 8 月 14 日】 |
| 17. 起息日期 | 【2017 年 8 月 15 日】 |
| 18. 法定到期日： | 【2024】年【6】月【16】日，法定到期日并不是资产支持票据的实际到期日，资产支持票据的本金将可能于法定到期日前清偿完毕 |
| 19. 信托受益权登记日 | 缴款后的次一个工作日，具体指【2017】年【8】月【15】日 |
| 20. 基础资产： | 是指"资产清单"所列的由"委托人"为设立"信托"而根据"《信托合同》"信托予"受托人"的每一笔"融资租赁债权"及其"附属担保权益"。其中，编号为 M414-001BLC 的"租赁合同"仅第 5 期至第 12 期入池；编号为 M387-001BLC 的"租赁合同"仅第 5 期至第 20 期入池。 |

附图 3　《聚信国际租赁股份有限公司 2017 年度第一期
资产支持票据募集说明书》截图

## 债券上市流通公告（17聚信租赁ABN001优先A1）

字号大小：大 中 小                                                    2017-08-15 17:53

打印本页

聚信国际租赁股份有限公司2017年度第一期资产支持票据优先A1即日起开始在银行间债券市场交易流通，具体要素见下表：

| 证券名称 | 聚信国际租赁股份有限公司2017年度第一期资产支持票据优先A1 | 证券简称 | 17聚信租赁ABN001优先A1 |
|---|---|---|---|
| 证券代码 | 081761001 | 发行价格（元/百元） | 100.00 |
| 发行人 | 云南国际信托有限公司（发行人） | 发起人 | 聚信国际租赁股份有限公司 |
| 债项/主体评级一 | AAA/—— | 信用评级机构一 | 上海新世纪资信评估投资服务公司 |
| 债项/主体评级二 | ——/—— | 信用评级机构二 | —— |
| 发行总额（亿元） | 4.45 | 票面利率/浮动债首次票面利率（%） | 5.2000 |
| 计息方式 | 浮动利率 | 基准利率名称 | 一年定存利率 |
| 首次基准利率(%) | 1.5000 | 利差(%) | 3.70 |
| 付息频率 | 每3个月 | 发行日 | 2017-08-10 |
| 起息日 | 2017-08-15 | 上市流通日 | 2017-08-16 |
| 交易流通终止日 | 2018-06-15 | | |

附图4  债券上市流通公告（17聚信租赁 ABN001 优先 A1）

| 计划名称 | 2017远东一期资产支持专项计划 |
|---|---|
| 管理人 | 广发证券资产管理（广东）有限公司 |
| 托管人 | 中国银行股份有限公司上海市分行 |
| 注册登记机构 | 中国证券登记结算有限责任公司上海分公司 |
| 推广/代理推广机构 | 广发证券资产管理（广东）有限公司、广发证券股份有限公司、国开证券有限责任公司 |
| 推广对象 | 专项计划销售对象为中华人民共和国境内具备适当的金融投资经验和风险承受能力，具有完全民事行为能力、符合《管理规定》规定的合格投资者（法律、法规和有关规定禁止参与者除外）。 |
| 推广安排 | 本次发行的推广期间为2017年5月9日至2017年5月10日。本专项计划推广期间内各类别资产支持证券认购人的认购资金均达到该类资产支持证券目标发售总规模，推广期终止。<br>推广机构通过簿记建档集中配售、直销和代销相结合的方式推广专项计划资产支持证券。<br>认购详情参见推广公告附件：《2017远东一期资产支持专项计划资产支持证券认购说明》。 |
| 资产支持证券品种 | 1. 名称：2017远东一期资产支持专项计划优先级资产支持证券，简称"优先级证券"。<br>优先级证券共分为2个品种，分别为：优先A级资产支持证券、优先B级资产支持证券。<br>2. 名称：2017远东一期资产支持专项计划次级资产支持证券，简称"次级证券"。 |
| 信用评级 | 本专项计划的评级机构是上海新世纪资信评估投资服务有限公司。<br>评级机构给予优先A级资产支持证券、优先B级资产支持证券的评级分别为AAA级、AA级。次级资产支持证券未评级。 |
| 推广期（即发行期）募集规模上限 | 资产支持证券的募集总规模为人民币35.60亿元，其中：<br>优先A级资产支持证券目标募集规模为30.60亿元；优先B级资产支持证券目标募集规模为2.91亿元。次级证券的目标募集总规模为人民币2.09亿元。<br>当募集规模接近或达到约定的规模上限时，管理人有权暂停接受认购申请。 |
| 参与人数 | 200人（含）以下 |
| 专项计划成立日（预计） | 2017年5月10日，具体时间以管理人的成立公告为准。 |
| 参与方式 | 认购人必须以现金方式认购资产支持证券。 |

附图5  《2017远东一期资产支持专项计划推广公告》截图

**2017 远东一期资产支持专项计划成立公告**

2017 远东一期资产支持专项计划（以下简称"本专项计划"）自 2017 年 5 月 9 日开始发售，设立推广活动于 2017 年 5 月 9 日结束，所有参与资金已全部划入专项计划托管人中国银行股份有限公司上海市分行托管专户。经安永华明会计师事务所（特殊普通合伙）验资，截至 2017 年 5 月 9 日，本专项计划推广销售的实收资金为人民币 3 560 000 000.00 元（其中优先 A 级证券为人民币 3 060 000 000.00 元，优先 B 级证券为人民币 291 000 000.00 元，次级证券为人民币 209 000 000.00 元）；无管理人自有资金参与；参与金额在推广期内产生的利息为人民币 0 元。资产支持证券面值100元，共计份额为 35 600 000 份，其中优先 A 级资产支持证券为 30 600 000 份、优先 B 级资产支持证券为 2 910 000 份，次级资产支持证券为 2 090 000 份。本专项计划推广期有效认购户数为 16 户。以上数据的计算和确定均严格遵守《2017 远东一期资产支持专项计划标准条款》及《2017 远东一期资产支持专项计划说明书》的约定。

根据《证券公司及基金管理公司子公司资产证券化业务管理规定》以及《2017 远东一期资产支持专项计划标准条款》及《2017 远东一期资产支持专项计划说明书》的有关规定，本专项计划已符合成立条件，于 2017 年 5 月 9 日成立。自成立之日起，广发证券资产管理（广东）有限公司正式开始管理本专项计划。

附图6　《2017 远东一期资产支持专项计划成立公告》截图

**2017 远东一期资产支持专项计划在上海证券交易所挂牌转让的公告**

自2017 年 06 月 08 日起，上海证券交易所将在固定收益证券综合电子平台（以下简称"固定收益平台"）为"2017 远东一期资产支持专项计划"（以下简称"2017 远东一期"）提供转让服务。现就有关事项公告如下：

一、已在中国证券登记结算有限责任公司上海分公司开立证券账户的资产支持证券合格投资者可以参与"2017 远东一期"转让业务；经上海证券交易所核准的固定收益平台交易商可以进行"2017 远东一期"的转让和转让代理业务；经上海证券交易所核准的固定收益平台一级交易商可以对"2017 远东一期"持续提供双边报价及对询价提供成交报价。

二、上海证券交易所固定收益平台的交易时间为每个交易日的上午 9：30—11：30、下午 13：00-15：00。固定收益平台用户可在交易日的 9：00-9：30 登录上海证券交易所固定收益平台，进行转让开始前的准备工作。

附图7　《2017 远东一期资产支持专项计划在上海证券交易所挂牌转让的公告》截图

第二部分

# 海外经验借鉴篇

# 房利美商业模式及启示 <sup>①</sup>

房利美是令人好奇、谜一样的机构。它的产生原因是什么？为什么对美国资产证券化市场，甚至是经济都如此重要？对中国的借鉴有哪些？中国是否需要中国版的房利美？

## 1. 前言

在美国华盛顿特区的威斯康辛大道 3900 号，坐落着一幢红色乔治亚式建筑，气度非凡。那是我曾经工作多年的公司——房利美（Fannie Mae）的总部。<sup>②</sup> 纽约也许是世界金融中心，但美国最大的金融机构，却曾经在华盛顿。房利美的前 CEO James A. Johnson 就说过，房利美是美国最强大的金融机构。但这家对美国房地产行业，甚至经济有着重要影响的机构却如隐藏在面纱中一般神秘，并不为外人所熟知。美国前总统克林顿曾在一次演讲中提到房利美，"一个有着滑稽名字的政府机构，很多人可能从来没有听说过"。不过总统先生弄错了，房利美早已经不是政府机构了，但的确与政府有着千丝万缕割不断的联系。如果总统就此事实也会弄错，普通民众更可能会迷惑。

房利美是美国也是世界上最大的住房按揭二级市场提供商。它虽然不与住房按揭消费者直接接触，但通过二级市场，大约每 4 笔美国

---

① 本文发表在《金融市场研究》2018 年 10 月刊。

② 2018 年底，房利美总部将搬到离白宫更近的地方。

家庭住宅按揭贷款中就有一笔资金源于房利美。[1] 正因为如此，房利美才被称为从事着"美国梦"的核心商业。即便在危机后步履艰难的今天[2]，其在美国金融服务业的收入排名也仅次于股神巴菲特的 Berkshire Hathaway 公司而列于第二位，超出所有知名金融企业如摩根大通、富国、高盛等。房利美是第一家按揭管理超万亿美元的公司，也是美国最大的债券发行机构，其发行的债券规模仅次于美国国债。

房利美有着众多的经济师，从事着与住房相关的各种分析工作。它是不少经济学博士生向往加盟的公司。我博士毕业后在房利美的几年中主要从事按揭信用风险、利率风险、房价预测等分析工作。在那里，我第一次系统地接触到美国庞大的住房市场，奠定了后来在华尔街投行和对冲基金工作的基础。同时，在房利美我也结识了很多朋友，一些朋友至今还在房利美默默奉献。

由于房利美享受政府的直接或间接的支持，在标榜自由经济市场的国度里，作为政府发起企业（Government-Sponsored Enterprise，GSE[3]）的房利美持续面临着竞争者的指责。房利美不但在这些争斗中生存了下来，而且发展越来越大，但一系列内部和外部问题的积累使得它最终没有能够躲过 2008 年国际金融危机。2008 年，公司损失就达 587 亿美元，所持有的独栋房按揭严重逾期率[4] 也达到 2.42%（房利美 2008 年年报）。2008 年 9 月 7 日，房利美及其姊妹公司，房地美，被联邦政府接管，其股价也一落千丈，距离高位暴跌 99% 之多。股票最终在 2010 年 6 月退出纽约股票交易所。但到 2017 年底，房利美在被联邦政府接管后已经

---

① 　如果计算上房地美（后面详述），那么在 2008 年金融危机前，房利美和房地美提供了美国住房按揭市场的 40% 资金来源。

② 　截至 2017 年 3 月 31 日的财政年度，根据收入计算。

③ 　房利美是一个 GSE，因为美国国会授权房利美的成立、设置了房利美的公共目的，并按照法律给予了房利美一定的政策支持。

④ 　严重逾期定义为：对于独栋房，逾期 3 个月及之上；对于多栋房，逾期 2 个月及之上。

偿还给美国财政部的利息金额（1 664 亿美元）已经比它在金融危机中从政府那里所得到的拯救资金（1 198 亿美元）还多了 466 亿美元。房利美是一个神秘的公司，它如何产生，究竟对美国住宅市场做出了什么贡献，为什么会在金融危机中倒下，中国有没有必要建立中国的房利美？自从回国后，我经常被问到这些问题。本文结合在房利美的工作经验，通过对房利美的历史回顾以及其商业模式分析来逐步揭开房利美的面纱。

## 2. 房利美的诞生与发展

20 世纪 30 年代之前，美国联邦政府对金融市场的干预比较少，一方面是金融市场规模比较小[①]；另一方面是因为在当时的联邦体制下，政府对市场干预的手段、理念以及宪法所赋予政府的权限都不充分。在 20 世纪 30 年代大萧条之前，美国住房按揭，即住房抵押贷款，主要是短期限（3~5 年期），仅有负利率、到期还本的模式。在这种产品模式下，消费者是利率风险的主要承担者。而储贷机构（Savings and Loan）[②]是主要按揭贷款放款者和按揭持有者（资产体现为储贷机构的存量资产）。1929 年，共和党胡佛就任美国第 31 任总统。同年 10 月，股市崩盘，经济大萧条开始。胡佛总统对随之而来的大萧条并没有充分准备，同时也不愿政府过度干涉市场，所以一直到 1932 年在其就任末期才迟迟推出救市计划，成立了联邦住宅贷款银行体系（Federal Home Loan Bank

---

① 即便到 1947 年，金融市场占美国 GDP 的比例也仅仅为 2.32%。资料来源：Thomas Philippon，Why Has The U.S. Financial Sector Grown So Much? The Role of Corporate Finance，NBER Working Paper 13405，2008。

② 美国储贷银行主要从事吸纳存款并对客户发放住房按揭或消费贷的金融业务。一般来说，储贷银行是由存款人和借款人共同持有的，他们是会员并拥有投票权。不过，现在一些储贷银行也开始成为上市公司（因此，存款人和借款人也不再拥有会员权利）。美国储贷银行也可以发放商业贷款，不过根据法律，该比例有一定限制，一般不能超过 20%。

System，FHLBS）。[1]

　　遗憾的是胡佛总统的经济拯救措施来得太晚，也太无力。到 1933 年，大约三分之一的非农业就业人口失业；政府救济金中仅仅 1.5% 用于失业支助；失业人口中仅仅四分之一收到政府救济；平均每位公民救助金额 1.67 美元。[2] 大量失业造成按揭违约大幅升高，房屋价格急剧下跌，同时导致持有这些按揭的银行资不抵债。在大萧条期间，有 9 000 多家储贷银行相继倒闭。胡佛在总统连任竞选中败北并不奇怪。民主党人罗斯福在 1933 年上台后，迅速对市场开始了一系列重大改革。罗斯福总统的国家紧急理事会（National Emergency Council）建议设立长期限的、由联邦政府保险的按揭产品。1934 年，国会通过国家住房法案（National Housing Act，NHA），并依据该法案设立了联邦住宅管理局（Federal Housing Administration，FHA）。FHA 的职责之一是向私有机构（包括银行、贷款公司、住宅商等）提供联邦政府按揭违约保险以增加私有资金对住宅按揭市场的信心和投放。1938 年，美国国会通过 NHA 的修正案，成立了专门政府机构——联邦国家按揭协会（Federal National Mortgage Association，FNMA，也就是房利美）。[3] 房利美开始在市场上发行债券，然后用募集的资金购买由金融机构发放的含有 FHA 保险的按揭。通过如此操作，使得私营机构可以在一方面获得足够资金支持向满足房利美要

---

　　① 该系统包含 12 个地域性联邦住宅贷款银行。这些地域性银行被当地储贷机构所拥有，并受到联邦住宅贷款银行委员会（Federal Home Loan Bank Board，FHLBB）监管。由于 FHLBS 间接地享受联邦政府的支持，因此它可以在资本市场以低成本进行资金募集，随后按需要将资金分配给 12 个成员银行，并由成员银行向当地住房按揭贷款者放款。从某种意义上来说，12 个地域银行也是 GSE。《1989 年金融机构改革、恢复和实施法案》（*Financial Institutions Reform*，*Recovery and Enforcement Act of 1989*）设立了联邦住房金融理事会（Federal Housing Finance Board，FHFB），取代了 FHLBB 对 FHLBS 的监管职责。FHFB 的职责在 2008 年被依据《2008 年住房和经济恢复法案》（*Housing and Economic Recovery Act of 2008*）转移到联邦住房金融局（Federal Housing Finance Agency，FHFA）。

　　② https://www2.gwu.edu/~erpapers/teachinger/glossary/great-depression.cfm.

　　③ 1938 年根据 NHA 成立了 National Mortgage Association of Washington，同年后期改名为 Federal National Mortgage Association。

求的合格个人购房者发放贷款（增加了资金，促进了住房市场的发展）；另一方面盘活了原本停滞在私营机构资产负债表上的按揭存量（增加了资产的流动性）。因此，房利美的创立实际上创造了一个住房按揭的二级市场，使得联邦政府的低成本资金在没有影响私营放贷机构存在的同时有效地注入住房按揭市场。二级市场存在的意义非常重要。它不仅允许贷款机构在需要时可以盘活资产（通过出售按揭资产）给房利美，而且纠正了美国各地按揭信贷不平衡的现象。当某个区域资本缺乏时，必然造成当地按揭利率的上扬，私营放贷机构可以加大业务量（通过增加放贷）并转售给房利美，套取其中的利差。在此后的 30 年间，房利美一直是美国住房二级市场的垄断者。此时的房利美为美国联邦的一个机构，其债务体现在联邦政府的资产负债表上。[①]

1954 年，国会通过《联邦国家按揭协会特许权法案》（*Federal National Mortgage Association Charter Act*，特许权法案），对房利美进行了混改。结果是房利美的一部分被私有股东持有，但仍然需要完成政府的三个目标，即在二级市场购买含有 FHA/联邦退伍军人管理局（Veterans Administration，VA）保险/担保的按揭[②]，管理和出售原房利美持有的按揭，为政府特定住宅项目的按揭提供支持。

为了在满足中低收入家庭对经济适用按揭（affordable Mortgage）需要的同时削减政府债务，1968 年，根据《住房和城市发展法案》（*Housing and Urban Development Act*）[③]，联邦政府将房利美一分为二：

● 新成立的政府国家按揭协会（Government National Association

---

① 美国有多个联邦机构在其所监管的范围内提供贷款或担保。比如，农业部向农户的贷款，教育部向学生的贷款，VA 为退伍军人购房按揭提供担保，进出口银行以及小企业管理局也有类似项目。

② 1930 年，通过组合不同的相关退伍军人的联邦政府机构，成立了 VA。1989 年，VA 被上升为内阁级别的退伍军人事务部（Department of Veterans Affairs）。1944 年房利美开始购买含有 VA 担保的按揭。

③ http://www.legisworks.org/GPO/STATUTE-82-Pg476.pdf#page=61.

GNMA，吉利美）。吉利美的主要职责是为含有 FHA/VA 保险／担保的按揭债券提供本息按时还款的担保。需要强调的是吉利美本身并不在二级市场购买并持有按揭，也不会向按揭发放机构提供按揭申请者的违约担保。吉利美仍然是美国联邦政府住房和城市发展部（HUD）的一个下属机构，因此享有联邦政府的完全信用担保。

● 保留下来的房利美虽然名称未改，但其金融活动和债务不再列入联邦政府预算。虽然房利美为私有企业，其所有金融活动也不得超越特许权法案所设定的范围，承担政府设置的目标。

在这种奇怪的结构下，房利美已经丧失了联邦政府明确的信用担保，却仍然与联邦政府保持千丝万缕的联系，享受不一样的特权或者限制。比如，其 18 人的董事会中的 5 名董事需由美国总统任命[1]；免除州和地方收入税（State And Local Income tax）[2]；在与美联储体系的银行进行回购交易（Repurchase Transaction）中，房利美证券可以作为抵押品；房利美证券可作为公共资金抵押；享受美国国债同等待遇，房利美的证券豁免在美国证券交易委员会（SEC）的注册，同时房利美也不受制于 SEC 对上市公司的注册和披露要求[3]；美联储的公开市场委员会有权在实施日常货币政策过程中购买和出售房利美证券；财政部可以不通过国会批准，自主决定购买不超过 22.5 亿美元的房利美债券等。

在限制方面，比如，房利美不得直接向个人发放贷款，只能在二级市场购买或证券化美国及美国属地的住宅按揭；所购买的每个独栋房（Single-Family）按揭额度有一定上限[4]（这个限制被称为 Conforming

---

[1] 不过，上一次由美国总统任命的 5 名董事在 2004 年 5 月任职期满后，美国总统就再也没有任命过新的董事。

[2] 地方政府可以继续征收，即没有免除不动产税。

[3] 不过在 2003 年 3 月，房利美自愿依照《1934 年证券交易法》的第 12（g）章对公司股票进行注册。

[4] Conforming Loan Limits 每年由两房的监管机构根据全国独栋房的平均房价标准进行设定。比如，2007 年对独栋房的限制为 41.7 万美元。对于多住户房或者含有 FHA 保险的按揭，没有法定的按揭贷款额限制。

Loan limits，CLL）；独栋房按揭一般不得高于 80% 的原始贷款价值比（Original loan-to-value Ratio），否则必须有信用增强措施（比如，合格担保机构的担保，或按揭出售机构在按揭违约时的回购协议。并且 80% 是基于按揭购买时的比例，即便后期有所改变，担保要求也不会调整）[①] 等。

此时房利美和吉利美所覆盖的产品还只是由 FHA（向低收入家庭）/VA（向退伍军人）保险 / 担保的按揭。但这部分按揭在当时市场上的占比很小。对于市场主流按揭产品——常规按揭（Conventional Mortgage，非联邦担保的按揭），联邦政府并没有任何资金支持。1970 年 7 月，尼克松总统签署了《紧急住房融资法案》。按照此法案，政府创建了房地美（Federal Home Loan Mortgage Corporation）专门为符合一定要求[②] 的常规按揭提供二级市场支持。尼克松总统表示此法案可以极大地缓解国家所面临的严重住房短缺问题。房利美也被准许将业务扩展到这部分常规按揭产品。房地美和房利美业务由此逐步趋同，也因此被联系在一起简称为"两房"。

1970 年，房利美上市，由此，一个矛盾的上市机构产生了。一方面，房利美具有私有企业的目的——为股东利益的最大化服务；另一方面它又具有公共目的——受制于联邦政府必须完成的公共责任。这两个目的在企业资源配置、运营管理方式、高管薪酬体系等都是相互冲突的，因此所产生的博弈和争论从此在两房、政策制定者、华尔街之间一直无法平息。

虽然有两房和吉利美的存在，但按揭贷款的二级市场交易仍然缺乏流动性。发放贷款的金融机构在需要转让按揭资产时，常常发现工作量巨大、成本太高，比如，针对不同格式的按揭文档的尽调相当耗时；而

---

① 对于两种按揭——预制房（Manufactured Housing）和家庭改善（Home Improvement）按揭，即便按揭住宅价值比超过 80%，也被免除信用增强。

② 这些要求中包括对贷款金额、贷款价值比等的限制。

放贷机构持有这些按揭又存在巨大风险，特别是当市场基准利率上浮时。按揭资产支持证券（Residential Mortgage-backed Securities，RMBS）的创造从根本上改变了二级市场的流动性也改变了银行在按揭贷款上的操作模式①。1970 年，吉利美发行了历史上第一单过手型（Passthrough）住房按揭资产支持证券（Mortgage-backed Securities，MBS）。②此单以房利美所持有的按揭为基础资产，吉利美提供担保。1981 年房利美发行了自己第一单过手型按揭证券。资产支持证券的出现不但丰富了住房按揭的资金来源，而且为金融机构提供了一个对冲利率风险的工具。1975 年，根据吉利美的 MBS，芝加哥交易所（CBT）创造了第一个利率期货合同。资产证券化的出现是两房迅速发展的一个重要基础。

　　不幸的是，美国利率在 20 世纪 70 年代后期，80 年代前期飞涨，房利美所持有的按揭组合中大都为长期固定利率按揭。这些按揭利率远低于飞涨的市场利率，导致这些资产价格下跌、价值大为缩水，房利美每天大约亏损 100 万美元。③直到后来利率下跌才为房利美提供了缓冲机会。1981 年，共和党人里根总统执政，随后大幅度地推行去监管举措。总统住房委员会（President's Commission on Housing）在 1982 年 4 月 29 日发布报告，④要求加大去监管力度、增加资本市场在二级市场的介入。总统住房委员会认为通过去监管和促进资本市场的作用会导致两房的终结。但事与愿违，利率上升以及里根总统推行的大幅去监管的举措造成了市场混乱，并引发了从 1981 年到 1992 年 2 848 家银行的破产。虽然

---

①　比如，截至 2011 年底，银行仅仅持有 33% 的住宅按揭，而 67% 的按揭资金来源于资产证券化或被两房持有。资料来源：美联储，美国账户资金流图表 L.218。

②　1970 年，吉利美以平价卖出第一单过手型 RMBS，分为 1.5 亿美元，票息为 8.125% 的 1 年期债券和 2.5 亿美元，票息为 8.375% 的 5 年期债券，利息支付每半年一次。最小交易单位为 2.5 万美元。该单债券销售路演由财政部官员陪同，销售顺利。债券虽然含有美国联邦政府的充分信用担保，但收益率比美国国债还是高了 70~90 个基点。过手型债券是指发行方将收到的现金流在扣除一定的服务费后直接转付（过手）给投资人的债券。

③　http://www.referenceforbusiness.com/biography/M-R/Maxwell-David-1930.html.

④　https://www.huduser.gov/portal/publications/affhsg/presid_Comm_1982.html.

政府对两房并没有明确的任何信用担保，但资本市场普遍认为两房发行的债券有政府的隐性担保，以及持有其债务可享受的低资本金要求，使得两房债券成为投资人青睐的投资标的，也使得两房迅速发展。1970 年，两房在全美按揭市场的占比仅为 4.4%，但到 1991 年，它们的市场份额已经提高到 28.4%。到 2007 年金融危机爆发前，他们的市场份额达到 41.3%。

1992 年，根据《联邦住房企业金融安全与健全法案》（*Federal Housing Enterprises Financial Safety and Soundness Act*，以下简称《1992 年金融安全法案》），HUD 专门下设了联邦住房企业监管办公室（Office of Federal Housing Enterprise Oversight，OFHEO）负责两房的监管；[①] 同时《1992 年金融安全法案》对房利美未来购买的按揭设置了一系列使命目标，比如，满足在服务匮乏地区 [②] 的按揭占比，满足对中低收入家庭的按揭占比等。此外，法案还要求两房禁止在放贷上有种族、性别上有任何歧视（两房内部的一系列量化模型都没有包含这些因子。因此，两房的服务功能被扩大，不但需要给市场提供按揭流通性，而且需要在服务低收入和少数族裔方面达到一定的量化指标。目标未达标可能会给房利美和董事会及高管带来资金和其他处罚。显然，这类按揭的购买会降低公司的盈利，但为了完成目标，两房在放贷要求上进行了大幅度改变，放松了部分要求，包括降低首付比例、允许高债务、不良贷款记录等（HUD，2002）。

1994 年，房利美宣布了"万亿美元承诺"计划，在 7 年内为迫切需要帮助的家庭和社区提供 1 万亿美元的贷款资金以支持购买 1 000 万套

---

① OFHEO 是审核两房的权利部门以确保两房在运营和资本金上能满足 1992 年法案要求。两房需要就其每个季度和年度的财务状况和运营结果向 OFHEO 汇报。OFHEO 享有国会授权对两房征收年费以覆盖其对两房进行评估时的费用。

② 定义为人口调查居民点的家庭收入中值低于地区中值的 90%，或低于地区中值的 120% 同时少数族裔占比不低于 30%。

住宅。计划提前 8 个月达到目标。1999 年，政府要求房利美进一步扩大对城市贫困社区低、中收入家庭住房贷款的比例。2000 年 3 月，房利美提出更为雄心勃勃的"万亿美元承诺"，为期 10 年，提供 2 万亿美元资金，为 1 800 万个家庭提供支持。

2000 年，HUD 颁布反掠夺性贷款（Anti-predatory Lending）规则，高风险高成本的贷款被禁止计入房利美的公共目标（经济适用住房比例），但 2004 年该规则被取消，高风险的次贷按揭再次得以被房利美购买。从 2004 年到 2006 年，两房购买了 4 340 亿美元由次级贷款[①]组成的债券。[②]

2004 年，房利美被发现会计丑闻后疲于审计事务中。随后而来的金融危机给房利美带来新的冲击。FHFA 全国季节调整后的房价指数（HPI）显示美国购房房价在 2007 年第三季度开始进入负增长，2008 年第四季度同比下跌达到惊人的 8.2%，而加州在 2008 年第四季度同比房价下跌 25.5%。随着金融危机的愈演愈烈，私营金融机构对住房按揭的资金提供量越来越少，两房对住房按揭市场的稳定作用越来越明显。到 2008 年第二季度，两房按揭市场占比已经达到 81%（作为对比，在 2006 年私营机构按揭市场占比鼎盛时期，两房占比仅为 37%）。[③]2007 年房利美净损失 205 亿美元。相比之下，其在 2005 年、2006 年的净利润分别为 635 亿美元、406 亿美元。为补充资本金，房利美在 2007 年底发行 70 亿美元优先股，并在 2008 年 5 月再发行 74 亿美元普通股、优先股、可转换优先股。但市场在 2008 年下半年下跌更为迅速。仅 2008 年第三季度房利美净损失就接近 300 亿美元，房利美已经难以在市场上继续募集资金。如果两房不能稳定，那么市场的住房按揭资金不但将进一步减少，而且大量持有两房债券的金融机构将面临巨大损失，这促使两房的监管机构

---

① 次级贷款是指信用较弱的借款人贷款。

② http://www.washingtonpost.com/wp-dyn/content/article/2008/06/09/AR2008060902626.html?noredirect=on.

③ https://www.fhfa.gov/AboutUs/Reports/ReportDocuments/2008_AnnualReportToCongress_N508.pdf.

FHFA 不得不于 2008 年 9 月 7 日对两房进行了接管（FHFA 为两房的托管人）以保证业务正常进行。作为拯救条件，两房的董事会和 CEO 皆被罢免。同日，两房与政府签订了最优先股票购买协议（Senior Preferred Stock Purchase Agreement），财政部承诺向两房各投资不超过 1 000 亿美元以确保两房资本净值（Net Worth）不会为负；作为回报，两房各给予财政部 100 万股总面值额为 10 亿美元的最优先股以及 20 年的最高比例为 79.9% 的普通股认股权证（Warrants For Common Stock）。按照协议，两房各所持有的按揭规模在 2009 年底不得超过 8 500 亿美元并且之后以每年 10% 的速度递减直到 2 500 亿美元；新成立的董事会仅对托管人负责，对两房的股东或两房的债务人均不承担任何责任。除向财政部外，两房也不准许向其他任何股东分配红利。两房的最后命运到底应该被国有化，还是完全私有化，还是改变现有商业模式，从此一直处于争论之中。

## 3. 房利美面临的监管和其政治斗争

房利美的监管一开始隶属于联邦贷款管理局（Federal Loan Agency，FLA）。1950 年对房利美的监管被纳入取代 FLA 的住房和家庭金融管理局（Housing and Home Finance Agency，HHFA）。1965 年被纳入取代 HHFA 的住房和城市发展部（Department of Housing and Urban Development，HUD）。1992 年，根据《联邦住房企业金融安全与健全法案》（*Federal Housing Enterprises Financial Safety and Soundness Act*），HUD 专门下设了联邦住房企业监管办公室（Office of Federal Housing Enterprise Oversight）负责两房的监管。[①]2008 年，依据《2008 年联邦住房金融监

---

① 有人认为，负责监管两房的 OFHEO 被设置在对金融市场缺乏经验的 HUD 之下，正体现了两房强大的政治能力。由于 OFHEO 的预算实际上是由两房支付的，而国会又要求 OFHEO 每年都必须经历一个拨款程序，导致了在受到与房利美关系良好的国会议员阻挠下，两房在经费上有效地控制了 OFHEO。而现在 FHFA 成为一个独立的监管机构，对两房的监督被加强了。

管改革法案》（*Federal Housing Finance Regulatory Reform Act of 2008*）设立了独立的联邦住房金融管理局（Federal Housing Finance Agency，FHFA）来监管房利美。除此之外，当前的房利美还面临财政部、SEC、HUD 的监管。

房利美是联邦政府的产物，从其被私有化以来，政治和商业从来都是公司关注的两条主线。公司拥有大量具有法学学位和经济学博士学位的员工。房利美对政治风险尤为敏感，其对外联络副总裁 John Buckly 对华尔街日报记者曾经说过，房利美对政治风险的管理从来没有随便过。的确如此，房利美的多位 CEO 都在政坛上地位显赫。比如 James Johnson，房利美 1991—1998 年的 CEO，是（民主党）奥巴马总统 2008 年竞选时副总统的考虑人选，而 Johnson 的父亲担任过美国众议院议长。Johnson 的前任 CEO David Maxwell 曾经是房利美监管机构 HUD 的总法律顾问。另一位 CEO Franklin Raines 是（民主党）克林顿总统时期行政管理和预算局（Office of Management and Budget）局长。

传统私营金融机构一直在指责房利美。早在 20 世纪 50 年代初，金融机构就向国会抱怨房利美可以凭借其政府机构的身份在市场上以低价收购按揭，使它们难以竞争，因此房利美或者需要被取缔或者需要被私有化。正是因为迫于压力，1954 年，国会才通过特许权法案对房利美进行了混改。华尔街虽然不断攻击房利美，但对房利美的依赖也非常明显。这并不奇怪，房利美每年发行庞大的公司债，是华尔街交易商重要的利润来源。投资房利美也使得不少投资经理获益甚多。比如，富达公司（Fidelity）的副主席，一位传奇的投资基金经理 PeterLynch 就在房利美股票上获利超过 10 亿美元。Lynch 说道从来没有一个公募基金能在一个公司股票上获利如此之多。在丰厚的利益下，华尔街和房利美联系紧密，高管之间也互有往来。房利美的 CEO Johnson 退休后成为高盛的董事会董事。CEO Mudd 离开房利美后成为投资管理公司 Fortress 的 CEO。而房利美当前的 CEO Timothy Mayopoulos 此前是美洲银行的总法律顾问和执行副总裁。

同时，两房的产生和高速发展开拓了一个新的投资领域，并给公司和投资人带来了丰厚的回报。在两房开拓了资产证券化业务后，华尔街逐步意识到其中的巨大空间。老牌投行所罗门兄弟率先在 1977 年发起了第一单私营机构的资产支持证券。但两房享受的政府特别政策使得华尔街的投行难以在成本和规模上与之竞争。1996 年国会预算局（Congressional Budget Office）估算两房由于特殊地位而享受了每年大约 65 亿美元的政府隐性"补贴"。[①] 利益分配的不均衡是华尔街与部分政客对两房不满的原因之一。他们指责两房过于追逐利润而不是积极完成所分配的公共目的；不但如此，他们指出两房的存在也没有使得市场按揭利率足够降低到让更多的中低收入家庭得以住上自己的房子。两房也被认为存在道德风险，也就是说，两房认为由于会得到政府支持，因此它们更倾向于追求风险而使得纳税人最终处于险境。

对于华尔街和不同政见的官员指责，房利美在危机前一直保持强硬的反击态度。比如，在上述国会预算办公室的研究报告发表后，房利美随即公开回应，"这是一份由无能的经济学家所做的研究，他们甚至不能理解非常寻常的事情"。有一次，一位政府官员认为房利美应该避免一项因为参议院的介入和可能遭受的损失而建议达成与政府的协议时，CEO Johnson 反击此官员道，房利美受损的可能性不存在。就连 HUD 的负责人 Alphonso Jackson 都表示"两房持续不断地抗拒我们的调查结果并公开挑战我们"。房利美的底气来自于公司在政府官员以及社会中花费的巨大精力与公关。房利美的公关及方式分为几个层面：

（1）房利美拥有多层次有影响的前政客在各个方面为其游说。比如，国会中来自于路易斯安那州的共和党参议员 Richard Baker 是房利美的强烈反对者，但其办公室主任 Duane Duncan 却是房利美所聘用的说客。

---

① https://www.forbes.com/forbes/1999/1129/6413128a.html#5ede9c28662f.

（2）房利美与现任政客保持紧密交流。房利美曾为国会银行委员会的每一位委员专门编辑一本书，列举了房利美为提高该委员所在竞选区域的住房拥有率所做出的贡献。房利美犹他州合伙人办公室副总监 Bennett 的父亲 Bob Bennett 是国会参议院议员。

（3）房利美与关键行业组织，如房屋开发商协会，住房交易经纪商协会等有着紧密的联系。这些协会都会站出来偏向房利美向国会施加压力。

（4）加强线下布点，增加覆盖面。1994 年在 CEO Johnson 的领导下，房利美在全国重要区域，包括芝加哥、达拉斯、费城、帕塞迪纳、亚特兰大，设立合作关系办公室，负责协调区域内的政治宣传与社区住房项目的推进。

（5）加强舆论、广告宣传，房利美一直宣传其为美国梦的重要成分和贡献者，反对房利美就是反对住房权利，损害房利美等同于损伤美国的住房市场。CEO Franklin Raines 在 1995 年向华盛顿邮报的记者表示，房利美就是美国住房行业的美联储。

（6）除了自身宣传外，房利美积极利用房利美基金会（Fannie Mae Foundation）。在国税局登记为非营利组织的基金会是由房利美于 1980 年 8 月成立，其运营资金也来自于房利美。数据显示，从 1995 年到 2006 年，房利美向基金会提供了价值为 6.5 亿美元的房利美股票。自从设立开始，房利美基金会就介入各种各样的社会活动中，既包括与住房相关的，如对按揭申请者的教育；也有与住房无关的，如对肯尼迪表演艺术中心的赞助。[①] 2000 年到 2006 年，房利美基金不但积极负责房利美的广告宣传，而且向上千个组织，如国会黑人核心组织（房利美 CEO Franklin Raines 是 500 强企业中第一位黑人 CEO）捐赠了近 6 亿美元。批评者指出，不

---

① http://www.washingtonpost.com/wp-dyn/content/article/2007/02/23/AR2007022301002.html?noredirect=on.

需要纳税的房利美基金会利用纳税人的资金资助了有利于房利美的政治目的。在批评者强烈的反对下，2007 年，房利美基金会停止运营，并入房利美。基金会的总裁 Stacey D. Stewart，成为房利美新设立的事业部，社区与慈善捐赠办公室的负责人。

房利美的公关效果之好，以致在上述国会预算办公室的报告中，它也承认即便从经济上取缔两房是有意义的，但由于其已与住房梦紧密地交集在一起，取消房利美也是不可能的。

但房利美过分的强硬也导致了更多的反弹。1999 年，由部分视两房为竞争者的银行、保险公司和其他金融机构组成了一个行业组织，FM 监哨（FMWatch），并开展了一系列反对两房的活动。同时，更多的政府官员表达了不满。1999 年底，财政部长 Lawrence Summers 建议在系统风险的讨论需要包含两房。财政副部长 Gary Gensler 建议取消两房在财政部的 45 亿信用额度。2003 年 9 月，财政部长 John Snow 在国会金融服务委员会的听证会上提出要对两房设置破产机制。这向市场传达了一个清晰的信息，即政府不会对两房的债务提供支持。2003 年底，美联储发表文章将政府对两房的隐性担保估值调整为 1 640 亿美元，几乎是两房市值的绝大部分。这意味着两房自身存在不具有显著公共价值。布什总统上台后，因为将房利美视为民主党的据点，房利美的处境面临挑战。在 2003 年房利美的 5 位总统任命的董事期满后，布什总统拒绝行使权力任命新董事。[①]2004 年美联储主席 Alan Greenspan 在国会听证会上表示，如果两房继续扩张，那么需要尽早防范未来的系统性风险。作为房利美的监管机构 HUD 也长期以来认为两房没有在经济适用房（Affordable Housing）方面有足够的作为。HUD 开始对两房设置低收入住房目标更加强硬。2004 年夏天，司法部提出财政部可以限制两房未来债务的发

---

① 实际上，自此之后，美国总统就再也没有行使特权任命房利美的董事。

行。不但如此，监管开始向主流媒体，如华尔街日报、华盛顿邮报、洛杉矶时报等，表述反房利美的言论。2004 年，两房的监管者 OFHEO 从白宫获得资金开始雇佣德勤会计师事务所对房利美的会计展开审查。同年 9 月，OFHEO 公布了 211 页的报告"对房利美的特别核查"（Special Examination of Fannie Mae）。报告指出房利美有意地违背了会计规则。比如，1998 年，房利美通过减少其在衍生品交易上的 91 亿美元损失得以使得高管当年获得约 2 700 万美元的奖金，并借此冲销了未来的税务。此后，美国司法部和证券交易委员会（SEC）对房利美展开了各自调查。不过，在国会资本市场委员会的听证会上，房利美 CEO Raines 对此予以否认。他指出，会计准则非常复杂，因此专家的判断也常常互不一致，OFHEO 就房利美故意延迟费用而获取当年奖金的指控是无根据的。来自密苏里州的议员（民主党）WilliamLacy Clay，马萨诸塞州议员（民主党）Barney Frank，阿拉巴马州议员（民主党）Artur Davis 和大部分民主党议员都表达了对 Raines 的支持，并认为 OFHEO 的报告将增加国民拥有住房的成本。

为了摆脱困境，房利美决定冒险反击 OFHEO。房利美聘请了 SEC 的前首席执法官（Chief Enforcement Officer）并坚持让 SEC 来复审自己的财务报表。但反击失败。2004 年 12 月，SEC 的总会计师 Donald Nicolaisen 确信房利美没有遵守会计准则。房利美不得不花费巨大财力、物力、人力对其历史收入进行重新申报。随后，OFHEO 要求 CEO Raines 和 CFO Howard 离职。从 1969 年开始就是房利美所聘用的第三方审计 KPMG 也因此被更换。

## 4. 房利美商业模式

房利美在市场上主要收购 / 互换两类按揭资产：独栋房按揭和多住户房（Multi-family）按揭。独栋房是指住宅贷款抵押的基础资产在物理结构上含有 4 个或更少的住宅住所单位（dwelling unit），比如，独栋、联排、自住公寓；否则被标为多住户房（包括公寓大楼、预制房社区、出租或可售经济适用房等，一般为商用住宅）。2007 年，独栋房按揭占美国住房市场按揭的比例约 93%。[1] 独栋房按揭业务贡献了房利美 85% 的净收入。

由于房利美的业务是 toB，而不是 toC，它不直接与消费者打交道，因此，上述按揭资产需要房利美通过二级市场来获得。房利美获得资产的途径主要有两种：直接购买或互换交易（Swap Transaction），即从住房按揭贷款机构[2]（如商业银行、储贷银行、按揭公司等）或者证券交易商（Securities Dealer）处购买按揭或互换按揭产品。

（1）直接购买方式有两种：流程交易（Flow Transaction）和大宗交易（Bulk Transaction）。在流程交易中，房利美与事先批准的住房按揭贷款机构就未来一段时间的转让按揭签有协议（包括担保费的设定）。但大宗交易无事先协议，这使得房利美可以审核转让按揭的合格性并调整相应担保费率和合约条款。不过，快捷的流程交易仍是主要交易方式。

（2）在互换按揭产品中，住房按揭贷款机构按房利美的按揭信贷标准对借款人发放贷款，并将形成的按揭交付给房利美。随后，房利美对这些按揭进行证券化，并将形成的 MBS 交还给住房按揭贷款机构或住房按揭贷款机构的指派机构（Designee）。住房按揭贷款机构可以自己持有，或在二级市场出售这些 MBS。这些 MBS 含有房利美对资产支持证券本息按时还款的担保，为此，住房按揭贷款机构需要支付给房利美一定的担保费（Guarantee fee）。[3] 住房按揭贷款机构之所以愿意进行互

---

① http://www.fanniemae.com/resources/file/ir/pdf/proxy-statements/2007_annual_report.pdf.

② 如在 2007 年，就有约 1000 个贷款机构向房利美销售了住房按揭。不过，大型贷款机构仍然是房利美的主要按揭提供者。2007 年，最大的 5 个贷款机构提供了房利美的 56% 独栋房按揭；最大 10 个贷款机构的比例达到 74%。

③ 实际上，担保费是从借款人每期还款的利息收入中进行扣除。

换操作，除了因为含有房利美担保的 MBS 在市场上有很好的流动性之外，在会计处理上也是利好（在下一节会计处理中将涉及）。

由于交易量巨大，房利美会设定按揭提供商指南，对提供商和按揭质量提出具体要求。比如，提供商必须有书面上的质量控制流程。房利美对于所购买的按揭资产，也会随机抽取进行质量控制审核。对于这些被抽取的资产，房利美会要求按揭提供方提交相关资料，比如对方做出放款决定时的所有信用、收入、抵押资产、交易合同等资料。按揭提供方需要在 30 天之内将资料寄给房利美，否则房利美需要对方回购相应按揭资产，并可能导致对方不再成为房利美的合格供货方。

房利美的收入来源主要有两类——担保费用以及利差：

（1）担保费收入：在上述互换交易中，房利美为交易方完成了按揭的结构化形成 MBS，因此获得交易费。并且，通过承担产品的信用风险而收取了担保费。[①] 根据 FHFA 2017 年 10 月报告[②]，独栋房 30 年固定利息按揭，房利美所收取的平均担保费为 61 个基点（0.61%）。对于多住房按揭 MBS，一般来说，每个 MBS 只对应于一个多住房按揭资产；其担保费则由该按揭的风险特征来确定。在住房按揭担保业务中，2017年，担保费收入贡献了公司净利息收入的 75%。不过在金融危机之前，如 2007 年，该业务的净收入占比仅为 36.5%。这主要是因为房利美在被政府接管之后，被要求大幅提高担保收费。

（2）利差收入：即房利美从底层资产中获得的较高收益与其低融

---

① MBS 和所有的固定收益债券一样，面临信用风险和利率风险。信用风险是指证券持有人未能按事先设定的回款计划收到本息。利率风险是指由于市场利率的变化而给投资人带来的与事先设定回报不同的变动。对于含有房利美担保的 MBS，其信用风险由房利美承担。但是投资人仍然面临利率风险。比如，当利率下行时，房屋按揭贷款人可以在市场上以更低利率借新还旧。特别是，房利美购买的按揭产品常常没有设置提前还款的禁止约束。借款人的提前本金偿付引发了 MBS 债券投资人提前收回投资本金。但在低利率市场环境下，投资人又无法找到相当于原债券收益率的新投资机会，这又导致再投资风险；当利率上行时，贷款人放缓还贷速度，提前还款变慢，债券投资人面临回款减缓，也意味着信用风险也随之而增加。

② https://www.fhfa.gov/AboutUs/Reports/ReportDocuments/GFeeReport10172017.pdf.

资资金成本之差的收入。一方面，房利美通过向住房按揭贷款机构购买符合其信贷标准的住房按揭，为自己带来利息收入。另一方面，房利美可以自己持有这些按揭（占比较少），或者对这些按揭进行证券化[①]，并随后将形成的 MBS 在二级市场以较低收益率出售给投资人[②]。因此不论是通过 MBS 或者发行公司债，房利美的融资成本都较低。显然，通过现金购买按揭，房利美为住房按揭贷款机构，以及住房市场提供了流动资金。特别重要的是，通过这种操作具有逆周期特性，增加了按揭资产的流动性。这是因为当按揭收益率大于房利美的融资成本时，市场对按揭资产的需求较弱，房利美常常会扩大对按揭资产的收购；而当按揭收益率与房利美的融资成本利差缩小时，市场对按揭资产的需求较强，房利美常常会扩大对其资产组合的按揭资产进行销售。房利美在二级市场购买按揭资产和 MBS，然后把这些资产放在投资组合中，使得资产与债务的利息匹配，这也是公司利率风险的有效手段。

两种业务中的共同点是房利美承担了住房按揭的信用风险。[③]为防范这些按揭的信用风险，房利美对所担保的住房按揭，按监管要求，有一定的限制。比如，房利美所购买的每个贷款都不能超过一定的额度（CLL）。不过，这些限制在政府监管与两房的博弈中一直在波动，其结果对两房的命运有很重要的影响。两种业务给房利美带来的收入和风险不同。

由于房利美对 MBS 有担保，在一定情况下[④]，且在符合法律的要求

---

① 这通常是在一个月内完成的。

② 美国债券分为不同门类的市场，其中一个为"美国政府机构"（U.S. agency）。比较有意思的是，虽然房利美是一个私营企业，但其公司却和联邦政府机构债一样在此门类中交易。而且市场普遍相信房利美享有联邦政府的支持，即便房利美与政府多次强调房利美债券不存在美国联邦政府的信用担保。

③ 根据美联储 2017 年 9 月数据，在全美 11.8 万亿美元的住宅按揭中，房利美拥有或者担保了其中的 27%。

④ 比如，当按揭已经逾期 120 天，或者实际按揭显著违反该按揭在卖给房利美时所签署的声明与保证条款（Representation And Warranty）等。

下，房利美持有从 MBS 中回购一个或多个按揭的权利（但非责任），并可能要求按揭资产的原始权益人回购。房利美是否回购按揭取决于在法律责任要求下对房利美自身价值的最大化，比如，回购和持有该按揭的成本，由于担保所面临的信用损失，市场状况等。但在特定的情况下，如按揭已经连续逾期 24 个月、法庭要求、按揭担保方（第三方为按揭提供担保的保险公司）要求特定目的信托转让按揭以便支付担保款项等，房利美必须实施回购。按照《1934 年证券交易法》的 15Ga-1 规则，房利美每个季度要向 SEC 提交一份 ABS 15G 报告披露是否要求按揭资产原始权益人因为违背陈述与担保条例（Representations And Warranties）而回购的情况。

服务商是 RMBS 中一个非常关键的角色。对于房利美完成的 MBS，作为受托人，它承担一定的管理责任。这意味着，当原来的服务商（通常为按揭发放机构）违约时，或者原来服务商转让服务权利时，新的服务商需要房利美的批准。

为了减少房利美所面临的住宅按揭信用风险，除了房利美对于收购或互换的按揭设有标准，而且相当一部分按揭附有第三方的按揭保险。截至 2017 年底，40% 的房利美独栋房常规按揭都具有第三方信用增强（Credit Enhancement）。2013 年底，房利美还设计了两种模式 [1] 将部分自己所担保的独栋房住宅按揭信用风险转移给投资人 / 或保险公司（以下简称第三方），并支付给第三方一定费用。[2] 第三方通常会进行相应风险分析以判断收益是否满足自身对投资回报的要求。根据房利美 2017 年年报，截至 2017 年底，房利美已经将价值 1.2 万亿美元的基础资产的潜在信用风险，或最高为 300 亿美元的损失，转移给投资人。

---

[1]　Credit Insurance Risk Transfer 和 Connecticut Avenue Securities.

[2]　对于多房按揭，房利美早在 1988 年就有 DUS（Delegated Underwriting and Servicing）项目，要求贷款机构分担按揭产品的信用风险。截至 2017 年底，房利美 96% 的 2 805 亿美元多房按揭都具有贷款机构风险设置。

当然，房利美还有其他收入，如作为信托受托人管理收费；作为信托的主服务商收费；向贷款机构提供服务收费，包括就按揭贷款发放和审批提供技术服务，发行某些类别的 MBS 等。这些收入占比很小。此外，房利美向具有联邦保障房（Low-income Housing）税务减免项目的投资可获得联邦政府的税务减免。

在谈论房利美的 MBS 时，不得不说一下 TBA（To Be Announced）市场。毫不夸张地说，没有 TBA 市场，可能就没有房利美的发展。TBA 市场是一个按揭贷款机构交易远期 MBS 的市场，即交易双方以当前价格在未来具体时间交易 MBS。[①]TBA 市场的作用是为按揭发放机构或投资者提供对冲利率风险以及贷款资金。有意思的是，抵押型 REIT（Mortgage REIT）正是 TBA 的一个主要使用者，其交易行为对 TBA 的定价也会产生影响。[②] 房利美过手型独栋房 MBS 主要是通过 TBA 进行的。[③] 在 TBA 交易协议签订时，双方并没有确定未来交易的具体按揭资产，而只是就未来结算的资产在 6 个维度进行确定：发行者、价格、票息、期限、证券面值、结算日。[④] 不过，有一些 TBA 也会涉及额外的规定，比如，对资产池中地域的限制。房利美还有一部分 MBS 是通过所谓的"特定资产池"（Specified Pool）进行交易，在其中，双方确定了实际资产。这类交易一般是针对市场中已经存在的按揭。TBA 市场使得按揭提供商能够在按揭发放过程中有效地锁定利率从而规避潜在利率风险。由于 TBA 覆盖的基础资产是 30 年或 15 年固定利率的独栋房按揭，因此，这类基础资产的 MBS 流动性非常好。而缺乏 TBA 市场的其他基础资产的流动性显然受到局限。自从 20 世纪 70 年代 TBA 市场产生以来，其交易规则日益完善。美国证券行业自律组织 SIFMA（Securities Industry and Financial

---

① TBA 交易通常在 3 个月内进行结算。

② https://finance.yahoo.com/news/why-ginnie-mae-tbas-underperformed-180625273.html.

③ https://www.newyorkfed.org/medialibrary/media/research/epr/2013/1212vick.pdf.

④ 在结算前两个工作日，不迟于当天的 15 点前，出售者需要提供在结算日交付的特定资产。

Markets Association）所制定的 TBA 交付规制已经成为 MBS 清算与结算统一规则的一个组成部分。

## 5. 房利美的资金来源

为了募集收购按揭的资金，房利美通过发行公司债券进行融资。[①]房利美发行的公司债覆盖了短中长期债券的各个期限。房利美债券的购买者众多，包括各国央行、美国地方政府、商业银行、保险公司、养老基金、企业等。房利美的债券在场外（over-the-counter）交易市场交易。在被美国政府接管后，房利美发债的规模有了很大限制。在没有财政部同意下，房利美发债总规模不得超过其允许被持有的按揭总资产的120%。[②]

房利美是全球短期债券最大发行机构之一。仅在 2017 年，就发行了 6 788 亿美元的短期债。房利美短期债券主要包括贴现债券（Discount Notes）和基准短期债券（Benchmark Bills）[③]。这两种债券都是基于本金面值贴现发行，即在兑付到期日之前无利息支付，期满时偿还债券本金面值。贴现债券的期限从隔夜到 360 天不等（除 2 个月、3 个月、6 个月和 12 个月期限，它们通过基准短期债券发行），最小面值为 1 000 美元。由于贴现债券为滚动发行，截至 2018 年 7 月 17 日，贴现债券的存量规模为 203 亿美元。基准短期债券规模更大，发行更有规律，主要针对货币基金市场。基准短期债券采用线上荷兰式拍卖方法发行，导致其价格更为透明（贴现债券采用承销商发行）。其最小面值为 5 万美元。

---

[①]　实际上，房利美发行公司债进行融资的目的还包括保证其流动性的需要、偿付红利等。

[②]　2017 年，房利美债券总规模不得超过 4 072 亿美元，2018 年的总规模为 3 461 亿美元。截至 2017 年底，房利美的总债务为 2 775 亿美元。

[③]　同样是一种短期债券，所不同的是，该类债券的业绩回报是基于事先设计的标准基准（Benchmark）债券相比较而得。

中长期债券是房利美主要的融资方式。根据其 2017 年年报,这类债券占据房利美总融资债务的 88%。中长期债券的偿还期限都长于 1 年,最小发行规模为 20 亿美元。长期债券为房利美提供了长期限资金,而且为投资人,特别是有长期限产品配置需求者,如险资,提供了优质信用、流动性高的金融产品。中长期债券中最主要的为不可赎回的基准债券(Noncallable Benchmark Notes & Bonds),一般期限为 2 年、3 年、5 年和 10 年。这类债券提供较高收益率,发行有规律,也是投资人对冲利率的常用工具。为增强此类债券的流动性,房利美还提供一定规模的回购机制(Repo Facility)。此外,房利美还发行可赎回债券。因为可赎回债券赋予房利美在期满前的某一指定阶段内赎回债券的权利,因此它比同期限不可赎回基准债券的收益率更高。房利美可赎回债券具有多种赎回模式:包括美国式(持续性)、欧洲式(一次性)、百慕大式(付息日)等。此类债券发行都由承销商包销。可赎回债券使房利美能够按计划逐月发行债券,达到融资或资产配置需求。房利美从 2013 年开始设计了一种新的长期债,Connecticut Avenue Securities(CAS)。这种债并不是公司债,而是面向机构投资人的不具有房利美担保和抵押的投资债券。投资人实际上投资的是原来由房利美承担的 MBS 的信用风险。这部分风险原来是由房利美承担的并收取一定的担保费。但现在被重新结构化后由投资人和房利美共同承担。CAS 的期限为 10 年或 12.5 年。2017 年,房利美发行了 86 亿美元的 CAS。虽然在 2017 年,中长期债券的发行规模仅仅为 307 亿美元。但其存量规模在 2017 年底,高达 2 441 亿美元。而短期债券存量规模仅为 334 亿美元。

需要指出的是,2001 年,房利美开始发行一组规模很大,享有外部信用评级的债券,称为后偿债券(Subordinated Debt)。此类债券具有一项延迟付息特征,发行最小规模为 10 亿美元。不过,2008 年房利美被接管之后,被禁止发行后偿债券。所有以美元计价的房利美债券均采用记账形式通过美联储体系银行发行。由此可见,房利美债券的特别待遇。

除了公司债之外，房利美也发行多种形式的 MBS。不过 MBS 与公司债具有根本区别。MBS 不是公司信用债，而是基于住房按揭且具有住房抵押的债券。房利美既发行单层的过手型 MBS（Pass-through，即没有优先劣后的多层债券），也有多层的结构化 MBS（CMO）。在过手型中，投资人按其在 MBS 中的比例回收本息；在结构型中，借款人的回款现金流按约定方式进行切割并支付给投资人。由于现金流有各种被切割的方式，因此导致众多不同的债券，如仅付本金债券（Principal-only），仅付利息债券（Interest-only），计划摊还债券（Planned Amortization Class，PAC）等。这些不同的债券具有不同的票息，不同的期限，不同的利率变化敏感度，因此极大地满足了投资人多元化的风险与收益需求。特别需要指出的是过手型 MBS 又可以作为基础资产被重新证券化成过手型或结构型 MBS，这也称为再证券化。

房利美发行量最大、流动性最好的 MBS 是固定利率过手型 MBS，其基础资产为固定利率按揭。由于按揭存在提前还款特征，导致固定利率 MBS 虽然还款期限有规定，但债券的平均加权寿命会缩短。从期限角度来看，房利美有长期固定利率 MBS，其基础资产的原始期限为 15 年到 30 年的独栋住宅按揭贷款，其中大部分贷款期限为 30 年。此外，还有中期固定利率 MBS，其基础资产原始期限为 7 年到 20 年；短期固定利率 MBS，原始期限不到 7 年。

由于房利美在其 MBS 产品中，不会将固定利率与浮动利率的基础资产混在一起进行证券化。因此，房利美还发起浮动利率过手型 MBS，其基础资产的贷款利率是按照特定基准利率定期调整。而给予此 MBS 投资人的每月利率也按照某一个特定基准利率指数，如美国国债指数，联邦住宅贷款银行第 11 分区基金成本指数（COFI），以及伦敦银行同业拆借利率指数（LIBOR）等，进行调整。固定利率和浮动利率过手型 MBS 均采用记账形式发行。

除此之外，房利美还有多种不同类型的 MBS，比如，固定期限 ARM

MBS，每两周还本付息 MBS，本息分离 MBS，大型贷款证券（Majors），巨型贷款证券（Megas）。

## 5.1　房利美的债券的会计处理

房利美债券之所以在市场上受到投资人的青睐，除了市场广泛认同的政府所提供的担保外（虽然并没有明确的担保，但 2008 年联邦政府的拯救措施还是证实了这点），也的确存在明确的法律优惠依据。由于特许权法授予房利美的债券以等同美国国债的待遇，豁免 SEC 的监管，导致金融机构更乐于投资房利美的债券。不但如此，受联邦监管的银行在持有具有房利美担保的 MBS 时，可以节省风险准备金。根据《1992 年金融安全法案》，如果银行持有的 MBS 来自于房利美，那么银行的风险准备资金只需要 1.6%（而如果没有房利美的担保，需要拨备 4% 的风险准备资金）。因此，银行更乐于持有房利美的 MBS。

批评者认为《1992 年金融安全法案》导致了金融体系的监管套利。这体现在银行上述的 240 个基点的套利（如果银行自持按揭，需要拨备 4% 的风险准备金。但如果先让房利美就这些按揭进行证券化后再回购持有 MBS，那么只需要拨备 1.6% 的风险准备金）；同时，法案规定房利美由于此时担保了 MBS 的违约风险，也需要拨备 0.45% 的风险准备金，不过，此时整个金融体系的风险准备金也只是为区区 2.05%（=1.6%+0.45%），仅相当于原来要求的风险准备金（4%）的一半，而就金融整个体系而言，按揭风险仍然存在。

不过支持房利美的一方认为，《1992 年金融安全法案》还要求了房利美在风险资本金充足度方面同时满足两个量化指标：最少资本金（Minimum Capital）和基于风险资本金（Risk-based capital）。其中，最少资本金一般等于以下项目之和：其资产负债表上持有的 MBS 的 2.5%，最高为 0.45% 的其他表外债务（其监管机构 OFHEO 可以根据特定环境进行调节），第三方机构所持有的房利美 MBS 未支付本金余额的 0.45%；基于风险资本金则是基于模拟的压力测试。2006 年 5 月，OFHEO 还规定了额外的限制：即在法定的最少资本金要求上，再增加 30% 的资本金，直到 OFHEO 认为此要求可以修改。

## 6. 房利美的启示

纵观房利美的历史和其对美国房地产与经济的影响，其存在的意义不言而喻。暂且抛开在经济繁荣时期房利美的作用，仅就其诞生于大萧条之中、在 2008 年国际金融危机之时当私有金融机构从按揭市场大规模消失之后，它所起到的稳定房地产市场的事实来看，房利美的存在具有一定的必要性。关于华尔街对房利美的指责是可以理解的。任何一个持牌金融机构的存在都对自由市场经济具有一定的冲击，但完全自由的市场经济并非最优，也不存在。在经济萧条时期，房利美能够逆周期运营对加快房地产以及经济稳定起到积极作用。房利美是政府盘活金融机构存量资产，提高民众住房拥有率的创新设计。房利美也巧妙地利用了政府的信用背书和资产证券化这一新颖金融工具，在扩大金融机构存量资产的流动性，规范按揭产品的标准，降低居民按揭利率风险上做出一系列贡献。

关于中国是否需要设立类似房利美的机构，这个问题并不是一个简单的需要或不需要。每个国家的体制、法律基础、金融市场的基础设施、政府设立的目标都不尽相同，中美差距尤其大。比如，在房利美刚刚设立时，美国居民的住房拥有率不足 45%，而当前中国的住房拥有率要远高于此。因此房利美提升国民住房拥有率这一目标对我国并不适用。再如，美国存在着 TBA，这一个我国还没有的，但非常重要的金融资产交易市场。因此，抛开一切外界条件，而谈论是否需要设置中国的房利美没有实际意义。无论如何，房利美设立一个做法值得我们思考，这就是联邦政府采用了二级市场供应商的模式。这个设计充分考虑了对私营金融机构在按揭一级市场的保护和扶持。[①]改革在我国当前还在推进,在很多领域,房利美的模式有借鉴作用。比如,在住房市场方面,住房不炒是中央指出的工作方向,长租公寓引起大家的重视。但实践并不容易,其中一个困难是资金的匮乏,房利美的模式在其中大有作为。再如,对中小企业贷款问题,目前仅仅依赖银行的做法也是困难重重,房利美的模式也是一个很好的解决方案。作为一篇综述,本文无法将房利美每一个环节都阐述细致。后续仍有进一步研究和分析的必要,特别是结合我国国情和发展的需要而进行的特定化研究。

---

① 郭杰群. 从美国房产按揭市场的历史看政府作用 [J]. 第一财经日报, 2013.

# 从美国房产按揭市场的历史看政府作用 ①

美国房产按揭市场虽遭受百年一遇的金融风暴,但经过洗礼后的市场仍然坚强。房产按揭债券目前占全美债券总量的 21% 左右。而美国债券市场又占全球债券总量的 45% 左右。由此可见,美国房产按揭市场仍在美国及全球金融活动中起着重要作用。本文通过美国房产按揭市场发展的历史来思索政府的作用。

## 1. 政府在金融市场的主导作用

美国房产按揭市场已有百年历史,但在 20 世纪 30 年代经济大萧条之前,联邦政府并没有介入。30 年代的经济大萧条对美国房产市场有着沉重打击。失业率接近 25%,近 50% 的房产按揭违约。纽约曼哈顿的房价下跌 60%,一直到 1960 年才重新回到 1929 年的房价水平。

美国第 32 任总统富兰克林·罗斯福上台后,大刀阔斧地进行了一系列改革,在历史上号称新政。1934 年政府成立了联邦住房管理局。1938 年成立了联邦国民抵押贷款协会(又称为房利美)。政府的目的非常明确,那就是要将联邦政府资金通过住房贷款的发放机构注入到市场,降低消费者贷款成本,增加按揭资金的流动性,提高国民住房拥有率。随着房利美的成立运作,美国二级按揭市场初现雏形。而美国住房拥有率也从当时的 44% 左右一路上升,到 2007 年达到近 70%。

---

① 原文节选发表在 2013 年 6 月 17 日《第一财经日报》。

政府在房产市场上的主导作用，特别是建立二级按揭市场，在短期对于缓和美国房产市场的打击起着重要作用；在长期，政府的主导作用对于促进美国住房拥有率的大幅度提高，特别是美国金融业在全球竞争力上有很大功绩。

## 2. 政府对金融市场的扶持

政府在创立了二级按揭市场后，继续扶持着市场发展。

当时的房利美是政府机构，它完全垄断了二级按揭市场。政府通过房利美在财政上也收益颇丰。但政府没有坚持既当裁判又当运动员，而是立足于对金融市场发展的扶持。1968 年，房利美被一分为二，成为现在的房利美和吉利美。房利美被私有化。1970 年，政府又成立了另一家私有化房产按揭公司房地美。

1983 年，私有机构也开始发行房产按揭债券，但面临市场难题。因为对于按揭债券，当时被联邦政府授权和监管的金融机构按联邦规定只能购买"两房"和吉利美的按揭债券。1984 年，政府通过著名的二级按揭市场增强法案，允许这些金融机构购买私有机构 AA 级或以上评级的房产按揭债券。这一法案极大地推动了市场对私有机构按揭债券的需求，促进了私有机构在房产按揭债券市场的发展，提升了按揭市场的竞争力。1986 年，里根政府又通过《税法改革法案》，允许购房者所支付的按揭利息抵销部分联邦收入所得税。

从表面上看，政府是在不断地搬起石头砸自己的脚，既减小了政府控制的企业规模，又减少了财政来源。但我们可以看出，美国按揭市场的飞速发展得益于政府对市场的扶持和长远的发展目标。如果政府只是满足于房利美的初始模式，那么市场的竞争机制就无法形成。美国房产按揭市场也不可能有做强做大的推动力。特别需要指出的是，正是政府对市场的扶持态度，才造就了一个富于创新的金融市场，为美国立足于世界金融领先地位起到了关键作用。

## 3. 政府在监管上的作用

2008 年金融危机形成的主要原因之一是政府的监管无力。

在大萧条后 60 多年中，美国经济基本是在稳定时期中发展。政府放松了对金融监管的警惕度。1992 年，美国国会通过立法，要求房利美、房地美增加对中低收入者的房屋抵押贷款，并制定非常低收入者（收入低于当地收入中值的 60%）贷款比例目标，此目标从 1996 年的 12% 增加到 2008 年的 27%。为了达到此行政指标，"两房"加大了对高风险贷款者的贷款力度。到 2006 年，"两房"非机构按揭债已经达到 2400 亿美元，1995 年，政府发布了全国住房拥有策略，鼓励放松放贷信用要求。

1999 年，政府进一步通过 GLB 法案，废除了在 1933 年 Glass-Steagall（GS）法案。GS 法案本来是禁止投资银行和商业银行的混业经营。由于混业经营被再次允许，投资银行对风险投资的欲望开始急速提升，金融业的系统风险爆发的可能性也由此增加。2004 年，在华尔街投资银行的游说下，美国证券交易委员会放松了对投资银行的净资本金限制。投行开始加大投资杠杆率。美联储主席格林斯潘（包括现任主席伯南克在 2007 年 5 月在美国国会的发言）一直认为，美国房产无风险。

可以看出，政府在稳定的经济发展中忘掉了大萧条时的警觉度，在监管上不但没有采取严格措施，反而降低了标准，直接导致投资者忽略了投资风险。在 21 世纪初，从一般的市民利用零首付、零利率的金融产品在房产上追利，到投资者片面追求收益最大化，再到投资银行追逐高风险，整个金融体系建立在一个无力度监管之中。金融危机的必然来临是可以想象的。

在金融危机后，美国政府开始了一系列金融改革，包括 Dodd-Frank 法案，力图增强政府监管力度。从这段历史，我们也理解了有风险并不可怕，有监管最为重要。

　　美国按揭市场发展了一百多年，按揭证券业从无到有，从小到世界第一，有很多值得我们借鉴的。政府的主导、扶持和监管作用尤其值得我们学习。

# 服务商在美国资产证券化中的作用及对中国的借鉴 [①]

服务商（Servicer）在资产证券化交易中扮演着重要角色并对资产支持证券的发行和交易产生直接或间接的影响。在当前国内资产证券化流程中，证券化的各参与方对专业化的服务商作用还缺乏足够的认识。本文以美国按揭资产证券化服务商为例，从其历史发展、交易定价中的作用、评级过程、服务权市场和服务商监管五个方面系统探讨了服务商的演变、功能和意义，并结合案例进行了阐释。理解服务商在美国资产证券化中的作用对于中国资产证券化的规范化和专业化发展有着重要借鉴意义。

## 1. 前言

近年来，资产证券化对盘活存量，促进经济发展的作用再次得到监管部门和市场的认同。2014 年全国资产证券化发行总量达到 3 000 多亿美元，超过此前 8 年的发行总和。然而，当前资产证券化的实践活动还处在原始力量释放阶段；不但法律，税务方面还存在提升空间，而且参与方也没有完全达到专业化的程度。工业化革命发展的一个特征是分工合作以及参与各方的专业化和精细化。由于资产证券化的发行和后续运

---

① 原文部分节选发表在《中国金融》，2015（12）。

作是个复杂的系统工程，需要众多的市场参与者。任何一方的不完善都会对债券发行过程和发行以后的运作产生不同负面作用，并进一步影响债券的市场的交易价格。目前国内对资产证券化的流程、债券的结构设计、交易的法律法规、资产池的挑选、现金流的分配、债券的未来收益和风险等问题都有不同程度的研究，而对证券化交易中服务商的作用还缺乏足够的讨论。本文以美国按揭资产证券化为例对服务商的作用做一些系统综述和探讨。

在资产证券化操作中，SPV 的设立是必需的。但由于 SPV 并无员工，所以虽然 SPV 是被证券化的资产的最终所有人，但由于其自身的局限性，SPV 并无能力对资产进行管理，因此必须聘用第三方服务商来归集和处理借款人还款，特别是逾期的或违约的借款人，并最终服务于投资人。由此可见，服务商对资产池回款的最大化处理能力是产品的重要因素。SPV 与服务商之间会签有服务协议对服务职责进行设定。下文以按揭资产为例。

按揭服务商职责广泛，包括向借款人每月发送按揭账单，收取每月借款人支付的本息，计算按揭浮动利率，制作和保管支付记录和未偿付贷款余额记录，收取和支付税费和保险费，对于托管账户（Escrow）所无法覆盖的未缴纳当月贷款、税费或保险费代为垫付除非这些垫付无法收回，处理借款人关于还款以及贷款变更的要求，催收逾期和违约账户的欠款，执行抵押贷款文件，对于无法改善的违约进行资产出售或终止借款人对抵押物的赎回权（Fore Closure）等相关管理服务。如果部分或全部贷款被打包入证券化资产池，则按揭服务商除上述服务外还须向为证券化设立的 SPV 编制服务报告（Servicer Report）。

在美国，按揭资产证券化的服务商种类繁多，包括主服务商（Master Servicer）、基础服务商（Primary Servicer）、二级服务商（Sub-servicer）、特殊服务商（Special Servicer）等。这些服务商的服务内容和被录用方式都各不相同。比如，主服务商的选择是由资产池的最初权益收益方通过市场竞拍决定。它主要是负责对基础服务商的监督，账本保管和类似债券受托人的职责。当资产有多个基础服务商时，总服务商可能还承担基础服务商报告汇总工作，并作为基础服务商垫付工作的后备方。通常，主服务商不和借款人直接接触，而是把控下级服务商提供的信息质量以确保投资人报告准确无误和对服务协议的严格遵守。基础服务商则负责对基础资产的具体管理。它也可以与二级服务商签订部分劳务合同。基础服务商与借款人是直接互动的关系。这类服务商为受托人和投资者出具投资者报告。事实上，它可以是主服务商或主服务商的关联机构。特殊服务商有处理不良贷款（货币违约）和违反贷款条款（非货币违约）事项的专业能力。这类特殊服务商拥有富有经验的专业人士来处理大量的困难（包括违约或长期逾期）资产。另外在住房按揭资产证券化（RMBS）领域，根据传统的市场类别，还划分成优级（Prime）贷款服务商，次级（Subprime）贷款服务商和第二抵押权或房屋权益（Close-end Second Lien，HELOC）贷款服务商。优级是指合乎政府发起机构——房利美、房地美、吉利美（Fannie Mae，Freddie Mac and Ginnie Mae）的标准但由私有机构发行的贷款。次级贷款是指信用分数较低和其他指标不合乎政府发起机构标准的贷款。第二抵押权是二次住房抵押。它适用于房屋权益贷款产品，二次抵押权产品和贷款/房价比例高的产品。所有服务商都需要满足交易文件中对服务所设定的标准。在文章中，除非特别指出，我们将他们统称为服务商。

## 2. 按揭服务商的发展简述

　　服务商的发展是与按揭市场发展紧密相连的。在 20 世纪 30 年代大萧条之前，政府并没有介入按揭市场。传统金融机构，如商业银行、储蓄银行、保险公司是按揭的主要提供方也是按揭服务商。大萧条后导致了住房市场的全面崩溃。政府开始意识到其在金融活动中不可替代的作用。1934 年，在罗斯福新政下，联邦住房署（FHA）成立。1938 年创立的国有机构房利美，并开始通过二级市场为传统住房抵押贷款机构提供资金。房利美和随后创建的房地美对按揭市场及按揭服务行为规范化起到了重要作用。

现代服务商的发展与资产证券化发展更是紧密。我们上面所说的主服务商、基础服务商、特殊服务商等就是资产证券化发展的产物。在1968年国有机构吉利美发行了第一个过手型按揭抵押资产支持证券后，投资银行所罗门兄弟在1977年发行第一个私有机构过手型常规（Conventional）住房按揭抵押资产支持证券。随着时间的发展，私有直接放贷机构逐步意识到通过发行按揭资产支持证券是盘活存量资产的重要途径。为了有利于按揭基础资产在市场上转让而不必分心于按揭服务义务，按揭服务功能在合同中被特意单独处理而由专业服务机构承担。这样，一个原本在任何金融活动中不可分割的商业服务被人为地从基础资产中分离出来。私有机构按揭资产证券化的发展推动了非政府机构按揭服务商的创建。但当时的服务商在功能上和组织形式上还是相对简单。

20世纪80年代，由于宏观经济的骤然改变，地产市场价值突降，违约率不断上升，加上监管体系的不完善，最终造成众多银行倒闭[①]。政府机构不得不出面接收了很多与地产有关的贷款。而政府持有的不良贷款的证券化直接导致了特殊服务商的产生。另外，银行和保险公司对信用风险的分析越来越重视，证券化基础资产也扩展到优良贷款和不良贷款。

在资产证券化市场成熟的美国，2008年金融危机后，服务商在证券化产品投资价值分析中的作用表现特别突出。在正常经济运行条件下，资产池的欠款比例会保持在一个相对较低的水平，服务商的工作主要是向借款人收取本金和利息，并对那些逾期账户催收欠款。2008年金融危

---

① 根据美国联邦储蓄保险公司（FDIC），1980年到1994年，有超过1 600家受FDIC监管的银行倒闭（FDIC 1997）。

机的到来造成房价大幅度下滑，就业环境严重恶化，资产池违约率大幅度飙升。两房开始鼓励将一些逾期严重的，或者高风险的客户转移到特殊服务商。贷款服务商的角色不得不发生本质变化，开始由被动收取本金和利息逐渐演变成对资产池进行主动运作，与借款人沟通，为真正的还款困难户提供重新安排贷款利率和期限，甚至免除部分本金债务。很多服务商还有针对性地对违约账户项下抵押房屋实施保护方案，以避免被抵押的房产被屋主、邻居或不法分子损毁。这些新的服务商行为对很多，包括投资人在内的市场参与者来说都是陌生的。一些眼光敏锐的投资者根据这些新的情况迅速地作出了反应，根据相对价值重新配置了资产，而很多反应迟钝的投资人则蒙受了巨大损失。由此可见，服务商行为在资产证券化产品，尤其是非政府机构住房抵押支持证券（Non-Agency RMBS）二级交易市场价格的作用变得更加重要。

## 3. 按揭服务商在贷款账户管理中的作用及其对按揭支持证券交易价格的影响

　　如果借款人是优良的，那么服务商的作用并不明显。这个道理很类如对于一个目标明确学习努力的好学生，老师的作用可能并不大。但是对于不良借款人，不同的服务商的作用就会产生明显区别。同时，服务商的自身利益在某些情况下会和投资人的利益发生冲突。这些都导致服务商行为对按揭支持证券在二级市场的交易价格产生影响。我们以服务商对逾期账户的本息垫付和对违约账户的清盘为例，剖析按揭服务商在证券化产品交易中的重要作用。

### 3.1　服务商对逾期借款人当期本金和利息垫付行为的分析

　　在 RMBS 中，服务商的行为受到 PSA（Pooling and Servicing Agreement，联营及服务协议）的规范。PSA 实际上是交易中出售协议、服务协议、信托条例等法律文件的综合文本，涵盖了服务商的职责、受托人的权利和义务、资产转让方的陈述和保证、现金流分配规则、资产转让要求、发行方在资产中的权利完善等。

按照 PSA，当借款人没有支付当前本金和利息时，如果服务商预期垫付的本息能够在未来违约清盘所得现金流中得到偿还，那么服务商有义务替逾期借款人进行垫付。由于垫付资金并没有额外利息收入，所以对服务商而言，如果面对大面积违约，这种垫付将是个沉重的负担。而且垫付的本息是否能够在未来得到偿还也存在不确定性。因此在实际操作中，垫付金额取决于服务商自己的估算，具体数字由服务商根据情况自行掌握。服务商对本息的垫付比例在 2008 年金融危机之前非常高，不少服务商是全额垫付。但在金融危机之后，垫付比例急剧下降（一般来说，优质按揭资产的垫付比例要大大高于次级按揭资产的垫付比例）。表 1 显示了次级房贷服务商[①]的本息垫付比例历史数据。

**表 1　美国主要次级按揭服务商的本息垫付比例历史数据**

| 分配日 | 美洲银行（BANK of AMERICA） | 凯林顿 / 新世纪（CARRINGTON /New Century） | 大通银行（CHASE） | 通用住房抵押保证公司（GMAC） | 国星（NATIONSTAR） | 奥克文 / 佛雷蒙（OCWEN/ Fremont） | 富国银行（Wells Fargo） |
|---|---|---|---|---|---|---|---|
| 2009 年 7 月 | 97 | 67 | 89 | 91 | 77 | 86 | 95 |
| 2009 年 12 月 | 96 | 64 | 80 | 90 | 79 | 81 | 93 |
| 2010 年 6 月 | 95 | 58 | 78 | 89 | 79 | 60 | 91 |
| 2010 年 12 月 | 81 | 43 | 78 | 83 | 71 | 51 | 88 |
| 2011 年 6 月 | 76 | 36 | 74 | 79 | 63 | 29 | 83 |
| 2011 年 12 月 | 71 | 38 | 70 | 76 | 71 | 19 | 77 |
| 2012 年 6 月 | 65 | 37 | 52 | 72 | 72 | 16 | 74 |
| 2012 年 12 月 | 57 | 38 | 51 | 71 | 66 | 16 | 71 |
| 2013 年 6 月 | 53 | 36 | 52 | 71 | 65 | 17 | 67 |

资料来源：Amherst Monthly Non-Agency Report June 2013.

---

① 在美国，一个房贷服务商可以在不同交易中扮演不同角色。比如，富国银行有次级（Subprime）房贷服务商，优级（Prime）房贷服务商和次优级（Alternative A）房贷服务商。不同角色的服务商有不同的市场评级（Rating）。

从表 1 可以看出，从 2009 年 7 月到 2013 年 6 月金融危机以后的四年时间里，美国次级按揭服务商的本息垫款从开始的 80%~90% 的比例逐渐下降到最低的 17%。这种变化趋势也反映出美国金融危机后随着房地产市场价格和美国就业率的双下降，个人房贷的违约率逐步盘升，服务商不得不根据变化的市场及时调整可预测垫款回收率，从而相应减少服务商垫款比例。当然，服务商的垫付决定也受到服务商自身资金情况的制约。由于垫付资金并没有利息收入，在自身资金有限时，服务商可能会减少垫付额度和比例。

能力强的服务商会通过高效率服务在一定程度上改善资产池的表现（Collateral Performance），比如降低违约率和清盘损失率，从而提高资产支持证券的交易价格。而资产池表现的改善会反过来降低服务商的服务成本和本息垫付负担。在同等资产池表现和外部条件下，服务商对逾期账户的垫付比例在一定程度上取决于服务商对逾期账户的催款能力和处理违约账户时的减损能力。逾期催付工作做得好就可以减少服务商的垫付负担，而清盘的减损能力强就可以提高预期收回垫付款的比例。服务商的这种能力在评级公司对服务商评级中也很重要。这一点在本文后面的评级部分会涉及。

在总体逾期账户比例很高的情况下，服务商对本息垫付比例的调整，尤其是向下的调整将直接导致当期基础资产包产生的本金和利息低于预计数额，导致资产支持证券持有人当期可分配现金流的减少。这是按揭服务商行为影响按揭支持证券交易价格的一个典型范例。由于按揭支持证券的结构化特性，现金流的短缺对于不同层的债券影响也不同。一般来说，劣后级债券反应最为明显。下面以 Carrington Mortgage Loan Trust 2006-NC5 Class A2 and M1（凯林顿住房抵押贷款信托 2006 年新世纪第 5 期 A2 级和 M1 级）为例，展示了在估价日 2015 年 3 月 31 日时，由于服务商对逾期账户本息垫款比例的不同对债券内在价格产生的影响。

由于资产证券化结构的重要性，在图 2 中，我们先列出凯林顿住房抵押贷款信托2006年新世纪第5期结构。可以看出，第一夹层M1因为其以下的各支持层级未偿余额都已为零，其当前支持厚度已不复存在而降为劣后级，这也意味着M1最先承受由借款人违约而带来的损失。

表2　凯林顿住房抵押贷款信托2006年新世纪第5期交易结构图

| 债券分级 | 债券代码 | 债券种类 | 当期票面利率 | 原始余额 | 当期余额 | 原始支持厚度（%） | 当期支持厚度（%） | 提供信用支持债券 |
|---|---|---|---|---|---|---|---|---|
| A1 | 144539AA1 | 优先浮动 | 0.2238 | 216 097 000 | 0 | 28.40 | | M1，M2，M3，M4，M5，M6，M7，M8，M9，M10 |
| A2 | 144539AB9 | 优先浮动 | 0.2838 | 125 819 000 | 91 596 976 | 28.40 | 10.29 | M1，M2，M3，M4，M5，M6，M7，M8，M9，M10 |
| A3 | 144539AC7 | 优先浮动 | 0.3238 | 142 784 000 | 142 784 000 | 28.40 | 10.29 | M1，M2，M3，M4，M5，M6，M7，M8，M9，M10 |
| A4 | 144539AD5 | 优先浮动 | 0.3938 | 36 372 000 | 36 372 000 | 28.40 | 10.29 | M1，M2，M3，M4，M5，M6，M7，M8，M9，M10 |
| A5 | 144539AE3 | 优先浮动 | 0.2338 | 320 891 000 | 85 964 521 | 28.40 | 10.29 | M1，M2，M3，M4，M5，M6，M7，M8，M9，M10 |
| M1 | 144539AF0 | 夹层浮动 | 0.4438 | 67 616 000 | 40 903 334 | 22.65 | 0.00 | M2，M3，M4，M5，M6，M7，M8，M9，M10 |
| M2 | 144539AG8 | 夹层浮动 | 0.4538 | 64 676 000 | 0 | 17.15 | | M3，M4，M5，M6，M7，M8，M9，M10 |
| M3 | 144539AH6 | 夹层浮动 | 0.4838 | 21 755 000 | 0 | 15.30 | | M4，M5，M6，M7，M8，M9，M10 |
| M4 | 144539AJ2 | 夹层浮动 | 0.5238 | 31 750 000 | 0 | 12.60 | | M5，M6，M7，M8，M9，M10 |
| M5 | 144539AK9 | 夹层浮动 | 0.5438 | 24 106 000 | 0 | 10.55 | | M6，M7，M8，M9，M10 |
| M6 | 144539AL7 | 夹层浮动 | 0.5938 | 16 463 000 | 0 | 9.15 | | M7，M8，M9，M10 |
| M7 | 144539AM5 | 夹层浮动 | 0.8738 | 20 579 000 | 0 | 7.40 | | M8，M9，M10 |
| M8 | 144539AN3 | 夹层浮动 | 1.3238 | 12 935 000 | 0 | 6.30 | | M9，M10 |
| M9 | 144539AP8 | 夹层浮动 | 2.2738 | 17 639 000 | 0 | 4.80 | | M10 |
| M10 | 144539AQ6 | 劣后浮动 | 2.4238 | 20 579 000 | 0 | 3.05 | | |

资料来源：INTEX 2015年3月31日。

由于资产定价取决于资产未来现金流，为了方便说明问题，我们在此作个假定，即未来资产池的表现与表 3 数据一致，以 2015 年 3 月 31 日彭博公布的各期限 LIBOR（伦敦同业拆借利率）曲线为资产池内贷款各期限基准利率曲线和该信托发行的所有债券的各期限基准利率曲线，以 6% 为 M1，以 5% 为 A2 的预期收益率，通过运行现金流模型工具 INTEX，我们可以得到这两个债券的模型价格（见表 4）。

**表 3　凯林顿住房抵押贷款信托 2006 年新世纪第 5 期资产池表现数据**

|  | 过去 12 个月提前还款率 | 过去 12 个月违约率 | 过去 12 个月违约回收率 | 60 天以上逾期率 | 当月对逾期账户的本息垫付率 |
|---|---|---|---|---|---|
| 资产池表现数据 | 1.32% | 6.15% | 40.24% | 40.03% |  |
| 服务商行为数据 |  |  |  |  | 39.38% |

资料来源：Bloomberg.

表 4 显示，由于资产池整体 60 天及以上逾期率达到 40.03%，服务商本息垫付率的增加对优先 A2 和劣后 M1 价格的影响是很明显的。在其他假设条件不变的情况下，如果服务商本息垫付率从零（在未来任何时候都完全没有垫付）增加到 100%（未来每个月都完全垫付借款人逾期本息），那么 A2 债券的价格将从 73.56 增加到 89.41，增幅为 21.55%，而 M1 债券的价格将从 3.07 增加到 10.52，增幅为 242.67%。由此可见，服务商对本息的预先垫付对劣后 M1 价格的影响要大于对优先级 A2 的影响。在 2008 年金融危机以后，以次级贷款为基础资产的资产池表现急剧恶化，很多服务商相继调整垫款回收的预测，垫款率大幅度降低（见表 1）。正因为服务商垫资对债券价格影响的重要性，投资人在对资产证券化证券估价中也被迫改动长期以来 100% 服务商垫款率假设，降为 50% 或以下。对于表现极差的次贷资产池，更是修改到 25% 或更低。

**表 4　在不同服务商本息垫付率下，债券 A2 和 M1 的价格变化**

| | 服务商本息垫付率假设 | | | |
|---|---|---|---|---|
| | 0% | 30% | 60% | 100% |
| A2 价格 | 73.56 | 80.11 | 86.68 | 89.41 |
| A2 价格变化率（基数为 73.56） | — | 8.90% | 17.84% | 21.55% |
| M1 价格 | 3.07 | 4.19 | 5.97 | 10.52 |
| M1 价格变化率（基数为 3.07） | — | 36.48% | 94.46% | 242.67% |

## 3.2　按揭服务商对长期逾期（Serious Delinquency）账户的处理和对违约账户下抵押房产的清盘（Liquidation）

### 3.2.1　服务商对长期逾期账户的处理模式的改变

长期逾期账户的处理在证券定价中的重要作用突出表现在 2008 年以后。在美国，资产证券化相关服务协议一般都规定，资产池逾期率和违约率增加到一定比例，服务商有权利要求增加服务费以补偿新增的催收成本和服务。很多服务协议还规定，如果资产池的逾期率和违约率增加到一定程度，逾期账户的催款服务以及违约账户的清盘服务将转移至特殊服务商处理，或者整个资产池的服务都转移至该特殊服务商。当服务商或者特殊服务商判断违约人没有意愿还款，或者判定借款人有意愿但没能力还款，在一定期限内通过努力仍然不能和借款人达成再融资安排（Refinance）或贷款条款的修改（Modifications）时，服务商将启动法拍（Foreclosure）程序迅速收回抵押房屋予以拍卖变现，或者准许借款人以高于或低于未还贷款本金余额的价格将抵押房屋出售，以保护资产证券化证券持有人的利益。

2008 年前后，长期逾期账户的处理出现了较大变化。在金融危机爆发以前，美国的资产证券化项下的住房抵押资产池逾期率不高。很多逾期都是非故意逾期并大都在 30 天或 60 天以内得到修复。真正的 60 天以上逾期率非常低。服务商对 60 天以上的逾期人会通过写信，发电子邮件和打电话的方式进行催收。由于房价从 20 世纪 90 年代后期到金融危机爆发之间一直在上升阶段，逾期 60 天以上而最终偿还所有欠款的借款人也很常见。但逾期多严重才被认定为违约并进入清盘，不同服务商有不同的规定。一般来说逾期超过 180 天则被视为违约。服务商可以对这些违约账户项下抵押的房产予以清盘法拍，并且不再提供本息垫付。

2008 年金融危机以后，传统意义上的长期逾期概念发生了重大转变。原本逾期 6 个月被判定为违约的账户，在金融危机以后，逾期常常超过一年甚至两年的账户仍然只被当作长期逾期，而不被定为违约。产生这种现象的原因是多重的。一方面，美国政府为了挽救银行体系和保护困难房主对房地产市场进行了深度干预。政府推出的措施包括 Home Affordable Refinance Program，Hope Now，Home Affordable Unemployment Program，Home Affordable Modification Program，FHA Home Affordable Modification Program 等。另一方面，面对大面积违约率的发生，很多银行为了减少最终损失也纷纷为困难业主提供贷款条款的修改或再贷款安排。这些政府和银行的举措从开始实施到最终落实到实际住房贷款借款人的身上往往耗时漫长，从而导致很多房主长期滞留在逾期账户阶段。此外，还有一个重要原因涉及服务商的自身经济利益，我们在下一节中阐释。

### 3.2.2　服务商对违约账户下抵押房产的清盘

在 2008 年金融危机爆发以前和爆发以后的相当长的一段时间内，美国金融监管部门对服务商没有实质性的监管。服务商的很多行为属于暗箱操作，没有透明度。这引起了很多投资人的不满。从上文我们可以看出，资产池逾期账户或违约账户的判定权以及对违约账户的清盘过程控制在服务商手里。而这种控制正是服务商在 RMBS 交易定价中起关键作用的又一典型范例。按照 PSA 的宗旨，服务商应该以 RMBS 债券持有人的利益最大化为工作重心。然而，在缺乏监管和透明度的背景下，服务商出于其自身经济利益考虑，对长期逾期账户和违约账户的处理往往带有私心，这难免会损害优先级投资人或者是劣后级投资人的利益。

一方面，如果服务商本身或关联公司是 RMBS 的劣后级或者权益层的持有者，那么这些服务商可能会将大量逾期而早该进入法拍清盘阶段的账户人为地截流于逾期阶段，或者设法阻挠违约账户的清盘进程，人为操纵当期资产池某些影响现金流分配的指标和数据，从而导致可分配现金流的分配朝着有利于劣后级或权益级的方向发展。比如，2008 年金融危机以前的美国次贷住房抵押支持证券（Subprime RMBS）采取的结构设计主要是优先劣后超额资产支持结构（Senior-Sub Over Collateralization）。这种结构有一个设计特点就是累积损失触发机制[①]（Cumulative Loss Trigger）：如果资产池累积损失率[②]超过预先设定的水平，则现金流分配顺序将发生改变，劣后级和权益类债券持有人在优先级债券持有人收回全部本金之前不得分配任何本金。需要指出的是，上述累积损失触发机制往往是永久性触发机制。所以一旦这种机制要求的指标被触发，即使将来这一指标得到改善也不能补救和挽回现金流的分配。所以，在累积损失触发机制没有触发的情况下，如果大量长期逾期账户滞留在逾期阶段，或者违约账户项下的抵押房屋不能及时法拍清盘，则累积损失率就能被控制在一个稳定的范围以内，从而不会达到损失触发机制所要求的水平，劣后和权益类债券持有人就可以继续得到本金和利息分配，同时也造成了对优先级支持厚度的不当削弱，损害了优先级投资者的利益。在累积损失触发机制被触发以后，虽然劣后级在优先级本金偿付完毕之前不能获得本金支付，但可继续获得利息支付。通用的优先劣后超额资产支持结构一般都有这样的设计，即在每一分配期按分配规则分配完第一轮资产池本金和利息以后，如果剩余现金流（Excess

---

[①]　触发机制是基于资产包的某些指标，如累积损失，而改变资产证券化不同级证券现金分配的一种设计。它或为永久性（Permanent），一旦触发，现金流分配顺序将不容改动；另一种是相对性，如果指标得到改善，现金流分配再复原到触发机制之前的状态。

[②]　资产池损失率 = 违约率 ×（1- 违约回收率）。

Cash）和超额资产（Over Collateralization）不足以弥补资产池当期违约损失，则会将劣后级的当期本金余额作减处理（Writedown）直到劣后级的本金余额为零。而一旦本金为零，劣后级投资人当然也就丧失了未来继续获得利息收入的机会了。正因如此，作为劣后级投资者的服务商会受利益驱使而人为减缓违约账户清盘的进程，从而达到将累积损失控制在一定范围内的目的。

另一方面，如果服务商本身并不持有资产池支持的任何债券，那是否意味着该服务商对问题账户的处理一定是中性和客观的呢？也不一定。因为根据贷款服务协议，服务商对资产池里逾期账户本息的垫付只有在几种情形下可以得到补偿。一种是违约账户项下抵押房产被顺利清盘法拍，垫付款可直接从清盘法拍所得现金流中获得补偿；另一种是该逾期账户符合再贷款的条件或者符合修订原贷款条款的条件从而得以从逾期账户甚至从违约账户恢复到正常账户；还有一种特殊情况，就是当该服务商丧失服务资格，资产池服务被转移到另外一个服务商时。一般来说，服务商会对其所服务的所有资产池项下逾期和违约账户进行分析，综合考虑，兼顾成本和义务，做出对服务商有长期价值的选择。但是如果服务商的本息垫付压力太大，资金过于紧张，就有可能受利益驱使不惜违反服务协议的规定人为加快对违约账户的清盘处理，损害借款人的利益和劣后级债券投资人的利益。

在美国，由于缺乏监管和透明度，服务商利用对资产池问题账户的不同处理来为自己谋利的报道屡见不鲜。最著名的就是私募股权和对冲基金 WL Ross & Co. 和另一个对冲基金 Carrington Capital 相互起诉的案例。根据 2009 年 3 月 20 日福布斯杂志的报道，WL Ross & Co. 旗下的 American Home Mortgage Servicing 起诉 Carrington Capital，声称由于 Carrington Capital 拥有一些自己服务的资产池下的次级债券，为了故意阻挠清盘的正常进行而对违约账户项下的抵押房产提出了高于市场价的清盘价要求，以达到让自己持有的次级债券继续获得利息的目的。而

Carrington Capital 则反过来起诉对方为了获得垫付资金的早日收回而在资产池的违约清盘过程中对抵押房屋采取大甩卖处理（Fire Sale）。

需要指出的是，2008 年以后，次贷危机引发的金融海啸使许多资产支持证券价格一泻千里，一些私募股权和对冲基金敏锐地嗅出了千载难逢的良机。他们瞄准住房贷款服务商具备的对资产池进行主动管理和运作的资格和空间，开始纷纷收购那些陷入财务困境的服务商（见表 5）。这些对冲基金凭借雄厚的资本实力和人才优势，大刀阔斧地对服务商的经营模式进行改革，对所掌握的资产池和相关数据进行深入地研究和分析。这种深度主动管理和运作让服务商从默默无闻的后台一夜之间跳到前台。和以前服务商以赚取服务费为主要盈利来源不同，这些流进服务商领域的新资本是以获取高额回报为出发点的。他们出于自身利益，在对按揭服务商行业重新洗牌的同时，对资产池的运作和处理会损害其他投资人的利益。

**表 5　近年来部分美国对冲基金收购按揭服务商案例**

| 私募股权和对冲基金 | 收购的按揭服务商案例 | 收购日期 | 2014 年第三季度服务资产额 |
|---|---|---|---|
| Fortress Investment Group LLC | Nationstar Mortgage LLC | 2006 年 7 月 | 3 780 亿美元 |
| Walter Investment Management Corp. | Green Tree Servicing | 2011 年 7 月 | 2 470 亿美元 |
| WL Ross & Co. | American Home Mortg Servicing Inc. | 2011 年 10 月 | 2013 年卖给奥克文 |

资料来源：Bloombergand Forbe.

## 4. 评级机构对服务商的评级

在资产证券化整个流程中，评级机构的作用相当大。评级机构对服务商的评级直接关系到对证券化产品的评级。美国三大评级机构对资产证券化产品的评级包括以下几个方面：资产池信用风险，经营风险，现金流分析，交易方风险，以及交易法律风险。而其中的经营风险就包括对服务商的审查。服务商的服务质量，稳定性和服务经验直接影响贷款本息偿还表现，最终影响证券化交易本身的表现。

美国三大评级公司对服务商的评级也是随着资产证券化的发展，经历了一个从无到有的过程。在20世纪80年代中以前，RMBS市场主要是由美国三大政府发起机构（房利美，房地美和吉利美）控制。由于这些证券化产品有直接或间接的政府担保，所以评级公司的作用并不存在。但随着没有政府信用作担保的私有机构对RMBS市场的渗透，该类证券评级的需求就显得突出了。

评级公司对CMBS、RMBS和ABS都分别有各自的评级。这三类资产根据服务商的责任和活动各自进一步划分为主服务商、基础服务商和特殊服务商。

## 4.1　标普评级

20世纪80年代后期，标普公司建立了针对按揭服务商的评估体系，以满足市场对按揭服务商运营能力和运营风险进行评估的要求。标普在1989年发表了它的第一个服务商评级。标普对服务商的评估为行业提供了一个将某个服务商与其他服务商相互比较，与行业标准相比较，和与标普认为的谨慎服务规范相比较的一个定性定量尺度。随着资产证券化市场在美国和全球的发展，标普也将其最初的服务商评估从RMBS和CMBS领域扩充到ABS领域，并从美国扩充到全球。2003年，标普推出了针对住房贷款服务商 的"服务商评估分析方法"（Servicer Evaluation Analytical Methodology）。这套方法对标普的被选服务商的数据每年的6月底和12月底进行一次收集。所收集的数据被整理进数据库。从数据库获取的信息将被用于各服务商之间的相互比较并作为评级的重要依据。此外，现场问卷调查也是评级的依据之一。在所有待考核的项目中，服务商的组织架构、内控制度和环境、人员、信息系统、关键资产运作管理职能、财务状况、法律的合规、监管要求的遵守、行业标准的执行等都将用于最终的服务商的综合评级。

标普从三个方面对服务商的优势、劣势、机会和局限进行评估，它们是"管理层和组织架构"、"贷款/资产管理"和"财务状况"。前两部分分别有强、高于平均、平均、低于平均和弱五层评级（见表6）。财务状况部分只有两种评级：充分和不充分。服务商的这三部分分别细分为一系列的服务活动，成为最终评级的基础。当有了每个部分的评级以后，服务商的综合服务能力评级就产生了。

表6　标普评级等级说明

| 评级 | 符合条件 |
|---|---|
| 强 | 服务商表现出处理高等规模和高多样化资产组合的最高能力，效率和资质，强而稳定的公司管理业绩表现，一流的计算机技术支持和优秀的内控机制、政策和流程 |
| 高于平均 | 服务商表现出处理中等到高等规模资产组合的很高能力，效率和资质，坚实的公司管理经验和可接受的业绩表现，符合行业标准和监管要求的内部管理和政策 |
| 平均 | 服务商有可接受的业绩表现，符合行业标准和监管要求的内部管理和政策以及符合行业平均水平的服务组合管理历史表现 |
| 低于平均 | 服务商的能力，效率和资质欠缺，业绩表现欠佳，内控和计算机系统在业内标准以下 |
| 弱 | 服务商服务业绩很差，损失频繁出现，内部控制严重缺失 |

资料来源：标普结构融资服务商评级标准 2004 年 9 月。

以上每个评级都配有短期（12 个月到 18 个月）的展望。展望分为正面、稳定、发展中和负面四种（见表7）。正面是指评级有望提升。稳定是指评级在未来一年大致不会改变。发展中是指某事件可能会导致评级发生提升、下降或者不变的三种不确定性。比如如果某服务商被另一个公司收购，一般会得到一个发展中的展望。负面展望是指评级有可能下降。

表7　标普评级等级评级和展望矩阵

| | 强 | 高于平均 | 平均 | 低于平均 | 弱 |
|---|---|---|---|---|---|
| 正面 | | Y* | Y | N** | N |
| 稳定 | Y | Y | Y | N | N |
| 发展中 | N/A | Y | N | N | N |
| 负面 | Y | Y | N | N | N |

注: *Y 为优选服务商名单。**N 为非优选服务商名单。
资料来源: 标普结构融资服务商评级标准 2004 年 9 月。

根据标普 2009 年 4 月之前的评级标准，任何服务商，只要财务状况"不充分"，就不能被评为标普的"优选服务商名单"。2009 年 4 月，标普修改了这一评级标准。新的标准规定财务状况"不充分"的服务商，只要过去三年一直在"优选名单"上，并且评级维持至少是"高于平均"，展望为"稳定"，则该服务商将继续留在"优选名单"上。获得了"平均"评级，"稳定"展望和"充分"财务状况的服务商都必须具备可接受的资质和能力。而获得"平均"评级和"负面"展望的服务商，以及"低于平均"或"弱"评级的服务商（不管其展望如何），因为缺乏足够的内部控制和有效的工作流程，不能有效地管理贷款组合，从而不能将投资人的风险控制在最小范围内。"高于平均"和"强"评级的服务商必须具备为借款人和投资人提供优质服务的能力和运营环境。必须指出的是，公司管理和组织架构以及贷款 / 资产管理在综合评级中各占 50% 的权重。财务状况在综合评级里不占权重，但如上述所说，如果服务商财务状况是"不充分"，则必须是过去三年至少维持了"高于平均"的评级和"稳定"展望才能上"优选名单"。

如果服务商想满足"优选服务商名单"最低的"平均"评级的要求，它必须在几个关键运营领域表现出一定资质，比如付款处理，人员培训，现金管理和灾难期恢复措施。服务商的管理层必须具备可接受的行业经验，必须为员工提供充分的操作手册和规章制度，必须对现金管理程序有充分的内部控制机制，以减少因欺诈和人为错误造成的损失。服务商必须建立完整的内部审计制度和合理的灾难期恢复措施。一句话，符合最低优选名单条件的的服务商必须拥有一套内部相互配合，联系紧密和充分发挥员工各司其职的组织架构。而如果服务商想获得再高一些的评级，则必须有经验更加丰富的管理团队和坚实的业绩表现，备有广泛，详细和从计算机上随时调看的公司政策和操作手册，其内部运营审计必须彻底检查所有重大风险领域，其管理层须在第一时间对审计出的重大风险问题给出答复。

## 4.2　惠誉评级

惠誉对包括商业地产按揭服务商（CMBS），住房按揭服务商（RMBS），小额地产按揭（Small Balance CMBS）服务商和资产支持（ABS）服务商在内的服务商按资产类别分 5 个级别进行评级。惠誉在评级过程中要考察服务商的运营，管理水平、员工、培训计划、程序、内部控制和信息系统等。在同一评级级别内，财务条件的影响是有限的。惠誉的每个评级由四个字母加一个数字组成。比如第一级（最高级）服务商评级是 ABPS1，ABMS1，ABSS1，CPS1，CMS1，CCLS1，CLLSS1，RPS1，RMS1，RSS1，SBPS1，SBSS1[①]。第一级代表了总体服务能力的最高标准。具体包括

- 长期稳定的运营记录和高标准计划并执行的战略；

- 极佳的财务资源和向上的财务趋势；

- 全面建立，深深植入的成熟的风险管理构架和包括对监管要求的主动配合执行在内的业内最优秀行为；

- 优秀的管理团队，非常有经验的运营领导力和稳定，训练有素的

---

① 其中，AB 代表资产支持（ABS）服务商，C 代表商业地产（CMBS）服务商，CLL 代表商业贷款服务商，R 代表住房服务商（RMBS），SB 代表小额商业地产服务商。资产代码后面是服务商类型。比如 PS 代表基础服务商，MS 代表主服务商，SS 代表特殊服务商，CLS 代表建筑贷款服务商等。代码最后的阿拉伯数字代表了评级的级别水平。

员工；

- 在服务运营上有业内最强的专业水平，最优秀绩效考核和服务管控；
- 高度一体化的，灵活的信息系统和经常更新加强的、能满足各种不同要求的数据汇报能力。

在同一级评级里，惠誉还用加号和减号来进一步区分服务差别。

## 4.3　穆迪评级

与上面两家评级公司不同，穆迪明确提出需要考察服务商对逾期的处理效果和对违约的减损效果。穆迪认为只有将资产包中资产的信用质量和服务商的表现区别开来，才能有效地评估服务商防范违约发生和对违约减损效果。在评分级别上，穆迪评级系统和标普，惠誉一样分成 5 个级别：

- SQ1 强服务能力和服务稳定性；
- SQ2 高于平均水平的服务能力和服务稳定性；
- SQ3 平均水平的服务能力和服务稳定性；
- SQ4 低于平均水平的服务能力和服务稳定性；
- SQ5 弱服务能力和服务稳定性。

穆迪同时也从组织架构、管理层经验和特点、财务状况、运营控制和程序以及战略目标几个方面来考察服务商的运营和财务的稳定性以及对市场条件变化的反应能力。除了要考虑服务商在特定条件下是否能履行对逾期账户的垫付能力以外，穆迪的服务商评级对服务商本身偿还固定债务和履行合同项下财务义务并不作考虑。和标普和惠誉一样，穆迪还用"+"号和"-"号来对各个评级进行微调。

## 4.4　服务商评级下调的影响

下面是美国最大的非银行按揭服务商奥克文贷款服务公司（Ocwen

Loan Servicing，LLC）官方网站上披露的美国几个主要评级机构对该公司的次贷服务和特殊服务的评级情况（见图8）。其中，惠誉在2015年2月4日刚刚将奥克文的RMBS（包括优级，次优，次级，第二抵押权，房屋权益）评级从RPS3下调至RPS4，展望定为"稳定"。将奥克文的特殊服务商评级从"RSS3"下调至"RSS4"。惠誉在公告中指出此次下调是因为该服务商的公司治理（Corporate Governance）和运营控制架构方面表现软弱，以及财务状况的下滑。

表8　奥克文按揭贷款服务评级

| | Subprime Servicer | Special Servicer | 发布日期 |
|---|---|---|---|
| 惠誉 | RPS4 | RSS4 | 2015-02-04 |
| 穆迪 | SQ3 | SQ3- | 2015-01-29 |
| 晨星 | MOR RS3 | MOR RS3 | 2015-02-06 |
| 标普 | Average | Average | 2014-10-28 |

资料来源：奥克文公司网站 www.ocwen.com。

需要指出的是，奥克文的服务商评级的下调会导致美国一些RMBS交易中的服务商违约事件（Servicer Event Of Default）的发生，从而导致受托人和支持证券持有人可以考虑行使服务转移的权利。不过美国过去还未曾出现因为服务商评级的下调导致服务转移情况的发生。惠誉审查了大约450个相关的证券化交易样本，认为因奥克文服务商评级下调导致服务商违约事件的交易只占10%以下。事实上，一些交易的受托人已经给支持证券持有人发出了通知，要求他们对是否转移服务进行投票。一旦投票结果是同意转移，则受托人就着手就按揭服务权收益进行招标。奥克文虽然失去了对这些贷款的未来服务资格，但也乐于将按揭服务权收益卖掉，而且不排除还有盈利的可能。同时，奥克文先前对资产池违约账户的垫款也可以因此收回。

## 5. 按揭服务权（Mortgage Servicing Rights）和巴塞尔协议Ⅲ 对行业的影响

### 5.1　按揭服务权

按揭服务商作为专业服务机构有一定的义务和权益，包括收取合同规定的服务费、逾期罚款、附加费以及由代保管资金和借款人预付款产生的浮动收益。通常，仅合同规定的年化服务费一般就有管理基础资产总额的 10~50 个基点。因此，服务权益具有一定的价值。事实上，按揭的初始权益人（Originator）既可以保留按揭服务权以便在未来获取现金流收入，也可以出售按揭服务权以换得当前现金收入（一般多为规模相对较小的地区性和社区银行）。

资产证券化催生了主服务商、基础服务商和特殊服务商的类别，从而产生了相对应的不同类别的服务权，如基础服务权益和特殊服务权。服务权按资产信用质量又可分为优级贷款服务权和次级贷款服务权。按资产类别划分为住房按揭服务权和商业按揭服务权等。2008 年金融危机以后，两房和吉利美发明了所谓的局部性服务（Component Servicing），鼓励甚至要求将资产池中部分高违约率资产的服务权从基础服务商转至特殊服务商。这种从基础服务商转向局部性服务商的转让往往是悄悄进行的，因为转让方不想让公众知道投资人对他们处理违约账户的能力没有信心。这是美国服务行业缺乏监管和透明度的一个表现。

美国的 MSR 市场以金融危机为线分为两个阶段。前一个阶段是MSR 市场通过一系列收购和整合向商业银行集中的阶段。银行往往是优级 MSR 最理想的拥有者。这是因为银行有存款和负债的杠杆优势，以及从保管资金和对借款人交叉销售金融产品中获取最大化利益的优势。20世纪 90 年代，美国的 MSR 市场非常分散。如表 9 所示，1995 年，排名第一的 Countrywide Funding Corp 仅占市场 3.6% 的份额。前 5 名服务商总共仅占了 15% 的市场份额，服务资产仅 5 228 亿美元，只有一家是银行子公司。排名前 20 位的服务商总共只占 35.11% 的市场份额。在 2010 年以前的近 20 年时间里，随着美国 MSR 市场不断整合，银行凭借规模效益，流动性和资本实力的优势最终在 MSR 市场上占据统治地位。从表 9 可以看出，截至 2010 年第三季度，排名前五名的服务商全是银行或银行子公司，占 MSR 市场近 74% 的份额，服务资产达 6.3 兆亿美元。

美国的 MSR 市场在金融危机以后进入第二个阶段，即商业银行缩减规模甚至退出，非银行按揭服务商大举从银行手里收购 MSR，和银行平分 MSR 市场。2010 年以后，随着美国监管当局相继出台了各种监管法案和法规，特别是美联储签署了"巴赛尔Ⅲ"从而大大增加了银行保留大量 MSR 的资本要求以后，美国的 MSR 市场开始再次整合。银行开始逐步出售 MSR 以降低监管风险和提高资本充足率，而非银行按揭服务商由于不受"巴赛尔Ⅲ"的约束而得以大举进军 MSR 市场。他们从银行手里购买了大量 MSR，从而使美国的服务商行业和 MSR 市场发生了很大的变化。这一现象，本文还会在后面的"巴塞尔Ⅲ的影响"一节予以介绍。

MSR 市场规模达到上百亿美元，是按揭市场的重要组成部分。两房由于在按揭资产证券化市场的主导地位而在 MSR 市场中占有重要的话语权。如果没有两房的同意，很多 MSR 无法转让。事实上，金融危机之后，由于私人机构发行市场的停顿，超过 90% 的资产证券化产品来自两房和吉利美。几乎所有不同规模的住房按揭金融机构，都将各自生成的按揭贷款卖给两房。许多地区性银行和社区银行在过去相当长的一段时间通过二级市场上出售新贷款，但保留按揭服务权。这种经营战略有诸多好处：

1. 由于这些银行大都将长期按揭资产（大都为 30 年期限固定利率）卖给两房而规避了利率风险。

2. 保留服务权使得这些银行能够有一个获得稳定的服务费收入的来

表 9　1995 年和 2010 年住房按揭服务商排名比较

单位：百万美元

| 排名 | 公司 | 2010 年第三季度 | 市场份额 | 排名 | 公司 | 1995 年第三季度 | 市场份额 |
|---|---|---|---|---|---|---|---|
| 1 | Bank of America | 2 151 580 | 25.23% | 1 | Countrywide Funding Corp | 127 580 | 3.60% |
| 2 | Wells Fargo & Company | 1 807 795 | 21.20% | 2 | GE Capital Mortgage Services | 113 900 | 3.30% |
| 3 | Chase | 1 303 508 | 15.29% | 3 | Fleet Mortgage Group | 100 900 | 2.90% |
| 4 | CitiMortgage Inc. | 654 956 | 7.68% | 4 | Norwest Mortgage | 100 100 | 2.90% |
| 5 | Ally Bank | 383 790 | 4.50% | 5 | Prudential Home Mortgage | 80 300 | 2.30% |
| 6 | U.S. Bank Home Mortgage | 206 236 | 2.42% | 6 | NationBanc | 77 580 | 2.20% |
| 7 | SunTrust Bank | 174 792 | 2.05% | 7 | Chase Manhattan Mtg. | 74 220 | 2.10% |
| 8 | PHH Mortgage | 159 411 | 1.87% | 8 | Bank of America | 62 310 | 1.80% |
| 9 | PNC Mortgage | 144 582 | 1.70% | 9 | GMAC Mortgage | 58 940 | 1.70% |
| 10 | OneWest Bank | 112 000 | 1.31% | 10 | Chemical Bank | 52 820 | 1.50% |
| 11 | MetLife Bank N.A. | 94 988 | 1.11% | 11 | Home Savings of America | 49 500 | 1.40% |
| 12 | Aurora Bank FSB | 84 550 | 0.99% | 12 | Mellon Mortgage | 45 700 | 1.30% |
| 13 | Homeward Residential | 82 829 | 0.97% | 13 | Great Western Bank | 43 020 | 1.20% |
| 14 | Branch Banking & Trust Company | 80 858 | 0.95% | 14 | Citicorp Mortgage | 40 900 | 1.20% |
| 15 | Annaly Capital Investments | 76 174 | 0.89% | 15 | Banc Boston Mortgage | 39 650 | 1.10% |
| 16 | Cenlar | 75 000 | 0.88% | 16 | PNC Mortgage | 37 550 | 1.10% |
| 17 | Dovenmuehle Mortgage Inc. | 70 000 | 0.82% | 17 | First Union Mortgage | 37 270 | 1.10% |
| 18 | Fifth Third Bank | 62 904 | 0.74% | 18 | Barnett Mortgage | 32 970 | 0.90% |
| 19 | Flagstar | 60 686 | 0.71% | 19 | Source One Mtg. Services | 28 560 | 0.80% |
| 20 | HSBC Mortgage | 59 375 | 0.70% | 20 | Wells Fargo Bank National City | 24 530 | 0.70% |
| | 总计 | 7 846 014 | 92.01% | | | 1 228 300 | 35.10% |

资料来源：Levine 2010 和 mortgagestats.com。

源，而这种稳定的收入来源在市场上具有一定价值。

3.利率的上涨会使得借款人通过再贷款来提前还款的概率降低，因此在当前低利率环境下，服务权的价值会随着将来市场利率的上升而上涨，从而部分抵销了利率上升导致的发放贷款收入的下降。

在美国，服务权价值可以有两种方法报价：（1）按所服务资产池的未偿贷款余额的百分比；（2）按服务商应该获得的净服务费的（服务费减去担保费）加权平均数的倍数。比如，如果净服务费是25个基点，而资产池的服务权益估值是100个基点，那么其报价就是4倍乘数。这个乘数实际上来自对未来收益的净现值（NPV）的计算，并考虑到预期的本金偿付，提前本金还款，和折现用的预期收益率，反映的是服务权益当前市场价格。表10展示了MSR价值的计算方法。

**表10　MSR计算方法展示**

| 年 | 最初本金 | 服务费 | 附加和浮动 | 总营收 | 支出 | 税前净收入 | 现值 |
|---|---|---|---|---|---|---|---|
| 1 | $1 000 000 000 | 2 384 216 | 382 379 | 2 766 595 | 420 266 | 2 346 329 | 2 224 822 |
| 2 | $901 982 063 | 2 079 455 | 36 8383 | 2 447 838 | 366 996 | 2 080 843 | 1 787 724 |
| 3 | $773 761 846 | 1 778 846 | 321 383 | 2 100 229 | 325 191 | 1 775 038 | 1 380 488 |
| 4 | $661 445 358 | 1 519 635 | 27 9579 | 1 799 232 | 287 645 | 1 511 587 | 1 064 171 |
| 5 | $546 740 580 | 1 297 380 | 243 377 | 1 540 757 | 251 298 | 1 289 459 | 821 722 |
| 6~30 | $0 | 7 094 703 | 1647 490 | 8 742 193 | 1855037 | 6887156 | 2 732 976 |
| 总共 | | $16 154 235 | $3 242 609 | $19 396 844 | $3 506 434 | $15 890 411 | $10 011 904 |
| 主要假设 | | | | | | | |
| 提前还款速度（PSA）：200 | | 服务年费：0.25% | | 服务成本：　$75 | | 税前折现率：10% | |
| 估价1 | NPV（余额的百分比） | 1.00%（=$10 011 904/$1 000 000 000） | | | | | |
| 估价2 | NPV | 4.0（=1.00%/0.25%） | | | | | |

资料来源：Levine，2010.

在金融危机之前，MSR倍数一般为净服务费的4~6倍。但在最近几年，这个倍数在不断下滑（也就是说MSR的市场价值在降低）。这主要是因为以下几个因素造成的：

（1）监管要求的变化。联邦监管机构 FHFA 在金融危机后多次谈到要改革两房和吉利美的按揭服务商收费模式，或者降低服务费，或者采用固定费用。这严重降低了服务权益价值。

（2）会计准则（包括巴塞尔 III）的变化造成 MSR 资本准备金的要求发生巨大变动。比如，巴塞尔 III 规定，MSR 估值不得超过股东权益的 10%，而在此前，这一比例可高达 90%（这一点我们在下面细论）。再如，美国通用会计准则（GAAP）要求银行采用市价计算（Mark To Market）。由于 MSR 估值对市场利率非常敏感[①]，这一要求使得银行每个季度都不得不校订营运结果。一些按揭服务商退出市场，导致了 MSR 的需求降低。这些都直接导致一些主要银行，如美洲银行和花旗银行大规模削减按揭服务资产。

## 5.2　巴塞尔 III 的影响

美联储于 2013 年 7 月 2 日批准了"巴塞尔资本监管和市场风险最终准则第三协议"（以下简称"巴塞尔 III"）。根据这个协议，银行在计算一级资本（Tier 1 Capital）的时候只能使用按揭服务权收益价值的一部分。其中具体有以下三个要点：

（1）每笔按揭服务权收益不能超过银行普通股权一级资本的 10%；超过部分必须从普通股中减去。

（2）所有按揭服务权收益，递延税收资产（Deferred Tax Assets）和投资于非统一报表金融机构的普通股这三项相加的总和不得超过银行普通股一级资本的 15%。超出部分必须从普通股中减去。

（3）凡没有从普通股一级资本中减去的按揭服务权收益在 2017 年

---

[①]　服务权益的价值对利率的变化极为敏感。这是因为利率降低直接导致借款人提前还款的发生。而提前还贷意味着本金的提前偿付，从而导致服务收费的停止。由于这个原因，很多拥有大量服务权益的服务商往往会利用利率衍生工具，如利率互换和利率互换期权进行对冲以套期保值。具体论述可见 Aldrich 2000。

后将被给予 250% 风险权重。

表 11　巴塞尔Ⅲ对风险资本充足率的影响示意图

| | | | 现行准则 | | 巴塞尔第三协议 | | |
|---|---|---|---|---|---|---|---|
| | 资产 | | | 风险权重 | 股东权益扣除 | | 风险权重 |
| | 现金 | 25 000 | | 0% | | 25 000 | 0% |
| | 消费贷款 | 75 000 | | 100% | | 75 000 | 100% |
| | 商业贷款 | 200 000 | | 100% | | 200 000 | 100% |
| | 按揭贷款 | 175 000 | | 50% | | 175 000 | 100% |
| | 按揭服务权收益 | 20 000 | | 100% | −15 000 | 5 000 | 250% |
| | 其他资产 | 10 000 | | 100% | | 10 000 | 100% |
| | 总资产 | 505 000 | | | | 490 000 | |
| | | | | | | | |
| 负债 | | | | | | | |
| | 存款 | 450 000 | | | | 450 000 | |
| | 其他负债 | 5 000 | | | | 5 000 | |
| | | | | | | | |
| | 股东权益 | 50 000 | | | −15 000 | 35 000 | |
| | | | | | | | |
| | 一级资本（Tier 1 Capital） | 50 000 | | 一级资本（Tier 1 Capital） | | 35 000 | |
| | 风险加权资产（Risk Weighted Assets） | 392 500 | | 风险加权资产（Risk Weighted Assets） | | 472 500 | |
| | | | | | | | |
| | 风险资本充足率（Risk-based Capital Ratio） | 12.7% | | 风险资本充足率（Risk-based Capital Ratio） | | 7.4% | |

　　从表 11 中看出，巴塞尔Ⅲ对按揭服务权的风险权重，以及服务权估价与一级资本比例的相关规定大大地增加了银行满足资本充足率的难度，从而增加了银行持有额外按揭服务权的成本，尤其增加了那些靠卖出资产却保留服务权的地区性银行和社区银行对按揭服务权的持有成本和资本充足监管风险。他们要么在卖掉服务资产的同时也卖掉服务权，

从而失去客户关系；要么减少业务量。

由于巴塞尔Ⅲ只包含银行而不适用于非银行机构，从 2013 年开始，银行就开始向非银行服务商出售服务权收益。根据金融稳定监督理事会（Financial Stability Oversight Council）2013 年度报告，美国的商业银行和储蓄银行（Thrifts）的按揭服务资产权收益比 2008 年中期的峰值减少了一半以上。

从表 12 中可以看出，在 2008 年第三季度排名前 10 位的住房按揭服务商里，到了 2014 年第三季度已经有 4 家不在前 10 排名之列。这 4 家有 3 家是地区性银行（PNC、OneWest、SunTrust）。2008 年服务资产排名在前 5 位的美国最大的四家商业银行（美洲、富国、大通、花旗），在 2014 年仍然在前 5 名。在金融危机中受冲击不大的富国银行和大通银行 2014 年的服务资产比 2008 年略有增加，而受金融危机冲击较重的美洲银行和花旗的服务资产分别缩减 60% 和 50% 以上。值得注意的是，在 2014 年的排名表新进前十的有 4 位是 2008 年金融危机以后崛起的非银行按揭服务商，其中由私募股权和对冲基金控股的国星按揭（Nationstar Mortgage）还挤进了前 5 名，排在第四，超过了花旗。其他 3 家里，Walter Investment Management Corp. 是私募股权和对冲基金，奥克文贷款服务公司（Ocwen Loan Servicing）和 Cenlar 是非银行贷款服务商。

根据"住房按揭金融内参"（Inside Mortgage Finance），仅在 2014 年一年时间里，非银行服务商奥克文和国星按揭的服务资产就翻了一番。国星已经排名第四，拥有 3 779 亿美元的服务资产，占到第三大按揭服务商美国银行 7 218 亿美元服务资产的一半以上。监管当局也开始关注"影子银行"的增长并多次表示了非银行服务商对金融系统风险的担忧。纽约州立金融机构局就对 2014 年一宗富国银行（Wells Fargo）向奥克文出售涉及价值达 390 亿美元服务资产服务权的交易进行了干预。即便如此，美国银行协会（American Bankers Association）仍然预计在未来两三年里，银行将出售价值上万亿美元的服务权。

表 12　美国住房按揭服务商服务资产 2008 年第三季度和 2014 年第三季度排名

单位：百万美元

| 2014 年第三季度 | | | | 2008 年第三季度 | | | |
|---|---|---|---|---|---|---|---|
| 排名 | 服务商 | 资产额 | 市场份额 | 排名 | 服务商 | 资产额 | 市场份额 |
| 1 | Wells Fargo & Company | 1 777 193 | 23.50% | 1 | Bank of America | 2 012 100 | 26.00% |
| 2 | Chase | 963 430 | 12.74% | 2 | Wells Fargo & Company | 1 509 179 | 19.50% |
| 3 | Bank of America | 721 832 | 9.55% | 3 | Chase | 845 438 | 10.92% |
| 4 | Nationstar Mortgage | 377 785 | 5.00% | 4 | CitiMortgage Inc. | 815 273 | 10.53% |
| 5 | CitiMortgage Inc. | 338 403 | 4.48% | 5 | Ally Bank (GMAC) | 391 945 | 5.06% |
| 6 | U.S. Bank Home Mortgage | 289 513 | 3.83% | 6 | PNC Mortgage | 189 244 | 2.45% |
| 7 | Walter Investment Management Corp. | 246 964 | 3.27% | 7 | OneWest Bank (IndyMac) | 172 000 | 2.22% |
| 8 | Ocwen Loan Servicing | 239 204 | 3.16% | 8 | SunTrust Bank | 156 809 | 2.03% |
| 9 | PHH Mortgage | 226 036 | 2.99% | 9 | PHH Mortgage | 148 714 | 1.92% |
| 10 | Cenlar | 217 885 | 2.88% | 10 | U.S. Bank Home Mortgage | 133 826 | 1.73% |

资料来源：mortgagestats.com。

巴塞尔Ⅲ对服务商的负面影响也会波及到消费者。这些不利影响具体表现为服务质量下降，获得贷款的难度增大和贷款利率的提升。一些银行为了缩减运营规模而减少放贷，甚至不得不从按揭服务行业退出，这直接导致消费者面临更少的选择和服务。同时，由于巴塞尔Ⅲ提高了银行的资金成本，而这最终将由需要贷款的消费者来买单。加上其他危机后，监管部门推出的一系列规则，如合格按揭规则（Qualified Mortgage Rule）、新的服务标准（New Servicing Standards）、Regulation AB 等，地区银行和社区银行的日子就更加困难。

## 6. 数据管理和对服务商的监管

在美国，对金融和金融相关行业的监管侧重于对消费者的保护。

1999 年，美国国会通过了 GLB 法案（Gramm-Leach-Bliley Act）。该法案从三个方面对消费者个人信息的使用进行了规范。

（1）金融隐私规则——该规则要求金融机构向消费者说明信息获取和共享的做法，同时规定了消费者有权对信息共享加以限制。

（2）保护规则——该规则要求金融机构制定安全法规来保护消费者个人信息的保密性和完整性。

（3）虚假借口规则——该法案禁止金融机构利用虚假借口和陈述来获取消费者的个人金融信息。

对服务商来说，一方面他们要向消费者披露有关信息获取和共享的政策，避免以不合法的手段获取客户私人信息；另一方面还要特别重视对数据安全性的管理，比如计算机系统的安全保护和服务场所的安全措施等。这对服务商的声誉有着不可忽视的意义。事实上，我们在上文服务商评级探讨中也讲述了服务商的信息系统和数据处理能力对评级的高低有着决定性的作用。比如惠誉的最高评级就要求服务商具有高度一体化的、灵活的信息系统和经常更新加强的、能满足各种不同要求的数据汇报能力。

金融危机后，2010 年 7 月 21 日，奥巴马总统签署了《多德—弗兰克华尔街改革与消费者保护法案》（*Dodd-Frank Wall Street Reform and Consumer Protection Act*）。这是自 20 世纪 30 年代罗斯福总统对金融机构监管进行大范围改革之后的最重要的一次全方位监管改革，触及到了美国联邦金融监管机构和金融服务业的方方面面。其中，该法案在《真实贷款法案》（*Truth in Lending Act*）中对服务的要求作了修定。根据该修订，美国消费者金融保护局在 2013 年 1 月 17 日公布了新服务标准的"最终准则"（Final Rules），对真实贷款法案的 Z 条款（Truth in Lending Act（TILA，Regulation Z））中有关按揭服务的 3 大类作了修改。

（1）每期报表；

（2）利率调整通知；

（3）还款支付的及时登记以及对完全还款查询（Payoff Request）的及时回复。

在"最终准则"里，消费者金融保护局还对《多德—弗兰克法案》中没有触及的"地产结算程序法案"的"X 条款"（Real Estate Settlement Procedures Act（RESPA，Regulation X））作了以下 6 个方面的修订。

（1）强制灾害保险的限制；

（2）对借款人错误查询和信息查询的反馈；

（3）建立合理的服务政策和程序来管理与借款人账户有关的信息的文件；

（4）对逾期借款人的早期介入；

（5）与逾期借款人的持续接触；

（6）减损程序。

另外，"最终准则"还包括根据《多德—弗兰克法案》的有关条款颁布的"还款能力"（Ability to Repay）规则和"合格按揭"（Qualified Mortgage）规则。"还款能力"规则要求按揭贷款方在决定贷款给消费者的时候要根据所核实的有记录的材料对消费者的还款能力作出合理的诚实的评估。"合格按揭"规则对某类按揭贷款，特别是那些在金融危机里伤害了很多消费者的有高风险条款的贷款，作出了限制。这两项规则并不是直接针对服务商，而是针对按揭贷款银行的，所以对服务商的影响是间接的。"最终准则"豁免了服务贷款量少于 5 000 的小型服务商，并于 2014 年 1 月 10 日起生效。除了"最终准则"，美国各州还有自己过往的和新发布的关于规范服务商行为的州规则。面对如此多的规则，服务商要想达到合规绝非轻而易举。尤其是"最终准则"，不仅要求每期报表内容更加广泛和细致，对逾期借款人信息方面的要求更加严格，而且要求服务商全面审查流程和报表框架以确保对"最终准则"的合规。对服务商来说，所有这些改变都得由计算机信息系统来支持执行，因而会相当耗时。美国的服务商行业会或许会经历一场阵痛之后变得透明和高效，从而使消费者获得益处。但监管成本的上升也会最终被服务商转嫁到消费者的头上，消费者可能比以前更难获得贷款，或者在获取贷款时不得不付出更高的成本。

下面我们还是以奥克文按揭服务公司为例来探讨数据管理在服务商行业中的重要性。在 2010 年以前，奥克文还只是一个规模不大，专门服务次级按揭贷款的中小型服务商。从 2010 年开始，奥克文通过一系列的对 MSR 的收购，迅速地发展壮大，一度成为美国第 6 大按揭服务商（http://www.mortgagestats.com），同时也是美国最大的非银行按揭服务商。根据穆迪评级 2014 年 1 月的报告，奥克文的服务资产从 2010 年中期的大约 550 亿美元急剧上升到超过 5 180 亿美元。它的服务资产组合中三大政府发起机构（房地美，房利美和吉利美）占到了 37.4%，超过了次级按揭资产 22.6% 的比例。就在这份报告中，穆迪一方面维持了先前它对奥克文次级按揭服务和特殊服务的 SQ2- 评级；另一方面，因为奥克文通过收购大量的服务资产带来的不同服务平台的兼容整合问题，而将其置于准备降级的观察期。在穆迪发表了此报告的一年里，奥克文为了节约成本，迟迟不愿升级信息系统，更将 70% 的员工外包到印度以降低人工费用。由于服务平台不能有效地处理新收购来的政府发起机构的贷款种类，导致计算机信息系统频频出错，借款人常常收到过期的甚至是完全错误的账单，有些借款人的房屋莫名其妙地被告知长期欠款而予以拍卖。同时，消费者金融保护局 CFPB （Consumer Financial Protection Bureau） 收到大量对奥克文的投诉。根据 Bloomberg Business 2015 年 2 月 9 日的报道，从 2014 年 1 月到 2015 年 1 月，该局收到 6 091 起对奥克文的投诉信，比上一年增加了 28%。而同一时期美国整个服务商行业的投诉数量比上一年减少了 11%。2013 年，奥克文因为遭到部分借款人集体诉讼，答应支付 21 亿美元的巨额和解金。最终，奥克文不得不将其先前收购的三大美国政府发起机构贷款资产的服务权予以安排出售。2015 年 1 月，穆迪将奥克文的次级按揭服务评级从 SQ2- 下调到了 SQ3，将其特殊服务评级从 SQ2- 下调到了 SQ3-。

# 7. 总结

综上所述，我们对服务商在美国资产证券化中的起源和作用做了系统介绍。资产证券化的发展需要一个成熟的二级交易市场，而将基础资产的服务与基础资产的交易相分离对资产证券化业务的规模化、专业化发展起到重要推动作用。当前，中国资产证券化结构相对简单，还没有能够体会到服务商的意义。此外，银行在中国金融市场的强势地位和大而广的经营理念使得服务商专业化发展面临困难。MSR，这个在美国有上百亿市值的市场在中国并不存在。但随着巴塞尔 III 的实施，资产证券化市场参与者的增加，服务商和 MSR 市场会发生巨大变化。他山之石，可以攻玉。研究和探讨美国证券化服务商的发展历史和在证券化中的作用，对中国未来服务商行业和 MSR 市场在行业监管，消费者权益保护，投资人利益保护，市场的公平性和透明度，市场的有效性和资源的合理配置方面具有重大借鉴意义。

# 美国设备租赁证券化的市场概况和对中国发展的借鉴 [1]

## 1. 设备租赁及在美国证券化的起源和发展

设备租赁是指在一定期间内，设备所有者（出租方）将资产的使用权让与承租人以获得对价的契约，是对传统信贷的补充。在传统信贷业务中，企业通过贷款来购买设备，形成对贷款方（如银行或其他金融机构等）的债务。而在租赁业务中，承租人对资产、资金的使用有更多的选择。相比于贷款购买设备，租赁对上市企业尤为重要。一个原因是由于设备的增加没有通过信贷方式，资产负债表上没有形成相应的信贷负债 [2]。一般来说，租赁可以分为两类：经营性租赁（Operating Lease）和融资租赁（Capital Lease）。两者都使承租人能够迅速获得所需要使用的资产设备，但两者区别也非常明显。

在融资租赁中，合同中的设备由承租人提出需求，或由承租人直接从制造商或销售商那里选定，由出租人购置。我国《合同法》就明确指出"融资租赁合同是出租人根据承租人对出卖人、租赁物的选择，向出卖人购买租赁物，提供给承租人使用，承租人支付租金的合同"。出租方除了提供资产之外，还将与资产所有权有关的全部风险和报酬转移给了承租人（不论资产的所有权最终是否发生转移）。由此可见，承租人

---

① 　原文节选发表在《中国金融》，2018（10）。与杨黎鸿合作。

② 　但是，租赁也会因为待付租金形成相应的债务。

承担了对租赁设备的维护。在融资租赁中，合同期限一般接近设备的使用寿命，出租方承担帮助承租方提供购买设备所需资金（或者融资）的作用，并通过未来租金的收取来补偿自己的资金投入。经营租赁中出租的设备由租赁公司（出租方）根据市场需要由自己决定，而后再寻找承租人。在经营租赁中没有发生与资产所有权相关的风险与报酬的转移，设备仍然属于出租方。出租方也负责对租赁设备的维护。承租人按合同规定支付相关费用，在承租期满由承租人将租赁资产归还出租方。在经营租赁中，合同的期限一般比相关设备的使用寿命短，承租方在合同期内有权使用设备，但不承担合同到期后设备残余价值的风险，这部分风险由出租方承担。由于出租方承担了设备剩余价值与再出租风险，因此租金相对较高。在实际业务中，租赁种类的选用取决于承租企业的自身业务、设备的更新速度、所需资金大小等多方面因素。

设备租赁证券化（Equipment Leasing Asset-Backed Securities）是资产证券化（Asset-Backed Securities）的一个分支。它始于美国20世纪80年代中期，是最早使用证券化方式进行融资的非住房资产之一。根据Equipment Leasing & Finance Foundation，最早的设备租赁证券化是由投行第一波士顿（First Boston Corporation）承做、承销的证券。这单1.925亿美元证券的基础资产是75台计算机设备的租约。Sperry和它的子公司租赁金融公司Sperry Lease Finance对证券有部分承诺担保。具体来说，Sperry提供了对产品违约数额的20%，而其担保能力依赖于不可撤销的银行信用函[①]。根据美国SIFMA（美国证券行业和金融市场协会）的统计，设备租赁证券最近几年的平均发行量每年大约150亿~180亿美元，占全部资产证券化年发行量的6%~7%。美国设备租赁证券化的基础资产

---

① www.nytimes.com/1985/02/12/business/finance-new-issues-computer-leases-back-financing-by-sperry.html Sperry认为利用资产证券化对其融资成本有利。根据标普评级，其本身的债项信用等级仅为BBB级。而此资产证券化产品等级为AAA级。该证券的期限为6年，固定票息，票息为11%。发行价格为99.6，到期收益率（yield to maturity）为11.24%。

既包括经营型也包括融资型的租赁合同。

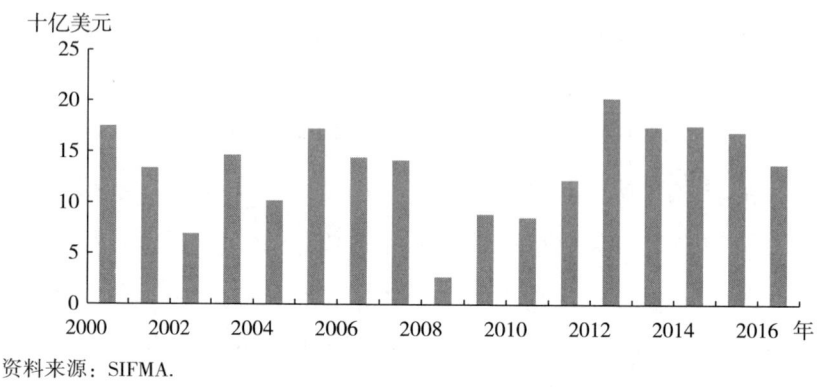

资料来源：SIFMA.

**图 1　美国设备租赁证券化的年发行量**

设备租赁证券化的一个显著特点是它的基础资产的多元化，涉及的种类包括办公、农业、建筑、交通、医疗、石油勘探、飞机等多种设备。近几年一些新型技术设备，比如太阳能节能设备，也开始进入证券化市场。按照这些设备的规模和成本，证券化市场通常可分为三类：

（1）小型设备（Small-Ticket）：成本一般在 10 万美元以下；

（2）中型设备（Mid-Ticket）：成本一般在 10 万 ~50 万美元；

（3）大型设备（Large-Ticket）：成本在 50 万美元以上。

不同类型的基础资产会在证券化过程中有一些相应的设计和风险考虑。比如，大型设备租赁资产证券化产品的基础资产数量较少，多样性不足。但能够有能力租用大型设备的企业一般也具有较强的经营能力和较低的违约风险。对此类产品的风控，相对于多样性更为丰富的小型设备租赁资产证券化，显然不同。

## 2. 设备租赁证券化的参与方

设备租赁证券化的参与方可以大致分为三类：发起方、投资人和中介服务机构。

（1）设备租赁证券化的发起方

采用设备租赁证券化的公司主要包括设备制造商下属的金融部门（Captive Finance）和独立的设备租赁公司。虽然说，商业银行也是企业设备投资的重要资金来源，但这些资金一般是通过对企业的经营性贷款途径，基于企业的整体业务进行放款，而不会是仅关注于对设备的单一投资。同时，由于银行的融资成本本身较低，因此，商业银行并不是设备租赁证券化的主要发起方。

设备制造商下属的金融部门是设备租赁证券化的一个重要发起方。通过提供设备租赁，这些金融部门能够帮助需要设备的客户降低初期的资本投入，而且设备租赁的未来支付周期和设备运营产生的经济收入相对一致。对于一些大型和昂贵的设备，制造商能通过提供租赁的方式来增加设备销售。但租赁的方式实际上使制造商承担了设备制造的资金成本。虽然他们能够通过租赁在设备的寿命期内逐渐回收这些成本，但周期较长。对于一些本身融资成本高的制造商，他们往往希望尽快回收这些资金。因此，通过将贷款转变为证券，资产证券化实际上连接了实体经济与金融市场。

设备制造商成立金融部门的一个重要目的是灵活运用市场上的金融手段来融资。但由于受母公司业务的限制，其发行的租赁证券具有基础资产相对比较专业和单一的特点，因而产品的多样性较低。但这些制造商和他们的金融部门对产品的技术和市场有深入了解，有较长的客户服务经验和风险分析能力，而且客户对相关产品品牌有一定依赖，这些都帮助这一类租赁证券发行商的产品有相对好的历史表现。代表性的发行商包括提供农业设备租赁的美国农机巨头 John Deere[①] 和 CNH。

---

① 根据 John Deere 官网，其下属融资公司（John Deere Capital Corporation）自 1992 年以来就开展了 ABS 业务。2017 年，在 John Deere 的所有外部资金来源中，ABS 占 12%。

　　独立的租赁公司是设备租赁证券化的另一大发起方。这些独立的租赁公司可根据规模进一步分为大、中、小型。大型租赁公司的代表包括通用电器（GE）和 CIT 集团，他们主要是通过提供多样化的租赁产品和面向客户的灵活方案来在市场上竞争，这样他们发行的证券化的基础资产就比较多样和多品牌。中小型的设备租赁商一般是专注某一类特定设备类型，通过他们对这一类设备的深入市场了解，来帮助设备制造商和租赁客户。

　　（2）设备租赁证券化的投资人

　　投资设备租赁证券化的投资人主要是机构投资者，包括固定收益基金和保险公司等。虽然多数设备租赁证券化是通过公开发行的方式进入市场，一些比较特殊的设备或者比较专业化的中小型独立租赁公司也会采取私募发行的方式。

　　（3）设备租赁证券化的中介服务机构

　　和其他类型资产证券化相似，参与设备租赁证券化的中介服务机构包括：

　　（1）券商：主要通过对证券化产品的结构设计和通过自己的销售团队向潜在的投资者介绍和推销这些金融产品。券商一般也负责协调和安排证券发行的整个进程；

　　（2）评级机构：通过对基础资产未来现金流的分析和对证券化产品还款状况的测试，提供所发行相关证券的相应评级；

　　（3）服务商：负责日常租赁过程中租金的收集和管理，并将资金按约定交付托管机构，如信托（Trustee）。服务商也负责到期租约的延续和违约设备租赁的管理。对于设备制造商下属金融部门发行的设备租赁证券化，这些金融部门或者它们的下属机构往往也是相关证券化的服务商。比如，我们上面所谈及的美国农机巨头 John Deere，在其发行的设备租赁资产支持证券中，其下属的 John Deere Capital Corporation 就充当了服务商角色。中小型独立租赁公司发起的证券，一般会在发行合约中预先设立具有一定评级资格的备用服务商，以避免或减缓当这些租赁公司破产时对所发行证券的影响。

（4）律师事务所：帮助建立所需要的法律结构来实现证券发行的破产剥离，并负责起草证券发行的法律文件。和别的资产证券化相比，租赁资产的特性需要更多的法律程序来满足证券化的一些要求。

（5）会计师事务所：对底层资产租赁合约的租金和资产支持证券的未来现金流提供独立的会计及审计观点。其估算也是评级机构评级的重要依据。

## 3. 设备租赁证券化的结构

在产品结构中，美国的设备租赁资产证券化大都采用静态基础资产池。也即在基础资产被封包后，除非发生实际基础资产与产品项目书所描述的不一致，基础资产不得更换。

在法律结构上，一般资产由一个独立的信托（Trust）所拥有，并在此基础上发行证券。和其他类型的美国资产证券化产品相似，设备租赁的证券化也是使用两步骤的销售和法律程序来强化和实现基础资产的破产隔离：

第一步，发起机构把设备租赁合约中属于自己的设备所有权和未来收益权让与到一个特定的账户（Depositor）；

第二步，此账户再把这些资产让与为资产证券化所设立的特定目的载体（SPV）。特定账户和特定目的载体都是远离破产和具有特定目的的法律组织结构。

图 2 描述了证券化中主要参与部门的相互关系：

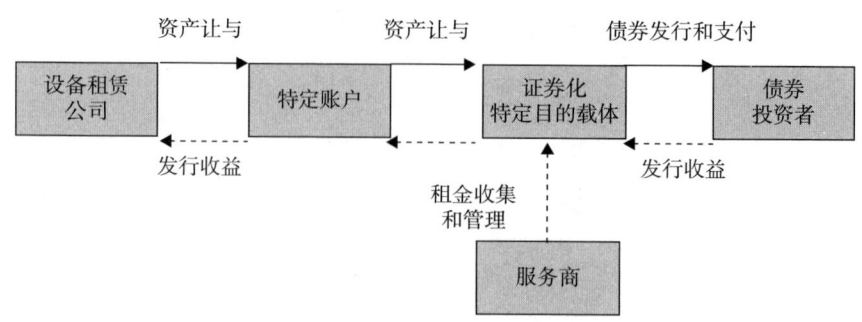

图 2　证券化中主要参与部门的关系

# 4. 设备租赁证券化的产品设计和定价分析

## 4.1　设备租赁证券化的产品设计

　　资产证券化的一个重要特征是信用增强。设备租赁证券的信用增强设计相对比较简单，大多数产品采用优先级，次优先级，额外基础资产（Over Collateralization）[①] 的结构模式。基础资产池的资金分配按照严格的从优先级到次优先级的顺序。多数设备租赁证券结构内设有基于基础资产表现的资金分配触发机制（Performance Triggers），也就是说，当基础资产在实际还款表现中低于预先设定时，证券产品的还款顺序将发生转变。如此设计是尽可能保护，在不利状况发生时，优先层投资者的投资利益。一些小型独立租赁企业发起的证券化产品还会设有与服务商服务状态相关的触发机制。

　　在产品结构中设定严格的资金分配顺序和额外的基础资产使设备租赁证券有助于提升证券的信用等级，这些结构特点也帮助此类产品在金融危机期间保持其稳定的表现，受到较小的影响。

---

① 也即，预计的基础资产未来现金回款大于所发行的资产支持证券的规模。两者之差即额外基础资产。

## 4.2　设备租赁证券化的典型资金流程（waterfall）

大多数设备租赁证券按照以下顺序来分配收集来的资金：

（1）相关的服务商费用：包括信托费用，服务商的费用等；

（2）优先级债券的利息：如果有多个优先级债券，那么按照它们的应付利息额进行分摊；

（3）支付本金给优先级债券。特别是，当基础资产的表现远远不及预期而导致额外基础资产不再存在时，也即债券总余额大于资产总额时，现金流将需要支付债券优先层本金，以降低债券总余额，重建额外基础资产；

（4）次优先级债券的利息：按照每个次优先级的信用评级由高到低；

（5）次优先级债券的本金支付；

（6）如果所有优先级和次优先级债券的总余额大于基础资产池和目标额外基础资产的差值，按顺序支付额外本金给优先级债券，然后是次优先级债券；

（7）剩余的资金支付给余额凭证持有者（Residualcertific Ateholder），也即劣后层投资者。

## 4.3　设备租赁证券化的投资风险分析

和其他资产证券化相似，设备租赁证券的投资风险主要来自于基础资产的信用表现，以及由此带来的低于预期的未来现金流。分析设备租赁基础资产的投资风险一般包括以下几个方面。

### 4.3.1　宏观经济和行业因素

许多不同类型的租赁设备都成为证券化的基础资产，这些设备成为各类租用企业生产运营中重要的一部分。宏观经济的形势和状况都会直接或间接影响这些企业的盈利和按期偿付设备租金的能力。在2008年金融危机发生后的一两年中，由于美国整体经济的衰退，设备租赁证券化的资产表现也比之前出现明显的恶化。

此外，在一定宏观经济情况下，不同行业受到各自特定的供需和其他因素影响也会有呈现不同的发展态势。比如 2015—2016 年由于石油价格下跌和美国石油开发企业不景气，和石油行业相关的设备租赁也受到影响。与之相比，在经济恢复期，农业、建筑和交通行业的设备租赁的表现就非常好。总之，设备租赁会涉及到不同行业，购买设备租赁的证券化首先要深入了解基础资产所在行业的当前发展和未来趋势。

### 4.3.2　租赁企业的信用风险和基础资产的多样性

除了宏观经济和所在行业的影响，租赁企业自身的信用风险也是决定基础资产未来表现的一个重要因素。一个租赁企业的信用风险决定于它的经营管理能力和它的债务规模。大多数使用设备租赁的企业都是中小型的，他们的相关信息很多没有公开披露，信用评估机构也有困难提供准确的评级，这都给全面有效地对基础资产池中的所有租赁企业做信用风险分析提出了挑战。

为了缓解信用风险分析困难造成的可能影响，许多租赁资产证券都要求租赁的企业分布比较平均和多样。这个分布多样性表现既在行业上也在地域上。评级公司也会要求单一企业，或行业，或地域在一个证券内不能超过一定的比例。这样如果个别企业遇到困难履行租约，对发行证券的影响就会有限，证券结构设计中的信用提升措施可以提供足够的保护。

### 4.3.3　设备租赁的价值恢复和残余价值

当租赁企业经营困难无法按期支付租金时，服务商有权利收回设备，或者重新出租出去，或者把设备拍卖给第三方。新租约的未来收益或设备拍卖的净所得就构成了违约租赁合同的恢复价值（Recovery Value）。设备的类型和行业都会影响租赁设备未来的价值恢复，小型办公设备的恢复价值比率一般都会比较低。中型或大型专业设备，比如农业或者交通设备，会有较高的恢复价值。

对于大多数经营性设备租赁，租约的期限一般都早于设备的有效使用寿命，这样在租约到期结束时，这些设备都会有一定的残余价值。美国的设备租赁证券化一般允许把残余价值作为基础资产未来收集资金的一部分，这些残余价值的预测是根据以往历史经验和市场供需所做的一个评估。显然，这个评估值与未来实际发生的残余价值会有一个偏差。这个偏差也会增加基础资产未来现金流的不确定性。为了降低这类偏差的影响，发行商一般会对这个残余价值提供一个相对比较保守的估计。

## 5. 美国设备租赁证券化的经验对中国的借鉴

不管是对于专业的设备制造商还是独立的设备租赁公司，证券化都为他们提供了一个重要的非银行贷款类型的融资渠道。这种新的融资方式比较稳定、灵活，且大多时候比银行贷款成本低。通过证券化，设备制造商和独立租赁公司能够提高资金的使用效率、增加销售、服务更多的租赁用户。这对于中国目前进行的深化金融改革，脱虚向实，提高金融市场服务实体经济的目标都有重要的实践意义。众所周知，中小企业是经济发展的重要基石，而大多数设备租赁用户也是中小型甚至个体的城镇和农村企业。对于这些企业，租赁设备是生产经营过程中基本的组成部分，一个活跃的设备租赁证券化市场能够帮助租赁公司低成本地筹借足够资金满足租赁用户的生产需求。承租企业也能从多样选择和市场竞争中受益。从金融市场的建设来说，和其他类型的资产证券化一样，蓬勃发展的租赁证券化会帮助建立一个有着多元融资渠道，彼此相辅相成完善资本市场，充分吸引其他非银行贷款的资金进入。

设备租赁证券也是一个相对稳定的债券投资。设备租赁证券的期限相对较短，受到整体债券市场利率波动较小。大多数租赁设备受到折旧或者技术更新的影响，它们的未来价值一般都会低于当前，这也促使设备租赁公司一般采取比较保守的方法来设计租赁合同，不像对住宅或者商业地产那样过于依赖未来的价值增长。此外，许多类型的设备是租赁企业生产经营的重要一个成分，多数租赁企业不会因为设备本身来停止租赁合同，大部分的租赁合同违约是因为经营的问题，从这个方面设备租赁的信用风险和普通商业贷款相当。而且租赁合同有抵押物，在法律上要比无抵押的商业贷款更优先偿还，通过拍卖抵押设备来清偿租赁合同的程序比企业的破产清算也相对简单，所以设备租赁合同的价值恢复在同等条件下要高于企业的经营贷款。

当前在中国建立一个活跃的设备租赁证券化市场还面临不少挑战和困难。一些是整体证券化市场共同面临的，另一些是设备租赁行业的复杂性和多样性造成的。设备租赁证券化要经过一些特定的法律程序来实现租赁合同的破产剥离和进入特定的证券化发行信托，单个的发行成本可能会比从银行贷款复杂和高，因此需要一定的发行频率和规模来降低发行成本。为了降低投资者对于承租方信用风险的担心，也需要更完备的法律框架和规定来简化租赁违约时收回设备的法律程序。另外，针对不同设备类型，建立一个全国或者地区型的二手设备交易市场也会帮助提高投资者对未来租约到期或者违约时二手设备的市场供需和价格的了解。在美国，二手农机、建筑、医疗设备市场相对成熟。

# 企业高收益债的发展与启示 [①]

　　在资本市场上发行企业信用债是企业融资的传统手段。根据融资企业主体的信用等级的不同，企业信用债可以分为投资级别债券和非投资级别债券。[②] 非投资级别债券是针对那些主体信用不高企业所发行的企业债。由于这些企业在融资上缺乏选择权，且由于机构投资者相对较少，债券流通性弱，因此不得不向投资人提供更高的收益以换取当前的投资资金。由此，其所发行的企业债又称为垃圾债、高收益债。高收益债虽在票面上给投资人提供了较高的预期回报，[③] 但由于融资主体信用评级低、具有较高信用风险，因此又被称为垃圾债。[④]

　　高收益债在美国的企业债券市场上占有重要比例，对企业融资起到不可替代的作用。根据 Econlib，在美国，年销售收入低于 3 500 万美元的企业债基本都是高收益债（即便年销售收入高于 3 500 万美元的企业群体之中，95% 的企业债也是高收益债）。美国高收益债市场容量之大和投资者的体量，也吸引了大量的海外企业到美国发行高收益债。在我国当前金融经济现状下，不少中小企业融资无门，因此，在中央强调服务实体，为中小企业发展融通资金的今天，美国高收益债的发展历程也

---

① 原文节选发表在《金融市场研究》，2017（9）。

② 评级公司，如穆迪、标普等根据融资主体的信用质量对债券进行等级评分。债券评级度量的是债券发行人（融资主体）不能按债券协议按时支付本金或利息的潜在风险。风险越大，债券等级越低。简单来说，评级低于 BBB 级的债券被称为非投资级别债。

③ 高收益债的收益率，相比美国国债来说，一般高出 300 个到 900 个基点。当然在极端市场环境下，两者之间息差更大。根据美国 Econlib，在过去 20 年间，两者平均息差达到 600 个基点。

④ 在债券市场上，垃圾债并不意味着债券违约一定发生而成为一文不值的垃圾。垃圾债是高收益债的代名词。在本文中，高收益债与垃圾债混用，意思相同。

值得我们思考。

# 1. 高收益债的发展

高收益债的存在久远，早在 20 世纪初，评级公司开展对企业信用评级时就有了，但在债券市场发展初期，缺乏数据分析和风险规避手段，投资人大都关注于有着高信誉度的企业，虽然说美国钢铁、通用汽车在刚刚创立时都曾利用过高收益债进行融资，但直到 20 世纪 70 年代的企业债市场，通过发行高收益债的形式进行融资的占比还是极小。高收益债的快速发展与在 20 世纪 70 年代美国经济金融结构的变化有着根本联系。在某种层度上，体现了经济在结构发生变化时，实体经济对新金融工具的依赖性以及金融创新的重要性。[①]

1971 年尼克松政府实行 "新经济政策"，美元停止兑换黄金；1973 年西方主要货币与美元实行浮动汇率，第二次世界大战后，为重振西方金融系统而设立的布雷顿森林体系崩溃。美国通货膨胀和利率急速上扬，经济衰退，股票市场大幅下跌，企业市值缩水严重（超过 40%），大量企业面临信用等级下调。顺周期运营的银行开始减少对企业放贷。另外，由于当时美国政府对银行存款利率的上限设置限制，银行存款利率远远低于公开市场投资人对资金的回报要求，个人的银行存款开始向更高收益的由机构投资人管理的货币基金流动。银行资金的减少进一步加剧了信贷紧缩。仅仅在 1974 年，商业银行放贷就缩减了 20%。[②] 大量企业面临贷款困难，不得不放缓商业扩展计划，削减员工。资金荒成为美国企业在 20 世纪 70 年代后期发展面临的重要问题。但是另一个重要的现象

---

[①] 20 世纪 70 年代和 80 年代的经济金融环境的变化导致了一系列市场引导的金融创新。企业债市场被扩延到高收益债，结构性金融，资产证券化，违约互换，杠杆收购等一系列金融工具纷纷出现。

[②] Yago、Glenn、Trimbath、Susanne、Beyond Junk Bonds，Oxford University Press，2003.

是，在诸如计算机信息技术、通信技术等新科技的助力下，大量的新创企业开始崛起，杠杆并购、企业重组事件不断发生。宏观经济虽然面临挑战，新兴企业生命力却十分旺盛。在这种环境下，市场寻求新的金融工具的需求非常迫切。拥有大量资金的机构投资人及华尔街需要为投资人提供更高回报。高收益企业债券开始吸引市场的关注。在另一方面，发行高收益债显然也满足了企业对长期和固定利率资金的需求。

在公开市场上发行高收益债对中小企业有诸多益处，包括减少企业通过私募进行融资的必要性，提高债券的流通性，降低融资成本。公开市场发行的高收益债券对融资企业的约束也低于私募资金或贷款。1977年华尔街投行贝尔斯登开始承销高收益债，并迅速扩张（见图1）。1987年，高收益债发行规模已经达到300亿美元；到1997年，规模达到近1 500亿美元。

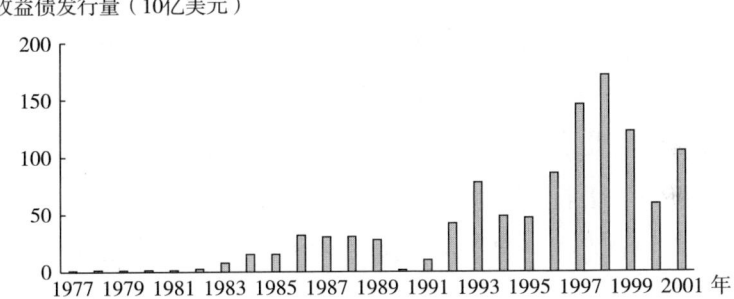

高收益债发行量（10亿美元）

资料来源：SDC.

**图1　美国高收益债历史发行量**

金融发展离不开理论研究，计算机的普及也使得金融量化研究得以便利。美联储克利夫兰的主席 Hickman 在针对不同评级债券的违约率及投资回报关系做了大量的量化研究后发现，市场对低评级债券上的定价是错误的。高收益债的收益，即便在考虑到其风险后，仍然高于高评级债（投资级别债）。换一句话说，高收益债的投资回报空间远高于其可能带来的风险。即便在公司违约而面临清算时，高收益债的投资人权利也在权益投资人之前。学术研究对公司财务分析也随后发展起来。简单的静态资本结构分析在对公司信用分析上不再被认为是可以接受的方法。学术上的研究推动了投资人对高收益债的了解和投资动力。Hickman 的研究吸引了沃顿商学院的一名年轻人 Michael Milken 的注意力。他此后 30 多年在高收益债投资发展方面的贡献为他挣得了"垃圾债之王"的荣誉。《华尔街日报》称其为 20 世纪最重要的金融思想家。学术上的研究发展和 Milken 的努力也促使更多投资人逐渐理解并接受创新的金融工具，包括高收益债。

由于高收益债的融资主体信用较弱，其抗市场、经济环境的影响也较弱。1989 年股票市场的暴跌极大地影响了高收益债的市场，高收益债违约率大幅增加，大部分高收益债的价值在 1990 年末已经比 1988 年低了 40%。[①] 1990 年 7 月开始，美国经济步入收缩期。1990 年高收益债市场发行也基本消失（见图 1）。《纽约时报》在 1990 年 5 月 13 日刊中指出高收益债市场将消亡。然而，诺贝尔经济学得主 Merton Miller 在其 1990 年 12 月诺贝尔获奖发言上为高收益债进行了抗辩。他指出新的市场和新的发展总是令人心绪不安，监管机构无视市场自身机制，销毁高收益债市场和对银行信贷施加直接控制将带来监管部门干涉行为所意想不到的后果，导致对重要商业领域资金的有效性和融资成本的提升。[②] 符合社会经济发展的金融产品总是具有强大的生命力，随着货币政策的放松，高收益债迅速恢复并快速发展起来（见图 1）。不但如此，海外企业利用美国巨大、流动性好的资本市场发行高收益债的行为也逐渐增加。到 20 世纪末，海外企业的发行量已经占有美国高收益债市场的 20%。在此基础上，欧洲高收益债市场也开始建立起来。

由于高收益债的发债主体面临较少的融资渠道，他们对违约风险、

---

① 1990 年，Michael Milken 面临联邦就其证券欺诈指控。

② Merton Miller, Nobel Laureate Address, Investors' Daily, December 12, 1990.

经济衰退具有较强的敏感度。Yoga 和 Trimbath（2003）发现高收益债对经济周期具有显著的解释和预测能力。而其他一些指标，如商业票据或联储基金利率的预测能力则并不令人满意（Lown 等 2000[①]）。因此，从另一个角度来看，建设规范的高收益债市场也为经济预测提供了一个很好的领先指标。

## 2. 高收益债在海外发展的启示

金融创新是满足金融在不断变化的实体经济发展中发挥作用的源泉。金融创新对社会的重要性在于它解开经济发展枷锁的能力。从高收益债发展历程，我们看到了高收益债市场的开拓对企业发展的重要性。金融是实体经济发展的血脉，而中小企业是实体经济发展的基石和主力军。由于经济的发展取决于那些由资本市场支持的企业，如果仅仅是央企、国企、大型企业才能接触到规范的资本市场，那么经济发展一定是不全面的。高收益债的运用不但有效地分配了社会资源（使得企业金融风险在不同偏好的投资人之间进行了分配），而且降低了企业融资成本，使得中小企业、新创企业获得原本无法得到的发展资金。在美国 20 世纪 70 年代中后期，大量的优质企业以及众多的中小企业面临融资难问题，传统的金融手段已经无法解决市场瓶颈。与彼时相似，在我国当前经济环境中，4 000 多万家企业仅仅有不到 4 000 家可以接触到规范的资本市场。单一的企业债市场已经无法满足绝大多数企业发展的融资难题。依赖与其他灰色渠道，一方面企业发展成本极高，削减企业开发动力；另一方面给金融发展带来巨大不定因素，极容易引发系统风险或群发风险。在 2017 年中央金融工作会议上，中央指出加强对小微企业的金融服务。

---

① Lown, C. S., Morgan, D. P., and Rohatgi, S.（2000）. Listening to Loan Officers:The Impact of Commercial Credit Standards on Lending and Output [J]. Economic Policy Review 6, No. 2: 1–16.

但这种提法已经不是第一次，如何加强，且有效加强？显然仅靠传统的融资渠道是无效的。通过对美国高收益债市场的发展，我们认为这种金融新工具对我国同样有借鉴意义，值得监管部门的思考。

我国经济体量在经历 30 多年的改革开放之后不断增加，实体经济日益多元化。但过分依赖银行的模式没有很大转变。发展多层次资本市场是进一步改革开放的需要和方向。从世界金融发展来看，信用市场的波动可以放大其对经济的冲击，这或者是通过企业放弃拓展的计划、或者是对银行的挤兑、或者是资产价格的崩溃。只有当中心化的银行被多元化的资本市场所替代时，一国经济才能具有有效的资本配置通道，和抗拒信用紧缩的能力。我国当前，债券市场的融资规模还低于股市规模，与我国经济体量不相符，其在整个资本市场的融资占比也与发达市场国家有很大差距。2015 年 1 月，证监会出台《公司债发行与交易管理办法》。虽然改革力度很大，但对公众投资人公开发行的公司债仍限制在债券信用评级达到 AAA 级。我们在讨论主板、创业版、新三板的同时，实际上也可以考虑债券市场的设计，将债券市场的层次向深度与纵度推进。

高收益债的确具有较高信用风险，也因此使得部分人士谈虎变色。但风险是金融的代名词，风险本身并不可怕。Hickman、Miller 及众多学者的研究已经显示，相比与其所蕴含的风险，高收益债的收益仍然可观。用另一句话来说，在风险防范的措施下，高收益债并不是"垃圾"。美国发展的事实也显示，高收益债的出现成功孕育了很多当今著名企业，如华纳，联合航空，默多克的新闻集团，或者说高收益债提供了这些企业成功所必需的资金需求。从某种意义上来说，发行高收益债为企业带来的发展资金，结合企业本身所具有的技术、商业模式，两者结合有效地促使了这些企业的成功。金融历史的发展已经多次显示信用资本市场的发展和波动对于实际经济具有巨大的推动和冲击。另外，高收益债的投资者获得了相对应的回报。在资金荒、资产荒的今天，高收益债成为资金与资产的一个有效的桥梁。

# 资产证券化风险自留与豁免——美国经验及对我国政策的借鉴 [①]

2008 年后美国在资产证券化方面的一项重要改革是建立风险共担机制。美国联邦 5 个机构在 2014 年 10 月公布了《多德—弗兰克法案》第 941 章，也就是信用风险留存（Credit Risk Retention）的最后规则。但规则中又设定了复杂的风险留存的豁免条款。相比之下，我国的风险留存规则比较简单。美国的资产证券化风险留存的规则是如何设定的，为什么需要豁免条款？本文通过对这些问题的展示来探讨对我国资产证券化风险留存制度设定的借鉴。

## 1. 信用风险留存来源

20 世纪 70 年代，美国住房贷款资金提供主体是存储银行。当时存储银行的商业模式基本上是吸储和放贷。贷款大多为长期固定利率。放贷后，银行也是基本持有这些按揭贷款。但随着第二次世界大战后早期婴儿潮逐渐步入结婚生子新阶段，房贷按揭资金的需要越来越高。市场开始担心银行是否会吸纳足够的储蓄资金来满足贷款需求。这个问题促使了华尔街开始寻求其他资金来源。资产证券化作为一个金融创新由此产生并最终成为按揭贷款的稳定来源。在此后的 30 年里，资产证券化不断向其他基础资产，如车贷、信用卡等扩充，在结构上也日趋复杂。

---

[①] 原文部分节选发表在《金融市场研究》，2015（6）。

2008 年的金融危机使监管部门意识到资产证券化发起机构 ① 的道德风险已经成为一个亟待解决的问题。美国国会在对金融危机进行调查后认为，由于缺乏风险共担机制，发行机构在对资产进行证券化过程中过度追求量和利润，完全抛开了产品质量和风险，导致投资人、纳税人利益严重受损。2010 年 7 月奥巴马总统签署了《多德—弗兰克华尔街改革与消费者保护法案》。这是自 20 世纪 30 年代罗斯福新政后力度最大的一次金融改革，并很快对金融机构运营和风险管理产生了显著影响。在历经与市场参与方的多次商谈后 ②，2014 年 10 月，联邦六个机构（美联储、联邦存款保险公司、联邦住房金融署、美国货币监理署、住房和城市发展部、证券交易委员会）联合公布了期盼已久的《多德—弗兰克法案》第 941 章，也就是信用风险留存（Credit Risk Retention）的最后规则。《多德—弗兰克法案》第 941 章也被补充于《1934 证券交易法案》，成为第 15G 章，并于 2014 年 12 月在《联邦公告》上公示。风险留存规则对住房按揭资产证券化将在 2015 年 12 月生效，其他资产在 2016 年 12 月生效。

信用风险留存规则的基本点包括资产证券化发起机构必须自己留存不低于资产支持证券 5% 的信用风险，同时不得为这些自留信用风险进行风险对冲。显然，这些规定是保证发起机构有足够诱因去控制资产证券化的质量，与投资者风险共担。但是，规则中也定义了复杂的全部或部分风险留存的豁免条款。规则如何设定？为什么需要豁免条款？我们通过对这些问题的展示来探讨对我国资产证券化风险留存制度设定的借鉴。

---

① 包括资产证券化产品发行方（Issuer），发行主体（Sponsor）。发行主体定义为组织和发起证券化交易的机构，通常通过直接或间接销售或转移资产给发行方（Issuer）。发行方和发行主体可以为同一机构。

② 联邦机构最初是在 2011 年 4 月公布了对《多德—弗兰克法案》第 941 章的实施草案。但由于行业意见太多，联邦机构于 2013 年 9 月再次公布了修改后实施草案，并征求意见。

# 2. 信用风险留存及豁免规则

相比我国由央行、银监会在 2013 年 12 月颁发的《关于规范信贷资产证券化发起机构风险自留比例的文件》，《多德—弗兰克法案》第 941 章很细致。比如对资产证券化，对发起机构的定义都有具体描述。同时该章又很复杂。由于美国资产证券化基础资产广泛，结构多样，在对不同资产的处理上规则有很大不同，为了便于在有限的篇幅里进行描述，我们在这里介绍的仅仅是最基本情况。

## 2.1　风险留存规则

风险留存主要是定义了留存的量、计算方法和形式。主要包括：

（1）资产证券化发起机构[①] 持有的经济利益（Economic Interest）不得低于该单支持证券基础资产 5% 的信用风险，并不得对持有证券信用风险进行出售、对冲或转移。

（2）风险留存持有方式有多种，或是水平（Horizontal Residual Interest 也即资产证券化产品中最先承受经济减损的一层），或垂直（Vertical Interest 每一层都持有相同比例），或上面两种方法的混合（水平和垂直具体持有比例分配并没有设定，但总和至少需要为 5%）[②]。

（3）对于垂直持有，那么每一层自持比例都需要至少为该层规模的 5%。对于水平持有，那么持有的公允价值（Fair Value）与该单证券化产品公允价值的比例至少为 5%。公允价值需要在销售资产证券化产品的一定时间前后向投资者公开。

（4）如果发行主体希望持有最底层，那么在资产证券化产品设计完成时（Closing），可以成立一个被信托持有并全额注资的现金备用账号，

---

[①]　如果有多个发起机构，那么其中一个需要满足风险留存规定。

[②]　对于一些特别资产，如商业支持票据，风险留存的方法又有不同。

这个账号可以取代全部或部分风险留存。

（5）发行主体除了可以向自己绝对控股的或自己被绝对控股的相关机构[①]，一般不允许转让任何为满足风险留存规定而持有的资产。发行主体和自己的相关机构也不可以对冲或签订任何协议降低所持有资产的信用风险。 规则也不允许发行主体和相关机构在没有完全的追索权情况下，动用为满足风险留存规定而持有的资产去作为抵押物进行抵押（Pledge）。

（6）第三方提供的信用支持，如保险、担保、流动性机制（Liquidity Facilities）等不能替代风险留存。

（7）风险留存对公募、私募、甚至受证券法下免于注册的资产证券化产品都适用。

（8）对住房按揭资产证券化（RMBS）和其他资产支持证券（ABS），风险留存的期限也不同。RMBS风险留存的期限要至少五年，并且在风险留存取消时，资产池未还款本金（Unpaid Principal Balance，UPB）总额需要低于产品开始时UPB总额的25%。但在7年后，风险留存规定不再适用（也就是说风险留存最多7年）。由于其他ABS一般久期较短，因此风险留存期限相对也较短，但必须维持至少两年，且基础资产池剩余UPB为最初UPB的33%。对于循环池，没有相应的风险留存过期期限等。

## 2.2 风险留存豁免规则

在定义了风险留存方法后，规则又给出了很多风险留存减免、豁免条款。主要包括：

（1）虽然绝大多数第三方的信用支持不可替代风险留存规定，但两房（房利美、房地美）的担保可以替代。

---

① 对于循环池结构（Revolving pool）的资产证券化产品，这些关联机构必须是全资控股。

（2）两房的资产证券化产品不受风险留存规则的限制。

（3）如果所有基础资产都是合格住房按揭[①]（Qualified Residential Mortgages），那么风险留存可以豁免。其他满足高承保质量（High Quality Underwriting）的资产，包括合格商业贷款，合格商业地产贷款，合格车贷，或非合格住房按揭但以社区为中心的住宅贷款等也可豁免。

（4）允许发起机构将部分风险留存转移到基础资产的原始受益人（originator），但是该原始受益人提供的基础资产必须超过该单总基础资产的20%，且风险留存需要与发起机构有相同的比例。原始收益人不得为所持风险留存进行对冲或转移，其合规由发起机构负责。

（5）政府关注的一些民生资产证券化产品可以豁免。比如，由联邦政府（如住房金融署），或政府指定部门（如住房和城市发展署指定的社区住房发展组织），或部分合格的为中低收入消费者提供信用的非营利组织管理的项目。由联邦政府或政府机构提供担保、保险的住宅，农业信用，卫生保健设施抵押贷款资产证券化产品。此外，根据《2008年经济稳定紧急法案》的一些项目。

（6）虽然再证券化产品并未受到监管部门的欢迎，但仍有两类产品享受到豁免：（1）由仅有一层（Single Class）的过手型（Pass-through）证券组成的再证券化产品；（2）由第一留置权抵押贷款（First-lien Mortgage）为基础资产的最优先级证券组成的再证券化产品。

（7）虽然对于混合了合格住宅按揭和非合格住宅按揭的资产池，风险留存不得减少，但是当非合格住宅按揭资产与关注社区为主（Community Focused）的住宅按揭组成资产池时，规则准许发起机构风险留存做相应减少，但不得超过50%的风险留存。也就是说，风险留存比例占全部基

---

[①]　规则中合格住房按揭定义基本上采用了消费者金融保护局（Consumer Financial Protection Bureau）关于合格按揭（Qualified Mortgage）的定义，主要是从产品特点和借款人还债能力来度量信用风险。比如，按揭不可以超过30年，每月总债务还款/收入比低于43%等。

础资产不得低于 2.5%。

（8）对于与留存信用风险非显著相关的一些其他风险，如汇率风险，房价、利率，对冲是允许的。

（9）对于美国境外的资产证券化产品，如果满足一定条件，风险留存可以免除①。比如，如果资产证券化产品不需要依照证券法注册的，不超过 10% 的产品经济利益被转移或出售给美国人或有益于美国人的等。

## 3. 中国信用风险留存规则

中国人民银行、银监会、财政部在 2012 年 5 月颁发《关于进一步扩大信贷资产证券化试点有关事项的通知》首次提出 5% 的风险自留的规定。中国人民银行、银监会在 2013 年 12 月又颁发了《关于规范信贷资产证券化发起机构风险自留比例的文件》对信贷资产证券化产品中的风险留存进行了进一步规定。但企业资产证券化产品目前还没有任何监管规定，虽然在实际操作中，发起机构大多也有自持。

规定包括：

（1）信贷资产证券化发起机构需持有发起产品的一定比例，该比例不得低于全部发行规模的 5%；

（2）持有最底层的证券比例不得低于该层发行规模的 5%；

（3）如果持有除最底层之外的证券，各层都应该有，且占各层发行规模比例应该相同；

（4）持有期限不低于各层支持证券存续期限（Duration，又称为久期）。

---

① 从下面条件可以看出，对于美国境外的资产证券化产品，如果希望在美国销售，那么豁免风险留存的可能性基本没有。

由此可见，中美虽然都是 5% 的风险留存，但对于最底层，5% 的计量基础不同。美国是基于资产包的公允价值，而不是发行规模。当公允价值低于账面价值（Sub-par）时，公允价值就会比发行规模低。此外，我国条例中没有任何豁免设定，对持有模式也没有所谓的混合型。

## 4. 信用风险留存及豁免规则的意义及对我国的借鉴

在金融危机后，美国联邦政府对资产证券化产品设置风险留存规则，其风险共担意义非常明显。但信用风险留存之所以在金融危机之后七年还没能够实施的主要原因是资产证券化发起机构的强烈反对。的确，信用风险留存增加了发起机构的资金占用，按照金融会计标准陈述（Statement of Financial Accounting Standards），No.166-167，显著风险留存将导致整个资产证券化产品陈列在资产负债表上。在巴塞尔 III 等一系列会计准则改革实施后，风险留存会极大增加准备金预留，减弱发起机构资产证券化积极性。部分费用甚至会被转嫁给融资方或投资方，增加社会融资成本。为了减少信用风险留存规则带来的负面作用，《多德—弗兰克法案》才增加了豁免条件。对于满足条件的优质基础资产或者联邦政府关注的行业 / 项目，风险留存豁免条款不但避免了发行机构因新规则受到的负面影响，而且使得社会资金向这些项目倾斜。

因此，政府对资产证券化市场的特点和实际操作模式进行了广泛调查。金融服务管理理事会（Financial Services Oversight Council）被国会要求就信用风险留存所带来的宏观经济影响向国会递交研究报告。比如，原有的提案对合格住宅按揭有更为严格的规定（如必须为主要自住房产，第一留置权抵押贷款，贷款住房价值比低于 70% 等），但这些条件最终被取消。监管机构认为，这些严格条件的实施对社会信用额度的冲击远大于对违约可能性的减少，不但极大地影响中低收入，少数种族，以及第一次购房者的贷款来源，而且推延私有按揭市场的恢复。

　　此外，政府在制定风险留存规则时也有仔细考虑。事实上，风险留存模式（水平型，垂直型和混合型）已经充分考虑到资产证券化基础资产的非同质性以及各类资产证券化实际市场操作模式的多样性，力图降低风险留存给发起机构以及对信用成本带来的负面影响。同时根据不同资产证券化市场交易模式，在风险留存上规则又有不同。比如，商业地产按揭资产证券化（CMBS）的风险留存规定就比较宽松。这主要是因为在实际操作中，非投资级（也就是投资评级 BBB- 级以下的证券）的投资者会在产品设计时对每一个基础资产做大量的信用风险调查而且积极融入产品设计过程之中。因此，当这些投资者（所谓 B-Piece 投资者）满足了风险留存规定，CMBS 的发起机构可以免除风险留存。但即便如此，最后规则仍然面临挑战。贷款辛迪加和交易协会（The Loan Syndications and Trading Association）已经根据《1946 年行政流程法》（*the Administrative Procedure Act of 1946*）向联邦法庭就风险留存规则中对抵押贷款证券（CLO）的规定提出上诉。

　　由于风险留存和豁免规则的设定对实体经济影响并不一目了然，因此政府特别强调了对规则的跟踪是必须的。比如，《多德—弗兰克法案》定义了非常重要的合格住房按揭，同时要求监管机构在风险留存规则生效后 4 年内对该定义进行审核，并允许各监管机构在任何时候对定义提出审核申请。美国证券交易委员会主席 Luis A. Aguilar 特别表示，这种审核安排可以确保合格住房按揭的定义能够在金融市场发生无可避免的改变时仍然是合适的。

　　当前，我国面临着极大的基础建设投资需求，在一些方面资金严重缺乏。政府已经意识到资产证券化对经济发展的重要性。5 月 13 日，国务院常务会议决定新增 5 000 亿元信贷资产证券化试点规模，鼓励投资于铁路、水利、棚户等国计民生项目。这充分利用到资产证券化在实体经济发展中的精准投放的功能。但是也要看到，行政鼓励与利用市场机制进行诱导有不同效果。在我国当前资产证券化实际操作中，发行机构大都持有劣后证券，风险完全自留。在资产证券化中，会计或利润计算对各类项目并无特别对待。因此，只要发起机构仍然有充分的贷款额度，新增资产证券化规模多少并不一定会转移发起机构的注意力。从一定程度上来说，发行机构的行为可能更容易受到市场和利润影响。但如果我们可以借鉴美国风险留存豁免规则，在对政府关心的国计民生项目上进行风险留存豁免或减免，发起机构并不需要持有劣后级证券，这有助于风险准备金的减少，调动发行机构积极性，同时由于社会资金对这些项目的跟进，不但使资金精准投放到政策需要的领域，而且从根本上降低了融资成本。

风险留存与豁免的根本目的是在宏观层面上达到风险与信用成本的平衡。过分倾向任何一方都会为经济带来灾难。我国资产证券化业务还处在培育期，总量还很微小。如何根据我国国情制定出合适规则，值得进一步探讨。另外，从美国监管机构对新规则设定的流程可以看出，尊重市场、充分研究是监管推进改革的一个重要程序。

第三部分

# 商业地产及 REIT 篇

# 中美住宅开发商融资模式对比及分析 [①]

本文对比了中美住宅开发商在融资模式的区别，指出房地产开发的三个阶段。在我国住房市场由增量市场向存量市场转移的过程中，借鉴海外经验，提升资金使用效率，获得多渠道资金来源，对我国住宅房地产行业发展有着巨大影响。

## 1. 引言

过去三十年，我国房地产行业得到了迅猛发展。在资金和需求的推动下，房地产行业也快速成长为高利润行业。高商品销售周转速度以及低银行信贷成本是住宅开发商能够快速发展壮大的重要因素。然而，地产行业过度依赖银行贷款在学术研究中被普遍认为加剧了金融系统风险（文时萍，2004；李健飞，2006；Ceruttie 等，2015[②]；郭杰群，2016）。随着政府对金融风险的防控以及银行对房地产企业信贷的谨慎，住宅地产行业已经处在新阶段的起点，社会资本凭借其逐利和避险的本能也对住宅地产投资的安全性、效益性提出了更高的要求。

对比以美国为代表的发达住宅地产金融市场，我国房地产金融行业不但起步较晚，而且发展于由计划经济向市场经济转变的过程中，在资

---

① 本文部分节选发表在《金融市场研究》2018（9）。与高攀合作。

② 特别指出的是，该论文分析了50个不同国家房地产信贷和房地产市场发展的动态关系，指出由于房地产资产体量巨大、房企高杠杆特性和房地产资产经常被用作抵押物的特性使得房地产金融市场总是和宏观经济和金融稳定密切相连，房地产金融很容易因宽松的信贷政策和扭曲的市场激励而快速膨胀，对整体经济形成威胁。

源配置的效率上与美国尚有着较大差距。在当前推进供给侧结构性改革和去杠杆化的背景下，对比中美两国住宅开发商融资模式的差异，分析和优化我国住宅开发商的融资渠道对降低我国金融系统性风险以及促进住宅地产行业升级都有着重要意义。

## 2. 中美房地产行业发展概述

国际房地产行业在经济发展中大致经历了以下三个阶段：

其初级阶段一般表现为以开发商为主导的物业开发、建设和销售。此时房地产开发商的发展主要依赖于高销售周转率和低融资成本，而资金来源主要是以商业银行贷款为代表的间接融资。由于房地产开发商众多，服务同质化严重，随着竞争加剧，低销售周转率和高融资成本的房地产开发商逐渐被淘汰。此阶段以房地产增量市场为基本特征。

第二个阶段为增量与存量融合发展阶段。此时部分房地产开发商逐步向物业持有经营企业过渡，专业房地产投资管理机构开始出现并发展，房地产企业融资渠道出现多元化趋势，直接融资占比开始增加。

第三阶段为存量交易为主阶段。社会资本与专业的房地产投资机构联系紧密，并成为房地产行业发展的主要推动力量，REIT（Real Estate Investment Trust）发展成为房地产企业的重要形态，资产证券化等金融工具被广泛采用。此时直接融资成为重要的资金来源。

表 1　中美房地产行业的对比

|  | 中国 | 美国 |
|---|---|---|
| 行业分类 | 房地产和金融业是平行的国民经济分类 | 商业地产与金融业同属一类 |
| 企业构成 | 以住宅开发商为主 | 以 REIT 为主 |
| 投资人投资房地产途径 | 持有物业 | 持有物业或投资 REIT |
| 资金管理模式 | 项目被动管理——为存在或即将开始的新项目寻找资金 | 资金主动管理——成立资金池，主动寻找、替换、更新和管理资产项目 |
| 融资渠道 | 贷款为主的间接融资 | 间接融资和直接融资并举 |

注：其中美国行业分类是基于美国标准行业分类（SIC）。

　　从表 1 中,可以看出中美两国房地产行业在诸多方面存在较大差异。在行业分类上,根据中国国民经济行业分类标准,房地产业与金融业是平行的行业;而在美国证券交易委员会(SEC)所依据的标准行业分类(SIC)中,商业不动产和金融业同隶属于"金融和不动产"大类,体现了商业地产和金融的紧密联系。在具体的实践中,正是因为两国行业发展处于不同阶段,我国房地产企业主要还是以住宅开发商为主,在圈地—立项—盖楼—卖楼—圈地的循环中不断需要以项目为导向进行融资,在资金管理上处于被动地位。虽然从 2014 年开始,已经有不少国内房地产企业开始利用类 REIT(或称为准 REIT),以及商业房产抵押贷款支持证券(Commercial Mortgage Backed Securities,CMBS)进行融资,但主要还是基于自身主体的单一项目融资,仍隶属于企业融资和财务规划的行为,而非通过主动管理来甄选资产形成资产池进行投资管理的行为。在美国,REIT 是房地产行业重要的构成单位。根据彭博(Bloomberg)2018 年 4 月所列示的上市公司市值记录,美国 REIT 总市值占房地产企业总市值的 86%。另据 NAREIT 数据,美国 REIT 持有全美 34% 的商业物业。由于 REIT 是一种资产组合投资和不动产运营管理的模式,导致 REIT 在资金管理上积极主动。REIT 往往需要建立资金池主动寻找、替换、更新和管理资产项目。同时,由于我国金融机制还不完善,当前投资人做多房地产的唯一有效途径便是直接持有物业。但买卖物业的交易成本、时间成本较高,以及单一物业的流动性较弱,因此投资人不但面临较高的涉入门槛,而且需要承受较高的投资风险。在美国,众多小投资人可以充分利用 REIT 的存在,通过在交易所购买 REIT 股票对房地产行业进行投资。当然,投资人也可以利用 REIT 对具有泡沫的相关房地产行业做空而获利。

## 2.1　美国房地产金融体系概述

　　在 20 世纪 30 年代之前,美国住宅地产的资金来源主要是以商业银行和储贷银行的贷款为主。随后而来的大萧条对美国经济冲击巨大，联邦政府在 1934 年成立了联邦住宅管理局（FHA），为中低收入居民的住房抵押贷款提供担保；后又于 1938 年成立联邦国民抵押贷款协会（又称为房利美），以联邦政府的信用从市场上低成本募集资金来购买商业银行和储贷银行所持有的附有 FHA 担保的住房抵押贷款。政府的行为实际上是将低成本的资金通过住房贷款发放机构注入到一级市场，这不但促进了按揭资金的流动性，也建立了二级按揭市场。在此后 30 多年中，美国住房地产市场发展平稳。20 世纪六七十年代，为了解决经济发展以及早期婴儿潮一代人对住房贷款的要求，联邦政府成立了政府国民抵押贷款协会（又称吉利美）和联邦住宅贷款抵押公司（房地美），并在 70 年代中期成功开发了资产证券化（ABS）这一创新的金融工具。在此后，政府又进行了一系列税法改革，给 ABS 以及 REIT 开创了一个有利的发展空间。在长达百年的发展中，美国房地产金融逐渐形成了多层次、多元化、多渠道的体系，发达的资本市场为房地产企业提供了高效、便利的融资渠道。房企不但可以通过公开上市进行股权融资，也可以通过发行公司债券或通过资产证券化进行债权融资。这些债券大多是长期债券，平均年限可达 8~10 年。金融创新为房企融资拓宽了渠道，连接了实体经济与资本市场，降低了房企对传统银行贷款的依赖。

## 2.2　我国房地产金融体系发展概述

直到改革开放前，我国尚未建立实质的商品房地产市场，房地产金融实践也几乎为空白。1984 年国务院首次提出"发展房地产业，推行住宅商品化"①，同时要求由建设银行办理房地产信贷业务，这标志着银行信贷资本开始介入房地产行业。13 年后的 1997 年，中国人民银行发布了《住宅担保贷款管理试行办法》为抵押贷款业务提供了依据，标志

---

① 《关于改革建筑业和基本建设管理体制若干问题的暂行规定》，1984。

着金融资本与房地产实业的结合开始了实质性的突破。

2003 年以来，我国房企融资渠道经历了从最初几乎唯一的银行信贷模式到现在的以银行信贷为主，向房企股权融资、发行债券、房地产信托、房地产基金、CMBS、类 REIT 等多元化模式的发展历程。尽管如此，与占据住宅开发商融资的主导地位的银行信贷为代表的间接融资模式相比，直接融资模式的上市房企股权融资和债券发行只占很小比例（近年来得益于房地产金融调控而发展起来的房地产信托、房地产私募基金更多的是假借信托通道的银行表外贷款，或是以"名股实债"的债权融资）。基于我国 56 家上市房地产公司从 2000 年到 2017 年的数据，表 2 计算了资产、负债和收入之间的相关性。从表 2 中可见，这些房地产公司的资产与负债相关性几乎为 1.0，即这些上市公司的资产是负债导入为主，资产的增加基于债务的增加。同时，资产与收入的相关性也显著正相关。

**表 2　我国 56 家上市房地产公司营收和资产负债指标相关系数**

|  | 营业收入 | 资产 | 负债 |
|---|---|---|---|
| 营业收入 | 1.00 | — | — |
| 资产 | 0.76 | 1.00 | — |
| 负债 | 0.77 | 1.00 | 1.00 |

2014 年开始，我国借鉴海外资本市场经验而推出的类 REIT 和 CMBS 尚处于试水探索阶段。此类产品针对我国的法律、政策、资本市场和投资人偏好进行了一系列产品设计变化，使得原本通过证券化进行直接融资的行为转变为通过"通道"而进行借款的行为[①]。从中可以看出，我国大部分房企仍延续了房地产开发公司的"开发—建造—销售（或持有）"的重资产模式。

---

① 比如，在我国 CMBS 中，普遍需要设立一个单一资金信托，其作用就是作为中介向融资企业发放抵押贷款，而此信托的存在资金和目的都非常单一。

## 3. 中美住宅开发商融资模式对比

中美两国住宅开发商运营模式都包括地产购置、项目开发和销售三大阶段，但在资本构成和融资模式上却有着巨大差异。

### 3.1　中美住宅开发商资本构成差异

表3、表4分别为2017年中美两国销售收入最大的10家住宅开发商资产负债率水平。图1、图2分别展示了我国内地56家上市房企和美国9家[①]大型上市住宅开发商的销售额与资产负债率水平的对比。从表中可以看出，在美国主要住宅开发商中，除Hovnanian外，其余公司的负债率平均约为55%，普遍较我国偏低，而国内较大住宅开发商的资产负债率又高于国内行业平均水平（见图3），其又大大高于美国同行水平（除Hovnanian）。

**表3　中国十大房企2017年年报相关财务指标**

|  | 市值（亿元） | 营业利润（百万元） | 总资产（百万元） | 资产负债率 | 非流动负债（百万元） | 1年期(含)以上负债/总资产 | 营业利润/负债 | 负债/市值 |
|---|---|---|---|---|---|---|---|---|
| 恒大 | 3 547 | 77 552 | 1 761 752 | 86.3% | 238 805 | 14% | 5.1% | 4.28 |
| 万科A | 3 362 | 50 813 | 1 165 347 | 72.7% | 131 318 | 11% | 6.0% | 2.52 |
| 碧桂园 | 3 171 | 41 639 | 1 049 669 | 88.9% | 163 521 | 16% | 4.5% | 2.94 |
| 中海 | 2 755 | 42 001 | 539 500 | 57.6% | 138 192 | 26% | 13.5% | 1.13 |
| 保利 | 1 678 | 25 527 | 696 452 | 77.3% | 175 262 | 25% | 4.7% | 3.21 |
| 融创 | 1 422 | 5 201 | 623 102 | 90.3% | 176 756 | 28% | 0.9% | 3.95 |
| 龙湖 | 1 157 | 19 613 | 362 764 | 70.7% | 79 091 | 22% | 7.6% | 2.22 |
| 华夏 | 928 | 12 878 | 375 865 | 81.1% | 76 768 | 20% | 4.2% | 3.29 |
| 绿地 | 888 | 19 762 | 848 533 | 89.0% | 178 649 | 21% | 2.6% | 8.50 |
| 金地 | 570 | 11 656 | 207 942 | 72.1% | 45 492 | 22% | 7.8% | 2.63 |

资料来源：Wind.

---

[①]　因TAYLOR MORRISON HOME CORP2011年前数据未公开，为保持一致性，本统计剔除了该公司的数据。图2，同理。

表 4　美国十大上市住宅开发商 2016 年主要财务指标

单位：百万美元，%

| 公司 | 市值 | EBIT | 总资产 | 资产负债率 | 长期债务 | 有息负债 | 5 年以上债务 |
|---|---|---|---|---|---|---|---|
| D R HORTON | 11 262.3 | 1 348.0 | 11 558.9 | 41.2 | 2 439.7 | 2 439.7 | 678.2 |
| LENNAR | 9 703.8 | 1 262.4 | 15 361.8 | 53.1 | 4 471.0 | 4 742.5 | 128.2 |
| NVR | 6 163.6 | 683.4 | 2 643.9 | 50.7 | 596.5 | 596.5 | 596.5 |
| PULTEGROUP | 5 864.9 | 965.1 | 10 178.2 | 54.2 | 3 003.7 | 3 129.3 | 2 161.4 |
| TOLL BROTHERS | 4 439.3 | 544.5 | 9 736.8 | 56.5 | 3 138.1 | 2 694.4 | 1 026.2 |
| CALATLANTIC | 3 891.7 | 784.3 | 8 709.0 | 51.7 | 3 172.8 | 2 666.1 | 847.8 |
| MERITAGE HOMES | 1 393.1 | 199.2 | 2 888.7 | 50.8 | 976.9 | 994.0 | 343.2 |
| KB HOME | 1 347.6 | 160.3 | 5 131.6 | 66.4 | 2 309.3 | 2 081.9 | 698.4 |
| TAYLOR MORRISON | 587.2 | 318.5 | 4 220.9 | 48.8 | 1 318.0 | 1 237.5 | 618.0 |
| HOVNANIAN | 228.9 | 193.3 | 2 379.4 | 105.4 | 1 737.8 | 1 737.8 | 266.9 |

资料来源：WRDS.

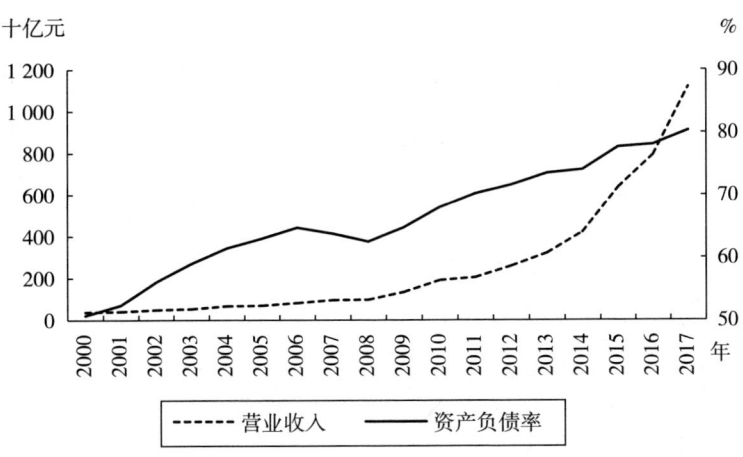

资料来源：RESSET 数据库。

图 1　我国内地 56 家上市开发商营业收入和资产负债率

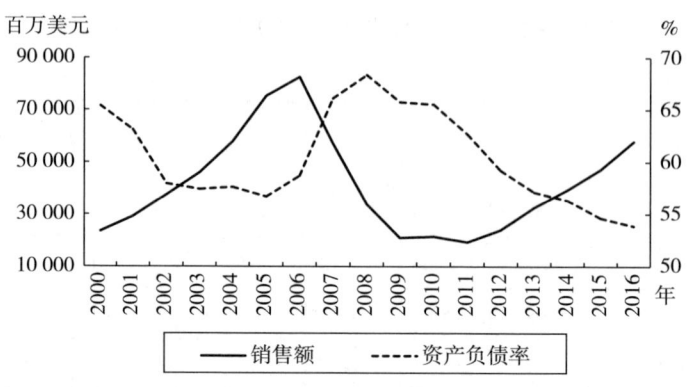

资料来源：WRDS.

**图2　美国九大上市住宅开发商销售额和资产负债率**

图3显示了我国房地产开发商群体的总体资产负债率水平在2008年之后持续走高。债务作为信贷资产的另一面，因偿还期限的设定，以及与经济周期的相关性，其本质是一种具备风险的金融工具。债务对企业重要的负面影响之一表现在贷款期限错配会直接损害企业现金流。当经济衰退或行业进入下行周期时，债务人期限错配的到期债务会面临快速放大的还债压力；同时由于风险传导机制的存在，也使得向债务人发放贷款的金融机构变得脆弱。20世纪30年代的经济大萧条引发了美国大量企业以及9 000多家银行的倒闭就是一个很好的例证。因此，对企业来说，长期限债务，相比较短期债务来说，给予了企业更大的自由空间，更有利于企业根据市场宏观环境以及企业的微观状态进行债务配置。

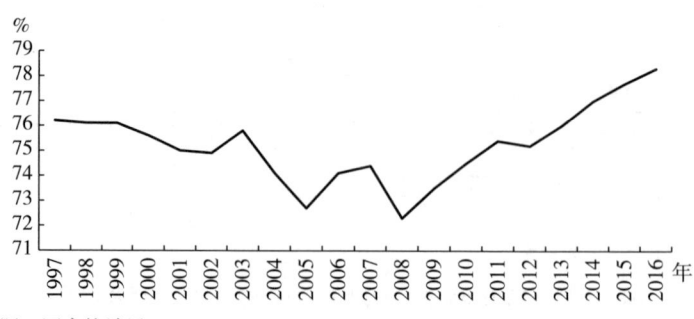

资料来源：国家统计局。

**图3　我国住宅开发商资产负债率**

图 4 对比了中美两国住宅开发商 1 年期及以上债务占其总债务的比例。从图 4 中可以看出，美国典型住宅开发商长期债务占比明显高于我国住宅开发商（我国开发商过于依赖短期债务进行融资），表明其债务期限错配的平均风险要显著低于我国住宅开发商。

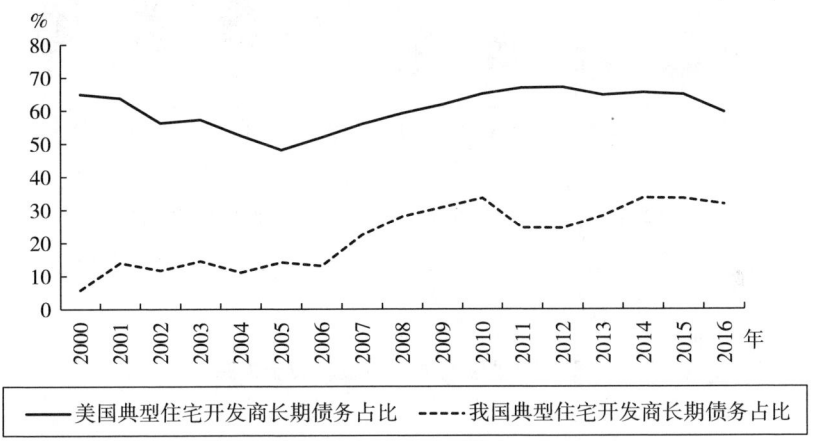

资料来源：WRDS，Resset 数据库。

**图 4　中美典型住宅开发商长期债务占比** [①]

## 3.2　中国住宅开发商融资模式概述

我国房地产开发期内的资金来源一般包括自筹资金、外部融资、销售回款三大类。图 5 为我国房企近年资金来源统计图。

---

① 数据样本为中国 25 家和美国 9 家大型上市住宅开发商。

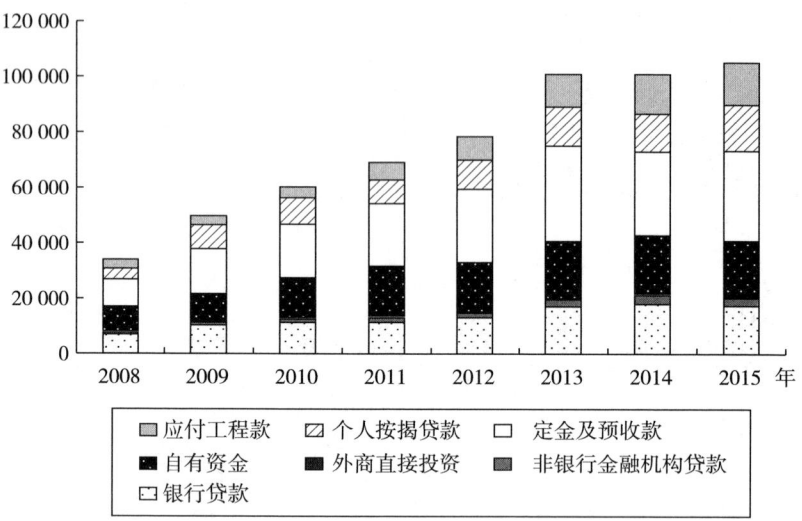

资料来源：中宏产业数据库。

**图5　我国近年住宅开发商资金来源**

在图5中，我国房企的自有资金占比较低，且模式较固定，主要采取IPO或是股份增发的方式进行。相对而言，债权融资（不同类型）占了相当大的比例，其中的有息借款对房企的运营和风控管理有着关键的影响。

在债权融资方式上，收紧的流动性和趋紧的调控政策虽然使得我国房企对银行直接贷款依赖性在降低，但银行资金仍通过影子银行等渠道流入房企，表明房企对银行和非金融机构的债务融资依赖并未显著降低。图6反映了我国A股25家上市地产公司带息债务和全部投入资本比例中位数变化。可以看到，虽然最近几年资金流动性开始收紧，但开发商并未有显著减少对债务的依赖。

另外，不同规模的房企在债券融资的力度上也呈现出不同特点。联合资信研究显示，"2017年，AAA级房企地产债规模比2016年增长14.98%。然而，2017年地产债整体规模共计2 208.74亿元，比2016年大幅下降70.59%，房地产企业融资更加偏重于主体资质强的企业。同时，在地产债分类中，3~5年长期限公司债由2016年的85.79%骤降为

25.17%"。从我国房企资产负债率居高不下和长期限公司债占比下降的特征可以看出，2017 年度大型房企依然在延续债务融资的思路，同时债务期限错配风险仍在加剧。不但如此，债券市场对融资主体的资质在经济下行压力下更为关注。

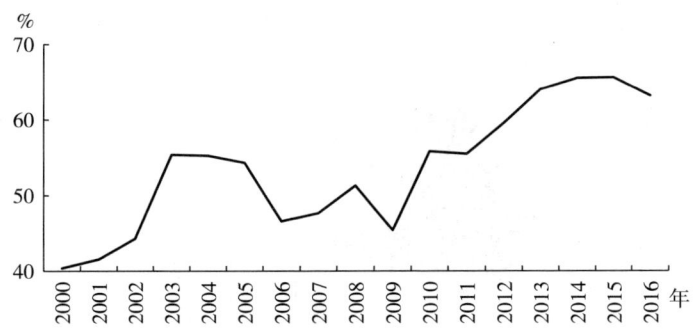

资料来源：Resset 数据库。

**图 6　我国 A 股 25 家上市房企带息债务和全部投入资本比例中位数变化**

在境外融资方面，国内大型上市开发商大部分都有通过海外资本市场融资的案例，例如发行海外债券等，作为国内债务融资之外的积极补充。但此类融资同时也具有较大风险，因为除利率风险外，还需要承担汇率风险。在 2015 年前人民币处于升值通道时，国内开发商在海外积极融资，寻求低成本的债权融资，享受利差和汇差双重收益。但 2016 年由于人民币面临贬值压力，海外融资减少。进入 2017 年后，国内金融监管部门加大了对影子银行资金流入房地产行业的监管，发行海外债融资重新活跃了起来。据 Wind 数据显示，"2017 年房企海外债发行数量已达 74 只，实际发行规模超过 366.58 亿美元，较 2016 年和 2015 年两年发行总和增逾 99.4%"。进入 2018 年以来，房企海外融资势头不减。中原地产研究中心统计数据 ① 显示，截至 2018 年 4 月 16 日，房企境外融资高

---

① 　http://news.dichan.sina.com.cn/2018/04/18/1258036.html.

达 193 亿美元，同比上涨了 80.6%。

图 7 为 2016 年中指研究院重点监控房企中各类融资占比情况。从图 7 中可以看出，债券类融资是这些房企最主要的融资方式之一，它的应用从一定程度上降低了对银行贷款的依赖。同时，股票定向增发、票据发行等其他融资方式也得到了发展，显示了我国房企融资渠道较以往更加多元化。

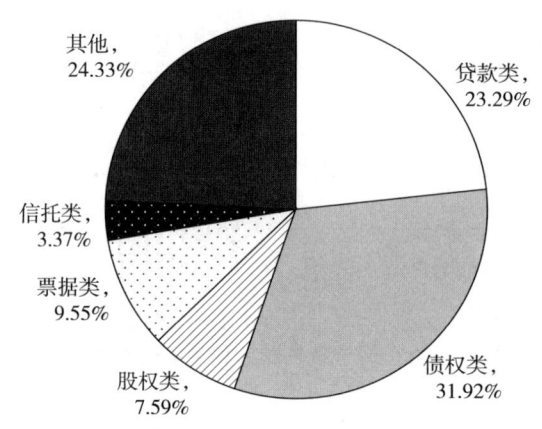

资料来源：CREIS 中指研究院。

**图 7  2016 年重点监控房企各类融资占比**

虽然融资渠道逐渐灵活和多元，但如图 3 所示，我国房企的杠杆率并未降低。为控制债务风险，我国相关监管部门一直在限制房企的举债规模，但实践中国内开发商多采用绕开直接贷款，通过私募基金、基金子公司资管计划、券商资管、信托等通道，或利用"名股实债"形式变相进行有息债务融资。2018 年 4 月公布的资管新规使得这些通道不再有效，因而对房企资金来源造成较大影响。

## 3.3  美国住宅开发商融资模式分析

美国住宅开发商的权益融资途径同国内开发商权益融资途径并无巨大区别，均以 IPO 或是股份增发为主，但其权益融资占资金来源比例相比我国较高。美国住宅开发商债务融资渠道较多元，包括商业银行贷款、金融机构短期循环信贷授信（Revolving Line of Credit）、储蓄机构贷款 [1]、无担保债券发行、有担保债券发行、土地卖方贷款 [2] 等。但一个重要特点是，其中很多债务融资渠道均可提供期限长达 10 年以上的借款。

下面我们通过对美国知名住宅开发商 Hovnanian（HOV）的分析来展示它是如何因过度负债而导致危机，又是如何利用资产证券化和长期限的债权融资度过 2008 年次贷危机的。

HOV 成立于 1959 年，是美国住宅房屋开发商前十强 [3]。HOV 公司除主业住房开发外，还向购房人提供以贷款为主的金融服务。[4] 该类提供给购房人的抵押贷款资金大部分来自于开发商拥有的从贷款金融机构取得的短期循环信贷授信额度。在形成资产（住房按揭资产）后，开发商在二级市场直接出售按揭资产或将按揭资产证券化后出售，出售所得将及时偿还贷款机构并恢复其循环借贷授信额度。这不仅是美国住宅开发商有别于我国住宅开发商的商业模式，同时也是其重要的融资渠道。

2000 年到 2005 年，美国房地产行业突飞猛进。为扩大经营规模，HOV 也加快了融资步伐。图 8 显示了 HOV 融资金额及构成的变化。

同时，通过对比 2005 年前 HOV 与同类企业 [5] 长期债务发行量，可以发现 HOV 长期债务发行量不但在绝对值上远远超过同类企业平均水平（见图 9），而且其长期债务发行量和当年销售额比值（见图 10）也远远超过同类企业的相对值，表明 HOV 在 2000 年至 2005 年通过大举负债扩大经营规模，但其经营业绩并没有领先于同类企业，反而在金融危机到来后迅速大幅落后（见图 11）。

---

[1] 商业银行更偏向提供大型商业贷款及其他无担保贷款，同时提供财富管理等服务；而储蓄机构多为本地化设置，住房抵押贷款业务为其主要业务之一。

[2] 土地卖方融资包括期权融资（允许开发商不必一次性立即购置土地，而是购得在未来某个时间买入土地的期权），卖方贷款。

[3] 2017 年营业额共 27.53 亿美元，在全美住宅开发商中排名第十。

[4] 根据 HOV2017 年度年报，其 67.8% 的非现金住房购买者使用了 HOV 提供的按揭服务。

[5] 在本文中，我们将前 10 大房企中的其他几家房企定义为同类企业。

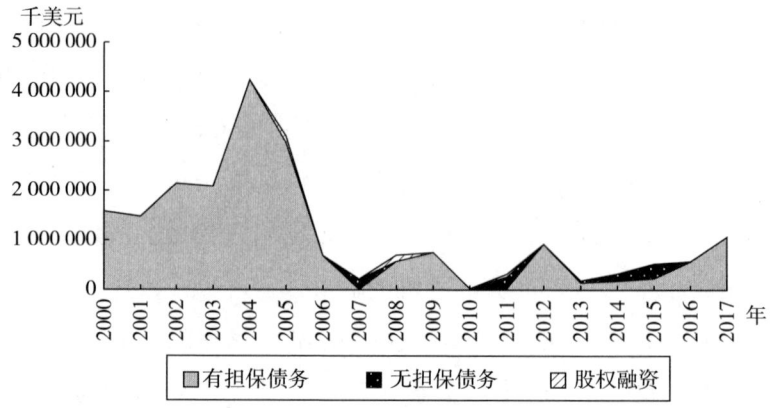

资料来源：SEC\HOV 财务年报。

图 8　HOV 融资总额和融资构成

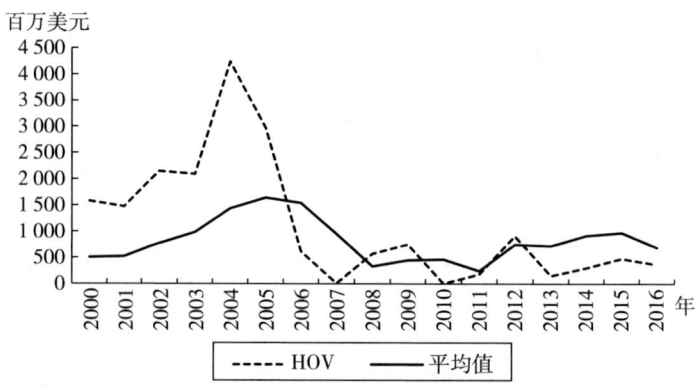

资料来源：WRDS.

图 9　HOV 长期债务发行与同类企业长期债务发行平均值对比

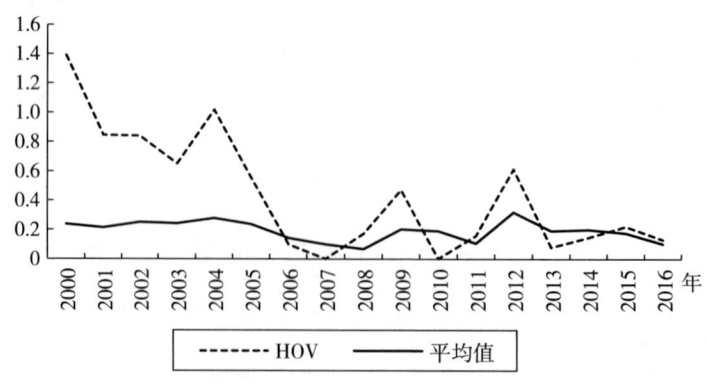

资料来源：WRDS.

图 10　HOV 与其他同类企业长期债务发行占销售额比例对比

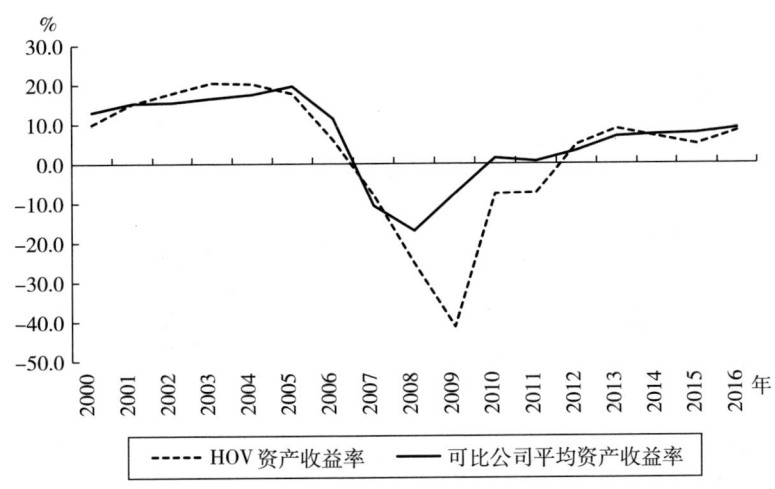

资料来源：WRDS.

**图 11 HOV 和同类企业资产收益率对比**

HOV2008 年财报显示，其在 2006 年之前扩大经营导致库存（见图 12）、预付款和其他资产的增加使营运现金流降低。随后而来的次贷危机引起的债务负担加重以及资产大幅减值使得其资产负债表迅速恶化（见图 13）。

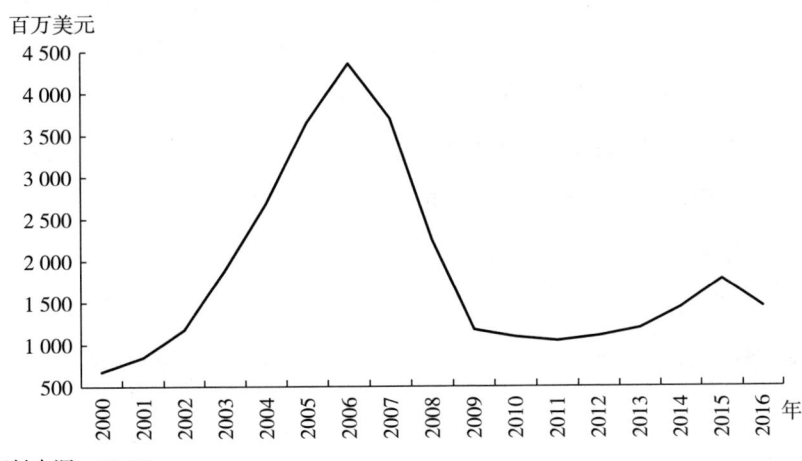

资料来源：WRDS.

**图 12 HOV 库存变化**

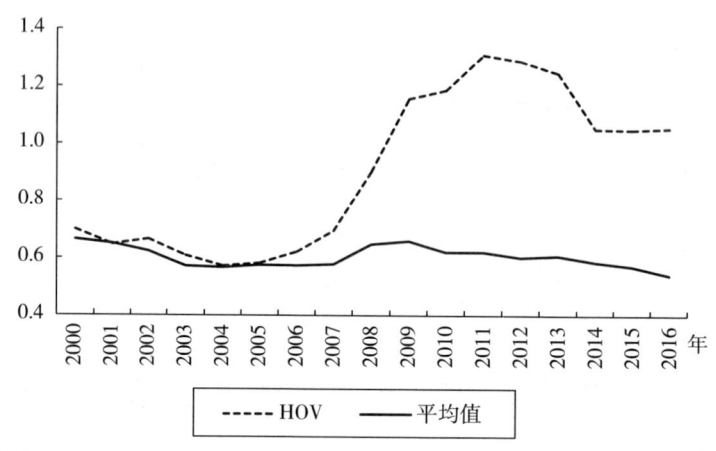

资料来源：WRDS.

图13　HOV 和同类企业平均资产负债率对比

　　2006 年底，美国房地产达到峰顶后开始下滑，并进入金融危机。随着资产大幅缩水，HOV 之前的激进融资模式导致其资产负债率激增并于 2009 财年超过 100%（见图 13），公司陷入资不抵债的危机。从 2007 年到 2011 年，受市场环境影响和主体信用评级屡次被调降因素影响[①]，HOV 融资额大幅度缩减，如图 14 所示。

　　2006 年开始，HOV 实行收缩战略，新土地投资和新社区开发减少。其财报显示，它在 2005 年的土地和物业购置支出为 3.2 亿美元，但在 2006 年和 2007 年分别降至 5 200 万美元和 3 800 万美元。尽管总体收入在持续下降，且其获得循环授信的能力在削弱，HOV 仍通过足够融资渠道满足了运营资本和其他现金需要。2008 年年报显示，其当年主要现金来源及占比分别为：房屋及土地出售 78.1%、债权融资 13.7%、金融服务收入 1.3%、联邦税退税 3.5%、权益融资 3% 和上年度留存的现金 0.4%。其中权益融资发行 1 400 万 A 类普通股，筹得现金 1.259 亿美元。多元化

---

　　① S&P 在 2005 年将 HOV 的主体信用评级从 B 级改为 B 级持负面展望，并在 2007 年至 2011 年经数次调整后将其降至 2011 年末的 CCC– 级。

的融资渠道使得 HOV 可以进行持续的债务重组，避免了破产，并在房地产市场受到重创和企业高资产负债率下持续运营数年。在联邦政府一系列货币政策及行业扶持政策之下，美国房地产市场逐步开始复苏，HOV融资活动也逐渐恢复，其中无担保债务融资比例也有所回升（见图 8）。

以下重点介绍 HOV 2008 年度长期限债权融资和资产证券化融资。

（1）长期限债权融资

HOV 2008 年度债权融资包括债券和商业票据发行及循环授信贷款，此类债权融资特点为期限长（5 年期或 10 年期）、票息较高以及可提前偿付。募集的资金，除部分主要用于运营资本外，开发商可根据本年度运营现金流状况和资本市场利率变动状况来主动对原有债务进行置换或重组，借此减少债务期限错配的风险或对资产负债表进行优化。例如，HOV 2008 年度的债务重组包括：

A. 发行 10 年期 2 930 万美元 18% 优先担保债券，以替换总面值7140 万美元，包括不同期限、不同利率的多只非担保优先债券组合，如表 3 所示。[①]HOV 因此债务置换而计减债务 4 210 万美元。

表 5　HOV 2008 年被置换债务

| 本金（百万美元） | 票息（%） | 到期年份 |
|---|---|---|
| 0.5 | 8.000 | 2012 |
| 12 | 6.500 | 2014 |
| 1.1 | 6.375 | 2014 |
| 3.3 | 6.250 | 2015 |
| 24.8 | 7.500 | 2016 |
| 28.7 | 6.250 | 2016 |
| 1 | 8.625 | 2017 |

资料来源：HOV 年报。

---

① 市场根据 HOV 的预计违约率，对 2 930 万美元担保优先债和 7 140 万美元非担保优先债进行了定价。在当时环境下，2 930 万美元担保优先债的现值不小于 7 140 万美元非担保优先债的现值，因此投资人有意愿进行置换。这是一个债务重组的案例，反映了当时市场认为 HOV 的违约率较高。

B. 发行 5 年期 6 亿美元 11.5% 优先担保债券，部分用于偿还到期的 3.25 亿美元债务，剩余部分用于运营资本。

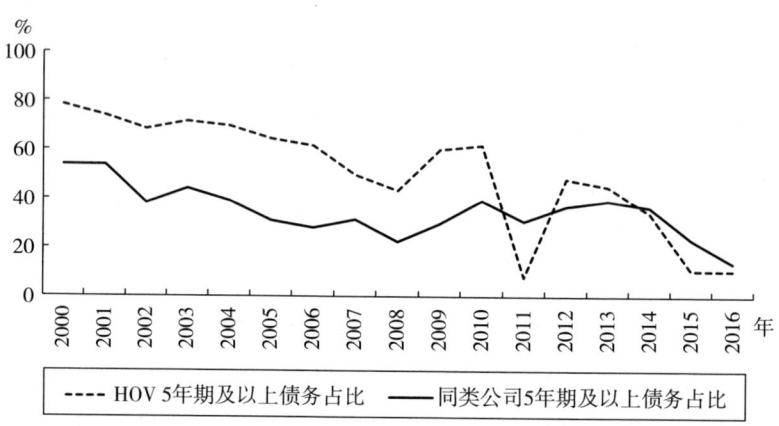

资料来源：WRDS.

**图 14　HOV 5 年期及以上债务占比与美国同类企业平均值对比**

从图 14 可以看出在金融危机到来之前，HOV 的 5 年期及以上债务占比高于美国同类企业平均水平。这是 HOV 能得以在债务危机下持续经营并最终走出困境的一个重要因素。此外，资本市场赋予的灵活的债务重组手段也使得 HOV 能更灵活地利用市场资金。正是这两者的配合大大降低了企业债务期限错配的风险，使 HOV 得以避免破产的结局。

（2）开发商主导的抵押贷款证券化融资

除以上传统债务融资外，HOV 还通过主导资产证券化这一金融工具为自己进行融资，并用获得的资金为购房人提供按揭贷款，促进住房的销售①。实践中，该类资金主要来自于金融机构提供的短期授信额度（Warehouse Line of Credit），其本质属于短期循环授信信贷，可在 1 年内向开发商提供一定限额的资金量，利息月付，利率一般以 LIBOR 为基准上浮，贷款以住房为抵押。在开发商向金融机构申请此类短期授信

---

① 这也是美国住宅开发商普遍使用的工具。

额度前，其通常与住房抵押贷款或是住房抵押贷款支持证券（RMBS）的投资人（该金融机构）已事先达成协议，如果住宅开发商发放给住房贷款申请者的贷款满足投资人的要求，那么投资人则会购买这些按揭或是 RMBS。在此条件下，住宅开发商将购房人按揭贷款合同抵押到金融机构并从授信额度中获得资金以发放给按揭申请者。在 HOV 案例中，HOV 于 2008 财年取得的该类循环授信贷款限额为 1.51 亿美元，利率为一月期 LIBOR+1.5%。美国住房开发商金融服务部门 RMBS 产品的操作如图 15 所示。

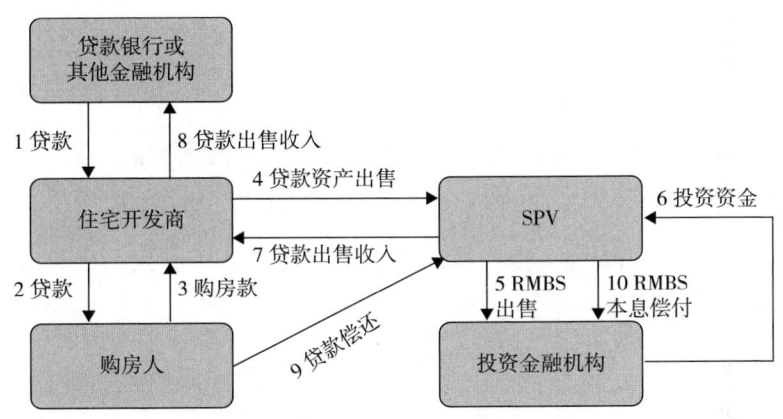

注：为简化起见，本图未列出为交易提供服务的相关第三方。

**图 15　美国住房开发商金融部门 RMBS 交易机构图**

HOV 财报显示，其于 2008 财年末和 2007 财年末持有的待售住房抵押贷款分别为 8 750 万美元和 1.77 亿美元。为减少风险，HOV 一般在抵押贷款资产证券有明确购买方时，才会通过金融机构融资并向购房人提供贷款服务。此类抵押贷款证券化及出售过程一般在 1~2 个月，如果按照 2 个月的周转期计算，那么可估算出在 2008 年 HOV 通过此类融资渠道可融资不低于 5.25 亿美元，为 HOV 化解债务危机提供了巨大的资金支持。

住宅开发商主动发起的 RMBS 对开发商和资金提供者都有巨大吸引力。对开发商而言，此种融资渠道具有资金来源长期、风险低、理论上贷款额度无上限（因为只要成功将抵押贷款转让，其循环信贷额度即可滚动恢复）等优点，因此被大型开发商广泛运用。一些开发商，如Centex、Lennar等，甚至设有储架结构，以便于随时进行资产证券化业务操作。对资金提供方而言，与住宅开发商的合作免除了组建自己放贷团队的需要，只要设定放款标准，他们完全可以凭借开发商的专业能力获得所设定的抵押贷款资产。

不过，住宅开发商在此类操作中也面临多重风险：

首先，由于贷款给住房按揭申请者和从金融机构获得资金之间存在时间错配，因此，利率的市场变动是开发商面临的一个重要风险。一般来说，住宅开发商利用RMBS远期承诺（Forward Contract）或是投资人承诺来对冲其暴露在此类抵押贷款上的利率风险。也就是说，利用当前所设定的价格在特定的未来时间买卖RMBS或按揭贷款。

即便如此，住宅开发商还面临交易对手风险，因为纵然有远期承诺或投资人承诺，交易对手也可能违约。对于此，住宅开发商有两个方案：（1）对于有金融中介或政府担保的抵押贷款，开发商通过将交易对手限制在投资银行、联邦监管的银行附属机构和其他满足信用标准的投资机构的方式来减少RMBS远期承诺和贷款投资承诺的信用风险。（2）对于无金融中介或政府担保的抵押贷款，例如次优级①和次级按揭，开发商金融服务部门则通过在购房人承诺贷款的同时即对单个贷款进行预售，之后再向购房人提供贷款的方式，或是仅仅提供贷款中介服务的方式来规避风险。在2008年之后，HOV采取了谨慎的态度。其次优级和次级抵押贷款额分别从2007年占其发放贷款的27.3%和3.7%大幅降低到7.6%和0.3%，实际上，在2008年12月31日仍持有在售的8 750万

---

① 在美国，根据抵押贷款（按揭）申请者的信用，按揭简单来说，可以分为优良（Prime）、次优（Alt-A）和次级（Sub-prime）。有的Alt-A信用也很好，但贷款额比Prime大，或者存在高贷款/价值（抵押物价值）比，高债务/收入比，以及贷款人收入证明不充分等情形，因此比Prime的风险更大。这类按揭利率要高于Prime。

美元贷款中，已经没有了次优级和次级抵押贷款。随着次优级和次级按揭的比例降低，政府担保的 FHA/VA 贷款比例有所提高，其中 FHA 担保贷款在 2007 年和 2008 年分别占开发商发放贷款的 6.5% 和 35.5%。

对 HOV 年报数据的以上分析可以得出如下判断：HOV 在 2006—2009 年陷入财务困境后得以恢复的部分主要原因：（1）长达 5~10 年的债务融资便利，不但保证了流动性，同时也因合理重组或提前偿付债务而获得了账面收益，优化了资产负债率；（2）通过短期循环借贷便利为自己融资，并利用获得的资金为购房人提供抵押贷款并出售于二级市场。

事实上，通过对美国住房开发企业全行业的数据研究发现，在资本市场高度发达和融资渠道如此丰富的状态下，住房开发商的平均负债率大大低于我国实践。我们以 HOV 为例并非鼓励我国房企凭借特定融资渠道而采用高杠杆策略，而是客观分析美国特定的融资渠道以及资本市场对于企业化解财务危机的关键作用。

## 3.4 中美住宅开发商融资模式差异分析

综合以上分析可以发现，我国住宅开发产业融资主导者基本以住宅开发商为主，融资渠道除 IPO 和增发为代表的权益融资外，更多的是以银行贷款及境内外发债为代表的债权融资，以及以私募基金、信托计划、券商资管计划、基金子公司资管计划等为代表的影子银行系统的名股实债类融资。其中除资质信用良好的开发商可获得银行和金融机构无担保授信外，大多数开发商债权融资条件基本需要提供资产抵押，股权质押，以及企业集团及实际控制人等主体信用担保等增信措施。而债权融资的退出渠道集中为房屋出售或是贷款置换，且置换的资金一般也为面临期限错配风险的短期借款。

相比而言，美国住宅开发产业股权融资主导者除住宅开发商外，还包括私募股权基金（以财务投资为主）和权益类 REIT。例如 Avalon Bay

Communities，Inc.（AVB）是一家专注于出租公寓开发经营的 REIT，但其仍可通过子公司的形式或是和其他住宅开发商组成合资公司的形式进行销售类住宅的开发。

相比股权融资，美国住宅开发商债权融资渠道形式多样。虽然说其债权融资条件也多要求土地抵押和企业集团担保，债权融资的退出渠道也基本以房屋出售或是贷款置换为主，但与我国不同的是美国开发商的债权融资以及退出时用于置换的贷款多为长期限贷款。除较易获得长期限借款外，美国住宅开发商主导发起 RMBS 融资是一个特色。

## 4. 总结

### 4.1　两国住宅开发商融资模式差异及影响的总结

通过以上分析可知，中美两国住宅开发商融资模式的主要差异为直接融资和间接融资的差异，而投资者和融资者之间是否构成直接的股权投资或是债权债务关系是判别直接融资和间接融资的重要依据。直接融资大多表现为资本市场与融资人通过有价证券等形成投融资关系，而间接融资多以银行或非银行金融机构作为居间提供资金。美国发达的资本市场赋予了住宅开发商更加便利的直接融资渠道，而直接融资的特性又确保了住宅开发商对于长期限债务资金的获得性和对债务置换重组的便利性，这是其融资模式优于我国开发商的直观表现。

虽然两国住宅开发商本身作为投资者，在危机中也承担和资本市场中其他投资者相同的风险，例如承担自持资产和存货价格下降的风险和损失。但美国次贷危机中，住宅开发商可以更好地经受波折，并更快恢复的原因在于美国房企以直接融资为主的融资模式。例如开发商借助金融机构以 ABS、MBS 资产证券化的金融产品形式将信贷资产风险转移至二级市场。虽然资产证券化过程并未消除借款人违约风险，但结构化和证券化技术的运用使得基于多元化基础资产的部分债券违约风险降低，且不同风险偏好的最终投资人获得了相应的金融产品。此时风险的表现形式也由对开发商或是银行的系统风险影响转变为多元化投资者持有资产支持证券价格的涨跌。

我国房企以间接融资为主的融资模式较易带来金融系统风险，因为作为金融中介的银行或非银行金融机构是联系社会资本和房企的瓶颈，在资产投资端和消费端任何一端出现问题，都会加剧"瓶颈"的压力。在双面风险的冲击下，使得金融中介本身所面临的风险加大。对持有资产的开发商而言，其不得不承担类似传统制造企业商品库存积压无法售出的风险，当遭遇行业下行周期或是危机时，即使拥有优质不动产资产，房企的再融资自救也将会变得非常困难。2008 年国际金融危机来临时，一些国内大型地产企业面临破产的风险就是实证。

## 4.2  两国不同融资模式的原因总结

两国房企存在不同融资模式的原因除政府宏观政策、法律法规和金融税收等具有较大差异外，两国房地产行业所处阶段以及住宅开发商商业模式的差异有极大关系。

在过去的二十年里，中国一直处于住宅地产行业发展的高速期。高周转、高负债、高利润是较为普遍的模式。在此背景下，房企不需要也难以借助资产证券化实现直接融资。而美国住房市场已经处于以存量交易为主（新住宅房交易占总住宅交易量不足 15%[①]）。住宅开发商也普遍为客户提供按揭金融服务（不但如此，美国住宅开发商企业的内部金融服务员工占比一般也高于 20%，而我国开发商组织构架中，最主要的部门是项目部）。由此可见，其对金融工具的理解和应用也较为娴熟。从以上案例分析中可以看出，以 HOV 公司为代表的部分高负债美国住

---

[①]  http://s1.q4cdn.com/101919580/files/doc_financials/2017/2017–Annual–Report.pdf.

宅开发商之所以能在次贷危机中生存下来，主要因为可通过丰富的融资渠道获得长期资金。此外，住宅开发商能将其金融风险经由资产证券化的渠道转移至有相应风险偏好的社会资本端。

总之，要深入理解两国房企融资模式的差异和发展方向，首先要承认差异存在的原因，两国房地产行业尚处于不同阶段，房地产开发商的组织、运营、管理、盈利模式也不尽相同，所面临社会资本进入房地产产业的意愿和方式不同。随着我国住房市场交易从增量向存量转移的变化，住宅开发商必须加快转型步伐，提升资金使用效率。能否获得多渠道资金来源，以及长期限资金将成为房企生存的关键，同时建立适合我国国情的资产证券化体系也将对我国住宅房地产行业发展有着巨大的影响。

# 从实践看特殊服务商在商业不动产按揭证券化中的作用 [1]

美国商业不动产按揭证券市场的成功运作离不开特殊服务商。虽然说与住宅按揭资产证券化（RMBS）相类似，商业不动产按揭证券化（CMBS）中也包含总服务商（Master servicer）、基础服务商（Primary servicer 或 sub-servicer）和特殊服务商（Special Servicer）[2]，并且 RMBS 和 CMBS 中总服务商和基础服务商的功能也相近，但由于 RMBS 和 CMBS 的结构设计不同，CMBS 中特殊服务商的设置非常独特和重要。

简单来说，在 CMBS 中，一旦基础资产（商业不动产按揭）发生违约或发生 CMBS 项目入池及服务协议（Pooling and Servicing Agreement，PSA）[3] 中事先设定的风险事件（如产权人破产或产权人在其他债务上的违约），那么按揭的后续服务就会从总服务商或基础服务商那里转移给事先设定的特殊服务商。特殊服务商代表 CMBS 的投资人（债权人）与该债务人谈判。如果双方之间不能达成协议，该债务人将不得不放弃对所抵押的不动产的所有权，不动产所有权将转让给设立 CMBS 的信托。[4]

---

[1]　原文部分节选发表在《金融市场研究》，2018（6）。

[2]　参见刘羿、郭杰群，服务商与美国资产证券化，《中国金融》，2015（11）。该文主要论述了 RMBS 中的服务商角色。在一些 RMBS 和 CMBS 中，总服务商可能将部分服务执行功能转移给基础服务商并支付相应费用。但 PSA 所规定的对借款人的服务职能和义务仍然由总服务商所承担，不得规避。信托也不对基础服务商所应收取的费用负责。

[3]　PSA 是 CMBS 项目的法律文本。每一个 CMBS 都有一个特定的 PSA，包含从资产入池标准到服务商责权利的方方面面细则。

[4]　当然，这个过程可能会是一个漫长的法律诉讼流程。

这些资产将由特殊服务商代为管理[1]，并在合适的时机被拍卖以清偿债务。[2] 特殊服务商的重要性来自于 CMBS 的设计特点和结构安排：

● 由于 CMBS 中基础资产面值相对较大，资产多元性不足，因此一旦某个基础资产发生违约，投资人所面临的风险较大。

● 同时，CMBS 的投资人众多，在违约事件出现时需要一个代表来处理违约资产，其不但能代表众多的投资人，而且具有特殊的服务技能，包括对地区房地产市场的了解、与经纪人、物业管理公司、法庭指定接管人（Receiver）的广泛联系等，可以对资产价值的最大化进行操作。

● 特别是，CMBS 的劣后层（CMBS 证券中的最先承受损失的证券层级）也是 CMBS 的控制层（Controlling class）。该劣后层或其所指定的代表（Controlling Class Representative，CCR）具有选择特殊服务商的权利[3]，并对需要特殊服务的按揭提供处理建议[4]，所以控制层（也称为 B-piece 持有人）自然会影响 CMBS 证券价值。[5] 在 CMBS 中，这些控制层的证券持有人可能就是特殊服务商。[6] 因此，特殊服务商的能力和决定在影响证券价值的重要事项上能够起到关键作用。

---

① 实践上，特殊服务商通常会指定第三方专业公司对物业进行管理。见文章后面阐述。

② 特殊服务商起源并成长于 20 世纪 90 年代美国储贷银行的倒闭潮。服务商在购买和服务 FDIC 以及 RTC 的不良商业物业资产的过程中积累了处理不良资产的丰富经验。虽然对不良资产处置方式较多，如按揭协议更改（Modification）、法拍（Foreclosure）、转让替代法拍（Deed-in-lieu）、折扣赔付（Discounted Payoff）、出让（Sale）等，但一般来说，特殊服务商是利用净现值的方法来决定如何进行不良资产的处置。

③ 也意味着当控制层持有人或 CCR 发生变化时，特殊服务商可能会发生改变。

④ 但特殊服务商对资产的处置具有最终的权利和责任。

⑤ 需要指出的是，PSA 明确了控制层或 CCR 对其他层级证券的持有人并没有受托义务（Fiduciary Duty），但特殊服务商需要按照 PSA 的服务标准（Servicing Standard）对资产的净现值最大化尽职，也即为所有 CMBS 债权人整体服务，特别是当特殊服务商不同意 CCR 或控制层持有人的意见时。当然，在实践中，这种不同意见较少出现，这主要是因为特殊服务商实质上是由 CCR 或控制层持有人所决定。不但如此，一些 CCR 在指定特殊服务商时还与特殊服务商签订费用分享机制。这也常常引发市场上的争论。

⑥ 投资人在对 B-piece 持有人是否同时为特殊服务商有不同观点。一方面，投资人偏好特殊服务商就是 B-piece 持有人，因为特殊服务商的自身利益与其他证券持有人一致；另一方面，有些投资人偏好真正独立的第三方特殊服务商。美国最大的一家特殊服务商 Midland 就从来不持有 B-piece。

鉴于以上原因以及商业不动产的复杂性和专业性，投资人对商业不动产特殊服务商的资质要求非常高。特殊服务商是在 CMBS 发行之时就被确定的。如果特殊服务商得不到投资人的认可，则会导致新发行的 CMBS 债券在一级市场认购不足。项目发起人也因此会顺应投资人需求更换特殊服务商。如果项目的特殊服务商同时又是 B-piece 持有人，那么投资人会对该 CMBS 更有信心。各大评级公司也针对特殊服务商的资产管理经验、内部控制效率、是否有避免利益冲突的政策等一系列指标进行评级。特殊服务商成为 CMBS 成功发行的标配。

我国 CMBS 自 2015 年以来发展迅速。截至 2018 年 4 月底，已经发行了 29 单 856 亿 CMBS[①]，但这些产品中还没有出现专业的特殊服务商这一角色。本文力图通过美国 CMBS 案例（涉及美国历史上最大的证券化商业不动产按揭 WBCMT 2007-C30）来展示特殊服务商在 CMBS 中不可缺少的作用，并为了我国 CMBS 的健康发展以及对投资人的保护，呼吁特殊服务商的相关实践在中国的落地。

## 1. 案例介绍及特殊服务商作用分析

在 2008 年国际金融危机之前，美国著名的商业不动产投资公司 Tishman Speyer Properties（铁狮门）与基金管理人 BlackRock（黑岩）联合于 2006 年斥资 54 亿美元，从 MetLife（大都会保险公司）手中买下了纽约市曼哈顿城东长租公寓住宅区 Stuyvesant Town and Peter Cooper village（斯泰城）[②]。在寸土寸金的曼哈顿，斯泰城占地 80 亩拥有 110 座建筑（含

---

　① 　如果计入类 REIT 和 CMBN，那么不动产支持证券总量在 2018 年 4 月底已经达到 69 单，共计 1 948 亿元人民币。

　② 　20 世纪 40 年代，纽约市长 Fiorello La Guardia 极力促使大都会保险公司在曼哈顿为中低收入家庭建造长租公寓。为此，纽约市长向大都会保险公司免费提供了土地以及免除该项目的 25 年税务。斯泰城于 1947 年完成。97% 的公寓为 1 居室和 2 居室。政府同时向低收入租户提供补贴。

有 11 232 套公寓）。此交易的市场竞价非常激烈，参与方包括 MetLife 的代理方也是世界最大地产服务与投资公司 CB Richard Ellis、斯泰城租户协会、商业地产资产管理公司阿波罗不动产咨询（Apollo Real Estate Advisors）、荷兰跨国银行与金融服务集团 ING 等多个机构。

虽然最初市场对此交易的整体估值为 35 亿美元，但在激烈的竞价中，实际交易达到 54 亿美元。阿波罗不动产咨询的最终出价与铁狮门的出价仅仅相差 7 000 万美元。在此交易中，买方最终资金来源为：从两家贷款银行，Wachovia 和美林（Merrill Lynch），所获得的 30 亿美元十年期仅付利息（Interest-only，即本金在到期日一次支付，到期日之前只需支付利息）优先级不动产抵押贷款，14 亿美元夹层融资（Mezzanine Financing）[①]，铁狮门与黑岩各自资金 1.12 亿美元，加州养老基金投入 7 亿美元，铁狮门总裁 Speyer 投入的 5 600 万美元。此外，另有 4 个基金投入 9 亿美元以覆盖收购完成后重新装修物业等运营支出。由于交易价格较高，此项目的资本化率（Capitalization Rate）仅为 2.5%。[②]

在交易完成后，随即在 2007 年，斯泰城抵押贷款方之一的 Wachovia 银行将部分资产转让给了 Wachovia 的全资子公司 WCMS（Wachovia Commercial Mortgage Securities, Inc.）。WCMS 作为存托者（Depositor）发起了面值 70 亿美元的资产支持证券 WBCMT2007-C30。该项目资产池中含有面值 15 亿美元的斯泰城优先抵押贷款[③]（占 WBCMT2007-C30 整

---

① 在银行总计的 40 亿美元贷款中，Wachovia 提供了总资金的三分之二。在此交易中，两家银行并不打算长期持有资产，有计划通过资产证券化方式进行项目退出。因此，从技术上来说，他们只是提供一个过桥贷款。夹层融资是介于债权和股权之间，或者说，是股债混合的一种融资方式。它具有偿还债务的要求，但含有转换为融资者股权的权利。夹层融资的权利次于优先级债务（如银行发放的贷款）。一般来说，夹层融资不需要抵押物。因此，其贷款利率较高。在融资者资产负债表上，它显示为权益。

② Capitalization rate，简称 cap rate，是商业不动产收购中常用静态指标，为商业不动产年当前净运营收入与收购价格之比，反映了投资的潜在回报。需要指出的，美国商业不动产收购的 cap rate 一般要高于 5%。因此，斯泰城的收购杠杆率远高于当时其他商业地产的水平。

③ 斯泰城 30 亿美元的优先抵押贷款被分为 5 个规模不同的同等权益（pari-passu）资产，也即 5 个资产在未来现金流分配上享有相同的权益，按规模比例分配金额。这 5 个资产中的一个规模为 15 亿美元资产被纳入 WBCMT-C30 的基础资产池。

个资产池的 19%）。此项目的受托人（Trustee）为富国银行（WellsFargo Bank），特殊服务商为 CW Capital Asset Management（CWCAM）[①]，总服务商为 Wachovia 银行。此项目中没有设置基础服务商。

需要特别指出的是，斯泰城中 30 亿美元的优先抵押贷款被分割为规模不等的同等权益资产[②]，并先后转让到五个对公众发行（Public offering）的 CMBS 的资产池中（见表 1）。其中，转让给 WBCMT 2007–C30 的为五块资产中最大一块，面值 15 亿美元。而 14 亿美元的夹层融资则被分割成 11 块不同等权益的资产[③]，被私有投资公司所持有。这十六块资产之间的责权利由 2007 年 2 月 16 日签订的《斯泰城债权人关系协议》（Intercreditor Agreement）界定[④]。

**表 1　斯泰城 30 亿美元优先级抵押贷款被分割成同等权益资产的结构及对应的 CMBS**

| 储架（Shelf）名称 | CMBS Trust 名称 | 规模（亿美元） |
| --- | --- | --- |
| Wachovia Bank Commercial Mortgage Trust | WBCMT 2007–C30 | 15 |
| Merrill Lynch Commercial Financial Corp | MLCFC 2007–5 | 8 |
| Cobalt Commercial Mortgage Trust | CWCI 2007–C2 | 2.5 |
| Wachovia Bank Commercial Mortgage Trust | WBCMT 2007–C31 | 2.477 |
| Merrill Lynch Commercial Financial Corp | MLCFC 2007–6 | 2.023 |

资料来源：项目计划书（Prospectus）。

---

① CWCAM 成立于 2005 年 6 月，股东为加拿大养老基金 Caisse de Depot et Placement du Quebec。通过收购其他特殊服务商，截至 2005 年底，CWCAM 已经成为 25 个 CMBS 项目的约 3 670 个贷款的抵押物业的特殊服务商。随后 CWCAM 又并购了多家特殊服务商。到 2006 年底，CWCAM 拥有 57 名雇员，是价值 1 087 亿美元的商业地产贷款的指定特殊服务商。2010 年投资管理公司 Fortress 出资 3 亿美元，从 Caisse de Depot et Placement du Quebec 手中收购了 CWCAM。这也是当年第三个对特殊服务商的并购。最近几年，CWCAM 在新增 CMBS 的特殊服务商中的份额有所递减。在 2017 年新增 CMBS 中占比 5.9%，排名第 7（https://www.cmalert.com/rankings.pl?Q=86）。

② 也即，虽然 30 亿美元贷款被分为 5 份，每一份享有的权益都是相同的，没有先后顺序。

③ 我们将这 11 块夹层融资资产标注为 mezz1，mezz2，mezz3，…，mezz11。不同等权益意味着在清偿债务时，mezz1 比 mezz2 享有优先权，mezz2 比 mezz3 享有优先权等。

④ https://www.lexology.com/library/detail.aspx?g=bc1056de-4ef2-4fe6-bea0-2e74e8ae908d。

与国内 CMBS 显著不同的现象是，大多数美国 CMBS 的基础资产池含有多个地产物业。以 WBCMT 2007-C30 为例（见表 2），其资产池包含 263 个固定利率商业不动产抵押贷款，其中不动产种类分布为：办公楼 43%、公寓 29%、零售 11.3%、酒店 5.2%、混合建筑 4.3%、工业建筑 3.7%、仓储 1.8%、空地 1.3%、康保 0.4% 和微量移动住房设施（Mobile Home Park）。因此，美国 CMBS 中基础资产的多元化层度远远高于我国实践。另一方面，特殊服务商需要处理情况的复杂程度则远大于同质度高的 RMBS。所以说，特殊服务商必须具备处理各种商业地产违约情况的能力，当然在 CMBS 中的地位自然也举足轻重。

表 2　WBCMT 2007-C30 资产池中基础地产种类的分布

| 物业类型 | 抵押物业数 | 金额（美元） | 占比（%） |
|---|---|---|---|
| 办公 | 82 | 3 397 538 675 | 43.0 |
| 公寓 | 54 | 2 289 679 626 | 29.0 |
| 零售 | 90 | 895 588 411 | 11.3 |
| 酒店 | 18 | 409 119 656 | 5.2 |
| 混合用途 | 8 | 340 696 297 | 4.3 |
| 工业 | 50 | 294 885 179 | 3.7 |
| 储藏 | 22 | 139 150 000 | 1.8 |
| 土地 | 2 | 101 396 894 | 1.3 |
| 健康 | 1 | 32 500 000 | 0.4 |
| 移动住宅 | 1 | 2 944 000 | 0.0 |
| 总量 | 328 | 7 903 498 737 | 100.0 |

资料来源：WBCMT 2007-C30 项目计划书。

表 3 显示了 WBCMT 2007-C30 资产池中基础地产的按揭面额分布。其中，面值 15 亿美元的贷款就是斯泰城优先级抵押贷款的一部分，而基础资产池最小的贷款面额不到 200 万美元。最小贷款与最大贷款面值相差 1 000 倍。这是 RMBS 中不存在的现象，也意味着 CMBS 风险非常集中。因此，大额贷款的处理对 CMBS 中低等级债券的影响非常重大。同时，

由于大额贷款本身的结构（包括债务结构、投资人分布）又极其复杂，所以特殊服务商必须具备非常全面的技能。

表 3　WBCMT 2007–C30 资产池中基础地产的按揭面额分布

| 封包日按揭本金 | 按揭个数 | 封包日按揭本金总额 | 占比（%） |
|---|---|---|---|
| 860 000~2 000 000 | 6 | 8 535 951 | 0.1 |
| 2 000 001~3 000 000 | 19 | 50 543 446 | 0.6 |
| 3 000 001~4 000 000 | 29 | 105 458 243 | 1.3 |
| 4 000 001~5 000 000 | 21 | 96 571 172 | 1.2 |
| 5 000 001~6 000 000 | 21 | 117 165 536 | 1.5 |
| 6 000 001~7 000 000 | 11 | 72 371 788 | 0.9 |
| 7 000 001~8 000 000 | 10 | 75 863 249 | 1.0 |
| 8 000 001~9 000 000 | 13 | 112 705 434 | 1.4 |
| 9 000 001~10 000 000 | 8 | 75 567 506 | 1.0 |
| 10 000 001~15 000 000 | 34 | 432 042 106 | 5.5 |
| 15 000 001~20 000 000 | 20 | 345 720 950 | 4.4 |
| 20 000 001~25 000 000 | 13 | 293 275 000 | 3.7 |
| 25 000 001~30 000 000 | 11 | 307 180 000 | 3.9 |
| 30 000 001~35 000 000 | 9 | 296 730 000 | 3.8 |
| 35 000 001~40 000 000 | 7 | 268 525 000 | 3.4 |
| 40 000 001~45 000 000 | 5 | 213 833 000 | 2.7 |
| 45 000 001~50 000 000 | 6 | 290 052 000 | 3.7 |
| 50 000 001~55 000 000 | 2 | 106 225 000 | 1.3 |
| 55 000 001~60 000 000 | 4 | 237 015 357 | 3.0 |
| 60 000 001~65 000 000 | 2 | 123 118 000 | 1.6 |
| 70 000 001~75 000 000 | 1 | 75 000 000 | 0.9 |
| 90 000 001~100 000 000 | 2 | 195 000 000 | 2.5 |
| 150 000 001~200 000 000 | 3 | 556 500 000 | 7.0 |
| 200 000 001~300 000 000 | 1 | 280 000 000 | 3.5 |
| 300 000 001~400 000 000 | 2 | 702 500 000 | 8.9 |
| 400 000 001~500 000 000 | 1 | 430 000 000 | 5.4 |
| 500 000 001~1 000 000 000 | 1 | 536 000 000 | 6.80 |
| 1 000 000 001~1 500 000 000 | 1 | 1 500 000 000 | 19.0 |
| 总计 | 263 | 7 903 498 737 | 100.00 |

资料来源：WBCMT 2007–C30 项目计划书。

在 CMBS 中，总服务商接受 CMBS 受托人（Trustee）的委托负责对资产池中所有按揭的服务。一般来说，CMBS 中也可能有一个或若干个基础服务商向总服务商汇报。总服务商以及基础服务商依据 PSA 管理着正常类按揭（Performingloans）借款人的相关事务，如收取每月按揭付款。如果按揭借款人出现违约行为，且在一定期限内（一般为 60 天，如果债务人有可行计划纠正违约行为，可提出书面要求延期到 120 天）不能纠正，就会激发特殊服务转移事件（Special Servicing Transfer Event），促使按揭被转移到特殊服务商处进行处理。特殊服务商的责任是将 CMBS 债券投资人的债务偿还率，或净现值最大化。经过特殊服务商的处理，债务人纠正了违约行为，或者与债权人达成贷款条款修正协议，贷款再转回基础服务商；如果债务人最终决定放弃地产产权，特殊服务商要代表 CMBS 债券投资人的利益，接手地产的管理[①]，处理多方债权人的关系（如果还存在其他方债权人），最终拍卖清算。特殊服务商的决定也会面临 CMBS 控制层证券持有人的批准。此外，评级公司也存在一定影响力。评级公司虽不会直接控制特殊服务商的决定，但它可以降低特殊服务商的评级或者 CMBS 债券的评级。CMBS 中的"特殊服务率"（Special servicing rate），即正在接受特殊服务商服务的贷款总量占证券化贷款总量的比例，是用来评价债券信用风险的重要指标。2008 年的国际金融危机后，整个商业地产证券市场的特殊服务率一路攀升。2010 年，特殊服务率达到历史最高点，总计 917 亿美元（占比高达 12%）的商业按揭在接受特殊服务[②]。

下面我们以 CWCAM 服务 WBCMT2007-C30 中的斯泰城最优级贷款为例，阐述特殊服务转移和服务过程。在银行向铁狮门收购斯泰康而放

---

[①] 因为特殊服务商本身不具有运营管理商业物业的能力，管理物业的事项一般外包给专业运营商。在斯泰城案例中，物业管理人一开始是 Rose Associates。后来为管理斯泰城，CWCAM 专门成立了物业管理公司 Compass Rock，该公司在斯泰城卖给黑石后解体。

[②] https://www.housingwire.com/articles/fewer-cmbs-loans-require-special-servicing.

贷时，为了降低违约风险，债权人[①]要求铁狮门设立还款储备金账户（注资 4 亿美元，以备用于支付贷款利息不足的部分，即补足每月需支付给债权人的贷款利息和所收到的房租租金收入之差[②]）和一般储备金账户（注资 2 亿 5 千万美元，用于支付出租房的装修升级费用）。铁狮门购买斯泰城的原本计划是将一些廉租房改为豪华出租公寓，提升物业租金收入。为执行此商业计划，铁狮门采取了一系列措施，比如，将非法居住在廉租单元的住户驱逐出去，装修房屋，将房租从廉租价位提升到市场价位。[③]然而，在 2006 年特狮门买入斯泰城之后，曼哈顿住房租赁市场租金不但没有上升反而开始下跌，铁狮门原计划实施缓慢。同时，失去廉租房的租户开始状告铁狮门在把廉租房变成市场房的过程中涉及非法操作。到 2009 年 8 月，还款储备金账户余额降为 400 万美元，而一般储备金账户已无余款。尽管 11 只夹层融资中的最底层两只已暂停支付利息，铁狮门还是预计到 2009 年底，还款储备金将告罄。2009 年 11 月，斯泰城最优贷款的确因储备金账户不足而触发违约预警。按 PSA 规定，对借款人铁狮门的服务从总服务商处转移到特殊服务商（从 Wachovia 转移到 CWCAM）。当然，在 CMBS 中，触发服务商转移的因素还有很多，比如贷款本金到期不能及时偿还、债务人有可预见的经济困难、债务人申请破产[④]等。

## 2. 特殊服务商的任免

商业地产债券发行之始，就会在发行文件里指定总服务商和特殊服

---

[①]　即 Wachovia 和美林。

[②]　事实上，当时斯泰城的每年净运营收入（NOI）不足 1.2 亿美元，而仅优先抵押贷款的利息支付就大约每年有 2 亿美元。

[③]　1 居室的廉租价当时约为 1 300 美元，而市场价约为 3 200 美元。

[④]　由于一旦债务人申请破产后，诉讼流程复杂且不确定，因此特殊服务商普遍不希望债务人申请破产而试图阻止这一结果的发生。

务商。一般来说，一个资产池对应一个总服务商和一个特殊服务商。这也有一些例外情况。这是因为一个贷款可能被分割为多个同等权益资产，而这些资产会被陆续分配到不同 CMBS 项目的基础资产池中，并且通常会沿用第一个发行的 CMBS 资产池中所指定的特殊服务商。以 WBCMT 2007-C30 为例，发行时特殊服务商是 CWCAM。因此，此后斯泰城 30 亿美元最优级贷款的其他四个同等权益贷款资产被安排进入另四个 CMBS 的基础资产池时，这些 CMBS 都统一沿用了 CWCAM 作为特殊服务商。由于同等权益贷款资产的存在，一个 CMBS 也可能存在不同的特殊服务商。[1] 不过这些情况都在项目发行时都有明确规定。

就像很多其他职责服务商一样，特殊服务商并不是终身制。CMBS 的控制层债券的持有人有权解除与现有特殊服务商的合约，并指派新的特殊服务商。在 2008 年金融危机前，控制层是劣后层债券（它们最先承受损失）且此债券的有效留存面额至少为最初面额的 25% 或以上（意味着一旦劣后层所面临本金损失过大，则不再具有对整个项目的控制权）。特殊服务商有拍卖违约不动产的定价权，控制层债券持有人享有优先权来购买资产池中因违约而被拍卖的不动产。因控制层债券持有人经常是特殊服务商本身或是与特殊服务商关联的公司，特殊服务商可利用定价权让控制层低价买入资产池中的拍卖地产。虽然说，PSA 要求在特殊服务商或其关联方买入资产池中的资产时，信托受托人必须证实价格的公平性且对 CMBS 的投资人有利，但其中隐含的利益冲突仍引起优先级债券持有人的指责和不满。在金融危机后，2014 年制定的 CMBS2.0 规则中，这一机制有重大改变（将在后面单独探讨）。

表 4 为 WBCMT 2007-C30 的债券等级结构。在白色部分的债券为公开发行债券；灰色部分的为未公开发行债券，它们只能通过非公开渠道

---

① 以 WBCMT2007-C30 为例，该项目中的另一个不动产按揭 state street financial center whole loan 是由特殊服务商 Midland 来服务的。

进行交易。需要注意的是，WBCMT 2007–C30 基础资产的贷款本金总面值为 7 903 498.737 美元（见表 2），高于公开发行的证券规模（7 070 615 000 美元，表 4 中白色部分债券面值的加总）。和优先级债券（Class A–1 到 Class A–J）相比，次优级债券（Class B 到 Class F）票面价值都非常小。投资次优级债券通常是对冲基金、与地产有关的私募股权、与特殊服务商有关的公司。非投资级别的或者无评级的债券面额小，不公开发行，便于投资人用少量资金，就可取得控制权，或潜在控制权。在WBCMT2007–C30 发行之初，所有 S 层（ClassS，表 4）债券的持有人为控制方（S 债券没有任何信用支持，最先承受项目损失）。如果 S 层债券因损失而导致其有效面额降到原有发行面额的 25% 以下时（面额低于246 984 342 美元时），且如果 Q 层债券的有效面额尚存发行面额的 25%以上的话，那么 Q 债券的持有人就会成为新的控制方。[①]

**表 4　WBCMT2007–C30 的债券等级结构**

| 发行方式 | 证券 | 封包日证券面值（美元） | 占比（%） | 信用支持（%） | 利率 | 最初利率（%） | 预期评级 惠誉 / 穆迪 / 标普 | 承受损失的顺序 |
|---|---|---|---|---|---|---|---|---|
| 公开发行 | Class A–1 | 35 195 000 | 0.445 | 30.000 | 固定 | 5.031 | AAA/Aaa/AAA | 9 |
| | Class A–2 | 100 000 000 | 1.265 | 30.000 | 固定 | 5.167 | AAA/Aaa/AAA | 9 |
| | Class A–3 | 908 744 000 | 11.498 | 30.000 | 固定 | 5.246 | AAA/Aaa/AAA | 9 |
| | Class A–4 | 195 542 000 | 2.474 | 30.000 | 固定 | 5.305 | AAA/Aaa/AAA | 9 |
| | Class A–PB | 126 906 000 | 1.606 | 30.000 | 固定 | 5.294 | AAA/Aaa/AAA | 9 |
| | Class A–5 | 1 876 383 000 | 23.741 | 30.000 | 固定 | 5.342 | AAA/Aaa/AAA | 9 |
| | Class A–1 A | 2 289 679 000 | 28.970 | 30.000 | 固定 | 5.334 | AAA/Aaa/AAA | 9 |
| | Class A–M | 540 349 000 | 6.837 | 20.000 | 固定 | 5.383 | AAA/Aaa/AAA | 8 |
| | Class A–J | 671 798 000 | 8.500 | 11.500 | 固定 | 5.413 | AAA/Aaa/AAA | 7 |
| | Class B | 49 397 000 | 0.625 | 10.875 | 固定 | 5.463 | AA+/Aa1/AA+ | 6 |
| | Class C | 79 035 000 | 1.000 | 9.875 | 固定 | 5.483 | AA/Aa2/AA | 5 |
| | Class D | 69 155 000 | 0.875 | 9.000 | 固定 | 5.513 | AA–/Aa3/AA– | 4 |
| | Class E | 59 277 000 | 0.750 | 8.250 | 固定 | 5.553 | A+/A1/A+ | 3 |
| | Class F | 69 155 000 | 0.875 | 7.375 | 固定 | 5.603 | A/A2/A | 2 |

①　总服务商负责对每个层级份额比例的跟踪和更新。

| 发行方式 | 证券 | 封包日证券面值（美元） | 占比（%） | 信用支持（%） | 利率 | 最初利率（%） | 预期评级 惠誉 / 穆迪 / 标普 | 承受损失的顺序 |
|---|---|---|---|---|---|---|---|---|
| 非公开发行 | Class A–MFL | 250 000 000 | 3.163 | 20.000 | 浮动 | LIBOR+0.20 | AAA/Aaa/AAA | 8 |
| | Class G | 98 794 000 | 1.250 | 6.125 | 固定 | 5.682 | A–/A3/A– | |
| | Class H | 79 035 000 | 1.000 | 5.125 | 票息加权 | 6.021 | BBB+/Baa1/BBB+ | |
| | Class J | 88 914 000 | 1.125 | 4.000 | 票息加权 | 6.021 | BBB/Baa2/BBB | |
| | Class K | 79 035 000 | 1.000 | 3.000 | 票息加权 | 6.021 | BBB–/Baa3/BBB– | |
| | Class L | 39 518 000 | 0.500 | 2.500 | 固定 | 5.014 | NR/Ba1/BB+ | |
| | Class M | 19 759 000 | 0.250 | 2.250 | 固定 | 5.014 | NR/Ba2/BB+ | 1** |
| | Class N | 29 638 000 | 0.375 | 1.875 | 固定 | 5.014 | NR/Ba3/BB– | |
| | Class O | 19 758 000 | 0.250 | 1.625 | 固定 | 5.014 | NR/B1/NR | |
| | Class P | 9 880 000 | 0.125 | 1.500 | 固定 | 5.014 | NR/B2/NR | |
| | Class Q | 19 759 000 | 0.250 | 1.250 | 固定 | 5.014 | NR/B3/NR | |
| | Class S | 98 793 737 | 1.250 | 0.000 | 固定 | 5.014 | NR/NR/NR | |
| | Class X–P | 1 912 455 500 | N/A | N/A | 变动 – 仅有利息 | 0.627 | AAA/Aaa/AAA | |
| | Class X–C | 1 975 874 684 | N/A | N/A | 变动 – 仅有利息 | 0.060 | AAA/Aaa/AAA | * |
| | Class X–W | 5 927 624 052 | N/A | N/A | 变动 – 仅有利息 | 0.667 | AAA/Aaa/AAA | |

资料来源：WBCMT 2007–C30 prospectus.

* ClassX–P, Class X–C, Class X–W 为无本金，仅根据票面名义本金（Notional Principal）收取利息收入的债券。

**Class G 到 Class S 均为非公开发行债券。但它们在承接损失时按从下到上的顺序（Class S 先承担本金损失，ClassG 最后承担损失）。

## 3. 特殊服务商的服务内容和权限

特殊服务商在接手商业地产服务后，需要负责一系列事务。首先，它会立刻接管抵押地产的收入账户①，并聘请专业公司，给抵押地产进行再估值。同时，特殊服务商代表债权人与地产的所有人谈判，希望达

---

① 此时，产权人从收入账户提款需特殊服务商批准，谨防产权人在放弃物业前将地产收入转移导致债券人权益受损。

成债务重组协议。债务重组协议内容可包括：

本金偿付延期（Extension）：在美国，CMBS 多为十年期且只付利息的固定利息贷款（小部分为五年期），贷款到期日一次性偿还本金。在存续期，物业收入用以支付抵押贷款利息，而本金则到期进行再融资。在金融危机后贷款紧缩，很多地产贷款无法全额再融资。根据物业状况，特殊服务商一般会给 2 年的延期，有时会延期数次，直到贷款再融资或者地产转卖易手。[1]

债务人转换（Loan Assumption）：如果股权人成功出售抵押地产，但新买家找不到合适的贷款时，此时可以与特殊服务商商讨，把贷款债务人换成新买家，由新买家承担原来债权人所有责任与义务。[2]

利息或本金削减（Interest or Principle Reduction）：为帮助股权人渡过难关，特殊服务商有时会同意暂时或永久的利息减免，甚至减少债务面值。金融危机后，对违约的股权人又出现了一种新的资产重组方式 – A/B 分割（split）。比如，面值 5 亿美元的贷款，被分割成优先等级不同的两块，如 3 亿美元和 2 亿美元；其中 3 亿美元部分（A 部分）按时还本付息，2 亿部分（B 部分）暂时不付利益，并且 AB 之间夹入由股权人新注资的且拥有的权益。在清偿债务的时候，A 部分最先被偿还，然后奖励股权人，最后再支付 B 部分的利息和本金。 特殊服务商希望利用这样的机制，可以最大可能地减少股权人彻底放弃的可能，激励他们继续全力管理好抵押地产。

提前还款或部分提前还款（Prepayment/Partial Prepayment）：为保护 CMBS 证券投资人的投资回报率，CMBS 中抵押贷款通常不允许提前还款。

---

[1] 在实践中，延期的长短与资产的类型也有很大关系。同时，为了获得本金偿付延期，借款人可能需要偿付部分未清偿贷款余额（Pay Down the Loan），或抵押额外资产，或增加项目担保人等。

[2] 需要指出的是，债务人转换也可发生在正常类贷款。但是在正常类贷款中，服务商需要对新的债务人的物业运营经验、负债率等作出评估，在特殊服务的贷款中，债务转换也可与部分债务豁免（Debt Forgiveness）同步进行。

如需提前还款，贷款人需缴纳罚金以保证投资人的投资回报率。但在抵押地产表现欠佳的情况下，特殊服务商通常会允许贷款人免罚金提前还款，有时还会伴随部分本金豁免。部分提前还款通常发生在抵押物是多地产组合的情况（特别是当多地产组合会引发交叉违约时），这时，特殊服务商可以允许贷款人将组合打散出售，每次交易后提前还款一部分。

拍卖地产和债务清偿（Liquidation）：如果股权人不能和特殊服务商达成协议，股权人可以放弃地产。美国商业地产贷款多数为无追责贷款（Non-recourse）。地产股东只需交出抵押物业产权，即可不受追诉。但在实践中，地产股权人也不太可能会主动交出产权，有时会让拥有地产的子公司申请破产保护，让破产法庭裁决。面对冗长的诉讼，为保护物业价值，法院所指定的代管人（Court Appointed Receiver）[1] 为债权人代为管理物业，并在合适的时机拍卖不动产，清偿债务。

以斯泰城为例，在斯泰城优先级 30 亿美元贷款转移到特殊服务商后，CWCAM 是如何代表 CMBS 的债权人利益[2]，与铁狮门以及夹层融资的债权人斡旋，来争取最大利益的呢？2009 年 11 月，WBCMT 2007-C30 中斯泰城的服务被转移给 CWCAM 之后，CWCAM 首先聘请了估值公司对斯泰城进行了再估值。结果显示，此时斯泰城的估值仅为 19 亿美元，为买价 54 亿美元的 35%。显然，斯泰城的价值已经无法清偿优先级 30 亿美元的贷款。而来自斯泰城的月收入仅为其所有贷款利息的 69%（Debt Service Coverage Ratio，DSCR）。2010 年 1 月 8 日，还款储备金告罄，但债务人铁狮门拒绝自掏腰包付息而收到违约通知。铁狮门决定放弃斯泰城产权。铁狮门出局后，按《斯泰城债权人关系协议》规定，斯泰城夹层融资的债权人自下而上有权替代债务人向比自己更高级

---

① 通常法院有接管人认可名单，特殊服务商确定具体接管人。
② 在斯泰城 30 亿美元优先级贷款转让到 5 个 CMBS 项目之后，CWCAM 接受 CMBS 受托人的委托为资产价值最大化而服务。

的债权人还款以取得斯泰城的产权。但斯泰城 14 亿美元的夹层融资的债权人 Mezz11（最低层）到 mezz4 均未实施此权利。同时，2010 年 8 月，夹层融资的 mezz1、mezz2 和 mezz3 的债权人将面值 3 亿美元的 mezz1、mezz2 和 mezz3 以 4 500 万美元（贷款面值的 15%）转让给由资产管理人 Pershing Square Capital 和 Wintrop Realty Trust 共同成立的公司 PSW。PSW 随后要求以斯泰城产权人的身份寻求破产保护来拍卖斯泰城。但 CWCAM 作为 WBCMT 2007–C30 所指定的特殊服务商提出反对意见。CWCAM 要求 PSW 必须先付清 36 亿 5 千万美元欠款（为优先级 30 亿美元贷款以及违约利息及其他费用之和），才有资格拍卖斯泰城。双方后于 2010 年 10 月达成和解，WBCMT 2007–C30 的主服务商预付 4 500 万美元[①] 买下 mezz1、mezz2、mezz3，并通过转让替代法拍（deed–in–lieu foreclosure，即主服务商从 PSW 处买入 mezz1、mezz2、mezz3，以换取 PSW 不再以司法介入阻挠 WBCMT 2007–C30 信托对斯泰城的所有权。）使得信托获得斯泰城的所有权。

## 4. 特殊服务商的收费

特殊服务商在服务 CMBS 中会收取一定的服务费。一般来说，总服务商会根据资产池中未接受特殊服务的贷款面额，每月收取总服务费。特殊服务商根据资产池中接受特殊服务的面额，每月收取特殊服务费。每月计算方法是服务面值乘以年费率除以 12。总服务商费率一般是每年 0.05%~0.1%。仍以 WBCMT 2007–C30 为例，在发行初期，因为无违约按揭，故无特殊服务需要，也没有特殊服务费。此时，全部基础资产都需要缴纳总服务费，每年为总资产 70 亿美元的 0.1%，折合每年约 70 万美元（每月 5.8 万美元左右）。一旦一笔资产转移到特殊服务商处，该资产则停

---

① 在 CMBS 中，主服务商有责任为了保持资产的价值进行预付款。

止缴纳总服务商费，开始缴纳特殊服务商费。特殊服务商费率较高，一般是年化 0.25%。比如，30 亿美元面值的斯泰城贷款于 2009 年 11 月，因保证金余额不足被转移到特殊服务商 CWCAM 处之后，CWCAM 开始收取每年 750 万美元（=30 亿美元 × 0.25%）的特殊服务费[①]。

除了收取每月的特殊服务费，特殊服务商还可以收取以下费用：

贷款修正费（Workout Fee）：适用于借贷方有违约行为但未放弃地产。费率通常为在特殊服务后所得本息回款的 1%。贷款修正可以包括协议更改（Modification）[②]、债务人转换（Assumption）等不同方式。有时针对不同情况，还可同特殊服务商达成单独条款。比如 WBCMT 2007–C30 的修正费为 1%，但由于斯泰城项目金额巨大，故斯泰城的修正费是 0.5%，并设有服务费上限为 1 500 万美元。一般来说，修正费是由信托支付，而协议更改费是由借款人支付，也即特殊服务商可以收到两笔费用。这种双重费用导致市场其他参与者的不满。在 2008 年后的 CMBS2.0 版本中，任何由借款人支付的费用在一定的时间范围内可以用以抵销信托原本应支付的费用，因此，特殊服务商在此方面的收费有所减少。不过，任何费用的设定在 PSA 文档中都有阐述，因此细致地阅读 PSA 文档是投资人必需的功课。

资产卖出清偿费（Liquidation Fee）：适用于借贷方放弃资产。通常为净得款的 1%。与贷款修正费类似，项目也可设定单独条款。WBCMT 2007–C30 的清偿费为 1%，但斯泰城的清偿费是 0.5%，并有上限 1 500 万美元。

资产违约利息（Default Interest）和惩罚费（Penalty Charge）：适用于需要特殊服务的贷款。由于这些贷款已经违约并且违约额不断累加，

---

① 由于 30 亿美元的资产被分为 5 个资产包纳入 5 个不同 CMBS 中，因此，这 750 万美元是按资产规模比例从 5 个 CMBS 项目中分别收取。

② 修改涉及借款协议的改正，包括利率、期限等。一般来说，会降低借款人还款压力。

而惩罚费率较高（按违约金 3%~5% 的惩罚费率累计，在斯泰城项目中，惩罚费率为 3%），因此，这个数额一般都比较大。

从铁狮门 2009 年 11 月放弃斯泰城，到 2015 年 12 月 CWCAM 成功售出斯泰城，这六年期间 CWCAM 收取特殊服务费 4 500 万美元以上，加上 1 500 万美元的卖出清偿费和违约惩罚费，在黑石集团（Blackstone）以 53 亿美元的价格从 WBCMT 2007–C30 信托手中卖下斯泰城时，CWCAM 实际获得超过 6 亿美元的收入。在此案例中，因特殊服务商 CWCAM 决策正确（为保护债权人的利益，拒绝了 PSW 拍卖斯泰城的要求），在随后市场回升并成功卖出斯泰城后，斯泰城 30 亿美元优先贷款的债权人并没有受到任何损失。但 CWCAM 获取的巨大回报和夹层融资投资人面临的巨大损失还是引起了诸多争议。在 CWCAM 将斯泰城卖给黑石集团完成之前（2015 年 12 月），以 SL Green 为代表的几家斯泰城夹层融资的债权人威胁将对 CWCAM 进行法律诉讼，称出售斯泰城给黑石所获得的盈利应该用于偿还斯泰城夹层融资的债权人。CWCAM 则称，2010 年，夹层融资的债权人没有行使偿还更高级债务而取得斯泰城产权的权利，因此已经丧失了分享斯泰城之后处置收益的权利。[①]

## 5. 金融危机后 CMBS 特殊服务商和发起人的变化

在 2008 年金融危机之中，CMBS 的架构，如上面的案例体现出来的，尤其是有关特殊服务商的部分，暴露出一些问题和潜在利益冲突。在金融危机之后，美国商业不动产金融理事会（CREFC，它是一个商业不动产行业自律协会）开始推动新的 CMBS 架构改革。通过数年努力，2014 年 CMBS2.0 版本的风险分担新规则被确定。其要点如下：

（1）风险共担方式：2014 年 10 月 22 日，政府部门批准了针对

---

① 直到今天，CWCAM 与其他债权人之间的法律诉讼仍然在进展之中。

所有证券化产品的风险共担规则。对于 CMBS，新规则在两年后（2016年 10 月 22 日）生效。规则规定 CMBS 的发起人（Sponsor）需承担 5%的信用风险。 承担风险的方式有三种：①纵向（Vertical Interest），即发起人持有 CMBS 所有层级债券面值的 5%。②横向（Horizontal Interest），发起人需持有 CMBS 的 B-piece 债券，且价值为该发行所有债券的合理市场价值的 5%。③纵向和横向的组合（需满足上面两个条件的组合），在一定情况下，发起人也可以让贷款最初放款人（Originator）对他们所发放的贷款分担上述风险以满足规则要求。按规则分担的信用风险不可对冲。总体来说，分担风险任何时候都不可转卖或转移。但是对用购买 B-piece 来承担风险的主体，5 年之后可以把风险转卖给另一有承担该风险资格的主体。当抵押贷款面值降为发行时贷款面值的 33%，且该 CMBS 整体面值降为发行面值的 33% 以下，并且该 CMBS 发行两年后，风险共担责任可解除。

（2）B-piece 持有人的要求：B-piece 投资人只允许与以下 CMBS交易的相关方：

● 特殊服务商。

● 原始放款人，但该放款人不能向该 CMBS 交易贡献出超过 10%的贷款。

● 该 CMBS 的其他债券投资者。

B-piece 持有人在任何时候一般不能超过两个。如有两个，则必须是同等权益。每个 B-piece 持有人必须独立审核贷款的信用风险。B-piece 投资人必须用现金购买 B-piece，不可以此为抵押获得任何贷款。

（3）运行顾问（Operating Advisor）：一个用持有 B-piece 的方法以满足风险分担要求的 CMBS 交易，必须制定一个运行顾问。 运行顾问不可与 CMBS 任何利害方有关联，除收取运行顾问费以外也不得有任何其他利益关系。 运行顾问需满足以下要求：

● 运行顾问的行为目标是保障 CMBS 所有债券投资人，作为一个整体的利益。

● 运行顾问必须达到一定的经验、专业、经济实力的标准。但新规则并未提供统一标准。在实践中，每一个 CMBS 发行时各方自行决定标准并记录在发行文件中。

● 运行顾问必须有畅通渠道获得相关资讯，并及时向投资者回报特殊服务的服务是否忠实执行发行文件的规定和达到发行文件制定的标准。

● 当 B-piece 面值降到发行面值 25% 以下后，特殊服务商对重大服务决策必须向运行顾问咨询等。

在以上情况下，运行顾问必须有权力提出替换特殊服务商：①运行顾问确定特殊服务商未能遵守发行文件规定的服务标准。②相信替换现有特殊服务商符合所有债券投资者作为一个整体的利益。如果运行顾问提出替换特殊服务商的建议，可由所有 CMBS 债券投资者投票决定。参加投票者数量达到一定标准的情况下，半数以上同意则通过。

我们在上一节谈到 CMBS 的控制层必须保持所持有债券的有效面额大于发行面额的 25%，也就是说，底层资产的实际发生损失（Actual Realized Losses）决定了控制权利能否保留，且一般来说，控制层总是债券最底层。CMBS2.0 版本在此方面有重大改变，它用估值减损数额（Appraisal Reduction Amount）而不是实际发生损失来确定控制层。换一句话来说，即便损失还没有实际发生，但资产的估值已经有充分减少后，那么控制权利就可能发生改变。因此，控制层可能不再是最底层。

此外，危机后 CMBS 对发起人也有更多要求。主要表现在：

发起人的监督责任：

一个 CMBS 交易即使是通过 B-piece 持有人来满足风险分担的要求，发起人还是风险分担的第一责任方（在 CMBS2.0 中，发起人需保留部分风险，参见上节中风险共担阐述）。发起人必须对 B-piece 持有人进行监督。如 B-piece 持有人有违规情况（比如不可向不合要求的公司转让

B-piece，不许将 B-piece 进行抵押贷款，等等），发起人必须向 CMBS 债券投资者及时报告。

信息披露要求：

根据风险分担方式，发起人必须向 CMBS 的潜在投资者书面披露下列信息。同时，每个证券交易委员会（SEC）和联邦银行监管机构（Federal Banking Agencies）[①] 也可要求以下信息：

● B-piece 投资人： CMBS 发行前合理时间段内，发起人需披露 B-piece 投资人的公司名称、B-piece 购买价格、投资商业地产的相关经验、分担风险的合理估价、分担风险的重大协议内容和关于运行顾问的重大协议等内容。

● 横向风险分担： CMBS 发行前合理时间段内，需披露发起人意图承担的风险分担的合理估价，分担风险的重大协议内容，合理价值的重要代入数据，估算假设与估算方法。如果 CMBS 中债券的价格，利率和面值尚不确定，则发起人需披露分担风险估价的区域。在 CMBS 发行后的合理时间段内，发起人应提供分担风险的最后协议和估价。

● 纵向风险分担：CMBS 发行前合理时间段内，需披露发起人意图承担的风险分担百分比，分担风险的重大协议内容 。 在 CMBS 发行后的合理时间段内，如分担风险百分比与协议与发行前披露的有重大不同，发起人需提供最后准确信息。

● 发起人需保留所披露信息，直到 CMBS 债券全部偿付完毕之后三年。

---

① 包括 4 个联邦机构： （1）Comptroller of the Currency，（2）Board of Governors of the Federal Reserve System，（3）Federal Deposit Insurance Corporation，（4）Office of Thrift Supervision。

# 6. 总结

本文通过对美国历史上最大的商业不动产按揭证券化产品 WBCMT 2007–C30，以及该项目基础资产中最大资产（斯泰城优先级不动产抵押贷款）的案例分析展示了特殊服务商在 CMBS 中的作用。在金融危机之后，美国 CMBS 的结构设计、监管等又经历新的变化。虽然说，我国当前 CMBS 的交易结构相对较为简单，但投资人众多，且商业地产的风险也客观存在，因此，如何保护投资人利益是个重要问题，值得研究。在我国实践中，由于缺乏对专业服务价值的认可，服务商的设计较为单一，专业化职能不足，实际上难以应对日益增长的 CMBS 发展需求。学习、总结、借鉴海外长期发展的经验有助于我国 CMBS 实践的规范化推进，对保护投资人收益，防范金融风险具有重要意义。

# 对我国 CMBS 未来发展的思考 ①

  CMBS 是资产证券化产品中的重要组成因素。在美国，房地产按揭（包括住宅和商业）是资产证券化中最主要的基础资产。以 2014 年发行量来计算，房地产按揭在资产证券化产品中的占比达到 86%。其他基础资产包括车贷、助学贷、信用卡借贷、融资租赁等仅占剩余的 14%。如果抛开房利美等美国政府拥有或支持机构的资产证券化产品，那么商业地产按揭则是最大的基础资产。仅 2014 年商业地产按揭资产证券化产品（CMBS）的发行就量超过 1 千亿美元（但仍显著低于高峰时 2007 年的 2.3 千亿美元），存量达到 6 千多亿美元。

  CMBS 是指以商业房地产为抵押，以相关房地产未来收入，如租金，为偿债本息来源的资产支持证券产品。CMBS 是成熟市场中商业房地产公司融资的有效金融工具之一。在美国，CMBS 占商业房地产按揭总量（约 2.5 万亿美元）的比例约为 27%（见图 1）。同时 CMBS 也是银行、人寿、养老基金等金融机构的重要投资产品。多年来，人寿机构的所有投资资产中，CMBS 比例稳定在 7.5% 左右。

  在我国，商业地产企业的资金来源有多种，包括银行贷款（包括信用和抵押贷款）、上市融资（包括 IPO、增发、配股）、房地产私募（包括独立的和地产商关联的）、信托、REIT、短融、长债等。但银行资金仍然是商业房地产企业的最主要融资来源。根据不同数据来源，银行贷款所占比例在 50%~80%。由于银行放贷受到政府宏观政策控制，因此商

---

  ① 原文部分节选发表在《中国金融》，2016（3）。

业地产的发展严重依赖银行政策，与市场实际需求的关系容易发生脱节。同时，银行对商业房产的贷款也留存在表内，形成近 6 万亿美元银行存量资产。美国在 20 世纪 80 年代，商业地产企业融资也严重依赖于银行。

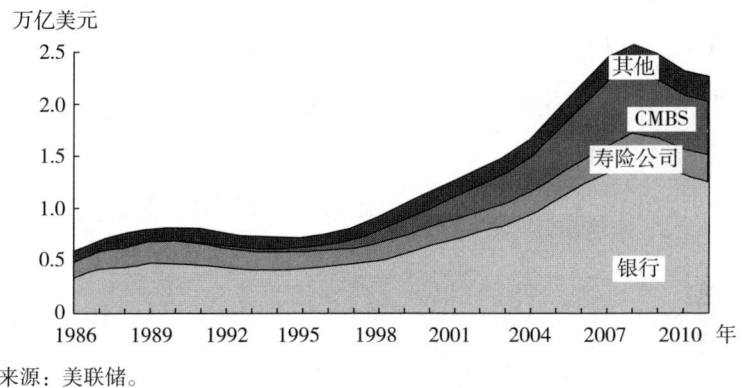

资料来源：美联储。

**图 1  美国商业房地产按揭存量**

从 20 世纪 70 年代末到 80 年代，由于美国政府的一系列政策失误和其他原因，包括动荡和高位的利息所导致银行资产与债务的久期错位、去储蓄机构监管所带来的负面影响等（Curry 和 Shibut，2000），引发了储贷机构危机（Savings and Loan Crisis）。由于危机损失过大[①]，导致联邦储贷保险公司（FSLIC）[②]破产，纳税人不得不承担起拯救之责。据统计，到 1999 年底，储贷危机损失达到 1 530 亿美元。1989 年美国国会通过金融机构改革、恢复和实施法案（FIRREA），成立专门机构来处理处于破产管理下的储蓄机构。重组信托公司（RTC）就是在 FIRREA 下设立的机构。RTC 类似于我国在 1999 年为解决工农中建的不良资产而专门

---

① 从 1985 年到 1995 年，1 043 家拥有 5 千多亿美元的储蓄机构（Thrifts）破产。

② 联邦储贷保险公司（FSLIC）产生于大萧条期间的《1934 年国家住房法案》，是联邦保险机构，主要是对在储贷银行的个人存款进行保险。与此相对的是联邦存款保险公司（FDIC），其主要职责是对商业银行的个人存款进行保险。FSLIC 在 1986 年底由于储贷危机损失而资不抵债。国会于 1987 年成立融资公司（Financing Corporation）为 FSLIC 提供资金。1989 年国会通过金融机构改革、恢复和实施法案（FIRREA）废除了 FSLIC，其职责被转移给 FSLIC 重组基金，受 FDIC 监管。

成立的政府资产管理公司，如华融资产管理公司。

储贷危机导致了商业地产资金来源的萎缩。1989 年 RTC 的设立直接推动了 CMBS 的发展，其结果使得 CMBS 被广泛接受，从盘活不良房地产的资产管理工具扩展到商业房地产的重要融资来源之一。CMBS 对融资企业好处明显。这从香港房地产商百利保的案例中可以看出。2000年，百利保面临违约，希望出售位于九龙和铜锣湾的两座商业房产，但面临买方的大幅折价要求。后百利保借用 CMBS 对两处地产进行了资产证券化。产品获得穆迪给予的 Aaa 级评级，并成功融资 1.4 亿美元，不但偿还了两处商业地产的相关贷款，还有多余资金作为公司运营资本。此后，在百利保在遭遇其他公司债务还款问题时，该 CMBS 产品由于结构设计也避免了影响，评级没有受到波动。

在我国，CMBS 还没有展开 ①。一个主要原因是利息倒挂，也就是 CMBS 给投资人的收益率高于或接近项目融资成本，照成原始权益人缺乏动力运用 CMBS。然而这仅仅是表面现象。深层原因还是由于缺乏有效的市场风险定价，在刚性兑付的市场环境中，投资人更偏好于高收益资产，而相对应的高风险则转嫁于刚性兑付的政策要求。低风险低收益的金融产品难以抵抗高风险高收益产品，导致劣币驱逐良币。利息倒挂是当前环境下政策套利的一个体现。资产支持证券原本就是在结构化的基础上转移风险，增加产品的信用等级，但刚性兑付使得这一机制缺乏有效的应用环境，也影响了 CMBS 的推广。

但即便如此，从 CMBS 的发展历史和应用案例来看，资产证券化是解决不良资产问题的一个有效渠道。通过将多数、大量资产放入一个 CMBS 项目，RTC 有效地解决了对不良资产进行单一或批量拍卖时所面临的估值、大幅折价的问题。在 RTC 经历中，以 CMBS 方式处理的不良

---

① 原文写于 2015 年末。

资产，其最后竞价均值是资产账面价值的 60%，远高于 RTC 先期预计估值。在我国当前，国企、央企、民企都面临不良资产处置问题，探索虽很多，但还没有一个有效方法解决资产本身低流动性以及高折价问题，由此使得资产处置价格受到严重压制。CMBS 以及其他资产证券化产品的应用值得探索。

值得重视的是，当前国内房地产公司将注意力放在了 REIT 上，但对 REIT 的理解是不正确的。REIT 更主要的是一种运营模式。与 CMBS 存在很多不同之处，比如，REIT[1] 主要是在交易所挂牌的一种权益类投资[2]。而 CMBS 是有一定期限的债权类融资[3]。原始权益人通过抵押地产所有权获得资金，并在偿还贷款后保留拥有权。REIT 的估值相对简单，交易所交易模式方便地将巨额房地产项目与微小的个人投资者通过交易所相联系。而 CMBS 估值非常复杂，不应该成为散户的投资标的。国内目前对资产证券化和互联网都非常重视，也出现一些呼吁将两者进行结合。但将复杂的资产证券化产品通过互联网销售给缺乏风险定价能力的散户实际上是一种非常危险的交易行为。

CMBS 是非常专业化的金融产品，从资产选取、结构设计、信用评级、定价交易、服务监控、风险分析、资产管理等方面都需要大量专业人才。其中一些环节，如第三方服务机构等，在国内还没有形成。而且我国当前资产证券化产品同质化严重，虽然在近几年的发展中不断有创新，但创新大都是在基础资产的选取上，或在规避法律、会计的限制上，真正能够结合实体经济需要或者结合投资人需要的产品还有很大开发空间。

---

① REIT 包括多种形式，约 90% 是以权益类 REIT 为主，另有抵押贷款型和及其少量的混合型 REIT。

② 权益类房地产投资包括多种方式，除 REIT 外，还可以直接投资房地产项目，或公募／私募基金投资房地产项目等。

③ 债权类房地产投资除 CMBS 外，还可以通过对房地产项目提供抵押贷款，或购买 REIT 无抵押公司债等。

与商业房地产传统融资渠道相比，CMBS 有以下几点独特优势值得推广。（1）CMBS 突破了传统的银行贷款限制，并有实际基础资产抵押支持。通过结构化处理未来现金流，CMBS 可以获得比资产原始权益人本身更高的信用等级（比如上面的百利保案例中，CMBS 优先层获得 Aaa 级评级，而百利保本身则面临破产）。由此可见，CMBS 带来了更低的融资成本。（2）CMBS 保留了对资产的所有权，因此享有未来地产的价值升值空间。（3）CMBS 的投资人对原始权益人的其他资产没有追索权，保护了资产原始权益人的其他利益。（4）CMBS 为债券交易提供了更好的市场流动性，相比于单一资产项目的处置具有更大变通性（比如上面的 RTC 案例）。

总之，在盘活商业房地产存量上，在推动重资产的房地产开发商转型上，CMBS 有广阔天地。吸取美国 2008 金融危机中的教训，以及 CMBS 在危机前后的转变有利于我们设计好更有针对投资人和原始权益人的产品。

# 国内 CMBS、类 REIT 的运作模式、交易结构设计与风险控制 [①]

资产证券化与金融衍生品是近 40 年来被誉为最重要的两大金融创新产品。资产证券化是基于基础资产进行融资的方式,将不具流动性的基础资产的未来现金流转换到当前资金。与传统融资模式相比,资产证券化对融资模式的思维处于一个不同的角度。根据会计第一恒等式:资产 = 负债 + 所有者权益。传统的融资手段体现对恒等式的右端进行加法。因此,传统的融资手段使企业资产负债表越来越庞大,财务指标恶化。而资产证券化融资体现在对恒等式的左端进行减法。因此,它使资产负债表越来越简洁,财务指标改善。换句话说,传统融资模式是基于融资者的主体信用进行融资,企业负债 / 所有者权益增加;而资产证券化强调的是依赖融资者用以融资的资产信用进行融资,企业负债 / 所有者权益端没有改变或减少。20 世纪声名鹊起的德隆系最终没有能够逃脱资金链断裂的厄运。但德隆系庞大的资产帝国蕴含着丰富的未来现金流。这些资产理论上可以进行资产证券化操作以转换为当期现金以维持企业运营。可惜的是,当时中国资产证券化业务尚未开展,德隆系融资的手段还局限于传统的主体信用融资。当主体信用恶化时,资金的来源自然无以为继。

在商业地产企业融资或转型方面,资产证券化同样大有可为。论述商业地产的资产证券化,首先要明确 CMBS、信托、REIT、类 REIT 的

---

① 原文部分节选发表在《清华金融评论》,2017(12)。

概念区别。

CMBS 是指基于特定目的载体（SPV）、以商业地产按揭为基础资产的资产证券化产品。而信托是一种资产受托的行为，是指委托人（财产所有者）基于对受托人的信任，将财产权委托给受托人（如信托公司），由受托人按委托人的意愿以自己的名义，为受益人的利益或特定目的进行管理的行为。REIT（房地产投资信托）是一种法定纳税主体或行为。它是在市场上募集资金，并将资金投资于不动产及相关领域，将投资收益按比例分配给投资者的一种运营管理模式。因此，信托和 REIT 的存在都必须有专门立法。在美国、日本、新加坡等国家，REIT 都有专门的法律依据，并享受一定的税收优惠。在我国目前，REIT 既没有法律支持也没有税务上的便利，因此我国目前不可能存在 REIT。我国当前所谓的 REIT 产品事实上只能称为类 REIT，其本质如下文所述，实际上还是 CMBS，是一种融资手段，而不是运营管理模式。由于 REIT 的立法在短期内不会实现，虽然一些部委可能会出台一些部门规章以促进行业发展，但部门规章不等于立法。在部委的支持下，类 REIT 会进一步发展，但 REIT 还有待时日。

## 1. CMBS（商业抵押贷款资产证券化）

CMBS 与 REIT 的一个重要区别是 CMBS 的设立不涉及产权转让（即物业的所有权没有更换），而权益型 REIT 涉及产权转让。CMBS 具有许多优势，一是 CMBS 突破了传统的银行贷款限制，并有实际基础资产抵押支持。通过结构化处理未来现金流，CMBS 可以获得比资产原始权益人本身更高的信用等级（比如在香港百利保破产案例中，百利保在基于其所拥有的商业物业而形成的 CMBS 优先层上获得 Aaa 级评级。这使得百利保能够用极低的成本融到资金，避免了破产）。由此可见，CMBS 带来了更低的融资成本。二是 CMBS 保留了地产商对资产的所有权，因此享有未来地产的价值升值空间。三是在原始权益人将商业地产按揭转让给特定目的载体之后，CMBS 的投资人对原始权益人的其他资产没有追索权，保护了资产原始权益人的其他经济利益。四是 CMBS 为基础资产的交易提供了更好的市场流动性，相比于单一资产项目的处置具有更大灵活度和空间（比如美国 RTC 案例中对不良商业地产的处置）。五是 CMBS 可以促进商业地产贷款文档、流程以及物业价值尽职调查的规范化，也有助于商业地产的定价（美国两房的发展对住宅按揭的自动化流程的贡献是一个很好的案例）。对商业地产行业的长期规范发展有重要的促进作用。六是 CMBS 为商业地产贷款的资金方提供了风险转移的有效手段。特别是，商业地产按揭的信用风险远远高于住宅按揭的信用风险。将这部分资产转移出表，降低了资金方的信用风险。

　　CMBS 业务中参与的金融机构众多。图 1 是一个典型的交易结构图。其中借款人为房地产商。

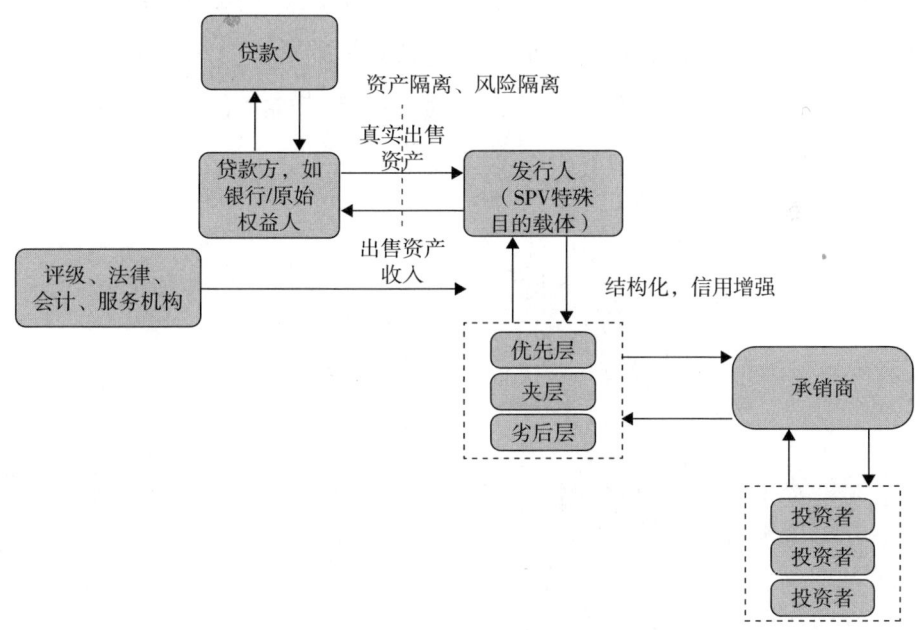

**图 1　交易结构图**

　　在对 CMBS 产品进行评级时，有一个风险比较特殊，那就是基础资产集中度风险。不同于车贷、房贷等为基础资产的资产包，在这些资产包中由于基础资产数量庞大，因此个体资产的信用风险在较大程度被分摊、平滑。而CMBS资产（商业物业）差异化严重，且资产包中资产数量少。单一资产的违约对投资人会产生明显的影响。因此，在CMBS的风险评估中，对资产的尽调更为重要、细致。

在我国，当前可以操作CMBS的资产主要集中在两种类型：一类是具有优质现金流的物业；另一类是物业具有优质信用资质的主体。由于在我国，商业地产企业的主要贷款资金来源于银行，在没有银行（原始权益人）参与下，地产企业如何能利用已经抵押给银行的地产通过低成本的CMBS进行融资呢？解决方案的第一步骤是形成资产。这主要是采取以下的双SPV的方式（见图2）来进行。通过母公司或者其他过桥资金提供方形成信托计划向地产企业（借款人）发放信托贷款，地产企业获得资金并向信托计划抵押物业。过桥资金提供方则成为信托计划的受益人。CMBS的基础资产由此形成，也即基础资产为过桥资金方让给SPV的信托受益权。资产支持专项计划通过支付对价给过桥资金方取得信托受益权，间接获取物业的未来收益。

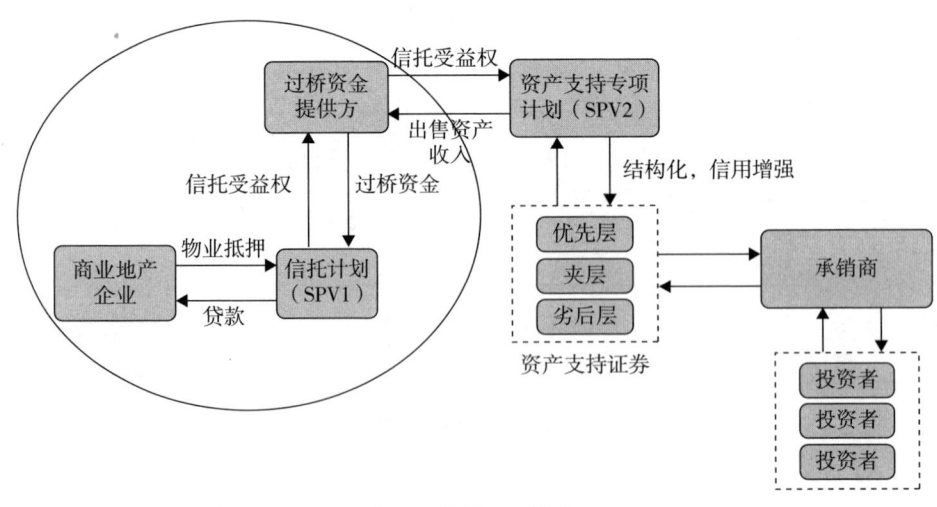

图2　双SPV模式

## 2. REIT（房地产投资信托）

REIT 是指在市场上以发行所有权凭证或受益凭证方式募集资金将资金投资于不动产及相关领域，并将所获得的投资收益按法律要求分配给投资者的一种特定的社会组织或行为。REIT 是一种运营模式，并不是融资模式。事实上，在美国很多 REIT 本身是利用 CMBS 来进行融资的。

REIT 的存在必须是基于立法之上。在美国，REIT 的设立有明确的要求，比如，REIT 在房产和现金上的投资至少占其总资产的 75%；一定比例的收入需要来自于对房地产资产的营运而非频繁建造 / 销售房地产；股东 100 人以上；最近半个会计年度内前 5 大个人股东所持股份不超过50%（5/50 规则）等。达不到这些要求则无法享受 REIT 的法律地位和相应的税务便利。

REIT 根据投资方式的不同可以分为权益型（或股权型）和抵押贷款型（mREIT）。权益型以购买、拥有和营运不动产项目为主，包括地产开发、租赁、物业管理等，其投资标的包括工业、住宅医疗、仓储等；mREIT通过为不动产的拥有者或营运者提供贷款或者购买、交易 CMBS 为主业。另外，还有一种混合型，即混合了上述两种投资方式。但现在已基本不存在了。

REIT 的存在组织模式有两种。第一种的典型交易结构是公司型（见图 3）。该类型的 REIT 是通过在资本市场公开出售公司股份来融资。投资人成为公司股东，间接持有物业资产的股份，并以股利或买卖差价的方式获得投资收益。公司型 REIT 既可以自己管理所拥有的地产，也可以与第三方管理公司签订协议来由外方承担地产项目的运营。

REIT 的另外一种存在形式是契约型（见图 4）。契约型 REIT 一般是由地产开发商在信托框架下设立，受托人（Trustee）在信托条款下为 REIT 份额持有人的利益负责对 REIT 的资产进行托管，并与第三方签订协议，指定 REIT 管理人。REIT 管理人对 REIT 的资产进行管理以确保

REIT 资产的经济利益最大化。REIT 管理人一般是开发商的子公司。与公司型 REIT 不同，契约型 REIT 并非独立法人。在资本市场上 REIT 是交易股份还是份额，其定价方法上有相当大的区别。在美国，REIT 主要是以公司型形式存在，日本、新加坡、中国香港以契约型 REIT 为主。

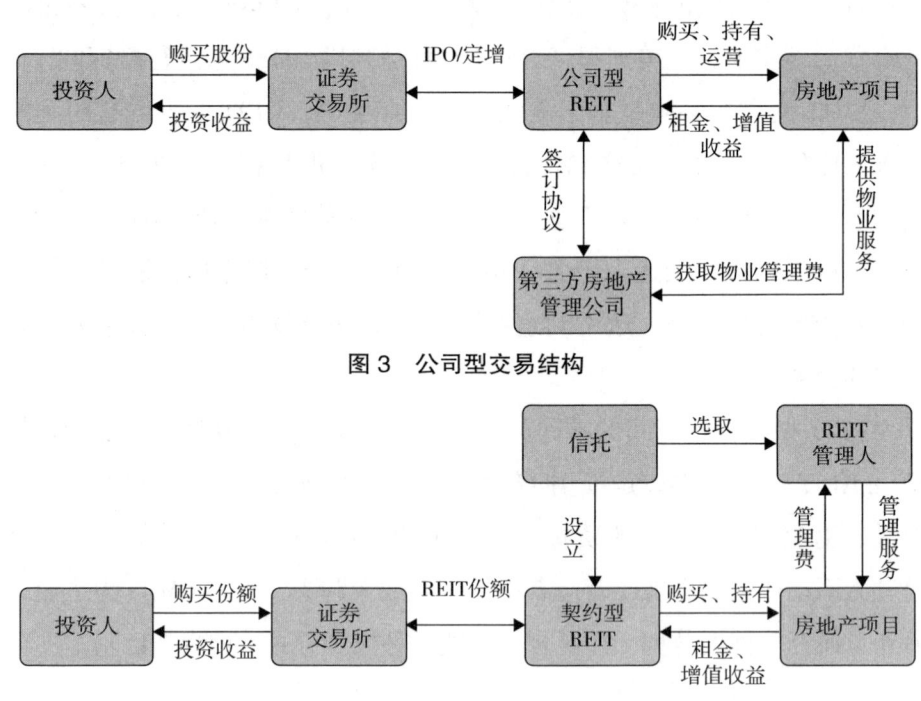

图 3　公司型交易结构

图 4　契约型交易结构

REIT 可投资的基础资产种类（如酒店、公寓、数据中心、物流等）很丰富。在美国，REIT 公司众多，大多数 REIT 所管理的商业物业都要超过 300 家，因此，REIT 公司大多具有专业性。因为只有进行专业化管理才能充分提高管理效率，提升管理价值。多元化投资（投资多种物业种类）的 REIT 仅占 REIT 总量的约 10%。因为 REIT 是一种资产管理模式，其资产组合是可变的，可以在 REIT 管理人的积极管理下进行策略更换。而 CMBS 是封闭的（Close-end），其基础资产在 CMBS 设立时就已经确定且不能更改（除非资产被发现存在虚假等不符合项目说明书中所描绘的情形）。由此可见，CMBS 也不需要 SPV 对资产进行积极管理。

CMBS 作为资产证券化的一个重要类别，实质上是债券。但与普通企业债不同的是，它是一种结构性债券，基于的是基础资产信用。债券具有时效性，即有一定的存续期限。不但如此，CMBS 是有资产抵押的债券。虽然物业所有权在 CMBS 过程中没有发生转移，但借款人的违约会导致物业被拍卖以偿还投资人。具有股性的、永续性的 REIT 不存在资产抵押的问题，不属于债券，也不属于资产证券化范畴。由于国内没有 REIT 的相关立法，严格意义上的 REIT 也并不存在。国内所谓的 REIT 产品都具有存续期限，其功能也为融资而非物业运营管理。因此，这些产品在功能上和形式上都不是 REIT，只能被称为类 REIT。类 REIT 的操作模式，如图 5 所示。

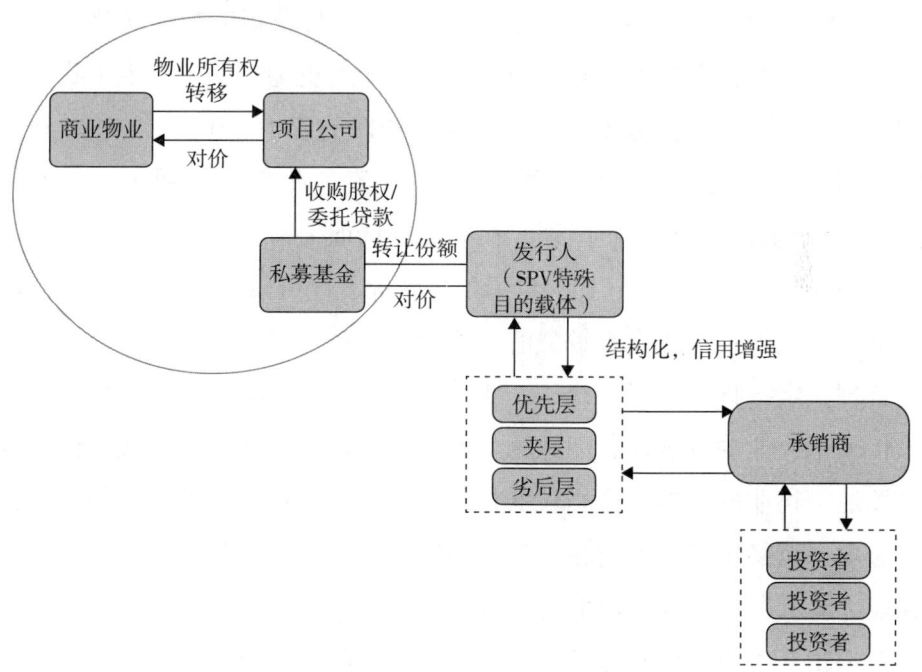

**图 5　类 REIT 的操作模式**

如图 5 所示，在类 REIT 操作中，首先要形成资产。这个资产就是私募基金的份额。因为私募基金无法在交易所进行公开交易，无法采用上述 REIT 中的公司型或契约型组织模式，因此在类 REIT 中，私募基金将其份额让给资产支持专项计划（SPV）。而余下的步骤则是资产证券化的常用流程。从这个图解中，我们可以看到，此类 REIT 和上面的 CMBS 并无实质区别。如果有区别的话，也是在形成资产的那一步，CMBS 采用了债权，而类 REIT 中有股权的因素。类 REIT 的设立者退出途径一般是假定 REIT 立法能在不远的未来通过以实现退出，或安排在存续期限届满时采取基础资产出售、发起人回购等退出途径。

## 3. 风险控制

金融产品都具有风险。CMBS 的风控与 REIT 的风控各有特点。比如，类 REIT 的搭建过程中涉及控制基础资产的项目公司股权的转移。在风险事件发生时，投资人对基础资产的把控相对更为有利。但由于我国类 REIT 还实质上为债性融资，其风控与 CMBS 有很大相似性。CMBS 和类 REIT 都需要关注基础资产（物业）的现金流。在类 REIT 在基础资产的选择上与 CMBS 没有本质区别，在物业的选取上需要关注以下几点：不动产必须产权清晰；可转让，且无抵押状况，或可以在贷款发放完毕时，可解除抵押押；物业具有较强的升值预期；物业转让前已进行或可以进行合理重组；物业处于一线、二线城市核心地段。由于投资人的未来还款依赖于物业的现金流，因此物业的租金流入非常重要，一般来说，需要关注：物业的空置率应当较低且相对稳定；租户的履约能力较强；租金金额持续稳定，已签订租约最好能覆盖整个专项计划续存期，或有较强能力展示存续期有合理租金预期。

但由于类 REIT 又具有一定的股性，且在交易结构中又发生了物业所有权的转移。而且这种物业所有权的转移是在关联机构中进行。或者融资人在产品结构设计中安排了回购权利。因此，对物业的合理估值是投资回报的重要因素。

# REIT 的海外发展及启示 [①]

房地产投资信托（Real Estate Investment Trust，REIT）是一种通过所有者凭证（如股票）或收益凭证（如基金份额）来汇集资金，并进行房地产相关投资经营管理，将投资综合收益按比例分配给投资者的一种资产管理运营形式 [②]。在最近 20 年来，很多主要发达国家和地区意识到 REIT 在资本市场的作用，并开始推广。在我国，商务部于 2005 年 11 月率先明确提出"开放国内 REIT 融资渠道"。但时至今日，标准化的 REIT 仍然遥遥无期。REIT 作为一种特殊的金融工具有其独特的内涵。

## 1. REIT 的起源与发展

REIT 的起源可以追溯到 19 世纪中叶的美国马萨诸塞商业信托。在当时，马萨诸塞州的法律禁止公司拥有除公司必需的工厂或办公楼之外的任何地产（禁止公司投资不动产）；另外法律又准许信托对不动产进行投资。因此，为了对不动产进行投资，信托是个必备之路 [③]。这是导致后来 REIT 为什么采用信托结构的根本原因 [④]。需要指出的是马萨诸塞商业信托是当时马萨诸塞州所承认的一种商业组织形式，但其设立并不

①　原文部分节选发表在《金融市场研究》，2017（4）。与洪浩合作。
②　在当前美国联邦税法中，REIT 可以采用公司、信托或协会形式，但需要是专门从事在不动产或不动产按揭业务的专业投资机构，并满足特定要求。
③　成立于 1886 年的波士顿不动产信托被普遍认为是美国 REIT 的先驱。另一家成立于 1886 年的美国不动产投资信托（The Real Estate Investment Trust of America）在 1961 年 6 月 IPO。
④　Kiplinger Magazine. 1962. "Real Estate Investment Trusts."

需要特殊的法律机制。在马萨诸塞商业信托中，不动产被转移到信托，信托受托人为受益凭证持有人的利益对不动产进行管理。如果信托是被动管理，那么该信托则可以依法豁免相应税务。由此可见，马萨诸塞商业信托成为投资不动产的有效工具。这一模式在后面发展过程中被逐步推广到其他州，并成为美国一些主要城市如芝加哥发展的重要因素[①]。

然而，联邦最高法院在 1935 年的一个案例（Morrissey v. Commissioner）中对马萨诸塞商业信托的认定提出否认，认定该信托不应享受与一般公司所面临的税务有任何不同的待遇。随后，美国财政部在 1936 年依据该案例的处理取消了商业信托的税务优惠地位。税务优惠的丧失，使商业信托机制对房地产投资者来说不再具有吸引力。此后，虽在行业的积极游说下，一直到 1956 年 REIT 法案才通过了国会，但由于艾森豪威尔总统的否决却没有能够实施。在当时，最主要的反对意见之一是赋予 REIT 税收优惠，会减少国家的税收。1957 年下半年，美国经济开始下跌，1958 年第一季度，GDP 下跌 6%。经济衰退和对私人投资资本需求的压力促使了艾森豪威尔总统在 1960 年签署了类似 1956 年的 REIT 提案。可以说，REIT 的通过是综合权衡税收减少对经济体的短期负面影响和拉动投资对经济体的长期证明影响的结果。美国国会指出 REIT 的作用有两个方面：

（1）为众多小投资者提供房地产投资机会。REIT 投资者可以享受类似公募基金的税务优惠，接触到从前只能向高净值人群或机构投资者开放的房地产市场；

（2）REIT 法案打开了众多零散私有资金进入房地产市场的渠道，丰富了房地产资金来源。

显然，REIT 的设立促使了可产生收入的多元化、专业化投资组合的

---

① H. Cecil Kilpatrick, Taxation of Real Estate Investment Trust and their Shareholders, The Tax Magazine, December 1961.

兴起。REIT 的独特性在于其税务设置。为了避免对 REIT 的滥用，REIT 法案严格定义了 REIT 的模式，资产和收入来源要求，如 REIT 所持有不动产的动机不能是出于销售目的，REIT 必须向投资人支付红利等。

REIT 从 20 世纪 60 年代在美国推出以来，市场规模逐渐壮大。截至 2016 年底，在全球范围内，已有 36 个国家或地区设立了 REIT 相关法规（见图 1）。

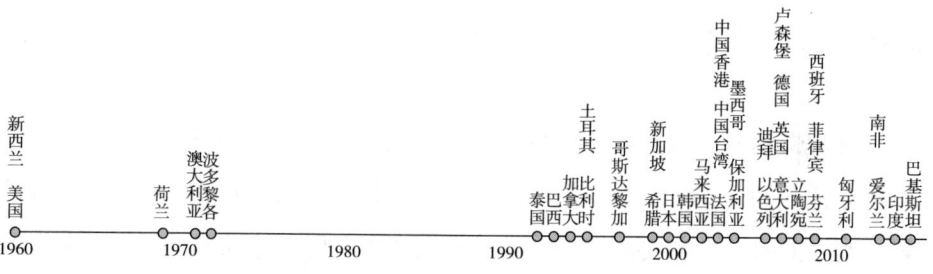

资料来源：EPRA，Global REIT Survey 2016.

**图 1　全球已经具有 REIT 法规的国家或地区及其设立法规的时间**

到 2016 年第三季度，全球 REIT 市场的总市值已经超过了 1.7 万亿美元（见表 1），在 50 多年的发展过程中，保持了超过 10% 的年复合增长率。金融危机之后，REIT 市场迅速恢复，市场规模加速增长，近 5 年的年复合增长率超过了 15%。

**表 1　全球各主要市场上市 REIT 数量及规模统计**

| 国家 | 上市 REIT 只数 | 市场容量（亿美元） | 全球 REIT 指数占比（%）[1] |
|---|---|---|---|
| 美国 | 220 | 11 023 | 65.19 |
| 澳大利亚 | 61 | 1 189 | 7.47 |
| 日本 | 56 | 1 147 | 7.43 |
| 英国 | 36 | 632 | 4.58 |
| 新加坡 | 44 | 572 | 1.68 |
| 法国 | 32 | 551 | 1.93 |
| 加拿大 | 46 | 460 | 2.95 |

续表

| 国家 | 上市 REIT 只数 | 市场容量（亿美元） | 全球 REIT 指数占比（%）[①] |
|---|---|---|---|
| 荷兰 | 5 | 325 | 2.64 |
| 中国香港 | 13 | 322 | 1.58 |
| 南非 | 34 | 299 | 1.46 |

注：指 FSTE/NAREIT ALL REIT Index。
资料来源：EPRA，Global REIT Survey 2016.

## 2. REIT 的税务

如前文所述，REIT 的独特性在于其税务设置。REIT 的税收一直是业内学者在讨论 REIT 相关制度建设时最重点关注的问题，也被认为是我国推进 REIT 的主要障碍之一。为了讨论方便，下面先列举全球范围内主要国家和地区的 REIT 税收制度。我们假定一个公司（项目公司）持有物业，如果此公司满足 REIT 要求则有资格申请并享受 REIT 税务优惠，那么与非 REIT 对比，表 2 从征税环节展示了税务主体所面临的税务区别。

### 表 2　项目公司层面的税收对比

| 项目公司层面税收 | | | | |
|---|---|---|---|---|
| 国家 / 地区 | 税种 | 计税基础 | 税率 | 若满足 REIT 要求，则面临的税收[①] |
| 美国 | 房产税 | 物业价值 | 1%~3% | 无 |
| 美国 | 所得税 | 利润部分 | 累进税率，15%~35% | 租金收入用于分红部分免税；TRS 产生收入仍须缴纳相应所得税 |
| 澳大利亚 | 所得税 | 利润部分 | 49% | 租金收入用于分红部分免税 |
| 英国 | 所得税 | 利润部分 | 20% | 来自于租金的收入免税，但投资其他 REIT 收益不免税 |
| 新加坡 | 房产税 | 租金（扣除相应费用） | 10% | 无 |
| 新加坡 | 所得税 | 利润部分 | 17% | 分红部分免税；出售利得免税 |

续表

| 项目公司层面税收 | | | | |
|---|---|---|---|---|
| 国家 / 地区 | 税种 | 计税基础 | 税率 | 若满足 REIT 要求，则面临的税收[①] |
| 中国香港 | 所得税 | 利润部分 | 16.5% | SPV 层面利润征税，来自 SPV 的分红免税，境外取得的收入免税 |
| 印度 | 所得税及附加 | 利润部分 | 33.99% | SPV 层面利润征税，但 SPV 支付给 REIT 的收入免税，REIT 直接持有的物业租金收入免税 |

注：每个国家都为 REIT 制定了复杂的 REIT 认定标准，只有符合这些标准的才可享受特定的税收优惠，具体的 REIT 认定标准，此处不赘述，可参考 "Compare and contrast Worldwide Real Estate Investment Trust （REIT）Regimes，PWC，2015"，其中与收入分配相关的规定较为一致，即 90% 以上的可分配收入，需分配给投资人。

　　如表 2 所示，一个公司是否享受 REIT，所面临的税务区别巨大。对于项目公司层面的税收，REIT 核心在于税收中性（对于 REIT 分配给投资人的收入，REIT 免征所得税）。美国 REIT 市场的确立，是以新的联邦税务主体 REIT 被纳入国税法规（Internal Revenue Code of 1954）为标志，并于 1961 年开始实施。1960 年的税收法案（P.L.86-779）的核心是赋予了 REIT 与共同基金类似的税收优惠（或者税收中性）。而在此之前，对于收入 50 万美元的 REIT 而言，在信托基金层面就需要缴纳高达 25 万美元的所得税，剩余部分才可用于投资者分红[①]，由此极大地限制了 REIT 与其他投资品种的竞争力。

　　后续其他国家或地区在建立 REIT 相关制度时，也采用了类似的安排。如今，税收中性被公认为是 REIT 发展的关键。按照税收中性的制度安排，REIT 层面免征的所得税，需要在投资者层面征收，如此才能确保国家的税源不受损害。在大部分国家的政策框架下，REIT 投资人所获得的收益（包括分红以及出售 REIT 份额的收益），都需要征收与其他收入相同的

---

①　Durrett，A. Overton，The Real Estate Investment Trust: A New Mediumfor Investors，William and Mary Law Review，1961，Volume 3.

所得税（当然，不同国家/地区的具体做法有区别。例如，区域金融中心的中国香港和新加坡，为大规模吸引境外资本，对于投资人的投资收益有一定的税收优惠，但这并不一定是仅针对 REIT 的特殊安排）（见表 3）。

表 3  REIT 投资人的税收对比

| REIT 投资者税收 | | |
|---|---|---|
| | 境内投资者 | 境外投资者 |
| 美国 | 企业投资者就分红收入、出售利得及股本返还需缴纳 35% 所得税<br>个人投资者就分红收入需缴纳 43.4% 所得税，但如果分红收入是来自于 TRS，则只需缴纳 23.8% 所得税<br>个人投资者就出售利得及股本返还需缴纳 23.8% 所得税 | 境外企业投资者和个人投资者就分红收入缴纳 30% 预提税，就出售利得缴纳 35% 预提税，就返还股本缴纳 10% 预提税。但在 1997 年美国现代税法协议以及 2015 年奥巴马总统签署的避免美国人税务增长法案中，对境外投资人税务又有很大减少和免除 |
| 澳大利亚 | 投资人获得现金分配时可享受递延税的优惠（递延比例通常在 15%~100%）递延税延至撤资时支付<br>个人投资者分红及资本利得按最高 49% 纳税，实践中个人或信托享有 50% 折扣<br>企业投资者分红及资本利得税率为 30%，实践中养老金享有 33% 折扣支付 | 企业投资者分红需缴纳 30% 所得税，资本利得免税<br>个人投资者分红采取累进税率，最低税率为 32.5%，资本利得中归属于非地产的部分免税，其他部分享受 50% 的税收折扣① |
| 英国 | 企业投资者所得分红按 20% 税率纳税；出售 REIT 利得需正常纳税<br>个人投资者纳税政策与企业投资者相同 | 企业投资者所得分红缴纳 20% 预提税；出售 REIT 利得无须缴纳预提税<br>个人投资者纳税政策与企业投资者相同 |
| 新加坡 | 企业投资者分红收入缴纳 17% 的所得税；企业投资者出售利得免税<br>个人投资者分红收入和出售利得免税 | 企业投资者分红利得缴纳预提所得税（2020 年前税率为 10%）；企业投资者出售利得免税<br>个人投资者分红收入及出售利得免税 |
| 中国香港 | 企业投资者分红及出售利得均免税<br>个人投资者分红及出售利得均免税 | 境外企业投资者免税<br>境外个人投资者免税 |
| 印度 | 企业投资者和个人投资者的分红均需缴纳 30% 的所得税及一定金额的附加税，其中，REIT 层面预提税率为 10%<br>企业投资者和个人投资者出售股份的利得需缴纳 15% 的所得税，但持有超过 36 个月的免税 | 分红中来自利息收入部分的，企业和个人投资者均需缴纳 5% 的预提所得税<br>分红中来自租金收入部分的，企业投资者需缴纳 40% 的预提所得税，个人投资者的税率为 30%<br>企业投资者和个人投资者出售股份的利得需缴纳 15% 的所得税，但持有超过 36 个月的免税 |

注：澳大利亚的 REIT 架构繁杂，不同的架构使用不同的税率体系，此处所列仅适用于"Managed Investment Trust（MIT）"。

对于 REIT 本身的税收，通常分情况处理，对于物业收购产生的转让税、印花税，在大部分 REIT 市场的税收框架下，都不享受减免的优惠。对于物业出售产生的利得，在很多情况下，则视为 REIT 正常经营收入的一部分，适用上文所述税收中性的安排 ——分配给投资人的部分免于征收。当然，为了避免 REIT 成为倒卖物业的工具，在各国的监管框架内，都对 REIT 收购、出售物业的频率进行了限制，有的国家通过 REIT 判断标准来约束，有的国家通过税收来调节（见表 4）。

**表 4　REIT 本身的税收对比**

| REIT 层面税收 | | | | | |
|---|---|---|---|---|---|
| | 税种 | 计税基础 | 税率 | 支付方 | REIT 面临的税收 |
| 美国 | 转让税 | 交易价格 | 0.5%~1% | 买方、卖方 | 无 |
| | 所得税 | 出售利得 | 累进税率，15%~35% | 卖方 | 出售物业利得用于分红的部分免税 |
| 澳大利亚 | 印花税 | 交易价格 | 不超过 6.75% | 买方 | 无 |
| | 所得税 | 出售利得 | 49% | 卖方 | 用于分红的部分免税；未分红部分，减半征收所得税 |
| 英国 | 转让税 | 交易价格 | 累进税率，0.5%~5.5% | 买方 | 无 |
| | 所得税 | 出售利得 | 30% | 卖方 | 免税；但 REIT 出售自行开发且持有期短于 3 年的需纳税 |
| 新加坡 | 印花税 | 交易价格 | 3% | 买方 | 免税 |
| | 所得税 | 出售利得 | 17% | 卖方 | 资本利得免税（除非公司以买卖物业为主业，此时税率为 17%） |
| 中国香港 | 印花税 | 交易价格 | 收购物业 3.75%，收购股份 0.2% | 买方 | 无 |
| | 所得税 | 出售利得 | 17.50% | 卖方 | 免税 |
| 印度 | 所得税 | 出售利得 | 物业交易，20%；股权交易，20%~30%； | 卖方 | 无 |
| 中国内地 | 土增税 | 出售利得 | 物业交易，30%~60% 股权交易需咨询税务机关 | 卖方 | |
| | 契税 | 交易价格 | 物业交易，3%~5% 股权交易，0% | 买方 | |
| | 所得税 | 出售利得 | 25% | 卖方 | |

　　由于我国在物业转让、物业经营方面的税制与其他国家并不完全相同，各个税种对财政收入的重要性与国外的情况也千差万别。因此，在讨论 REIT 税收安排的时候，一定不能脱离整体的经济环境，照搬国外的制度安排，毕竟其他国家出台相应的制度，也经过了关于收益和代价的反复权衡。

　　当然，这也不意味着，只有在经济环境承受压力的情况下，税务部门才愿意牺牲税收来支持 REIT 的发展，在全球经济一体化的趋势下，通过建立 REIT 市场来吸引资本流入，也是政府可能考虑的因素。

　　作为一种专业化的投资工具，1960 年 REIT 法案通过后，REIT 市场虽有发展，但速度温和。到 1962 年 7 月，仅有 57 家 REIT 成立。其中一个重要原因是在当时存在另一个产品 RELP（Real Estate Limited Partnership，不动产有限合伙）。RELP 的优势在于其可以使用加速折旧的记账方式，使合伙企业产生账面亏损，从而为其投资者进行税收抵扣。这相对于权益型 REIT 尤其有优势（REIT 无法将账面亏损转让于投资人）。但情况到 1986 年发生了变化。在里根总统领导下的《1986 年税收改革法》限制了 RELP 的减税优惠，该法案一方面取消了房地产的加速折旧记账方式，大大削弱了合伙企业通过产生账面亏损为其投资者进行税收抵扣的能力；另一方面放松了 REIT 的准入标准，允许 REIT 不仅可以拥有房地产，还可以在一定条件下经营管理房地产，这使得权益型 REIT 在所有权与资产经营上有更强的基础。从 1986 年开始，REIT 由于其流动性的优势，逐渐取代了 RELP（见表 5）。

表 5　美国历年投资于 RELP 与 REIT 的金额变化

单位：十亿美元

| 年份 | RELP | REIT |
|---|---|---|
| 1987 | 10.1 | 2.9 |
| 1988 | 5.8 | 3.1 |
| 1989 | 3.2 | 1.5 |

续表

| 年份 | RELP | REIT |
|------|------|------|
| 1990 | 1.5 | 1.2[①] |
| 1996 | 0.25 | 12 |
| 1997 | 0.21 | 30.3 |
| 1998 | 0.17 | 20.2 |

注：1989—1991 年，美国经历了自 1930 年经济大萧条以来最糟糕的一次房地产行业的低迷期。

资料来源：廖咸兴等.不动产投资概论［J］.1999.

## 3. REIT 管理方式的演变

如上文所述，REIT 要享受税务优惠必须在资产、收入、结构、交易上满足一系列要求，其中特别重要的一个要求是被动收入，严格地说，在美国 REIT 收入之中不能有超过 10% 的收入来自于对物业的运营。REIT 法案提案委员会明确指出 REIT 所享受的税务优惠仅限于在不动产投资中被动的获益，而不是通过商业主动交易所得，对于任何从事主动商业运营中的不动产信托仍然面临与公司同样的税务。监管实质上要求 REIT 通过第三方独立管理人来管理 REIT 的物业，以分开受托人与物业管理人职责[①]。按照制度设计的初衷，REIT 仅仅是持有物业并获得物业租金的"载体"。因此，在 REIT 法案通过初期，REIT 大都外聘顾问，该顾问再去雇佣管理人来负责对物业的管理。即 REIT 通常采用外部管理、被动管理的方式进行物业管理。但问题很快被发现，这些管理人与外聘顾问之间有关联关系，从而也导致顾问与 REIT 股东之间的利益不匹配。管理人和 REIT 投资人之间的利益冲突具体表现为管理人为了实现更大收入，有动力通过一切手段使其管理的 REIT 规模实现快速增长（例如通过高的杠杆率），但这通常并不符合 REIT 投资人的利益诉求（例如，

---

① 1974 年 REIT 税法的第一个重大变革是允许 REIT 在获得一个被拍卖 / 或违约的不动产之后 90 天内对物业进行运营管理，但之后需要将运营转移给独立第三方。由此可见，在 REIT 设立之初，监管对 REIT 运营物业有严格的限制。

高的杠杆率实际上使 REIT 面临更大的经营风险）。实际上，无序的扩张是 20 世纪 70 年代美国 REIT 市场断崖式下跌的主要原因之一。

这种利益冲突在《1986 年税法改革法案》中被解决，REIT 可以直接选择、雇佣和补偿第三方独立合作者来管理 REIT 物业。其结果实际上是准许 REIT 提供服务的同时不违反税法。采用内部管理人制度之后，由于经营团队和 REIT 持有人的利益趋同，也有助于提高物业运营的绩效。Capozza 与 Seguin（1998）[1] 比较了 1986 年前后相当长时间范围内的 REIT 运营数据，发现采用外部管理模式的 REIT 与采用内部管理模式的 REIT 相比，每年的收益更低（约低 7%）。从美国的情况看，在允许 REIT 采用内部管理模式之后的 20 年，外部管理模式的比重从接近 50% 到低于 10%。

但内部管理模式也不是放之四海而皆准，Yong[2] 研究了澳大利亚 REIT（A-REIT）在 2007 年金融危机前后的表现之后指出，在经济下行周期，内部管理模式会使 REIT 同时暴露在两种风险之下：物业价值下跌风险以及管理人的经营风险。事实上，采用内部管理模式的 A-REIT 在金融危机过程中，遭受了最严重的损失。2010 年，澳大利亚最大的 REIT 之一，Westfield 进行了一次分立，分立出来的 Westfield Retail Group 回归传统模式，采取外部管理模式进行运营管理。

REIT 管理模式也在往专业化的方向发展。在 REIT 市场发展早期，"分散化 / 综合化"是 REIT 采用较多的投资策略，每个 REIT 持有不同类型、分布于不同区域的物业，以实现风险分散。根据 NAREIT 数据，20 世纪 90 年代，有大约 25% 的 REIT 被归类为"综合型"REIT。但随着内部管理的模式增多，管理人更为专注。REIT 的管理模式逐渐往专业化方向转

---

[1]　Capozza, D.R., Seguin, P.（1998）. Debt, Agency and Management Contracts in REIT: The External Advisor Puzzle.

[2]　Yong, J. L.（2013）. Economic Linkages between Australian REIT and the Commercial Real Estate Market.

变，到 2016 年，只有 5% 的 REIT 被归类为"综合型"REIT。这一点与我国当前的（类）REIT 也有很大不同。

在 REIT 管理模式的转变过程中，配套的制度建设起到重要的推动作用。除了上面所说的 1986 年税法改革。1996 年，经过 NAREIT 三年的游说和努力，美国国税局终于同意住宅类 REIT 向其租户提供有线电视服务。这也成为一系列关于 REIT 可以为租户提供各种延伸性增值服务的开端。REIT 拓展了盈利范围和服务领域。1997 年，作为当年纳税减免法案的一部分，时任总统克林顿签署了 1997 年 REIT 简化法案。该法案进一步拓宽了 REIT 可以提供的增值服务范围。1999 年，作为当年工作许可证与工作奖励促进法案的一部分，前美国总统克林顿签署了 REIT 现代化法案，开始允许 REIT 成立按正常公司纳税的子公司（Taxable REIT Subsidiaries，TRS）。TRS 的成立允许 REIT 进行房地产以外业务的服务。TRS 的成立标志着现代化 REIT 管理模式的出现，也进一步推动了 REIT 市场的发展。

## 4. REIT 投资人的演变

REIT 市场的成熟，和投资人群体的丰富是不可区分的。

投资人群体的丰富一方面可以为行业的发展提供大量的资金，从美国的发展进程看，1993 年的"五个或更少（Five or Fewer）"法案（将养老金投资人视作持股计算单位，从而有效规避了养老金的大额投资有可能违反"5–50 规则"[1] 的风险）为市场引入了养老金，是市场发展的重要动力，直接推动了 1993—1994 年 REIT 的 IPO 高峰（这两年的 IPO 数量总计接近 100 起，对比之下，2016 年只有 2 起）。1993 年之前，机

---

[1] 要满足 REIT 的定义要求，国税法规规定，需要在每个税务年份的后半年中，REIT 的最大 5 名的股东不能持有超过该 REIT 市值的 50%。

构投资人所投资的 REIT 份额，只占有 15%~20% 的比重，但到 1994 年之后，这一数字快速增长到接近 45%[①]。根据 ING 2007 年数据，美国市场机构投资人的数量大约在 76%。当然，由于市场环境不同，并不是所有市场的机构投资人都占有如此高的比重，例如在日本市场，个人投资人仍然占有较大比重。但机构投资人对于 REIT 发展过程的推动作用是毋庸置疑的。

另一方面，市场容量提高，反过来吸引更多的机构投资人进入，有效地稳定了市场。流动性提高是 REIT 市场发展的重要特点：从 2006 年到 2016 年，美国上市 REIT 的日交易额从不到 30 亿美元上升到超过 80 亿美元（见图 2），日均换手率为 0.7%~0.8%，与美国股市整体持平。美国以外市场的流动性同样也相当可观，日本为全亚洲交易最为活跃的市场，近三年的日均交易额大多保持在 2.7 亿 ~4.5 亿美元[②]。新加坡的交易量次之，日均交易额约为 0.9 亿美元[③]。

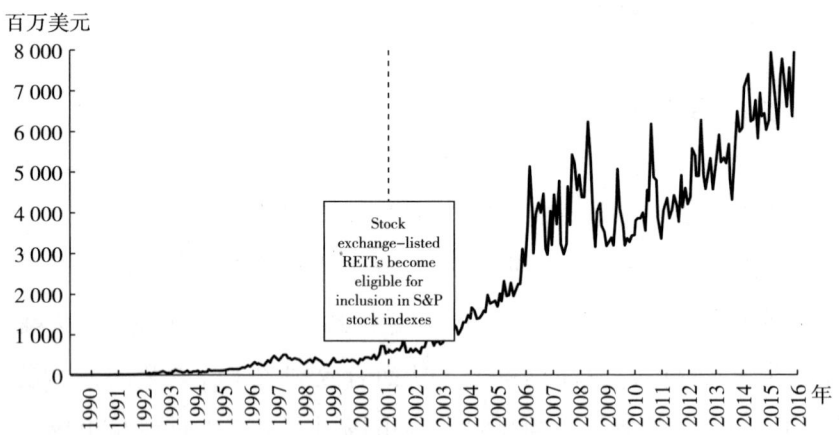

资料来源：NAREIT，REIT Watch，Dec-2016.

**图 2　REIT 的日均交易量**

①　Chan，S.H.，Erickson，J. and K.Wang（2003），Real Estate Investment Trusts: Structure, Performance, and Investment Opportunities，Oxford University Press.

②　J-REIT REPORT，ARES，Nov. 2016.

③　REIT Fact sheet，AGX，2017.

机构投资人的参与也极大地影响了 REIT 市场的格局。由于机构投资人普遍偏好更大型的 REIT，直接促进了 REIT 并购和再融资的发展。从美国的发展经验看，从 1994 年之后，REIT 市场的主角就是再融资和并购，鲜有新的 REIT 进行 IPO（通过 IPO 募集的资金占市场存量的比重持续保持在 5% 以下）。根据 NAREIT 披露的 2016 年的数据，全年 IPO 的募集资金金额为 14.82 亿美元，相比之下，再融资规模则高达 602.74 美元。澳大利亚的发展进程也是一样，大部分机构投资人只投资规模在 10 亿美元以上的 REIT，也导致了一系列的并购和收购。REIT 管理规模的提高，从另一个层面也推动了 REIT 管理方式的演变，上文已有叙述。

在推动海外投资人方面，美国财政部在 1997 年更新了美国现代税法协议，准许 REIT 非美国的机构投资人，如果持有一个公募 REIT 5% 或更低的股份，仅需要对 REIT 的普通股利支付 15% 的预提税率（对于个人海外投资人，只需要所持股份低于 10%）[①]。这一举措加速了海外投资人的介入。根据 Real Capital Analytics，目前海外投资人约占美国地产投资资金总额的 16%。中国投资人从 2005 年以来，已经在美国投资了超过 100 亿美元的商业地产，事实上，通过 REIT 来间接投资美国商业地产，不但保留了对地产的介入，而且在税务上有极大的益处。

## 5. 总结

从 REIT 发展历史来看，REIT 的法律定位，所享受的税法优惠是 REIT 成长的重要基础。虽然，从 21 世纪初开始，国内就有不同的部门呼吁对 REIT 的推动，但相关基础设施建设仍不到位，由此可见，REIT 至今尚未能在我国真正落地。目前，所有国内所谓的 REIT 都非真正严

---

[①]　2015 年，奥巴马总统在避免美国人税务增长法案中对海外投资人在 REIT 投资中的税务又有较大改变。限于篇幅，这里暂不赘述。

格意义上的REIT，其定义、功能、属性与REIT相比，还只是"两者相似，仅限于名称"，而由此可能引发的类REIT的监管套利和系统风险不得不令人担忧。

从REIT的发展历史来看，其目前的形式并不是一蹴而就，而是经历了多种变化。从19世纪美国的马萨诸塞商业信托到1936年其税务优惠被取消，到1960年REIT法案的实施，到1976年税法改革法案的通过（将REIT的待遇扩充到公司，实际上使得满足法律要求的信托和公司都可以享受REIT待遇），到1993年的"五个或更少"法案扩大投资者范围，到1999年允许REIT设立正常纳税的子公司，到2014年对不动产定义的扩展①，其变化主线围绕着法律地位和税收政策。由此可见，我国REIT的设立需要的不仅仅是口号，必须从税收和法律地位同时入手②。因此，针对我国REIT发展过程中亟待解决的立法，税收优惠，可以结合我国国情，采用多监管联合推动，只有如此才能在REIT上有实质性的突破。在本文对世界比较成熟的市场发展总结中，需要特别提一下印度市场。为提振不动产市场，并为规模巨大的基础设施建设领域引入资金，印度在2014年推出了不动产（REIT）与基础设施投资信托（InvIT）法案。但是迄今为止，尚未有一单REIT或InvIT成功挂牌。其中，设立REIT或InvIT过程中的税收，是最主要的障碍之一。

① 张立，郭杰群. 我国基础设施REIT路径初探［J］. 中国金融，2017（4）.
② 市场一些人士也提出REIT产品收益问题限制了其在我国的发展。但如果多重纳税问题可以解决的话，收益问题将不是主要问题。

# J-REIT 的发展回顾及启示 [①]

REIT 是以发行权益投资证券的方式募集资金，并将资金投资于不动产及相关领域，将投资收益按比例分配给投资者的一种资产管理运营模式。日本的房地产投资信托（Japan REIT，或 J-REIT）起步于 21 世纪初的 2001 年。经过 16 年的发展，J-REIT 市值规模已位居亚洲第一，全球第二，仅次于美国。

J-REIT[②] 的产生在短短的 10 多年为日本经济作出重要贡献。日本房地产证券化联盟在 2012 年的文章中表述道"J-REIT 对日本经济起到了两个关键作用：提供了一种长期稳定的金融工具来管理金融资产；通过将募集的资金进行投资，有利于城市振兴和经济发展。"[③]

## 1. 回顾 J-REIT 的发展

J-REIT 的发展受到宏观经济的重要影响。20 世纪 80 年代末开始，日本经济开始衰退，房地产价格也一落千丈。出于风控要求，银行收紧了向地产及相关项目的贷款。陷入融资困难的房地产企业迫切需要新的融资渠道。另外，政府从 20 世纪 80 年代中期开始实施的"都市再开发

---

① 原文部分节选发表在《当代金融家》，2017（4）。与陈林锋合作。
② 本文讨论的 J-REIT 为在东京证券交易所上市的公司。
③ The Association for Real Estate Securitization，"Study Group on Growth of J-REIT Market"，March 2012.

计划"也需要大量的资金投入。① 资金来源成为一个重要的社会问题。

REIT 虽然是个优良的金融工具，但在当时的日本并不可行。如开篇所述，REIT 是一个法定纳税主体，因此 REIT 的发展需要以完善的相关法律为基础。日本在这方面的实践是循序渐进的。1988 年 12 月，日本住房研究与提升基金会、日本建设省建设经济局与 6 家地产企业成立了房地产证券化研究理事会。1996 年 11 月成立了日本版房地产投资基金研究组，并于 1997 年出版了意见书。亚洲金融危机后的 1998 年 9 月，日本实施了《特殊目的公司实现特定资产流动化法》②，规定了特殊目的公司（SPC）可以对不动产进行证券化，为日本房地产证券化奠定了法律基础。2000 年 5 月，政府对该法进行了修订，改名为《关于资产流动化法》，增设了以特殊目的信托（SPT）为不动产证券化的形式。同期，日本政府对《关于投资信托以及投资法人法》③（以下简称《投资信托法》）进行了修改，允许投资信托对房地产的投资，同时也认可专门投资房地产的投资公司的合法地位。该法案实际上为日本的 REIT 提供了两种投资载体，即投资信托和投资公司，其实施标志着 J-REIT 在日本的确立④。

2001 年 9 月，以日本两大房地产巨头三菱地所和三井不动产作为发起人的两只 J-REIT 产品上市，标志着 J-REIT 的落地以及日本房地产投资进入了多元化发展时代。到 2002 年底，在东京股票交易所已有 6 只

---

① 例如，日本都市再开发计划中规模最大、历时最长的旧城改造，东京六本木街区再造，就是源自于该计划。J-REIT 是其中一个重要的融资方式。如 Mori Hills REIT Investment Corp 的 J-REIT 项目。

② 原法律为「特定目的会社による特定资产の流动化に关する法律」。

③ 日本于 1951 年为保障投资者权益颁布了《证券投资信托法》，对信托的基本条款，以及收益分红制度的设立等进行了规定。1998 年该法改名为《关于投资信托以及投资法人的法律》，规定了投资信托以及其相关规则，并导入了投资公司制度、私募投资信托等内容。2000 年，该法在修订中承认了房地产为主资产的投资信托的法律地位。2014 年，该法再次修订，增加了投资信托和投资公司的投资资产范围，新增了"可再生能源发电设备"和"公共设施的运营权"。

④ 原法律为「投资信託及び投资法人に关する法律」。

J-REIT，且均采用投资公司结构。J-REIT 的设立不但解决了房地产相关融资主体的资金问题，同时为传统物业持有者和开发商提供了项目退出渠道，也为投资者提供了以房地产为基础的金融工具。[①] 由于 J-REIT 所具有的税率优惠等原因，J-REIT 逐渐受到机构投资者的青睐。2005—2016年上市 REIT 数量也大幅增加（见图 1），投资对象也由单一的写字楼物业扩展到酒店、物流设施等，市场规模迅速扩容。2006 年，J-REIT 总市值达 6.82 万亿日元（见图 2）。但随着次贷危机的爆发，J-REIT 价格也大幅回落，2009 年初的总市值回落至 2.2 万亿日元。个人与海外投资者大幅降低，资金的净流入量减少，发行萎靡。J-REIT 的股票只数也从2008 年的 42 只持续回落到 2012 年的 34 只。

注：东证 J-REIT 指数不包含分红。
资料来源：东京证券交易所。

**图 1　J-REIT 股票数以及东证 J-REIT 走势 \***

---

① 2003 年 7 月，日本投资信托协会更改了行业规则，拓宽了购买 J-REIT 的投资者范围，允许个人投资者投资 J-REIT。

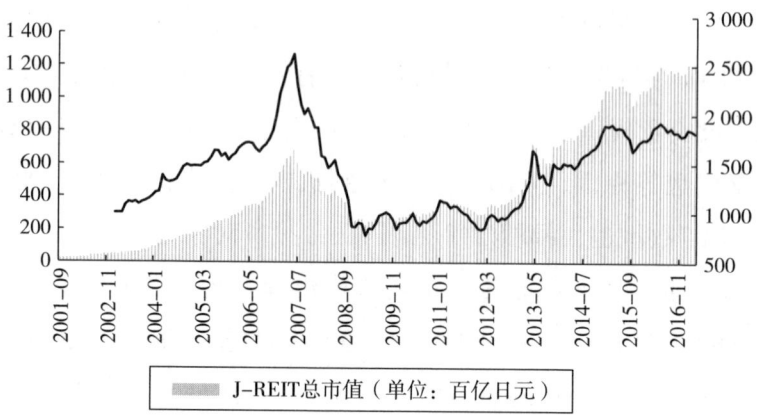

资料来源：东京证券交易所。

**图 2　J-REIT 的总市值变化情况**

　　随着安倍政府经济刺激政策的实施，特别是量化宽松政策涉及日本中央银行对 J-REIT 的大量购买，而负利率的采用以及消费税上调的延迟都对 J-REIT 市场产生积极推动作用。J-REIT 市场重新开始了新的高速发展期。银行加大了在 J-REIT 市场的投资；同时，J-REIT 公司也开始积极增持物业 ①，东京等大都市圈出现投资性物业供应不足的现象。不但如此，日本房地产市场热度逐渐向中小城市蔓延。另外受益于 2020 年东京奥运会举办预期，日本经济逐渐步入复苏轨道。到 2015 年，J-REIT 的总市值已经成为世界第二。截至 2017 年 2 月，J-REIT 的上市公司数达到 52 家，创出了历史新高；总市值突破了 12 万亿日元，为 2009 年的近 5 倍。

　　在资产证券化与 J-REIT 规模比较中，J-REIT 也显示出巨大的生命力。日本住房按揭资产支持证券（MBS）② 的规模为 2 000 亿日元。J-REIT 的市值是 MBS 规模的 60 倍；2011 年至 2016 年，平均来说，

①　根据 Jone Lang La Salle，2016 年 J-REIT 对商业地产的投资占总商业地产投资的 44%。

②　MBS 是指日本住宅金融支援机构发行的住房按揭资产证券化产品。日本住宅金融支援机构原名为日本住宅金融公库，性质是政府的法定机构，其发行的按揭，类似于我国的公积金贷款。

J-REIT 是 MBS 规模的 42 倍。由此可见,虽然 J-REIT 在数量和市值上都远低于美国 REIT,但在日本,它的作用要显著大于 MBS。

## 2. J-REIT 市场现状

### 2.1 J-REIT 成立流程

J-REIT 的设立有 3 个步骤,成立资产运营公司、设立投资载体[①]、公开上市。首先,J-REIT 发起人需要成立资产管理公司,根据《土地基建业法》[②]向国土交通省申请建筑房屋用地许可以及不动产委托代理买卖交易许可。同时,根据《金融商品交易法》的规定,在日本金融厅(Financial Services Agency,FSA)[③]进行登记注册[④],并申请取得投资运营金融产品许可。其次,根据《投资信托法》和《土地基建法》的规定,资产管理公司作为 J-REIT 的发起人,发起成立投资载体。一般而言,投资载体为投资公司(SPC),并在 FSA 进行登记注册。最后,在满足表 1 的上市条件后,J-REIT 投资公司可以申请在东京证券交易所公开上市,并在后期接受 FSA、证监会以及地方金融管理部门的监管,按照监管要求定期提交监管报告。

---

[①] 虽然根据《投资信托法》的规定,投资信托或者投资公司都可以作为投资载体。不过由于以信托形式的 J-REIT 管理复杂并且成本更高,公司型 J-REIT 更具有吸引力,因此 J-REIT 大都以投资公司的形式成立。

[②] 原法案为《宅建业法》。

[③] 日本金融厅是政府机构,由日本内阁直管,负责对日本金融体系的监管,包括银行业、证券业、保险业及非金融机构进行全面监管。

[④] 注册的要求包括最低 5 000 万日元的实缴资本或净资产以及公司员工具备相关工作经验。

表 1　J-REIT 上市条件

| | |
|---|---|
| 1 | J-REIT 必须为封闭式 |
| 2 | 至少 70% 的总资产必须投资于房地产、房地产租赁等房地产直接相关资产；95% 的总资产必须投资于房地产直接相关资产、超过 50% 的资产投资于房地产的投资公司股票、现金以及现金等价物 |
| 3 | 净资产必须超过 10 亿日元，总资产必须超过 50 亿日元 |
| 4 | J-REIT 初期的流通股至少超过 4 000 份；前十大份额持有者的持有份额不得超过总份额的 75%；除前十大份额持有者外，其他份额持有者数量必须超过 1 000 人 |
| 5 | J-REIT 要求将不少于其可分配利润的 90% 作为红利分配给份额持有人 |

资料来源：东京证券交易所。

## 2.2　J-REIT 的监管机构和相关法案

J-REIT 的主要监管部门包括日本国土交通省、FSA、财政厅，以及东京证券交易所（见表 2）。与美国相比，J-REIT 的监管更为严格。首先，根据日本法律规定，J-REIT 必须采用外部管理模式，即 J-REIT 的发起人必须是资产管理公司，如果发起人想投资于不同类型的房地产，可以成立多个 J-REIT。其次，与美国 REIT 相比，J-REIT 没有 UPREIT 条款。[①] 因此，在日本，如果企业将不动产或物业转移给 REIT，将缴纳交易所得税。

表 2　J-REIT 监管部门和职责

| 监管部门 | 相关法案 | 职责 |
|---|---|---|
| 国土交通省 | 《不动产特定共同事业法》《住宅用地建设交易法》 | 日本国土综合开发建设利用的管理，以及对房地产市场的行政管理指导。负责监管房地产产业的发展以及房地产交易市场的合理发展；管理房地产投资市场及相关业务；土地以及房屋的交易管理、房地产开发商、中介机构的监督管理 |
| 金融厅 | 《金融商品交易法》《SPC 法》《信托法》 | 日本主要的金融监管部门。针对 J-REIT 的监管内容是：（1）投资者保护法规制度的建立；（2）信息披露制度的建立和监管；（3）证券交易所自主规则功能的强化和监督；（4）不正当交易监管和惩罚 |

---

① 在 UPREIT 条款中，如果企业通过伞形合伙关系将部分资产分离出去成立 REIT，或者将持有的物业资产交给 REIT 经营，则无须缴纳交易所得税。

续表

| 监管部门 | 相关法案 | 职责 |
|---|---|---|
| 财政厅 | 《公司法》 | 制定房地产行业以及 J-REIT 税收制度以及后续监管 |
| 证监会、东京证券交易所 | 《金融商品交易法》《J-REIT 上市规则》 | J-REIT 上市、交易制度的制定，以及后续监管 |

资料来源：东京证券交易所。

## 2.3　J-REIT 基本结构和分类

J-REIT 结构大致为，投资公司（SPC）以房地产的投资、运营为目的，向投资者发行证券来募集资金，从而购入、保有房地产来产生收益，并对持有证券投资者进行分红。日本法律规定，J-REIT 仅是一个资产持有工具，不允许雇佣自己的员工；其相关的资产管理、托管以及行政管理功能都必须委任给其他专业机构。因此 J-REIT 均为外部管理模式，即与资产管理公司签订合约，由其对 J-REIT 旗下不动产进行管理。

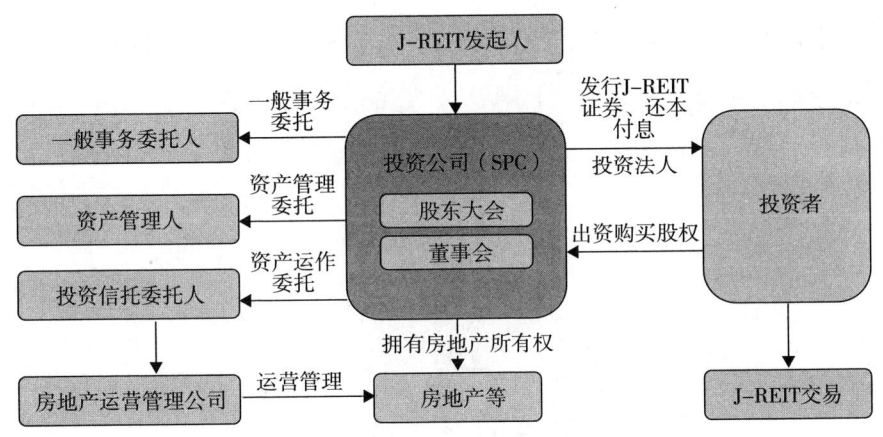

资料来源：东京证券交易所。

**图 3　J-REIT 的基本结构**

按房地产用途分类，J-REIT 可以分为单一用途型 J-REIT 和复数用途型 J-REIT 两种。单一用途型是指投资公司专注做一种房地产类型的物业，现在上市的 J-REIT 有写字楼、商业地产、住宅、仓储物流、酒店、养老等（见表4）。复数用途型主要是指投资公司投资或保有的房地产的类型为2种以上的J-REIT；根据投资不同用途的房地产类型来看，2种以上的J-REIT称为复合型，3种以上房地产类型或者是不限用途的可称为综合性J-REIT。

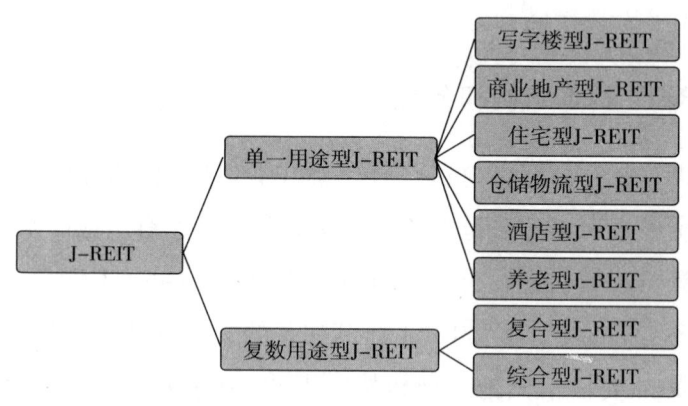

资料来源：东京证券交易所。

**图4　J-REIT 的资产类型分布**

截至2017年2月末，上市的58家J-REIT公司中，综合型J-REIT占比34%，市场占有率第一；其次是住宅的单一用途型占比14%，市场份额位居第二。2016年，仓储物流以及酒店型J-REIT增长迅速。

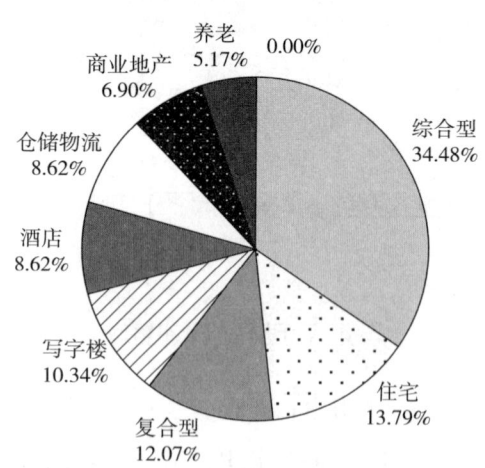

资料来源：东京证券交易所。

**图5　J-REIT 保有房地产——按用途分布（2017年2月末）**

## 2.4　J–REIT 市场表现

　　J–REIT 的投资对象均为收益类房地产项目，由于租金收益稳定投资风险相对较小。加上法律上规定 J–REIT 必须将其收益的 90% 以上用于分配，因而其分红收益相比于其他股票要高出很多。J–REIT 相较同期的东证 1 部[①] 的加权平均收益率高出 2%。2013—2016 年，J–REIT 平均年化收益率基本维持在 3% 左右，相对于 10 年日本国债（同期负利率），利差也基本上保持在 2.59%~3.68%。J–REIT 的相对高回报率得益于日本量化宽松政策的推出及日本房地产市场不断回暖。

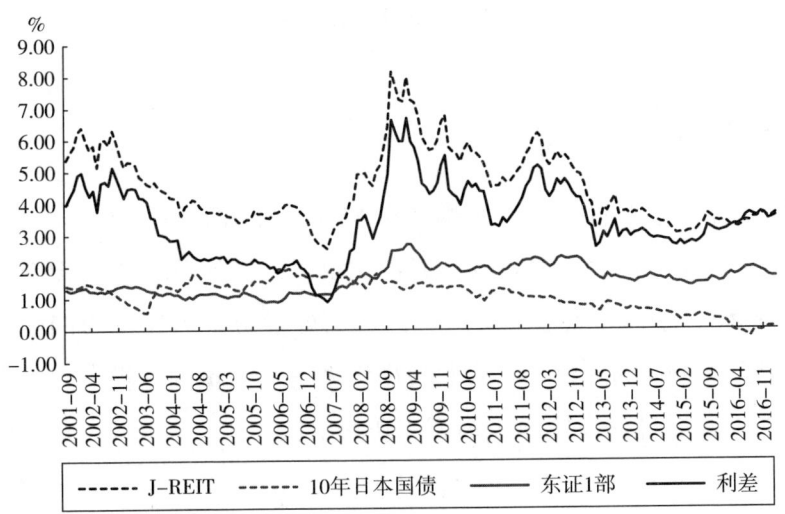

注：东证 1 部的加权平均收益率加权计算了有分红公司的数据。
资料来源：东京证券交易所。

**图 6　J–REIT 平均收益率[①]**

　　从 J–REIT 的分红金额来看，在 2016 年达到了 3 923 亿日元。历史中总分红金额超过了 2.7 万亿日元。J–REIT 也成为在日本负利率时代期间获得稳定收益的良好手段。

---

　　①　东证 1 部是东京证券交易所的主板市场。

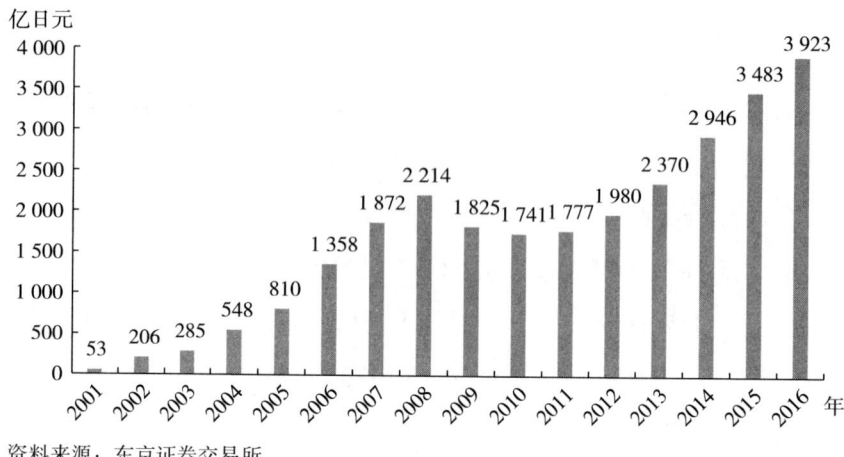

资料来源：东京证券交易所。

**图 7　J-REIT 总分红金额**

## 2.5　J-REIT 投资者结构

　　从保有金额来看，金融机构持有 55%，占比第一；其中信托银行[①]占比高达 43%。其次，国外投资者占比第二，占比达 25%。而个人投资者的份额不到 10%（见图 8）。虽然说国外投资者占比仅为四分之一，但却占据约 50% 的交易[②]。从发展进程来看，大量国外投资者的介入，在 J-REIT 发展过程中扮演了不可或缺的角色。

---

　　[①]　日本的信托银行是在《银行法》的基础上，根据《兼营法》取得监管当局许可可以经营信托业务的金融机构。为经营信托业务，信托银行还必须符合《信托法》和《信托业法》的规定。信托银行主要由 FSA 负责监管，且大致可以分为两种类型：（1）信托公司转型信托银行；（2）银行兼营信托业务成立信托银行。日本信托银行的经营范围可以分为银行业务和兼营业务。银行业务主要包括向企业客户和个人客户提供的纯贷款业务以及投资银行业务。兼营业务主要指信托业务，其范围广泛，涵盖了企业年金、投资管理、信托贷款、证券管理、证券代理以及房地产信托等业务。

　　[②]　参见 ARESJ-REIT report，Association for Real Estate Securitization，June 2016。

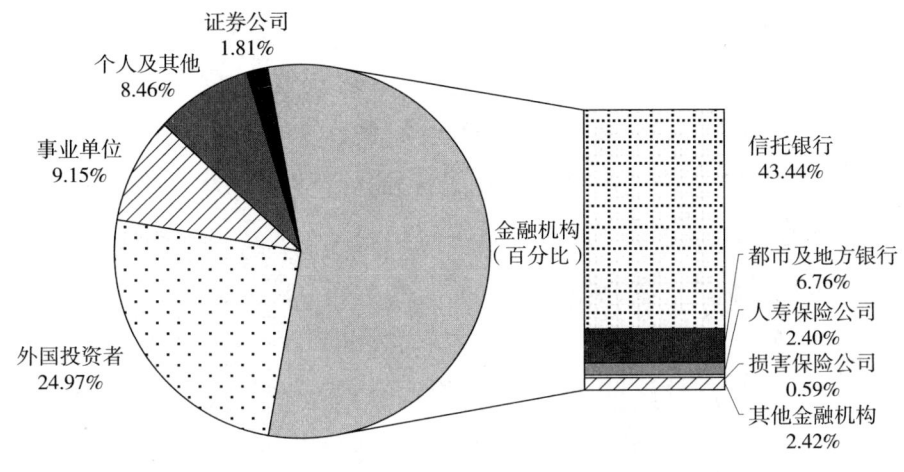

资料来源：东京证券交易所。

**图 8 按保有金额分类 J-REIT 投资者结构**

## 3. J-REIT 面临的课题

虽然 J-REIT 具有高分红、高流动性高且具有分散投资等优点，但它也面临多重风险：包括自身经营管理风险、财务风险、道德风险等。J-REIT 投资公司本身只是一个法律载体，与资产运营相关的所有业务都是委托给第三方进行的。由于无法对物业进行直接的管理和运营，因此 J-REIT 与美国的 REIT 有很大区别，属于被动管理型。而 J-REIT 中的资产管理公司因为掌握着实际的经营管理权，它的任何决策都会影响 REIT 的收益。如果资产管理公司不能胜任经营管理工作，或者在投资项目和投资时机选择、物业估价、开发方案制订等问题上存在决策失误，都将影响 REIT 业绩，甚至破产[①]。J-REIT 的负债比率在一定程度上决定了其财务状况是否能合理抵御房地产价格下跌的风险。J-REIT 的运作中存在典型的委托代理关系，如果代理人不是尽最大努力去实现委托人

---

① 2008 年 NCR 投资人因财务状况宣告破产，也成为首只破产的 J-REIT。

利益最大化的目标，或者为自身目标而损害委托人的利益，则会发生道德风险。

在次贷危机之前，多家 J-REIT 因采取激进的投融资策略，导致在经营管理和财务方面的风险暴露快速增加。危机中，为了偿还债务而不得不亏本变卖物业，资产负债失衡，也使投资者蒙受巨大损失。J-REIT 受次贷危机的影响，使其股价陷入了长达 5 年的低迷期。

日本政府为完善安全保障体系，于 2009 年 9 月设立房地产市场安定化基金，通过发行公司债券来改善 J-REIT 公司的财务状况。该基金很大程度完善了 J-REIT 的安全保障体系。同时，央行成立 J-REIT 专用收购基金，在二级市场持续买入 J-REIT，提振市场信心。此外，日本政策投资银行也在资金面上给予了 J-REIT 公司强有力的支援。在 J-REIT 的产品设计方面，监管层也积极促进 J-REIT 的并购重组来改善收益结构，优化配置和期限结构，同时提高资产收益。但是，J-REIT 中仍然不允许优先股或者可转债的存在，在一定程度上限制了 J-REIT 的融资能力。

前文中，我们提到日本并无 UPREIT 结构，由此可见，在很大程度上，地产拥有者缺乏税务上的动力将物业转让给 J-REIT。换句话说，J-REIT 不得不在市场上与其他资金来竞争有限的物业，直接导致获取资产的成本增加。

## 4. J-REIT 未来展望以及我国发展 REIT 的借鉴意义

诞生于危难之际的 J-REIT 不仅解决了日本房地产不良资产的问题，还促进了房地产投资市场的发展。近年来，日本房地产市场良好的供需环境以及降息带来的成本减少，加上日本银行持续买入 J-REIT，J-REIT 发展较为稳定。酒店以及养老 J-REIT 的增加，以及近期能源等基础设施 J-REIT 的逐渐推进，也将不断丰富整体 J-REIT 市场的品种。从投资角度，单个资产的成长乏力的局面下，通过多种类型资产组合来降低风险，可获取超额利润。从中长期来看，拥有专业化的物业运营管理以及资本运作，J-REIT 可以通过制度完善来实现稳定的可持续增长。

J-REIT 市场的发展对我国有借鉴意义。J-REIT 之所以快速发展的重要原因得益于立法层面和税收优惠的推动。在日本，J-REIT 相关的投资信托法、金融商品交易法、银行法、保险业法等一系列法律不断推出并逐步修订。在当前，我国还没有针对 REIT 的专业法律法规，虽然部分部委推出一些便利措施，但其法律效果是局部的，其实施也存在不确定性。因此通过健全相关法律法规是我国发展 REIT 的当务之急。

在我国现行法律体系下，无法避免的双重征税问题是发展 REIT 的一个重要制约因素。如上文所述，日本针对 J-REIT 的专项立法，对其结构、投资资产、收入以及分配等方面做出了明确的规定。J-REIT 在满足了这一系列要求后可以享受税收优惠。REIT 作为一个法律上的纳税主体需要合理的税收制度来推动。

从监管方面来看，在 REIT 准备阶段，制定完善的监管措施和保障体系，防止道德风险的发生，保障投资者的利益是市场健康发展的长久依赖。J-REIT 各监管部门合作密切，在推进 REIT 的发行和后续监管上起到重要作用。要在我国开展 REIT，企业的财务制度、信息披露机制的健全，REIT 的准入制度的完善是重要基石。

从投资者的角度，经历过次贷危机以及东京日本大地震等客观因素后，投资者对 J-REIT 产品的需求逐步建立，在央行介入的影响下，包括地方性商业银行在内的各金融机构以及个人投资者的投资热情也逐步高涨，J-REIT 投资者机构的结构也相对趋于完善。通过对 J-REIT 市场投资者的培育经验来看，在我国大力培养多层次机构投资者，包括外资机构投资者是必需的，这对形成市场的良性发展必不可少。

综上所述，J-REIT 给日本的房地产投资市场带来了显著变化：房地产长期价值观回归理性，物业的运营和投资管理得到重视，房地产金融、资产管理方面的专业化人才得到培养，房地产这一传统行业被注入了新的增长动力，房地产估价、咨询、资产管理等配套服务产业也逐步完善并迎来新的增长空间。但我们也看到，这个过程并不是一蹴而就，而是经过了十多年的讨论及摸索。这个层面上，我国可以借鉴 J-REIT 探索经验以及应对问题的解决方案，结合我国的实际情况来发展 REIT。由于 REIT 的特殊法律地位，其发展离不开顶层设计、监管机构的大力推动以及金融机构等投资者的参与。虽然说，当前我国地产行业过热，REIT 的推出还缺乏天时地利，但未雨绸缪，加强对于其研究、部署已经迫在眉睫。

# 论 mREIT 的发展对我国地产行业转型的重要意义 ①

2014 年，国内第一单类 REIT 推出，市场对 REIT 反响热烈。随后，很多行业内人士提出，REIT 是国内资产证券化市场的一片蓝海。笔者并不认同，并在研究文章中多次提到，由于国内税收、法律等因素，真正意义上的权益型 REIT 在国内短期间不可能实现，由此可见，类 REIT 发展空间也有局限；反而 CMBS 才是适合我国实情的一片蓝海，发展机会更为成熟。时过境迁，3 年之后，我们欣喜地看到我国 CMBS 在 2016 年发行规模已经达 193 亿元，是类 REIT 同期发行量的 2 倍多。虽然 CMBS 推出还不到一年，却已经超过类 REIT 过去三年发行规模的一半。但在当前市场热衷于 CMBS 之际，笔者却认为，在新形势下，市场更需要关注 mREIT（mortgage REIT），mREIT 市场的发展对我国地产商转型意义巨大。

当前，我国绝大多数商业地产公司，不论规模大小，商业模式均较为单调，主要还是项目公司性质，不断在圈地、立项、融资、建设、售楼、回款、再圈地之中循环。这种模式具有杠杆高、利润大、周期短的特点，在楼市持续上升的过程中可以迅速提高企业规模和利润，但面临过度依赖外部融资、波动大、易受宏观政策影响。一旦宏观经济进行调控，不论公司规模多大，都可能在短时期面临资金链崩断的风险。众所周知，我国经济发展已经进入新常态。房地产市场的原始爆发期已经过去，地

---

① 文章部分节选发表在《中国金融》，2017（1）。与张立合作。

价上升迅速，不但大量中小地产企业将面临被整合或消失的结局，即便是大型地产企业也面临资金的压力和精细化发展的挑战。在这种状态下，如何持续为企业提供发展资金来源，如何助力企业转型？这是一个既关乎企业生死的问题，也是经济结构转型调整的一个具体命题。mREIT 为此提供了解决方案。在本文中，我们结合 mREIT 在美国成熟市场的发展经验，探讨其对于完善我国 REIT 市场的影响，并论述 mREIT 在新阶段下对我国地产行业的意义。

## 1. REIT 简介

REIT 是个大家族，并不单一，形态多样。一些投资人在谈到 REIT 时，将不同形态的 REIT 混为一谈，抹杀了 REIT 的本质和功能。实践上，不同形态的 REIT 发挥的作用并不一样。从投资模式来看，REIT 可以分为权益型（equity REIT）、抵押型（mREIT）以及混合型三种。权益型 REIT 主要是以收购商业地产、写字楼或者酒店等物业，并通过持续物业经营中获得的租金和物业增值收益为投资人提供回报的一种投资管理模式。抵押型 REIT，即 mREIT 不拥有、不运营物业，主要是为地产开发商提供住宅或商业按揭贷款和投资 CMBS 等房地产相关债权，并从收益中为投资人提供回报的一种投资模式。混合型 REIT 是兼顾权益型和抵押型 REIT 的模式。

近年来，我国商业地产从增量高速周转到存量优化运营的转型过程，对 REIT 的重视度逐渐增加。但行业的注意力实际上还局限在权益型 REIT 之中，对 mREIT 缺乏深刻理解。这可能并不奇怪，因为在美国过去的 30 年 REIT 发展中，权益型 REIT 都占有绝对份额。2016 年，权益型 REIT 占 REIT 市场规模的 95%，而 mREIT 不到 5%（见图 1）。但在 REIT 刚刚发展的初期，并不是这样。mREIT 和混合型 REIT 占据主要地位。

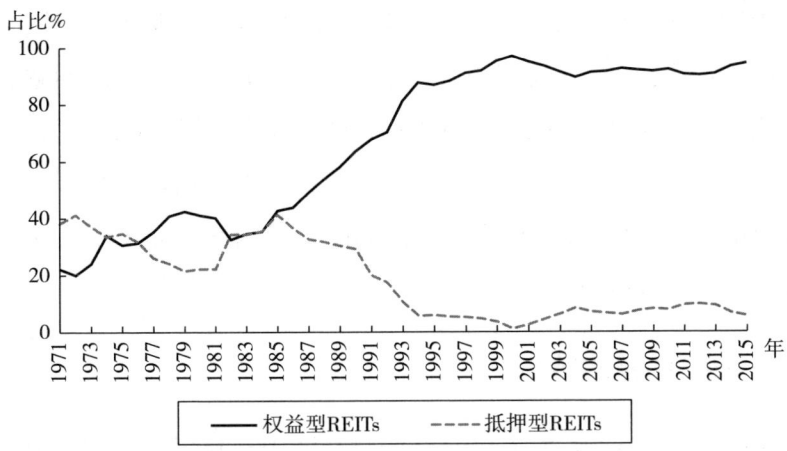

资料来源：清华五道口金融学院，BoA。

**图 1　美国 REIT 市场份额变化**

## 2. 美国 mREIT 的发展概况

在美国，mREIT 一般在纽约证券交易所（NYSE）或者纳斯达克（NASDAQ）挂牌[①]，其中 NYSE 的占比约为 86%（截至 2016 年 11 月）。通过公开市场募集个人投资者和机构投资者的资金，mREIT 为投资人提供了间接投资住房和商业按揭贷款，以及按揭贷款抵押支持证券（MBS）的便捷渠道。让商业地产具有更多的私人投资是 1960 年美国艾森豪威尔总统签署 REIT 法案的重要原因[②]。同时，也使更多的个人具备低成本、多元化渠道以便投资原本不可能获得的商业地产的机会。另外，由于开拓了原本仅有金融机构和高净值人士才能介入的商业地产投资，REIT 法案促进了社会公平。

---

[①]　正因为 REIT 主要在交易所挂牌，其实质还是偏重股性的金融产品，并不属于资产证券化的分类。在美国，REIT 总量也不计入资产证券化总量。在实际业务中，也有 REIT 未向 SEC 注册，也未挂牌。这类 REIT 不在本文讨论范畴之内。

[②]　Durrett，A. Overton. 1961. A. Overton Durrett，"The Real Estate Investment Trust: A New Medium for Investors，" William and Mary Law Review. Volume 3，Issue 1，Article 8: pp.140–161.

mREIT 和混合型 REIT 一直占有 REIT 市场的主导地位，直到 1986 年，里根总统签署的《税法改革法案》解决了 REIT 重复征税的问题，这使得权益型 REIT 快速发展起来。mREIT 对我国现阶段金融市场之所以重要的原因之一是因为我国当前地产企业所面临的政策环境以及发展模式可能更类同美国 20 世纪 80 年代之前的阶段。因此，mREIT 在美国早期的发展也值得我们回顾和学习。

## 2.1　mREIT 的基本特点

在地产行业，mREIT 主要扮演的是金融中介角色。它将所募集的资金用于发放各种按揭贷款。其主要收入来源是发放按揭贷款所赚取的手续费和在杠杆运用下的贷款利息，收益性质类似一般债券，与市场利率水平呈反向变动关系。当然，mREIT 也从投资 CMBS 等地产相关债券中获取回报。

mREIT 与权益型 REIT 有很大差别。如表 1 所示，两者在盈利模式、投资标的和风险收益特征上均有显著差异，如果说权益型 REIT 性质与股票接近，则 mREIT 更类似固定收益品种，受利率变化因素影响大。

表 1　权益型 REIT 和 mREIT 的比较

|  | 权益型 REIT | mREIT |
|---|---|---|
| 盈利模式 | 直接参与房地产投资、经营 | 获取息差 |
| 投资标的 | 商场、写字楼、酒店等商业物业 | 按揭贷款或 MBS |
| 影响因素 | 商业地产行业及运营管理 | 利率 |
| 收益特征 | 有一定波动 | 较稳定 |
| 投资风险 | 较高 | 较低 |
| 可比标的 | 股票 | 债券 |

此外，mREIT 与 CMBS 也有根本差异，这是两个不同形态、不同阶段的产品。CMBS 是以商业贷款抵押为基础的资产证券化产品。其基

础资产是商业银行或非银行贷款机构向商业地产公司发放的贷款。因此，CMBS 的融资主体（发起人）为银行或放贷机构，而不是商业地产公司①。在 CMBS 中，商业银行或非银行贷款机构充当中介向商业地产公司进行放款。而 mREIT 可以直接向商业地产公司放贷。因此，mREIT 可以就是 CMBS 产业链中的一个中介机构，而 mREIT 也可以通过发行 CMBS 来盘活其资产。从资金来源上看，mREIT 向商业地产公司放款的资金来源是股权融资或债权，如借用 CMBS 或回购（Repo），或向银行借款等。在实践过程中，mREIT 与 CMBS 可以是互补关系。一方面，mREIT 可以通过发行 CMBS 盘活其资产；另一方面，也可以在市场上购买 CMBS，为投资人赚取回报。

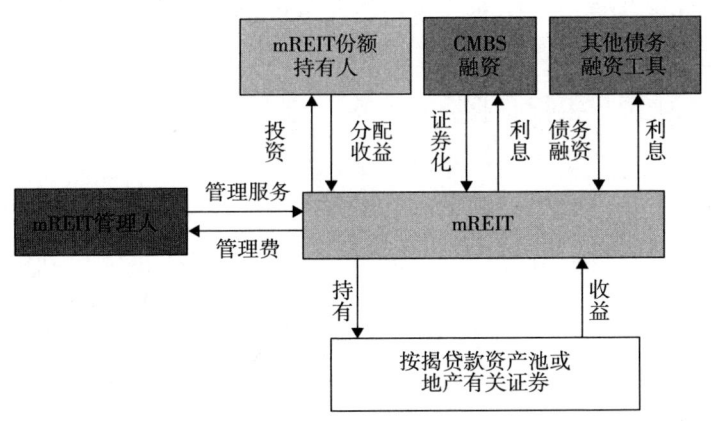

图 2　mREIT 的运作模式

## 2.2　市场发展概况

　　美国 REIT 市场经历了从"三分天下"到权益型 REIT 崛起、mREIT 和混合型 REIT 发展放缓的过程。

---

　　①　当然，我们也看到，在现阶段，我国的 CMBS 采用双 SPV 构架来替代银行作用，通过信托来对商业地产公司进行放款。这种模式面临一定的规范性的问题。因为其性质不在本文内容之内，暂且忽略。

mREIT 的发展经历了三个阶段。第一个阶段，即 20 世纪 60 年代到 80 年代中期，为初创期①，mREIT 和混合型 REIT 占主导地位。第二个阶段为 REIT 发展期，随着 90 年代之后资产价格的飙升，权益型 REIT 的收益率显著提高，新增 REIT 主要为权益型，从 1990 年到 1997 年，权益型 REIT 规模从 56 亿美元增长至 1 278 亿美元，mREIT 面临发展放缓，数量从 43 只减少至 26 只，规模仅增长 74 亿美元。第三个阶段是重新爆发期，美国 2008 年次贷危机以后，REIT 市场重回上升通道，权益型和抵押型 REIT 数量均呈逐年上升态势。其中 mREIT 的规模增长到 2015 年底的 523.6 亿美元（见图 3）。根据 Fitch 的研究，2016 年和 2017 年，美国约有 3 500 亿~4 000 亿美元的商业物业贷款到期，mREIT 预期会迎来阶段性的大发展，填补银行业因物业价值波动而紧缩银根的这一缺口。新加坡主权基金 GIC 在 2015 年就曾向 mREIT 公司 LCRT 投资 1.5 亿美元以便进入美国非银行商业贷款业务。

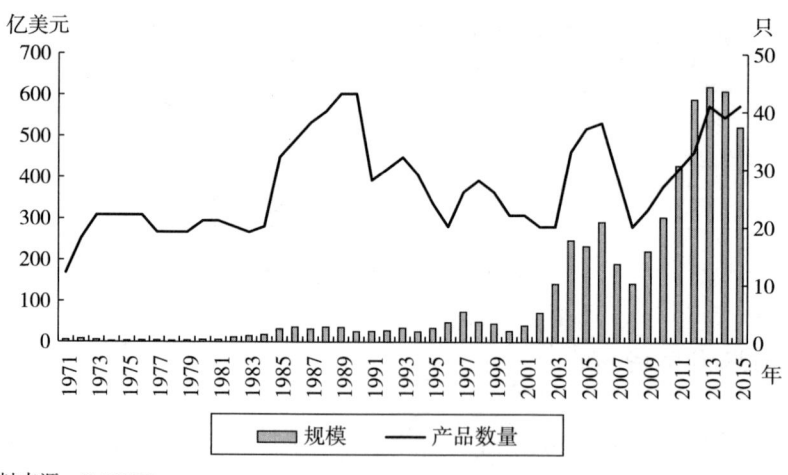

资料来源：NAREIT。

图 3　mREIT 发展

---

① 实际上，REIT 的起步早在 19 世纪 20 年代就已经开始了。1820 年 2 月，波士顿的一家公司就通过立法所得到的特许权设立了通过出售股权募集资金并用于投资房地产的业务形态。

权益型 REIT 之所以能够占据 REIT 市场的主导地位主要得益于两点：

（1）美国税法典 1031 交易延税条款的存在。该条款允许商业地产企业将出售商业物业所获得的资本利得在一定条件下进行递延，从而降低了企业税务负担。因此，商业地产企业有极大动力参与到 REIT 过程之中。

（2）权益型 REIT 的收益率在较长时间短期内显著高于 mREIT。以 2016 年 10 月为基准，过去 20 年权益型 REIT 年化收益率达到 10.31%，而 mREIT 仅为 4.10%。

但在危机后随着经济新常态的到来，新一轮资产升值趋势放缓，基准利率长期维持在历史低位，mREIT 的表现好于权益型 REIT。根据美国 NAREIT 统计，mREIT 从年初至 2016 年 10 月 31 日的总回报（Total Return）高达 20.01%（其中 10.17% 源自于股价增长），高于同期权益型 REIT5.43% 的总回报。

## 2.3 运作模式和投资价值

从运作模式来看，mREIT 主要可以分为两类：抵押按揭和 MBS 套利型，这类 mREIT 通过资金成本与投资收益的利差获取回报，因此通常有较高杠杆；类银行型，这类 mREIT 形同银行，通过放贷和资产证券化来获得回报。

从投资的资产类别来看，mREIT 可以分为住房类和商业类。住房类 mREIT 的投资标的主要是以两房（房地美、房利美）发行的 RMBS（住宅按揭抵押资产证券化）。此类 mREIT 同时也大量直接投资于住宅按揭贷款。商业按揭贷款 mREIT 主要为商业地产进行融资，但其主要投资于商业地产按揭贷款，少量投资于 CMBS、地产夹层贷款、开发贷等。

以全球著名的私募机构黑石，其旗下的商业类 mREIT、BXMT（Blackstone Mortgage Trust，Inc.）为例，根据其 2016 年第三季报显示，资产组合主要包括：贷款账面净值 83.5 亿美元（占总资产的 99.2%）；

股权投资（投资于名为 CTOPI 的前员工私募基金，为非并表基金）167.8
万美元；其他资产 6 661.3 万美元，包括汇率互换、利率互换等对冲工
具。其中 83.5 亿美元账面净值的贷款主要分布于写字楼、零售、宾馆和
住宅等。

表 2　BXMT 贷款分布（2016 年 9 月）

| 资产类型 | 贷款个数 | 账面净值（千美元） | 占比（%） |
|---|---|---|---|
| 写字楼 | 55 | 4 540 394 | 49 |
| 宾馆 | 17 | 1 761 751 | 19 |
| 零售 | 10 | 823 184 | 13 |
| 多户住宅 | 8 | 586 910 | 6 |
| 公寓 | 2 | 85 436 | 3 |
| 厂房 | 9 | 297 726 | 3 |
| 其他 | 5 | 252 311 | 6 |
| 总计 | 106 | 8 347 712 | 100 |

资料来源：Blackstone 年报。

　　mREIT 的盈利模式，主要是通过在资产负债表中持有按揭贷款和
MBS，赚取利息和融资成本间的息差。由于息差较小，为了增强收益，
mREIT 通常采用高杠杆。mREIT 的杠杆率远远大于权益型 REIT。根
据美国 NAREIT，截至 2016 年 10 月，权益性 REIT 的平均债务比例为
31%[①]，而部分 mREIT 债务比例达 90% 之多。以住房类 mREIT 为例，
其平均债务比例为 85%。

　　mREIT 可通过多种方式进行融资，主要包括普通股和优先股、回
购、结构融资、可转债和长期债务等。从 2005 年到 2016 年的十几年，
mREIT 共从资本市场上融得 848 亿美元的资本金。而到 2015 年底，
mREIT 的规模也仅为 523.6 亿美元。其中之差反映了 mREIT 的高杠杆以

---

　　①　债务比例计算为总债务与总市值之比。

及高红利。

对投资者来说，mREIT 的吸引力在于其相对较高的股息。投资人可以直接在证券交易所，如 NYSE 和 NASDAQ 购买挂牌的 mREIT，也可以通过购买共同基金或者 ETF 来间接持有 mREIT；无论何种方式，投资人均有机会间接投资住宅和商业按揭贷款市场。长期来看，mREIT 的回报相对稳定，能够有效地分散风险，是重要的资产配置的工具。

投资 mREIT 的主要风险包括利率风险和信用风险。利率变化影响 mREIT 的息差结构同时直接影响其按揭贷款资产的价值，通常需要采取合适的利率对冲手段或者调整久期的方式来缓释利率风险。mREIT 的信用风险主要体现为基础资产的信用风险敞口。此外，早偿风险（Prepayment Risk）和展期风险（Rollover Risk）等也是投资 mREIT 需要考量的因素。

## 2.4 美国 mREIT 的税收政策

REIT 产生于美国，从诞生之日起就与税法密不可分，其独特魅力也在于其具备税收优势。要满足"免税"的资格，一般需要满足一系列测试，主要包括"主体资格测试"（Organizational Tests），两个"收入测试"（Gross income Test），各种"资产测试"（Asset Test）以及收入分配要求（Distribution Requirement）等。其中，收入测试要求收入主要来源于不动产，即 95% 来自股息、利息、不动产租金，转让或以其他方式处分股票、证券和不动产的收入等。资产测试主要考察其总资产中至少有 75% 是由不动产资产组成（75% 资产原则）。此外，REIT 的结构中，除了合格免税主体，还可能包括应税附属机构（Taxable REIT Subsidiary，TRS），为其不满足免税条件的业务视同普通公司课税，因而，美国的 REIT 结构实际上是具有双重征税标准，判断标准异常复杂。

除了权益型 REIT 需要满足的测试之外，mREIT 还具备其特殊性，主要在于判定特殊收入事项，包括贷款手续费、贷款服务费用、证券化和出售以及破产资产处置等。举例来说，（1）发放贷款除利息以外收取的手续费不满足收入测试，理论上要放在 TRS 中征税；（2）如果是给自身持有的贷款征收的服务费，则可以视为利息收入的一部分而免税，而如果是给第三方服务收取的费用则不能免税；（3）贷款和房产估值问题：超过房产估值部分的贷款（部分贷款的抵押物包括房产外的资产）不能免税；（4）由于 REIT 需要分配 90% 以上的收入，因而往往需要对持有资产进行资产证券化或销售来盘活，以筹措购买新的资产的本金，资产售卖往往需要通过 TRS 来进行，而证券化则面临类似情况，需要进行一系列的复杂判定而决定是否需要通过 TRS 进行；（5）破产资产：mREIT 由于底层的贷款违约而获得的资产一般可以免税，除非有证据表明在购买前就提前得知破产将会发生。

综上所述，REIT，尤其是 mREIT，对于激进的投资人来说，由于其面临很多免税测试的限制而制约了其投资策略，因此，并非一定是最优投资选择。但对于大多数机构来说，满足测试而享受免税待遇无疑是很有吸引力的选择。

## 3. 对我国 REIT 市场的启示

### 3.1　中国版 REIT 的发展概况

在政策层面上，我国政府一直支持发展 REIT 产品。2005 年 11 月，商务部就提出"开放国内 REIT 融资渠道"的建议。2006 年，证监会启动推出国内交易所 REIT 产品的工作。2008 年，国务院出台金融"国九条"，首次从国务院层面高度提出发展 REIT，随后，国务院发布了细化的"金融 30 条"，明确提出"开展房地产信托投资基金试点，拓宽房地产企业融资渠道"。2009 年，央行联合 11 个部委制订了 REIT 实施方案，并在北京、上海、天津开展试点。2014 年 9 月，央行和银监会下发《关于进一步做好住房金融服务工作的通知》，要求积极稳妥地开展 REIT 试点工作。随后，根据住建部的相关部署，将首先在北京、上海、广州、深圳四大城市展开保障房 REIT 试点。2016 年 10 月，《国务院关于积极稳妥降低企业杠杆率的意见》（国发〔2016〕54 号文）进一步指出"积极开展以商业不动产等不动产财产或财产权益为基础资产的资产证券化业务。""支持房地产企业通过发展房地产信托投资基金向轻资产经营模式转型。"

在实践层面，2014 年 5 月，中信启航专项资产管理计划成功发行，是首单具有"中国特色"的类 REIT 产品，其最大的突破在于可通过深交所综合协议交易平台挂牌转让，从而实现了产品的二级市场流通。此后，又有一些类 REIT 产品落地，如中信华夏苏宁云创资产支持专项计划，以及刚成立的中信皖新阅嘉一期资产支持专项计划，这些产品与前述中信启航产品结构相仿、设计思路均为设立专项计划受让项目公司股权并发放委托贷款，类似为股债混合型 REIT 的结构。自 2014 年到 2016 年 12 月 6 日，公开发行的商业不动产资产证券化产品共计 13 单，合计规模 487.88 亿元，其中类 REIT 产品 10 单，合计 294.87 亿元，CMBS 产品 3 单，合计 193.01 亿元。据悉，在沪深交易所受理待发行的产品合计超过 500 亿元，其中除少数为类 REIT 产品外，大部分为 CMBS 产品。

自 2014 年"中信启航"类 REIT 在上交所挂牌交易所以来，类 REIT 产品逐步发展，成为能够在未来对接真正意义上公募 REIT 的过渡性产品。类 REIT 产品除具备传统融资功能之外，还能帮助企业实现优化财务报表、降低资产负债率、探索轻资产模式，也为私募地产基金提供了退出渠道。但类 REIT 始终缺乏法律和税务层面的支持，税收筹划始终是个难点。2016 年 8 月，北京银泰中心和金茂凯晨两单类 CMBS 的落地，弥补了类 REIT 产品的缺陷（这也是我们在前几年多次强调看好 CMBS 发展的原因之一）；同时，由于类 CMBS 和经营性物业贷相比，具备抵押率高、利率低、用款灵活等优点，现阶段具备大规模复制的条件。然而，我们需要认识到虽然 CMBS 在国内仍然有极大

的发展空间 ①，但还不能完全解决在新常态下，我国地产企业转型的根本。特别是，不少地产企业的物业已经用于抵押，虽然低成本的 CMBS 渠道可以解决部分资金问题，但对于不成熟的商业物业和开发项目，CMBS 和权益型 REIT 皆不适用。

## 3.2　我国发展 mREIT 的重要性

当前，我国资产价格泡沫化的压力较大，地产企业转型需求高。同时，商业物业的周期性波动相对较大，银行承受风险的能力有限，需要更多具有识别风险能力以及具有风险承受能力的机构参与。我国地产企业发展资金过度依赖于银行，而我国银行的性质决定了其放贷活动受宏观政策、货币政策的影响极大。因此，企业在微观层面的发展需求与宏观调控可能并不一致。mREIT 的专业性和破产隔离属性，决定了其更具专业化和风险承受能力，将是商业物业的重要资金来源以及对银行业单一资金来源的不可或缺的补充。

当前的权益型 REIT 进一步发展空间有限，但 mREIT 则不然。具体表现在以下几个方面：

（1）从政策环境上看，我国 REIT（或类 REIT）面临无税收优惠和双重征税的窘境，尤其是权益型 REIT，除所得税外，在并购环节一般还需缴纳高昂的土增税；而在运营环节，需扣除增值税和一定比例的房产税，再加上之后还要扣除所得税，经粗略估算，最终实得只有租金的 60%~70%。因此，发展权益性 REIT 并不成熟。

（2）从收益回报来看，我国的不动产租售比低，这使得权益型 REIT 的股息在当前金融产品中并不具备竞争力。

（3）从海外地产行业发展阶段来看，一般要经历三个时期：依赖

---

① 截至 2015 年，我国银行仅房地产开发贷款存量就达到 6.6 万亿元。即便是 10% 的基础资产用于 CMBS，也会产生 6 000 亿元的市场规模。

高周转的高速成长时期，提高行业集中度的并购重组时期，以及提升运营能力、降低负债压力的精细化管理时期。我国地产行业的转型刚刚起步，现阶段通过 mREIT 获得转型所需的资金至关重要。

此外，mREIT 易于实施。地产公司可以联合金融机构和私募基金设立 mREIT，针对企业发展目标和需求设计资金来源，降低对银行的依赖，积极主动地对企业转型做布局。在我国 REIT 税制问题解决以前，mREIT 可以扩大企业项目开发的资金问题。在税收问题解决以后，又可以利用税收便利或递延所得税来降低融资成本。因此，mREIT 可以成为启动地产开发、盘活不动产资产、化解行业流动性风险的利器。不但如此，mREIT 又是一个重要的投融资工具，可以为个人投资者和机构投资者提供长期稳健的大类资产配置。

笔者认为，mREIT 的发展中有以下几个关键因素：

第一，从美国 mREIT 的发展历程可以看出，在 REIT 起步期，mREIT 是重要的产品形态，在项目中后期的发展过程中，mREIT 和权益型 REIT 互为补充，成为不同发展阶段不同经济形势下的两个路径选择。我国真正意义上的权益型 REIT 的推出仍有较大的障碍，税收、法律层面都没有理顺，而 mREIT 的税收问题不像权益型 REIT 那样突出，完全可以成为先行产品，是发展公募 REIT 的探索和成为公募 REIT 产品推出初期的重要产品形态。

第二，我国当前资产证券化实践还处于隔离状态，主要体现在发起人都是以自身资产为基础，缺乏多元化。从中信苏宁的整个操作过程来看，苏宁作为委托人将物业资产（以私募基金份额的形式）转移给资产支持专项计划，物业资产类型单一，也无须主动管理。国内 REIT 的健康发展一定需要从单一资产向多资产、从静态产品向动态主动管理发展。mREIT 在产品形态和操作模式上具有极大灵活性和便利性，是从单一资产向多资产、主动管理的一个重要选择。

第三，mREIT 还可以与 CMBS 和其他资产证券化品种互动，如果说权益型 REIT 是地产基金的退出方式，则如前所述，CMBS 是 mREIT 盘活资产和退出的重要途径。mREIT 和 CMBS 等产品的互通和互补将有利于打造良性的地产金融融资环境，相互促进产品的流动性，对于企业转型具有重要意义。

我国 mREIT 的发展离不开顶层设计，以及监管机构的跨部委、跨行业的大力支持和推动金融机构、专业人士的不断创新。笔者认为，作为有生命力的产品，mREIT 将会迎来发展的机会窗口，为我国地产行业的健康、可持续发展提供重要的工具。

# 我国基础设施 REIT 的发展路径初探<sup>①</sup>

REIT 是一种资产投资运营模式，也是产业投资模式。说起 REIT，大多数人认为其仅是"房地产"投资信托。但海外经验显示，事实上，其内涵可以扩展为包含铁路、高速公路、通信设施、电力配送网络、污水处理设施及其他具备经济价值的土地附着物，这些资产都可以理解为不动产，同时也是常见的基础设施资产。投资于这些基础设施资产的 REIT 即为基础设施 REIT。

根据国家统计局统计，2016 年我国基础设施投资完成额达到 11.89 万亿元，比上年增长 17.4%。基础设施投资资金面临巨大需求。海外经验显示，基础设施 REIT 是基础设施重要的融资渠道。基础设施 REIT 拥有其他融资方式所不具备的优势和特点，与基础设施领域资金需求非常匹配，也应该成为我国在基础设施领域融资的重要渠道之一。基础设施 REIT 具有多种优势：除了和商业地产 REIT 享有的所得税税收优惠政策外，如果基础设施涉及权益转让，则会减少公用事业单位即项目公司的负债率；另外，公募 REIT 具备较为广泛的投资者群体，可以获得较低成本及较长期限的融资，起到降低项目公司整体的杠杆率水平和优化债务结构的作用；同时由于税收优惠，投资人也可以获得具有竞争力的税后投资回报。

2016 年 12 月 26 日，国家发改委、证监会联合发布《关于推进传统基础设施领域政府和社会资本合作（PPP）项目资产证券化相关工作的

① 原文部分节选发表在《中国金融》，2017（4）。与张立合作。

通知》（以下简称《通知》）。作为国家战略扶持的 PPP 领域获得了资产证券化这一新兴融资渠道的大力支持，其中特别提出要"推动不动产投资信托基金（REITs），进一步支持传统基础设施项目建设"。

## 1. 国外基础设施 REIT 的发展概况

基础设施投资对于一个国家的经济发展有着重要的长期和短期效应。起于 1929 年的大萧条导致美国及全球经济的大幅下滑。为重振经济，1933 年，罗斯福总统签署了《全国工业复兴法案》（*The National Industrial Recovery Act*），其中最重要的内容之一就是政府在公共工程方面的投资。20 世纪 50 年代，艾森豪威尔总统在任期间，美国政府成功在基建设施中引入私人资本，不但公共总投资在 GDP 中的占比达到历史高位的 7%，而且联邦政府债务不断下降。在 2008 年金融危机之后，奥巴马总统颁布了《2009 美国复苏与再投资法案》（*American Recovery and Reinvestment Act*，*2009*），提出要通过投资基础设施以刺激经济增长。新一届的特朗普总统提出的"长期基建投资计划"也备受瞩目。而积极的财政政策和宽松的货币政策导致政府负债上升，仅靠政府财力已无法推动基础设施建设的高速增长，根据 ASCE（American Society of Civil Engineers，2016）的统计，未来 5 年美国仅地面交通系统的平均年投资资金缺口就将达 1 100 亿美元，因而迫切需要私人资本等社会资本作为基础设施融资的重要来源。

利用 REIT 为基础设施融资，在美国也属于一项相对较新的尝试。2007 年，美国国税局（Internal Revenue Service）在给美国电力基础设施联盟的批复函中确认了基础设施可以成为 REIT 的合格投资对象[①]，这一批复函确立了 REIT 投资基础设施的地位。在过去几年，美国国税局规

---

[①]　https://www.irs.gov/pub/irs-wd/0725015.pdf.

定从非传统型不动产投资中所获得的租赁收入，也可以成为 REIT 的合格收入。在美国，已经出现基于电力配送网络、移动通信塔、天然气管网等高度专业性化基础设施的 REIT。美国 REIT 协会（NAREIT）将这些新的资产类别归为另类 REIT。如图 1 所示，截至 2016 年 11 月，在 FTSE NAREIT All Equity REIT 指数的 167 只公募 REIT 中，共有 5 只基础设施 REIT，总市值已达 763.62 亿美元，占比 8.35%。另外，还有 6 只以数据中心为基础资产的 REIT，总市值 500.43 亿美元，占比 5.47%，以及市值占比 3.67% 的特殊 REIT。广义基础设施 REIT 占比接近 17.49%。

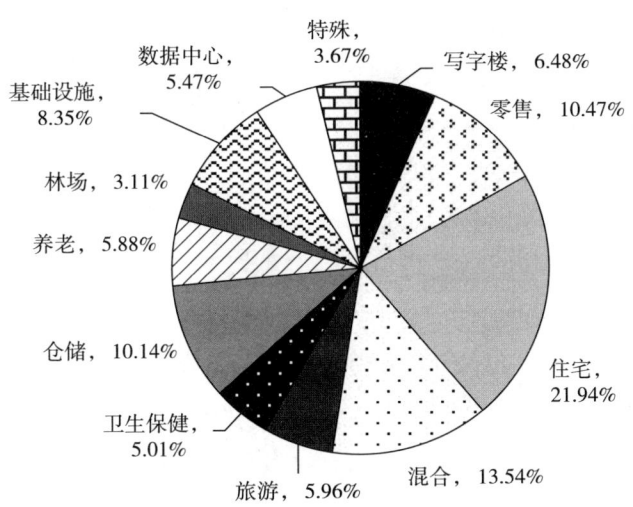

资料来源：NAREIT.

**图 1　美国公募 REIT 类型市值占比**

截至目前，美国国税局已经确认 REIT 可投资的基础设施领域包括铁路、微波收发系统、输变电系统、天然气储存及输送管线、固定储气罐等。典型的基础设施 REIT 示例如表 1 所示，值得一提的是，HASI 和 PW 是两只关注于"绿色"清洁能源领域的 REIT，主要投资风能、太阳能等可再生能源领域的债权（包括项目贷款、应收账款、融资租赁和证券等）以及不动产（用于出租）和项目公司股权。

**表 1　美国主要基础设施 REIT 举例**

| REIT 名称 | 代码 | 投资领域 | 说明 |
|---|---|---|---|
| American Tower Corp.[①] | AMT | 无线通信 | 从事持有、管理、开发和租赁无线和广播通信塔等业务 |
| CorEnergy Infrastructure Trust, Inc. | CORR | 能源管道 | 专注于收购美国中上游能源基建资产，同时与能源公司进入长期三方净租赁。公司专注领域包括管道、存储槽罐、传输线以及收集系统等 |
| InfraREIT Inc. | HIFR | 电力传输 | 旗下拥有在得克萨斯州的电力传输和分配（T & D）资产，如电源线、变电站、发射塔、配电电线杆、变压器和相关的资产。此外还包括其早期通过并购持有的一条铁路[②] |
| Power REIT | PW | 交通能源 | 持有、开发、收购并管理美国交通、能源领域资产。专注收购租赁与可再生能源项目的不动产，如太阳能发电厂、风能电厂 |
| Hannon Armstrong Sustainable Infrastructure | HASI | 能源管道 | 专注于清洁能源项目，即开发清洁能源，如太阳能、风能、地热能、生物质能和天然气以及其他与可持续发展相关的基础设施项目 |

注：① AMT 原为在纽交所上市公司，2011 年对外宣布成为 REIT 的愿望，并在 2012 年满足成为 REIT 的要求而成功转型。

②指其 2011 年 12 月通过并购 P&WV 而拥有的一条铁路。该铁路出租给 Norfolk Southern Corporation，租约为 99 年，每年的固定租金为 91.5 万美元。

资料来源：清华大学五道口金融学院，公开资料整理。

澳洲是全球第二大 REIT 市场。近年来，澳大利亚 REIT 投资领域也已经从商业物业发展到包括基础设施在内的更多的资产类型。目前共有 20 余只上市的基础设施 REIT，资产类型包括收费公路、飞机场、广播电视塔、码头、铁路等。[①]

在亚洲市场，印度在 2014 年效仿美国，也推出了 REIT 法案，允许开展房地产（REIT）及基础设施 REIT（其称为 Infrastructure Investment Trusts，IITs）业务。由于法律及税收制度未健全等原因，至今尚未有一单 REIT 产品发行。但为了促成落地，2016 年，印度证券交易委员会（SEBI）将 REIT 投资于开发项目的比例从 10% 放宽到 20%，同时宣布免除红利分配税务（Dividend Distribution Tax）；据悉，目前已有数单基础设施

　　① 唐时达 . REIT 的国际比较及启示［J］. 中国金融，2014（13）.

REIT 和写字楼 REIT 在推进之中。值得一提的是，针对 PPP 和非 PPP 项目，SEBI 在 SPV 和开发项目投资要求上有一些差异。如 PPP 项目必须通过 SPV 进行投资，且开发项目必须完成工程进度或者预算开支的至少50%（需第三方认证）；而非 PPP 项目没有 SPV 的限制，且证照齐全即可投资。换句话说，发展中国家对新增项目需求相对旺盛，可因地制宜地发挥基础设施 REIT 在投资开发项目上的作用，还可以根据 PPP 开展情况与 PPP 制度相结合并进行定制，互相促进。

我国目前的基础设施融资面临发展瓶颈。随着我国城镇化加速发展，对公共产品和服务的供给效率和质量都有更高要求。国发〔2014〕43 号文的出台要求加强地方政府性债务管理，对地方政府债务规模实行限额管理，基础设施建设需要由依赖政府投资开始向多元化模式转变。PPP 模式的推出正是符合我国基础设施领域发展方向的大政方针。但除了法律、财务制度等问题外，融资工具和流动性的缺乏也是制约 PPP 大力发展的因素之一，因而迫切需要进一步发展资本市场工具，缓解政府举债融资受限和继续扩大基础设施投资需求之间的矛盾。《通知》指出的要推动基础设施 REIT 的发展正是这个问题框架下大势所趋的解决方案之一。

## 2. 基础设施 REIT 的标的资产

REIT 产生于美国。但长期以来 REIT 一直投资于房地产及相关行业的标的资产。标的资产是否可以扩充到其他资产，资产如何界定？这对于基础设施的 REIT 应用非常关键。

前文提到的美国国税局在 2007 年给美国电力基础设施联盟的批复函裁定（Private Letter Ruling 或 LTR）[①] 中对基础设施是否符合美国法典

---

① 参见 Private Letter Ruling 2007-25015。批复函裁定（Private Letter Ruling，LTR），是由美国国税局发出的回答纳税人关于将要从事的交易的涉税问题的解释，以便帮助纳税人更好地遵守税法。

（US. Code）中关于 REIT 资产和收入的相关约定进行了解释。该裁定表明，第一，REIT 并购的标的资产[①]是出租给拥有经营权的租户，该 REIT 本身并非有意获得相关经营权。换句话说，即基础设施 REIT 的收入来自于将资产出租给运营商获得的间接的租金收入，而非直接运营产生的利润。这可类比零售业 REIT 在买下购物中心后，自身并不销售商品或服务，而是将其店面出租给品牌零售商并收取租金。第二，标的资产签订的租约是三净租约（Triple Net Lease[②]），租金数额并不直接和租户的净收入或利润挂钩，由租户承担全部必要的设备和人员成本来保障运行。租户支付租金后，获得设施的使用权，而 REIT 不再提供任何服务。美国在商业物业中，一般也是采用三净租约，租户负责房产的维修、房产税收、房产保险和装修费用等；这点和我国稍有不同，一般来说，在我国，租户只承担租金、物业管理费并自负运营成本，而房产税收和保险等则由业主承担。尽管形式各异，该约定的实质是要区分对待出租基础设施和提供相关服务的税务处理，使得基础设施 REIT 的业务重点聚焦于投资基础设施本身。

美国国税局规定，若要享受 REIT 的税收优惠，必须满足一系列测试。这主要包括：（1）至少 75% 以上的总资产投资于不动产相关领域；（2）75% 以上的营业收入来自于不动产租金、转让所得或者抵押贷款利息；（3）分配比例：年终必须将 90% 以上的应税收入应分配给股东。根据该规定，上述批复函指出，第一，该机构的申请中目标资产必须在本质上属于永久性构造物，且其各个组成部分无论在物理上还是在功能上都不可分割，因而满足第（1）条对投资领域的要求；第二，资产的用途只能是被动地运输或储存产品，并不涉及相关产品的生产或加工过程，因而也满足第（2）条关于收入比例的要求。有趣的是，为支撑裁定结论，

---

① 尽管批复函裁定为保护隐私而没有明确表明该标的资产的属性，一般认为是输电管线。
② 三净租约是租客除支付租金，还需支付产业税、产业保险及责任险、保养费及其他维修费。

美国国税局把该机构的设施性质类比为铁路，而此前美国国税局已在税则中约定铁路资产是"不动产"。

这个批复函非常重要，也为我国制定有关法规提供了借鉴。根据这个裁定逻辑，铁路、高速公路、通信设施、电力配送网络、污水处理设施等具有类似特点的基础设施，都可能成为基础设施 REIT 的投资标的。

## 3. 我国基础设施 REIT 的发展路径初探

从产品形态上看，和商业物业 REIT 类似，REIT 可以分为权益型（Equity REIT）、抵押型（mREIT）以及混合型（Hybrid REIT）三种，实践中不同形态的 REIT 发挥的作用并不一样[1]。如表 2 所示，类比商业地产 REIT，基础设施 REIT 也可以有多样化的投资标的和投资形式。由于涉及基础资产转让而较少采用类似商业地产的抵押贷款模式，成熟的基础设施比较适合发展权益型 REIT；但在建设期，由于难以形成租赁物，且几乎没有项目收益，则更适合采用 mREIT 的形式发放开发贷款，获取利息收益。

从发展阶段来看，我国的 REIT 又可分为已初步开展实践的类REIT[2] 和待开展的公募 REIT 产品。结合我国资本市场和政策环境的特点，笔者建议先行开展类 REIT，并在条件允许下，逐步向多种形式的公募 REIT 进行过渡。

---

[1]　详见张立，郭杰群.论 mREIT 的发展对我国地产行业转型的重要意义［J］.中国金融，2017.

[2]　由于我国目前交易所的 SPV（专项资产管理计划）不能超过向超过 200 人募集以及缺乏税务机制等原因，市场习惯上称此类产品为准 REIT。

表 2　商业地产和基础设施 REIT 对比

|  | 商业地产 REIT | 基础设施 REIT |
|---|---|---|
| 标的资产 | 写字楼、商场、酒店等 | 铁路公路、水电气输送管线等 |
| 收入来源 | 物业租金和物业处置收入 | 财政补贴、设施租金和资产处置收入 |
| 债权投资形式 | 物业抵押贷款、开发贷款 | 融资租赁、开发贷款 |
| 股权投资形式 | 资产或项目公司股权 | 资产或项目公司股权 |

　　谈基础设施 REIT 的发展路径，就不能不谈 PPP，二者互相促进和补充。一方面，PPP 和基础设施 REIT 都重点关注有一定现金流的半公益性和经营性项目，二者在存量项目中是产业链的上下游关系。PPP 项目为基础设施 REIT 提供大量的优质并购标的。反过来看，基础设施 REIT 又给 PPP 项目投资人提供了退出通道。由于资本的收益和退出是社会资本是否介入一个项目的重要考量，基础设施 REIT 的推出，结合税收等优惠政策，将会大大改变当前 PPP 项目中社会资本投入问题，这也和《通知》的要义一致。另一方面，三种形式的公募 REIT 均可适量投资开发项目，且资金更为灵活，是对 PPP 作为基础设施开发项目资金来源的重要补充。

　　在对《通知》的解读上，一些行业人士认为，PPP 资产证券化并无新意，基本等同于原有的基础设施收费收益权证券化模式，而基础设施 REIT 无非是在收费收益权证券化交易结构的基础上添加了股权转让环节，笔者并不认同。如前所述，在国际相关准则中，基础设施 REIT 并购的标的资产需出租给拥有经营权的租户，而 REIT 本身并非需要获得该经营权，这一点和很多数人理解的直接用基础设施收费收益权直接作为基础设施 REIT 的基础资产有关键区别。即基础设施 REIT 本身持有（或通过与合作方共同组建的运营合伙公司，即 Operating Partner 或 OP 来持有）资产，但并不直接介入运营，这也是其和传统的合同债权或特许经营收费收益权资产证券化的根本区别。下面我们来初步探讨基础设施类 REIT 和公募 REIT 的实践路径。

## 3.1　类（准）REIT 的操作方式

我国交易所推出的类 REIT 是具有中国特色的 REIT 产品。在实践层面，2015 年 2 月，中信华夏苏宁云创资产支持专项计划是备案制后首单成功挂牌的类 REIT 产品，思路为设立专项计划受让项目公司股权并发放委托贷款，类似股债混合型 REIT 的交易结构。由于在我国 REIT 尚没有相关立法，基础设施 REIT 发展初期有望沿袭这一交易结构。一方面，类 REIT 产品中的股权档，能帮助社会资本有效退出，缓释资金期限错配、回报率与风险错配等问题，有望引入多层次多类型的资金参与，加速基础设施项目落地。另一方面，特别在 PPP 项目中，项目公司投资建设基础设施一般都会产生大量前期债务，类 REIT 可通过债权档发放融资租赁款等形式的债权置换前期债务，为项目公司筹得低成本的资金。另外，通过项目公司回租的形式，仍由其经营，可有效缓释社会资本退出的道德风险，并将引导产生专业资产管理机构，培养和提高其资产管理能力。具体有以下几种方式：

（1）债权档操作方式。在商业地产行业，类 REIT 可扮演金融中介角色，将所募集的资金用于发放各种按揭贷款，这一角色与我国现阶段下的交易所发行的 CMBS 有一定共性。我国目前发行的 CMBS 普遍采用双 SPV 架构，其中第一个 SPV（特定目的信托计划）的目的是替代银行功能对商业地产融资公司进行放款。由于类 REIT 适用于有一定现金流的项目，对于成熟的基础设施资产，也可以用融资租赁来代替信托贷款[①]。在这种模式下，类 REIT 直接向基础设施项目公司发放融资租赁款项。类比传统融资租赁业务，项目公司可以把基础设施所有权转让给类 REIT，但仍保留该设施的经营权。传统融资租赁业务中，通常用"动产"

---

[①]　对于缺乏现金流的开发物业，由于未形成租赁物，更适合由 mREIT 发放开发贷款或由 REIT 进行股权投资。参见 3.2 部分。

作为标的物，而基础设施 REIT 相当于用"不动产"作为租赁物，扩展了融资租赁业务的内涵[①]。交易结构如图 2 所示。

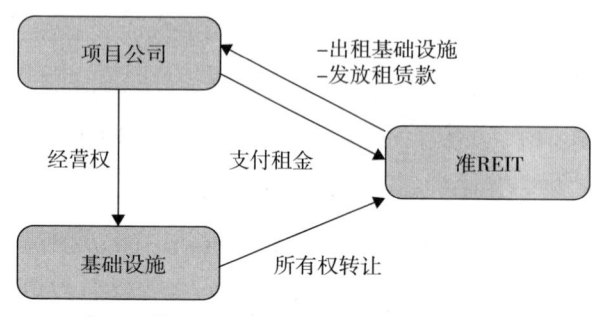

**图 2 基础设施类（准）REIT 的交易结构**

（2）股权档操作方式。基础设施项目，包括 PPP 项目，一般具有投资周期较长、金额较高、前期风险较大等特点，在缺乏有效的退出机制的前提下，不少投资者望而却步。类 REIT 可以通过资产转让来完善社会资本的退出机制。在美国的基础设施 REIT 中，项目公司向 REIT 转让基础设施资产的过程可通过共同设立 OP 来实现，即由项目公司以资产出资，REIT 以募集资金出资共同设立 OP，再将资产剥离至 OP 名下。通过实物出资的方式，可以暂且回避部分类型资产转让受限的问题。如果合资设立 OP 也存在一定障碍，还可以尝试借鉴商业地产类 REIT 的模式，让类 REIT 通过持有项目公司的股权来控股的方式以间接控制资产。

除了具有类 REIT 通用的融资优势之外，此交易结构还能缓释目前基础设施，特别是 PPP 证券化的一些障碍。具体来说，当前 PPP 退出机制推行中所存在的障碍包括：（1）特许经营权转让的法律瑕疵。在类 REIT 中，原项目公司仍然通过 OP 保留资产的经营权利，因而不涉及转让特许经营权事宜。（2）社会资本存在退出的道德风险以及受让者能

---

① 在我国的一些金融租赁和融资租赁公司也有了一些以不动产作为租赁物的尝试，和基础设施 REIT 一样，部分类型资产是否能转让等法律问题存在一些争议，限于篇幅不作为本文研讨的内容。

力不足的风险，因而 PPP 合作协议中一般具有约束社会资本退出的条款。而类 REIT 下的项目公司仅支付固定租金，同时继续保留经营权，这样的模式既可以保持社会资本的参与度，又在一定程度上进行"轻资产"运营，为 PPP 项目进行高效融资。（3）收费收益权证券化模式下，受开发周期和经济周期影响，项目现金流不均匀也不易准确预测，导致融资规模和期限受限。而类 REIT 中，通过融资租赁的方式可以平滑项目现金流，最大化融资效率。

## 3.2 公募 REIT 的重要意义

然而，类 REIT 仅是过渡性产品，若要进一步提升产品流动性，需要引入更多的中长期机构投资者，降低融资成本。但要达到这一步，还有待于真正意义上的多种形式的公募 REIT 产品的推出。

首先，类 REIT 产品需要进一步升级为权益型或混合型 REIT。除了税收和公募发行的优势外，公募 REIT 还可以扩充投资范围，更好地参与到开发项目中。基础设施项目建设通常具有两种模式，即更新投资和新建投资的方式。前者需要社会资本支付一笔前期费用获得既有设施的"特许经营权"（一般而言，此类项目处于建设中后期，有较稳定的现金流）；而后者需要社会资本方参与设计、建设，并在建成物业后获得经营权。在前者模式下，项目公司可把已经建成运营的基础设施转让给 REIT 再租回资产，相当于"售后回租"的模式；而在后一模式下，可直接由 REIT 募集股权资金，进行项目开发，再出租给运营方，并发放开发贷款、融资租赁等进行债务融资，相当于"直接租赁"的模式。受制于资产支持专项计划这一 SPV 载体的特性，对基础资产现金流有一定要求，类 REIT 尚不适合投资开发项目，应以成熟基础设施为主；而公募 REIT 则可直接扮演 PPP 中社会资本方的角色，配置部分资金于开发项目中。

具体来说，对于开发项目，由于建设初期无现金流或现金流较少，而权益型 REIT 又有一定的分红压力，因此不宜采用。但 mREIT 则可绑定信用主体，持续获得债务的利息收益，因而可以将更大的比例配置在开发项目中。所以说，发展 mREIT 对于我国这样的对开发项目需求较大的发展中国家来说，意义重大。

## 3.3　基础设施 REIT 推出迫切需要解决的问题

首先，无论是何种形式的 REIT，之所以发展迅速，一个重要方面是其在税收方面享受的优惠。在我国，除了 REIT 本身迫切需要解决所得税税收问题之外，基础设施 REIT 还需解决其特殊的税收处理难题。第一，主要是基础设施项目建设周期一般较长，早期的现金流比较少，税前利润不多，甚至是亏损，导致 REIT 在项目初期的节税效果不明显；因而，REIT 投资早期基础设施项目的额外税收优惠政策是促进该行业发展的重要课题之一。第二，而基础设施类别繁多且各具特点，跟商业物业相比其运营模式可能更为复杂。在专门针对基础设施 REIT 的税则尚未出台的情况下，为了能促进 REIT 投资基础设施，美国国税局的批复函裁定只能套用现有的以房地产为主的 REIT 税则，使得在现阶段，REIT 的收入中只有基础设施的租金才能免征所得税。这点也是我国制定相关制度法规需要参考的因素之一。基础设施本身的收入能否豁免征税以便扩大基础设施 REIT 的投资范围，并加强 REIT 专业化程度需要进一步研讨。

其次，我国目前大量基础设施的资产转让或经营权转让具有一定的法律瑕疵，难以像类 CMBS 产品那样把物业进行抵押和处置，而能否处置股权也有待于司法检验，这不利于基础设施 REIT 产品的标准化和产品流动性的提高，也难以对基础资产进行有效估值。2014 年 12 月，发展改革委颁布了《关于开展政府和社会资本合作的指导意见》，在加强政府和社会资本合作项目的规范管理部分，将退出机制作为重要的一环予以规范，并提出政府要"依托各类产权、股权交易市场，为社会资本提供多元化、规范化、市场化的退出渠道"。但是并未明确规定具体的操作流程，这也有待于从顶层设计进行完善。值得一提的是，从美国的发展经验来看，基础设施 REIT 以通信、能源、电力配送以及交通行业等私营资本参与度较高和市场化程度较成熟的领域为主，水利、公路、机场等以国有资金投入为主的领域则相对较少，这对我国推进基础设施 REIT 有一定的借鉴意义。在实践中，可以根据我国对不同类别资产的制度和监管要求，分类别和分批次地解决产权和流动性问题，对基础设施 REIT 的基础资产类别，成熟一批发展一批，而不要"一刀切"。

总之，虽然基础设施 REIT 的推动还面临一些问题，但海外经验显示，REIT 工具在基础设施中的应用无疑是解决资本的有效手段，加快这一方面的试点非常值得探索。

# 第四部分

# 信用风险篇

# 美国信用体系综述及特点 [①]

## 1. 前言

　　信用（Credit）伴随着人类社会的发展而发展。信用关系是双方（个人或团体）的利益互动，表现为在当前一方出于信任基础上为另一方提供资源（包括但不限于商品、资金、劳力），并在未来一定期限内取得资源回报的行为。在人类社会发展之初，信用主要表现为人与人之间的直接实物或劳力交换。在法律上，早在公元前 18 世纪，古巴比伦帝国的《汉谟拉比法典》就对信用、债权人、债务人有过阐述。随着社会、经济和生产力的发展，人类的消费水平、生活水平逐步增加，信用需求也变得更为复杂和多样。信用的发展同时又为社会、经济、文化和生产力的发展，以及市场运行效率、秩序提供了重要的促进作用。比如，Gelpi和 Julien-Labruyere（2000）在对消费信用历史的研究中上发现信用，特别是消费者信用提升了社会的融合和民主的普及。这是可以理解的，因为信用不再是基于政府的行政命令而是基于市场行为。

　　在现代经济体中，人们所指的信用主要是以货币资本为主要形式。但是信用不只局限于货币，还体现在更为广泛的文化层面（Logemann，2012）。美国文化虽然仅有 300 多年的历史，但作为世界上最为发达的经济体和文化上最为包容的国家 [②]，其信用体系也最为完善。早在 20 世纪

---

[①] 本文部分节选收录在《互联网金融蓝皮书》由电子工业出版社出版。

[②] Gelpi and Julien-Labruyere（2000）提到了在欧洲早期由于罗马天主教对高利贷的憎恶而阻挠了信用的使用。当时，信用常被认为是造成经济问题的祸首。由于受文化的影响，法国直到 20 世纪 50 年代末才开始对消费者信用合法化。

40年代末，美国49%的新车销售，54%的旧车，46%电视机销售已经是基于信用基础上。1960年，信用消费已经占美国消费总量的12%，而在英国，该比例仅为6%，德国为2.5%，法国为1.2%（Ryan等2011）。

在理想的商业环境中，借贷成本是与借贷者的违约风险相关。信用越好的借贷者为同等贷款额所付成本（也即利息）也应该最少；信用越差者，所付成本应该越高。但在现实生活中并不完全是这样。其根本原因是因为信用的特点。信用虽然是基于信任[1]，但具有借贷双方信息不对称性。不论是实践中还是理论上都已证明，由于借贷双方面临信息不对等，信用市场上存在贷款前逆向选择问题（在市场借贷成本高时，优质借款者不愿意借款而退出市场，留下的非优质借款者具有高违约风险）和贷款后道德风险（借款者获款后降低违约防范的努力而造成违约风险的增加）。因此，风险管理必然是信用体系中的重要环节。贷款者可以通过自己收集借款者资料、进行贷后监督来降低风险，但时间长、成本高。在实践长河中，贷款者逐渐发现信息共享对判断借款者风险有很大帮助。这是征信所（Credit Bureau[2]）产生的原因，也是征信体系的基础。

在理论上，学者也证明贷款者之间信息共享对减少逆向选择和道德风险具有重要作用。Pagano，Jappelli（1993）发现信息共享可以降低违约率，减小贷款利率。Kallberg，Udell（2003）研究显示信息共享对违约的有显著预计性。Padilla，Pagano（1997）发现信息共享可以鼓励借款者在获得贷款后仍然努力保持良好信用。

通过信息共享建立的信用体系显然对借贷双方及社会整体都是有利的。它不但促使信用不好的借款者努力去改善信用记录；为放贷者提供了风险审核判断的工具；也有利于贷款者增加放款数量，满足社会生产

---

① Credit 一词来源于古老的拉丁文，译为"我相信"。

② 征信所（Credit Bureau）实际上是用户（企业或个人）信用收集、汇总、报告商。用金融的语言来说，就是用户的信用结算中心。不同信用提供商为征信所提供及时的用户还款记录，由征信所汇总整理这些信息。

上的资金需求。Jappelli，Pagano（2002）用数据实证了信息共享可以影响经济整体，是在信息不对称环境下削减合同成本的一个有效途径，并且给社会生产带来更多的信用额度，降低经营资金成本。他们的研究同时发现信用风险与信用分享成反比。

世界信用体系千变万化，各个国家，包括美国、德国、法国、意大利、英国、日本、印度、韩国等都各有不同。但忽略细节，大体模式主要为两类：

一是市场化自愿的私有信用信息交换或合作（Private Credit Information Exchanges or Cooperatives）形式，主要由成员（银行、非银行金融公司、信贷协会、零售商等）自愿向征信所汇报借款者信用数据。由征信所负责收集公共信用记录（如纳税、法庭诉讼）、处理、汇总和分享借款者信用活动；或者由行业协会为会员建立的非营利信息平台，通过内部的信息共享达到对借款者信用的交流。这种模式完全独立于政府之外，采用市场化的经营形式。美国采用征信所模式[①]；日本采用协会会员制模式。

二是政府主导强制的公共信用登记（Public Credit Register）形式，主要通过政府法规强制银行、非银行金融公司、贸易债权人、信用服务公司等机构向中央银行或政府指定部门或机构汇报其债务人的信用数据，并通过立法来保证数据真实性。德国、法国等欧洲国家以及印度采用此模式。

显然，自愿行为和被强制行为对数据的收集覆盖面，数据的真实性都有影响[②]。这两种模式，谁优谁劣并无定论。Jappelli，Pagano（2002）利用小规模问卷数据显示，公共信用登记模式更可能出现在债权者权益

---

　　① 但即便在美国，协会会员信息模式也存在。比如在商业银行中有 Risk Management Association（协会原名为 Robert Morris Association），资产支持贷款行业中有 Commercial Finance Association 来协调会员提供的借款者信用。

　　② Kallberg，Udell（2003）讨论了在自愿报告模式下，如果无利，信用提供者不会有动力来分享他们所有的私有信息。此外，通过自愿信息交换而收集的信息可能因为缺乏小的信用提供商数据而造成信息偏差。但强制性公共信息登记也会因为信息收集类型的限制而存在问题。

缺乏保护的国家。

## 2. 美国信用体系

### 2.1　美国信用的历史发展

近代信用发展于英国。17 世纪中叶的英国资产阶级革命推翻了封建专制制度。18 世纪以蒸汽机为代表的第一次产业革命促进了工业的迅速发展。生产力的解放加快了商业贸易往来和个人消费。《鲁宾逊漂流记》作者 Defoe 在 1839 年就曾在 *The Complete English Tradesman* 中描述到信用在英国经济发展中的关键作用。他写道，"运用信用，大英帝国的贸易量会增加 2 倍、3 倍或更多。信用就是基础，基于其上的帝国贸易才会如此庞大"。

在当时，不但多数家庭有信用债务，而且商业信用也成为最大的贸易资金来源。相比其他欧洲国家，英国商人更倾向于长期限信用。在当时的荷兰，绝大多数商品销售是基于 6 个星期的信用。而英国则为 9 个月到 2 年（Olegario，2006）。英美文化、语言上的相同以及血缘关系的联系，使北美在 18 世纪中成为英国海外贸易的最主要地区。英国商人更加倾心北美这个新开辟的广阔市场。一个在北美有贸易的商人所能够得到的商业信用比仅在英国做贸易商人的信用还要多 10 倍（Olegario，2006）。即便在美国独立战争时期，英国与美国的贸易往来仍然紧密联系着。18 世纪，商品从英国起航需要大约 2 个月的时间才能到达美洲。英国商人所能得到的长期限信用对推动英美贸易起到了重要作用，使得债权者愿意并且能够对新兴的且缺乏启动资金的北美消费者提供较长期信用，促进了美洲地区经济发展。

1800 年，95% 的美国居民住在农场。当时由于与英国之间的贸易不平等，多数金银流出了美洲，钱币非常不容易得到。Calder（1999）描述了一位印度安人领袖在 1820 年的叙述，"在我的年代里，能够同时看到两个钱币在流通是非常稀少的"。Robert（1929）写到"在内战之前，几乎所有的人都在负债，都无法得到钱币来满足需求"，因此，信用成为钱的替代物。对当时分类账簿的研究显示，当时相当大的一部分商业是基于信用基础上的。Richard 和 Boublil（1991）研究了一个费城木匠在 1775 年到 1811 年的账簿。他们发现 92% 生意是以信用为基础的。可以想象，当时很多家庭的物品购买是利用销售商的往来赊欠帐户。1858 年，美国家庭债务已经达到 15 亿美元，相当于每个家庭债务达 300 美元。在 1865 年的内战后，特别是 19 世纪末由于长期的通货紧缩，使得索账变得日益困难。零售商的分期付款信用逐渐取代了往来赊欠账户。到 1890 年，家庭平均债务至少已经达到 880 美元（Calder，1999）。

　　零售商的分期付款信用最初出现在 19 世纪早期，但仅面向一些富裕的家庭。但到了 19 世纪 80 年代和 90 年代，分期付款信用已经普及到中产阶层。Calder（1999）记载了一个消费者每周支付 25 美分，共 18 年买缝纫机的故事。到 1851 年，用分期付款信用购买缝纫机已经被很多家庭所用。一个 30 美元的缝纫机仅需要 1 元的首付，每周 50 美分的分期付款。而违约虽然不是不常见，但远在可接受程度（Calder，1999）。到 20 世纪初，美国的百货商店已经建立起现代的赊账体系（Spring，1921）。

　　除了赊账外，利用小额贷款也是取得资金的一个重要手段。在 19 世纪的纽约市，小额贷款公司已经占整个城市总贷款的三分之二（Ralph 1968）。到 1907 年，纽约市的小额贷款公司已经有 70 个（Calder，1999）。在当时，贷款前贷款者会让借款者完成一个大约 50 个问题的问卷，包括借款者过去和现在的就业情况、经济条件、信用证明人等；此外，借款者还需在承诺支付贷款额的本票、扣押抵押物的授权书、未来工资转让、当前债务申明上签名。然后，贷款者会对借款者申请表上的信息进行调查。对于那些没有工资转让承诺的，借款者还需要提供额外的两三位担保人。在最后还款按期完成后，所有的文件都会被消除。对于违约者，在最初的通知，私访无效后，贷款者会雇佣专业索账服务。通常这项任务是由女性雇员来执行，她们会在违约者同事或家人面前公开谴责违约者的赖账行为，通过羞辱手段以达到还债目的（Calder，1999）。

从 20 世纪开始，非政府组织和贷款者组织积极推动着消费者信用的开放，他们认为消费者信用的开放是弱势群体自我改善福利的一个方式。一个有趣的历史是在 1969 年，全国福利权利组织要求零售商能为它的成员提供信用，当百货商店 Sears 拒绝后，该组织开始了为期 2 年的针对 Sears 的抵制活动。类似的事例还很多。在非政府组织和贷款者组织的积极推动下，在银行和零售商的贷款实践下，社会最终建立起一个理念，那就是信用是达到经济繁荣的一个途径。1974 年国会通过平等信用机会法（Equal Credit Opportunity Act）明确反对任何贷款者因为借款者的性别、年龄、种族、肤色、宗教信仰、婚姻状况等而进行歧视。1977 年，国会通过社团复兴法案（Community Redevelopment Act）鼓励银行对中低收入社区提供贷款服务，禁止对他们的信用歧视。

信用卡在 20 世纪 20 年代开始在美国应用，最初主要是一些百货商店、连锁酒店为了吸引客户而推出的只能用于自身公司的信用凭证。1938 年左右，一些公司开始相互接受其他公司发行的信用凭证。1946 年纽约布鲁克林的弗布殊国家银行为其银行客户发行了第一张银行借记卡。1950 年，纽约吃货俱乐部为它的成员发行了第一张信用卡。1951 年，纽约的富兰克林国家银行为其客户发行了第一张银行信用卡。随后信用卡在美国得到很大发展。在 20 世纪 60 年代周转账户（Revolving Accounts）已经成为美国消费者主要的借款来源。目前，美国已经有 10 亿多张信用卡（目前美国人口为 3.1 亿）。

回顾历史，美国信用的发展得益于三个方面的特点：

其一，人口的高度流动性。作为一个移民国家，早期的居住者不断在流动中寻找机会。Tocqueville（1862）就曾惊叹道美国社会非凡的流动性。

其二，美国地域极其广阔。在缺乏资金下，不同地域的消费者都需要当地贷款者提供信用服务。由于美国居民的高流动性，这些贷款者面临非常多的重复借款者，因此他们之间需要有频繁沟通，交换信息。到1950年，美国有1 500家独立的信用评估公司。

但更为重要的是，美国社会对信用理念的理解。合法的消费者贷款被认为是驱逐高利贷的有效方式。在第二次世界大战后，劳工组织和实业家认为信用是增加产量的方式，可以提高劳动生产率、利润和工人工资。到20世纪60年代末，信用被认为是增加弱势群体，如黑人和妇女的经济福利的工具。总之，在美国历史发展中，不断有商业和社会同盟群体支持信用是取得社会和经济平等的一个工具。获得信用是公民的权利而不是特权以及信用就是财富，不但成为民众普遍接受的观念，也被法律政策制定者所接受。

## 2.2　美国商业信用

美国信用体系包括个人和商业信用体系。在早期，征信所的形成或为私有机构，或为商家之间的合作组织，其主要目的是用以交换用户的信用信息。而信息主要也是以黑名单为主。地方商家一般只对不在黑名单上的客户提供信用服务。在第一次世界大战后，经济的增长、人口流动的加快促使征信所得到快速的发展。信用报告开始增加更多的个人信息以满足商家授信判断的需要。

相对于个人信用体系，商业信用体系出现得更早。美国商业信用市场目前主要被一家征信公司 Dun & Bradstreet（邓白氏）所垄断。邓白氏成立于1933年，是 R.G. Dun & Co （1841年成立于纽约）和 J.M. Bradstreet & Co（1849年成立于辛辛那提）合并而成[①]。到2012年底，邓

---

① R.G. Dun & Co 是美国历史上第一家成功的商业征信公司，原来由 Lewis Tappan 于1841年成立。1849年，J.M.Bradstreet 成立并在1851年出版了第一本商业评级。1930年的经济大萧条促成了两个公司的合并。

白氏的全球信用数据已经覆盖 200 多个国家的 2.2 亿家公司。

多年来的实践和改善使得邓白氏的报告已经成为商业信用批准的必备部分。债权者和金融机构会依赖于邓白氏的信用报告来评估借款者的信用度。对于借贷信用额度不到 10 万美元的，债权人可能是完全依赖于邓白氏提供的还款历史，而不是进行成本更高和周期更长的借款人财务分析、贷款还款调查。对信用评审自动化的贷款公司，利用邓白氏的报告更为重要。不少软件公司如 Oracle，SAP 都已经将邓白氏的数据整合到自己的系统中。在互联网时代，这些自动化程序可以在瞬间对借款者作出放贷审核判断。

邓白氏收集的商业信息主要有公司规模、历史、法律诉讼、财务信息等。一些信息是从公司公开呈报（public filing）上收集到的，比如公司法律诉讼。另外一些信息则是邓白氏自己的通讯员通过访问公司高管而收集的①。邓白氏收集的最重要信息是商业还款历史。对于一个公司的还款历史，邓白氏通过综合与这个公司有贸易往来的提供商所提交的定期应收账款记录。在美国，多数企业应收账款已经占总资产的 20%~60%（Edmonds，1998）。因此，邓白氏的数据对贷款者来说有重要的作用。

邓白氏商业信息报告包括以下主要内容：

基本信息，如公司名称、地址、联系方式、企业性质、成立年份、主要负责人、主营业务、企业概况和邓白氏编码；

风险分析，如公司风险预警评分和分析、公司与同业风险对比指标、行业风险预警评分分布；

付款信息，如对不同金额范围的付款记录，付款信息详情；

公司历史营运状况，如注册信息、股东信息、历史变更、主要负责人姓名学历、资历、工作经历、业务范围、品牌、认证、采购、主要供

---

① 邓白氏的早期通讯员包括后来任美国第 16 任总统亚伯拉罕·林肯，Ulysses Grant，Grover Cleveland，William McKinley。

应商、销售地区、金额、客户类型及主要客户、雇员信息、主要职能部门、营运评述、营业地点；

公司结构，如股东信息，参股股东、下属企业；

财务分析及往来银行，如财务信息，重要财务数据、资产负债表、利润表、重要财务比率、同行业财务比率、往来银行信息；

公共记录，如诉讼记录、媒体记录。

但邓白氏报告中最重要的信息是对企业的金融压力分类、信用分类和 PAYDEX 得分。金融压力分类度量了公司在今后 12 个月里破产或重组的可能性。该指标有 5 个类别。信用分类度量了公司在今后 12 个月里 90 天或更多天的违约可能性。该指标同样分为 5 个类别。PAYDEX 则是度量公司在最近 3 个月和 12 个月里对供应商还款的指标。一些学者对 PAYDEX 进行了研究，发现该指标具有良好的预测性（见图 1）。

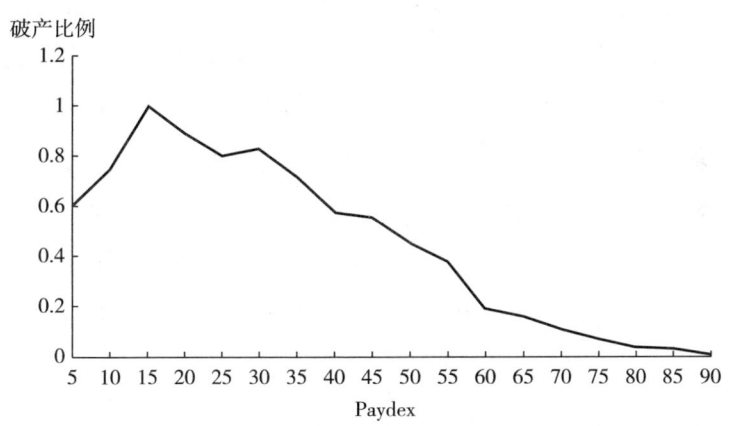

资料来源：Kallberg，Udell，2003.

**图 1　零售商在不同 PAYDEX 数值下的破产比例**

## 2.3　美国个人信用与三大征信所

美国个人征信所的成立要晚于商业征信所，但机构的操作模式是相同的。即便到今天，美国仍然有上千所遍布全美的地方征信机构。这些机构大都与三大征信所、Equifax、Experian 和 Trans Union 有隶属或合同关系。而三大征信所又是征信所联盟公司（Associated Credit Bureaus, Inc.）的成员。征信所联盟公司（ACB）成立于 1906 年，目前有 500 多名成员。ACB 代表着征信行业处理与政府和媒体的关系。

三大征信所由于信用信息来源不同，因此，他们所产生的信用报告也有不同。美国现有人口大约为 3.1 亿人，其中 19 岁以下大约占人口总数的 25%。三大征信所的每一家都有大约 2.5 亿名美国居住者的信用报告，基本覆盖全部成年人口。

### Equifax

Equifax 是三大征信所历史最悠久的。1899 年，Woolford 兄弟两人在亚特兰大成立了零售信用公司。他们与当地的百货商店开始合作，主要是跟踪消费者信用度以便商家决定是否给消费者授以信用。虽然在第一年里，仅有 37 个店主和 47 个百货商店订购了 25 美元一年的信用服务，导致公司在第一年里亏本 2 242 元。但是，公司随后的客户迅速增长起来。1901 年公司开始涉及利润更为丰厚的为人寿保险业提供信用信息的服务并且与众多律师和店主合作以得到客户的信用信息。1908 年公司开始为汽车责任保险公司提供信用报告。第二次世界大战后美国经济的快速发展也推动了公司业务。到 20 世纪 60 年代中，公司已经有近 300 个分支机构、7 400 多名检查员。公司在 1965 年发行了股票，并开始了运用电子数据系统。20 世纪 70 年代早期公司对多家征信所进行了并购，但联邦贸易委员会认为并购降低了市场竞争而予以反对。但经过努力，这些并购最终得以通过。1979 年，公司改名为 Equifax，源自与公平事实信息（Equitable Factual Information）。在 20 世纪 70 年代和 80 年代，三大征信所在全国范围内推动地方征信局的合并。Equifax 平均每年并购 10 个地方征信所。到 1987 年，Equifax 属下的地方征信所已经超过了 300 个。Equifax 已经覆盖了全美国。

### Experian

Experian 是三大征信所中最年轻的。它源自于 1980 年成立在英格兰的诺丁汉的 CCN Systems，主要从事信用审核服务。1996 年，CCN Systems 收购了美国 TRW 信息服务公司，开始涉入美国消费者信用领域。Experian 的公司总部在 Dublin，所以它实际上不是一个美国公司。

### TransUnion

TransUnion 是三大征信所中唯一没有上市的公司，也是三大征信所中最小的一个。它的起源比较独特。Union Tank Car Co.（UTC）一家创建于 1866 年的铁路油箱租赁公司在 1968 年成立了 TransUnion 作为 UTC 的母公司。TransUnion 随后开始了消费者征信业务，并且开始对地方征信所的并购。TransUnion 在技术又一系列革新，使第一个利用光盘替代磁带的征信所，也是第一个利用线上信息存储和数据读取处理系统的征信所。1981 年 Marmon 集团收购了 TransUnion。1988 年，TransUnion 覆盖了全美的征信市场。股神巴菲特的公司 Berkshire Hathaway 于 2008 年收购了 Marmon 集团的 60% 股权。2010 年私募基金 Madison Dearborn Partners（MDP）收购了 TransUnion51% 的股份。MDP 还拥有 PayPal 和 Nuveen Investments。

### FICO（费埃哲）的介绍

说到三大征信所，就不能不说 FICO，因为它在美国征信体系中起到非常重要的作用，是信用评分的先驱。三大征信所拥有的是数据，而 FICO 拥有的是对原始数据的深度分析技术。在个人信用评估方面，FICO 利用个人信用历史资料和其他借款人信用行为相比较，从而得出个人违约概率。随着电子计算机的应用，FICO 的推广使得信用审核自动化，从而加快了个人和商业信用的普及。

Fair，Isaac and Co.（2009 年时改为 FICO）成立于 1956 年，是由两名在非营利组织——斯坦福研究机构的年轻人 William Fair 和 Earl Isaac 每人出资 400 美元创建的。在初期，市场对信用分析并不了解。1958 年当公司与 50 家美国最大的信用提供商寻求合作时，仅有 1 家愿意会面。1972 年，美国国税局开始应用 FICO 的数据分析软件来判断偷税漏税者并取得很好的效果。再加上信用卡的使用和计算机技术的逐渐推广，FICO 的业务开始得到突破。1975 年公司为富国银行建立了第一个根据消费者行为的信用风险评分系统。公司在 1987 年上市，并在 1989 年通过 Equifax 推出 FICO 信用风险评分。在此之前，个人信用的审核还主要是面谈形式。在 FICO 推出信用风险评分后，个人信用审核开始自动化和高效化。1991 年三大征信局都开始采用 FICO 风险评分技术。但 1995 年美国最大的按揭提供商两房开始推荐 FICO 在按揭贷款评估中的应用对 FICO 的业务具有极其重要的意义。1995 年 FICO 还推出了小企业评分系统。FICO 目前业务已经远远超过了消费者的信用评分。它的其他业务包括决策管理、债务管理、数据分析咨询、中小企业评分系统等。

**Vantage 信用评分**

FICO 是个分析技术提供商，它对三大征信所和其他客户使用其评分模型产品收取特许使用费，而其本身并没有消费者信用数据。因此三大征信所一直有动力自发研究评分模型来取代 FICO 评分体系。2006 年三大征信局推出了它们联合研发的信用评分体系 Vantage。事实上，这也不是第一次三大征信所挑战 FICO 的评分体系，但从没有成功过。直到今天，Vantage 的市场份额仍可忽略不计。

**案例分析**

由于美国成熟的信用体系，消费者信用评分已经用于从信用申请、申请核查、风险控制和债务追索的各个方面。而大数据的挖掘又为信用评分提供了基础。

下面的案例来自于美国斯坦福大学 Liran Einav 等对一个专门为低收入高风险客户提供汽车贷款的公司的研究。由于这家公司的客户违约性高而回收残值低，因此商业利润的高低完全取决于对客户风险的认知。研究中使用的数据显示，这家客户的平均家庭年收入为 28 000 千美元，仅列于当年全国水平的倒数 33 位，其中三分之一的贷款申请者无银行账户，86% 是租房户。而且超过一半的申请者在贷款前 6 个月至少逾期了 25% 的债务。如果没有对数据的挖掘，根据这些条件来看，这些客户的违约风险极高，得到信用贷款的可能性极小。传统的针对风险的信用贷方法是增加首付。但是，研究发现对于每 100 美元的首付费用的增加，申请贷款的可能性就降低 2%~3%。而且我们前面所说的逆向选择问题将使得车贷申请者的资质更次。

图 2 显示了一个二维变量，客户购车时拥有的现金量和还款期间现金增量的关系分析。两个椭圆是高、低风险客户的在两个变量上的等密度分布曲线。Einav 通过数据挖掘的方法，使首付对一些借款者降低，而对另一些借款者增加，一些风险小的客户可以得到更高的贷款，其结果是总体违约率的下降。

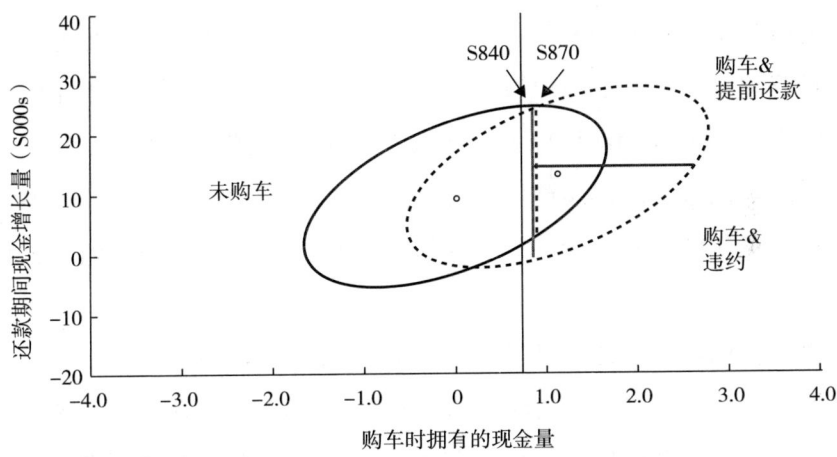

资料来源：Einav，Liran.

**图 2　二维变量**

图 3 显示了在基于数据处理后，不同风险客户群在首付额调整后，为公司带来的商业利润也较平均值有较大提高（对于低风险客户，利润期望从平均值 190 增加到 500）。

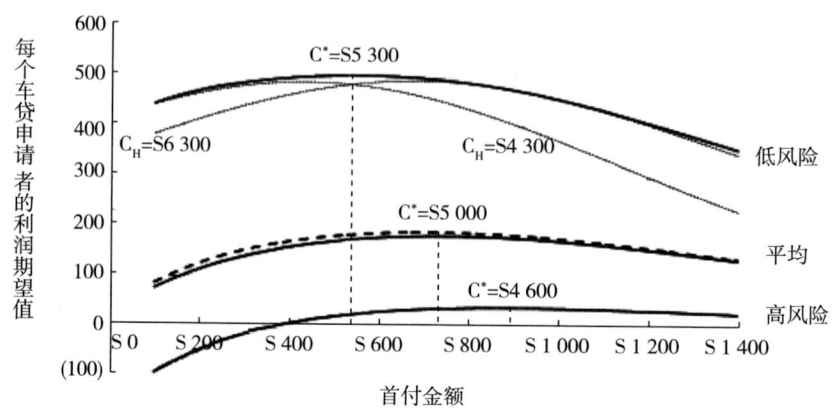

资料来源：Einav, Liran.

**图3　首付金额与商业利润关系图**

## 2.4　美国信用的法律体系

美国的征信体系虽然是市场化机制的结果，但政府仍在行业的规范化上起到重要作用。20世纪60年代，美国政府开始考虑在法律层面上规范个人信用数据的使用原则，加大了法律法规的监管力度，并且在立法、司法、执法上，逐步建立起比较完善的独立、客观的法律体系和监管体系。美联储、联邦交易委员会等都对信贷行业从不同层面上进行了监管。

美国目前的信贷法律主体是基于法典第15编（Title 15）"消费者信用保护法"。国会通过增加新的法案对法典第15编有过多次修订。此外，国会和联邦政府还通过了其他一些信贷法案。但主要侧重点是对消费者的保护，包括反业务欺骗，公民享有公平、平等获得信贷的权利，个人信息的准确性和个人隐私的保护。比如，1969年生效的《诚实借贷法》规定在借贷双方签署合同之前，贷款方必须明示借款者（消费者）一些重要的信贷信息，包括年化率、贷款期限、借款者的总费用等。1971年，国会通过了《公平信用报告法案》，第一次对消费者征信业进行了监管，并且对消费者保护的措施开始实施，比如消费者了解自身信用文档的权利，征信所对外透露个人信息的范围，征信所对消费者数据销售的限制等。该法案还规定，超过一定年限的个人信用的负面记录必须被删除。例如，破产记录只能保留 7 年。1977 年，《平等信贷机会法案》开始实施。该法禁止任何在种族、宗教信仰、婚姻状态、性别等 9 项基础上对消费者在任何信贷交易环节进行歧视。1978 年生效的《公平催债业务法》提供了一系列禁止实施的不道德的和虐待性的催债行为。1996 年，国会通过《公平信用报告改革法案》要求信用提供商不得提供错误的、有误导性的信息。随着计算机和互联网的应用发展，1989 年国会通过了《电子转账法案》明确了消费者和金融机构在使用电子转账时的基本权利、义务和责任。2003 年《公平和准确信用交易法》通过。该法案规定每个消费者每年都有获得免费信用报告的一次机会。

除国会、联邦立法外，美国还有各州自行制定的有关法律。比如，美国州法律统一委员会于 1968 年通过了《统一消费者信用法典》以统一各州信贷交易标准。

对于违法者，处罚是非常严重的。2003 年，一名消费者控告 TransUnion 提供其错误信用信息达 6 年之久。Oregon 州法官判定 TransUnion 败诉，赔偿消费者 530 万美元。

## 3. 互联网时代的冲击

互联网的发展对征信行业有一系列冲击，包括信用记录的收集、整理，消费者信用的计算、法律条款的修订。

最近，国内一直在强调大数据在金融方面的应用。美国 Zestfinance 是常听到的一家公司。Zestfinance 是成立于 2009 年的一家从事消费者信用审核的公司。其创立人来自谷歌和传统金融公司 Capital One。与 FICO

不同，Zestfinance 主要侧重于缺乏信用历史的[①]的消费者。在技术上，Zestfinace 与 FICO 不同之处在于它利用了上千个来源于不同地方的与信用相关的数据变量，从个人财务状况到对社交网站的使用量，对个人违约风险做出评估。

但是公平来说，Zestfinance 利用的上千个信用变量的原因是因为所评估的消费者缺乏信用历史资料。Zestfinance 不但覆盖面窄，而且还没有被任何主要银行所接受。ZestFinance 创始人最近在访问国内时也说到，他们服务于无信用评分或信用评分很低的小众人群，由于美国二级数据批发商极多，他们很少自己在互联网上爬网，基本上是通过购买得到这些基本数据。而他们所能购买到的数据银行也可以得到，只是银行依靠信贷数据已经能够进行对借款者的信用评估。由此可见，传统公司 FICO 的地位并没有被撼动，更不会被颠覆。但是，Zestfiance 开启了一扇大门，不但将一些表面上与个人信用无关的信息与信用相联系，更重要的是将金融普惠之门向更多的人打开。

Zestfinance 也是在大数据和互联网时代向传统金融挑战的一个代表。其投资者之一是大名鼎鼎的 Peter Thiel，也是在线支付 Paypal 的创始者之一。投资者对征信体系的重要性以及大数据互联网应用的广泛性吸引了大量的投资正向这个领域涌入。但是美国现有对消费者保护的法规也使得这些新兴公司的发展一方面面临着监管制约，但又对监管提出挑战。比如，商业机构不得因为性别在信用的授予上对消费者进行歧视。即便没有这个信息，通过大数据的分析仍可以并且很容易地得出消费者性别归属的结论。那么在监管应该如何调整？

另一方面，互联网的产生、电商的普及，以及日益频繁的跨国贸易流动对征信报告也产生了重大影响。商业和个人征信对征信收集内容、

---

① 对于许多刚到美国求学的中国留学生，由于没有在美国的信用历史，获得第一张信用卡是非常困难的。

范围、速度要求越来越高。此外，消费者信用造假和身份盗用也变得普遍。如何防范消费者成为受害者，通过消费模式辨别身份盗用也成为日益重要的工作。

不论变化如何，借贷双方信息不对称的特点是永远存在的。新技术的产生会解决或缓解旧的信息不对称问题，但新技术又会引入新的信息不对称的因素。人类社会就这样在曲折中发展。

# 大数据金融及信用风险管理 [1]

金融的核心在于承担风险中并得到相应的回报。由此可见，风险管理对于金融机构是至关重要的。而对风险的测量，则是风险管理中的核心环节。如果无法有效、准确地量度风险，那也无法做到对风险进行有效的管理。

在常见的金融风险（市场、信用、流动性、营运）中，能够最有效地应用大数据分析并进行管理的，就属于信用风险。而信用风险，按照借款者类别，基本可以分为以下几类 [2]：

- 大中型企业信用风险；
- 小微型企业信用风险；
- 个人 / 消费者信用风险。

管理好这三类信用风险，不但是贷款商业银行，贷款者的立身基石，也是投资于固定收益债券类投资者的成败关键。对它们的分析和建模，虽然都依赖大量数据的整理和概括，但其方法论和实际技巧，都大相径庭。

大中型企业的信用分析，主要基于理性预期假设（Rational Expectation Hypothesis）和期权定价理论（Option Pricing Theory）。其基本前提就是：

- 企业的违约决策，是有效的，即其管理人会在违约有利的情况下理性地做出违约的决定；

---

[1] 文章部分节选发表在《网络新媒体技术》，2015（2）。与陈剑合作。

[2] 在这里，我们跳过政府，包括地方债。事实上，政府在融资中同样存在信用风险问题。对政府信用分析方法与企业、个人虽然有不同，但也差别不大。

- 违约的可能性及损失率，是由企业的资产、负债、波动性、利率水平及破产成本等因素决定的，而且可以由传统的 Black-Sholes-Merton 期权定价模型来进行预测，具体而言：

  - 企业的杠杆率越高，违约率也越高；
  - 企业的波动性越大，违约率也越高；
  - 无风险利率越高，违约率一般较低；
  - 违约的损失率（Loss Rates）和企业的行业特性高度相关，

固定资产占比越低，损失率越高。

在西方，投资者所关注的企业的信用评级也主要是基于资产、债务等财务信息。不论是大名鼎鼎的 KMV 的 EDF 模型，还是彭博的 DRSK 模型都是围绕企业资产价值、偿还债务能力来计算信用风险。对于那些还不够大，无法在债券市场融资的中性企业，邓白氏信用分数是这些企业在银行取得贷款的重要指标。

信用风险的高低是取决企业融资成本大小的关键，不管是在资本市场上融资，或者是银行直接融资，信用风险评估是贷款评审的必备程序。而评级机构，则是左右企业融资成本的关键。所以每个评级机构，都有高度专业化的量化金融团队，对企业进行风险分析、建模和评级。

对于小微企业（Micro Business，美国富国银行定义小微企业为年收入不足 2 百万美元的企业），由于缺乏资产，信用风险更多的是与企业所有人信用和资产相挂钩。小微企业商业贷款是企业主个人贷款的延伸。富国银行小微企业商业贷款是以商业信用形式来发放。商业信用上限为 3 万美元。对于超过 3 万美元上限的贷款额度，企业必须展示出商业需求和职业经验。因此，小微企业贷款大多为信用贷。信用风险建模和个人并无太大区别。

对于消费者个人的信用风险建模，则主要基于在大样本上的计量经济建模。其基本假设就是在相同条件下，个体会与大样本中的相似个人做出相似的行为选择。比如，两个相似的消费者，拥有以下的共同特性：

- 相同的收入；
- 相同的教育程度；
- 相同的负债水平；
- 相同的信用分数；
- 相同的消费习惯；
- 其他的可量测变量。

那么我们一般会认为两个人在同样的经济环境下，比如：

- 房价下跌；
- 失业率上升；
- 离婚或其他家庭变化。

会做出相似的违约决定。当然，这只是统计意义上的相似，即观测到百分之一的对象违约，那么我们对于一个相似消费者在类似情况下违约的可能性的预测也是百分之一。模型误差，统计误差肯定是存在的，因此，保持大样本是统计模型的基本要求。以房屋按揭贷款为例，我们在建立违约模型的时候，经常要运用以下这类维度的大数据：

- 按揭记录：
  - 以千万美元甚至以亿美元计的按揭贷款记录；
  - 每个按揭贷款可能有 150~200 个数据项，比如：
    - 按揭类型包括：
      - 贷款利率；
      - 贷款目的（购房、再融资、提现）；
      - 固定或是浮动利率；
      - 还本付息年限及计划。
    - 贷款人记录包括：
      - 信用记录 / 信用分数；
      - 家庭收入及财产记录；
      - 其他负债；

- 自住或投资。
  - ■ 抵押品记录包括：
    - 房价；
    - 房租收入；
    - 房价波动性；
    - 房产所在地。
- 上十亿级别的每月还款／违约观测记录；
- 每月的观测记录包括：
  - ■ 还款额度；
  - ■ 违约与否；
  - ■ 累计违约金额；
  - ■ 预付记录，等等。
- 每月的其他相关时域变量，比如：
  - 房价变化；
  - 利率变化；
  - 失业率变化，等等。

当然，收集到了这些数据，只不过是信用风险分析建模的第一步。我们还需要用于以下的计量经济学、大数据分析、计算机仿真、应用数学等技巧，比如：

- 数据清洁、整理、采样、样板数据重构；
- 模型选择、估计、校准（Model Selection/Estimation/Calibration）；
- 预测及计算机模拟；
- 对于模型驱动变量的灵敏度分析。

在消费者金融业，商业银行及类似的大型金融机构（比如美国两房、三大评级机构、五大投资银行）已经雇佣了数以千计的经济学家、统计学家、计算机科学家及数学家们，开发了多年的基于大数据的模型，如以上所提到的按揭贷款违约模型，信用卡模型，信用评分模型。

　　下面我们以美国某公司为例。该公司是一个位于加州 San Jose 的金融工程公司。其主要客户为高盛、摩根士丹利等华尔街投资公司和富国（Wells Fargo）等大型商业银行及资产管理公司（管理 4 万多亿美元的中国外汇管理局也是客户之一）。目前，它所拥有的消费者数据达2000TB。该公司为金融公司提供了证券期权和期货定价、资产抵押债权、消费者预期、违约以及损失模型风控的全面分析。随着计算机技术的发展，大数据的存储并不是问题，但是对大数据的运算却面临很大的挑战。该公司早就有了自己开发的专利（图 1、图 2 显示其处理海量数据专利的数据排序 UBX，以及 UBX 系统构架），利用 2 000 多个 CPU+GPU 节点的计算集群，通过运用其高性能的大数据挖掘和云计算的专利平台，以及系列数学模型，如量子场论、微分几何、流行拓扑、复频域分析等，来实现对数据的特征量化，从而达到结合科学的分析、模拟、风控的最优化决策。

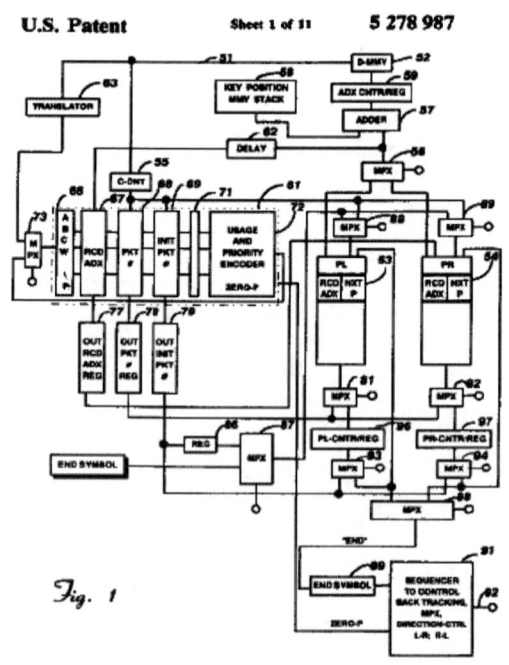

图 1　UBX 数据排序专利

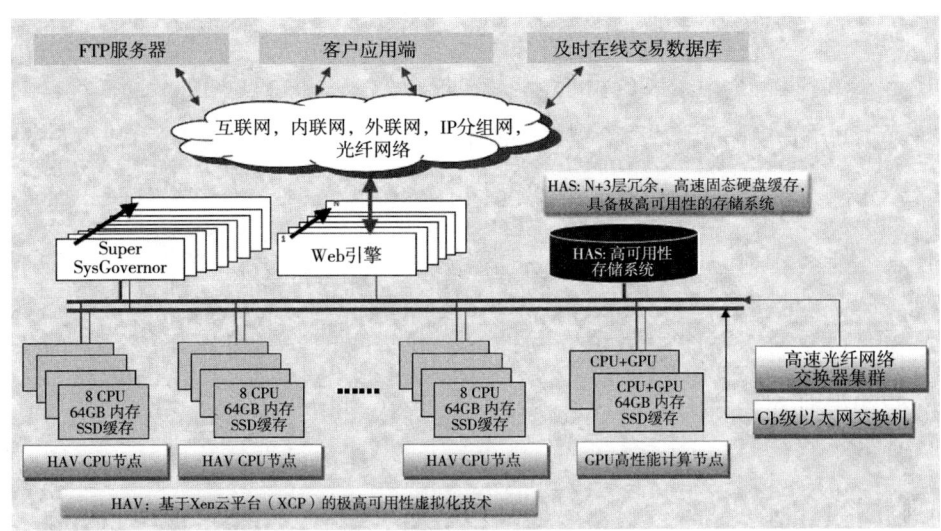

**图2　UBX 的系统构架**

图 3 显示了该公司对美国按揭抵押债权的客户分析系统界面。对于客户所选的每一个选项，公司后台的计算平台利用 UBX 和其他特配技术给予用户即时反馈。

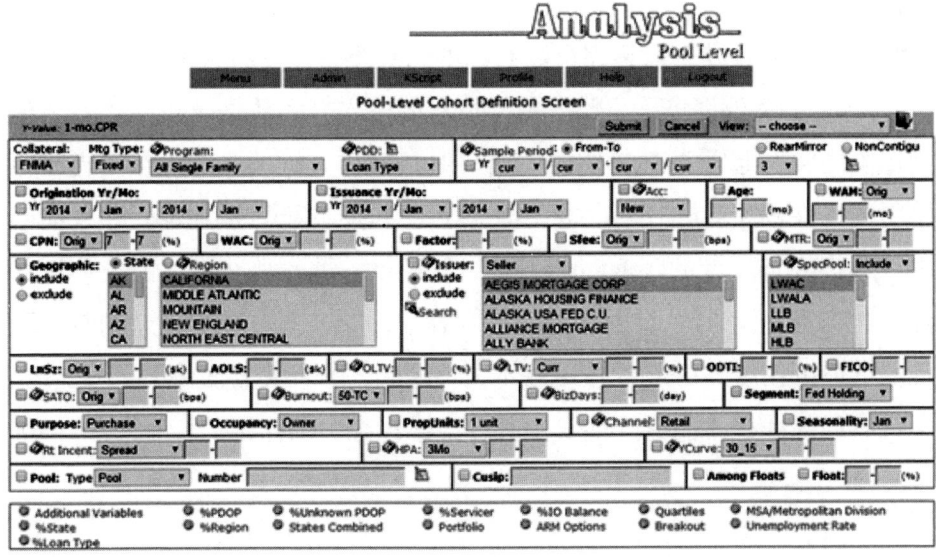

**图3　该公司按揭抵押债券分析系统界面**

国内现在流行大数据，好像大数据是解决信用风险的万能钥匙，这是不对的。虽然说大数据可开发功能非常强大，但我们也不能说大数据就是万能的。比如，基于大数据估计出来的个人房屋按揭信用模型并没有防范席卷全球的金融危机。这是为什么呢？笔者认为主要有两个基本原因：

（1）计量经济学模型（或任何基于历史数据的预测模型），都假设在相同条件下，人们会做出相同的行为选择，这通常是正确的。但在模型中没有被捕获的变量（所谓潜在变量 Latent Variable），有可能在某时某地发生改变，从而改变人们的行为。像新的抵押贷款产品，人们对拥有自有住房的看法等。这种影响是很难单独被传统数据抓获。而大数据的技术也不可能产生一个系统的展现方式。

（2）预测不仅需要模型，也需要输入，比如假设：未来的利率如何变化，房价增长率如何？但是在很多时候，没有一个好办法来事先判断假设的合理性。例如，在 2007 年美国房产价格巅峰之时，还假设房屋价格将持续保持长期的 4.2% 年增长率（当时美国房价已经保持了 10 年的持续高速增长），当时看上去也许是一个非常合理的假设。但现在回头来看，这个假设不但是完全没有用的，甚至是非常有害的。

随着互联网的普及，数据挖掘技术的深入，大数据分析在消费者信用风险中将会起着不可替代的作用。但是不加分析地迷信大数据也是不科学的。在消费者信用评估中，还款意愿与还款能力是基本。如果能够很好地把握贷款者的收入、债务，以及还款习惯，那么个体的信用评估就会相当准确。在这个基础上，其他数据，如个人上社交网站的频度，社交群体可信度[1] 等起的作用并不大。因此，了解大数据并不是万能的。了解其局限性，才能更好地发挥其在金融风控中的作用。

---

[1]　美国历史上最大诈骗案，在麦道夫骗局中，麦道夫（他本人做过纳斯达克的主席）的社交圈非贵即富。然而相信他可靠的投资者损失了 600 亿美元，损失不可谓不惨重。

# 信用违约互换（CDS）及对中国的启示 [①]

对于 2008 年金融危机，CDS 被广泛认为是造成灾难的缘由之一。这个曾经为世界第二大金融产品的市场（2007 名义本金总额高达约 60 万亿美元）吸引了众多金融精英的瞩目和投行的青睐。但在危机后，欧美监管要求不断强化，其市场规模日益萎缩（根据数据提供商 Markit，截至 2016 年 2 月，CDS 名义本金余额 8.6 万亿美元），产品结构也发生很大变化 [②]。然而，2016 年 9 月 23 日，似一声惊雷，中国银行间市场交易商协会发布了《银行间市场信用风险缓释工具试点业务规则》及配套业务指引文件，第一次在中国推出了 CDS 产品。结合当前中国经济疲软，银行不良资产持续上升，楼市暴涨的现状，市场对在此时点引入 CDS 的评论热烈而不一，阴谋论、崩盘论充斥于媒介。但专业化的金融工具远不等同市井故事，对其认识需要从产品基本元素着手。

实际上，当前引进的 CDS 不论在参与者的丰富度上，还是在产品及交易规模设置上还非常有限；交易商协会的信用衍生品规则还需要很多改进；此外，市场也缺乏专业人员，定价、风险管理机制并不完善。因此，在短期内，CDS 的开展还只能是循序渐进的过程，大家不需要赋予CDS 太多的期望，也不用担心 CDS 会给市场造成大规模冲击。当前推出CDS 更为重要的还是丰富金融产品、改变思维习惯。在改革开放 30 多年后，我国经济体量已经位于世界第二位，发展初期的原始红利在逐步

---

① 原文部分节选发表在《清华金融评论》，2016（10）。

② 相比之下，根据 BIS 数据，1995 年到 2007 年，衍生品市场规模平均年化增长率为 24%。同时期，股票市场为 11%，债券市场为 9%。

削减，市场中的不确定因素在增加，发展急需从仅关注规模的发展向风险控制兼顾转变[①]。CDS 的宣传和推广对于打破国内刚性兑付的思维转换具有重要的促进作用，对于转变我国银行单一风险管理模式有很好的借鉴[②]。CDS 本身并不是洪水猛兽，如何有效地利用这一金融工具持续推动我国金融体系下思维、实践操作的变革具有显著意义[③]。

## 1. CDS 的起源及原理

　　CDS 源自于一场可怕的灾难。1989 年 3 月 24 日，美国美孚（Exxon）公司的邮轮瓦尔迪兹号（Valdez），在美国拉斯维加斯的威廉姆王子湾（Prince William Sound）发生了触礁事件。在随后的几天里大约 1 100 万加仑的石油泄漏，导致了截至当时历史上由人类引发的最大的环境灾难。法院最初判美孚公司 2.87 亿美元的损失赔偿金，以及 50 亿美元的罚金。美孚因此希望从摩根大通银行获得 48 亿美元的授信额度。摩根大通银行面临两难，一方面需要维持与美孚的客户关系而不便拒绝美孚；另一方面巴塞尔 I 的条例又规定银行需要对其信贷风险准备 8% 的风险准备金（需要近 4 亿美元现金）。摩根大通银行在 1994 年底设计出了一个变通方法：摩根大通银行向欧洲复兴开发银行定期支付保费，并约定如果美孚公司发生支付违约，欧洲复兴开发银行将向摩根大通银行进行赔付。由此可见，摩根大通银行所持有的美孚信用风险就被转移给欧洲复兴开

---

　　[①]　纵观衍生品发展历史，其在近 40 多年的快速发展也是缘由于金融体系的日益增长和不确定性的增加。比如，外汇衍生品市场的发展与国家之间贸易的增加以及 1971 年布雷顿森林体系（Bretton Woods system）的崩溃有根本关系；石油输出国组织（OPEC）的出现强化了原油衍生品的需求；20 世纪 90 年代新兴市场金融危机所引发的大规模企业倒闭推动了信用衍生品的提速。

　　[②]　事实上，根据 ISDA 数据，超过 90% 的世界 500 强公司利用衍生品金融工具来规避基础原料的价格变动风险，降低公司现金流波动。

　　[③]　当然，我们也不能忽略衍生品在使用不当时所带来的巨大风险。不论是 1994 年美国加州橘郡由于在利率衍生品上的错误而造成破产，还是 2001 年安然（Enron）的倒闭，或是 2008 年美国保险集团的危机，都反映出产品的复杂性和监管的必要性。

发银行，从而规避了监管所要求的高昂的风险准备金①。当时这样的安排并没有一个金融名称，直到后来才被称为 CDS（信用违约互换）。

从这个历史事件来看，CDS 的起源更为主要的是对监管的规避。规避的渠道是对信用风险的转移。其结果是由风险转移达到对监管条例的遵守。因此，从实际效果上看，CDS 是在一定期限内，买卖双方就指定的信用事件进行风险转换的一个合约。信用风险保护的买方在合约期限内或在信用事件发生前定期向信用风险保护的卖方就某个参照实体的信用事件支付费用，以换取信用事件发生后的赔付。

在债券市场上，债券投资人一般会面临两个风险：第一个风险是债券所依附的实体发生了信用事件，比如包括破产、债务重组等造成了不能够在一定时间内支付预设的本金和利息；第二个风险是市场的基准利率上浮所导致的债券价格的下跌②。为了规避风险，解决方式之一是买一个保险，通过先期的保费来获得事件发生后的补偿。

CDS 之所以与保险相似，是因为在表象上，CDS 购买者（购买信用风险保护的一方）在参照实体的信用风险发生后可获得赔付。但在实践中，两者有很大差别。在监管要求上，CDS 的监管比保险业弱③；在参照标的物方面，CDS 可以游离在标的物之外，也就是说信用风险保护买方不需要持有参照债券就可以对 CDS 进行交易；此外，以车险为例，事件发生后，获得赔付的车险投保人对报废汽车的车价并不关心，而 CDS 信用事件发生后，参照债券的价格仍然是保护购买者的核心关键之处。

---

① 根据当时监管要求，将风险转移后可以降低公司风险价值（value at risk）。除此之外，巴塞尔 I 也有设定，银行在运用衍生品工具对冲其所持有的信用风险后，可以持有更少的风险资本。

② 当然，还有一些其他风险，如评级变动风险、流动性风险等。但这些都与上面两类风险有很大相关性。

③ 在巴塞尔 III 中，对 CDS 的市场风险资本要求开始设置特别规定。而在此之前，如果持有的 CDS 并不是为了交易目的，那么就不需要风险准备金。

## 2. CDS 的名义本金总额与净额

度量交易风险敞口需要指标。在危机前，CDS 名义本金总额常常被引用。比如，2007 年底，CDS 名义本金总额达到约 60 亿美元，被认为体量庞大（美国 2015 年 GDP 总量 17 万亿美元）。由于 CDS 的场外交易不具有透明性，在恐慌时往往会给市场带来显著负面影响。但实际上，双边合约的风险敞口可以被取消。由于 CDS 为场外双边之间的合约，要退出交易关系，只能是再签署一份双边协议来抵消原风险敞口，因此，CDS 名义本金总额常常要高于实际市场有效交易。事实上，2007 年底，CDS 名义本金净额为 17 万亿美元，仅为总额的 25% 左右。

名义本金总额是所有交易中 CDS 买入的合约本金之和，而净额为所有交易商 CDS 买入净敞口之和。以表 1 为例，交易 1 是在机构 1 和机构 3 之间进行，机构 1 卖出 CDS 保护，票面价值 32 亿美元，机构 3 买入 CDS 保护。

**表 1　名义本金总额与净额的计算**

单位：亿美元

|  | 机构 1 | 机构 2 | 机构 3 | 机构 4 | 总额 |
|---|---|---|---|---|---|
| 交易 1 | −32 |  | 32 |  | 32 |
| 交易 2 |  | 10 |  | −10 | 10 |
| 交易 3 |  |  | 7 | −7 | 7 |
| 交易 4 | 25 | −25 |  |  | 25 |
| 交易 5 |  | 40 | −40 |  | 40 |
| 净敞口 | −7 | 25 | −1 | −17 | 114 |

因此，上例中 CDS 名义本金总额为 114 亿美元，而名义本金净额为 25 亿美元。当然上例假定了 5 个交易中的 CDS 合约是可替代的。此外，也假定了不存在任何一个机构破产，否则也会产生连锁反应，增加风险规模。比如，假定机构 4 破产，那么机构 2（10 亿美元交易），机构 3（7

亿美元）都会面临买了信用风险保险无效，如果机构2、机构3也破产，那么风险规模就会放大。因此，在CDS中，交易对手风险是个关键。在危机之后，监管加强了中央清算中心，这样有效地降低了交易对手风险问题，并且对市场的交易规模有了更好的监控。但目前中央清算所占比例仍有限，根据BIS数据，2015年，中央清算的占比仅为34%，虽然显著高于2010年的10%。在我国出台的规则中，也没有设定中央清算的强制性，因此，风险扩散的风险仍然存在。

## 3. CDS 的分类

CDS可以按照不同的维度进行分类。比如按照参照实体的不同，可以分为企业类或主权类。这里的主权可以是国家，也可以是政府的政治机构或央行等。当前参照实体中企业大概占CDS总名义本金总额的70%。

CDS还可以按照参照实体的个数来进行分类。比如上面美孚公司的案例中，参照实体仅有美孚公司，是一个单一实体，被称为单一名称CDS。与之相对的是多个名称CDS，其基础资产是一个组合，比如由一组企业债为基础资产而形成的债务；或者由多个单一名称CDS组成的指数[①]。

CDS还可以根据基础资产来进行分类，如根据企业发行的债作为基础资产的是企业债类。以资产支持证券为基础资产的称为ABCDS。还有以财团信贷作为基础资产的称为LCDS。图1展示的是2008年10月到2015年8月期间，单一名称CDS名义本金余额。图1显示了即便在2008年金融危机之时，被认为带来巨大风险的ABCDS实际上占比很小（不到CDS名义本金总额的2%）。危机之后，由于监管的加强等原因，各类CDS名义本金总额都在快速下降。到目前，ABCDS名义本金总额仅

---

① 比如，道琼斯CDX就是包含100~125个最具流通性的CDS而组成的指数。

为 200 亿美元。

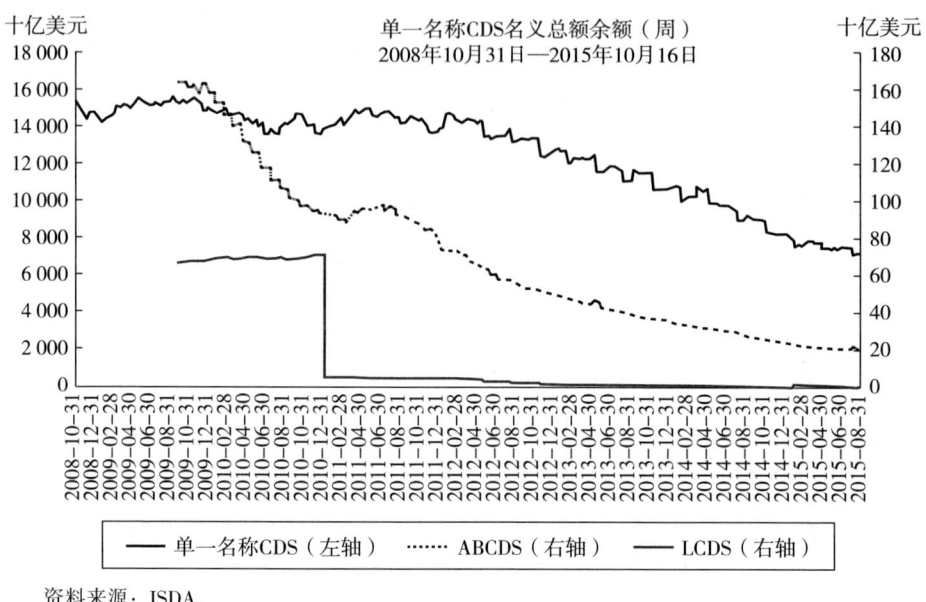

资料来源：ISDA.

**图 1　单一名称 CDS 的名义本金总额**

## 4. CDS 的协议内容

坐落在纽约的 ISDA（国际互换与衍生品协会）是涵盖了 57 个国家衍生品市场从业者的交易组织。ISDA 发布有《信用衍生品合约总协议》[①]，为 CDS 的交易提供了一个总体框架。CDS 交易合约的主要内容包括以下几个方面：

（1）参照实体，也即企业或主权等合约中信用风险载体。

（2）参照债务，也即信用风险表现的媒介。一般来说是参照实体发行的债务。

---

① 我国银行间交易商协会网站有我国当前的总协议。

（3）合约的时限，时限以 5 年为主，虽然从 1 年到 10 年的合约都存在。

（4）信用事件的定义，信用事件可以是基于参考主体本身，也可以是参考主体所发行债券，包括破产、支付违约、重组、债务增速、债款拒付，2014 年后又增加了政府拯救。

（5）在信用事件发生后，交易合约结算有三种方式：实物结算、拍卖结算、现金结算。在实物结算中，保护的买方将可交割的债券给卖方，然后从卖方那里获得债券的账面价格，一般来说这需要在信用事件发生之后的 30 天之内完成。但由于 CDS 可以游离于标的债务之外，因此 CDS 买方可能并不拥有可交割的债务。事实上，那些流通性好的 CDS 名义本金总额要远远大于现券。在这种情况下，也可以采用现金结算，CDS 买方不需要把标的债券交付给保险的卖方，而是从保险的卖方获得债券账面价格减去现券市场公允价的差额。但由于债券交易并不频繁，特别是 CDS 也可以基于银行信贷，交易更加不透明，因此现金结算并不常见。第三种方式是拍卖结算，即债务价格在拍卖中决定。即便如此，也可能会在拍卖过程中，由于对现券需求过多导致未结清权益（Open Interest）为买而不是卖而使得现券价格过度上升。2008 年房利美的 CDS 拍卖结算中就发生过优先级 CDS 定价为 91.51，而次级 CDS 定价为 99.9 的奇怪现象。

在 2009 年之后，ISDA 协议中不再设定可交割的债务。而是设定选择可交割债务的条件，最后可交付的债务由决定委员会进行裁决。在国际通行的 CDS 中，每一个 CDS 都可对应一个参照实体的一整类债务。当然这一整类债务有一些限制，比如期限不能超过 30 年，不能够用次级债来代替优先债等。一整类债务基本可以包括三个方面：参照实体的直接债务；参照实体子公司的债务（只要其在子公司的投票权超过50%）；参照实体担保的第三方债务。

## 5. CDS 中的最廉价交割

根据 2003 年 ISDA 的规则，CDS 买方需要发送实物结算通知 NOPS（Notice of Physical Settlement），指明需要被交割的债务。买方有选择需要被交割的债务产生一个问题。以 2000 年发生的一件事情为例。Conseco 是美国的一家保险金融公司，在 2000 年时即将倒闭。美国银行和大通银行决定对其 28 亿美元的债务进行展期，从而避免了公司倒闭。债务重组的成功使得公司短期债券价格发生了快速的上涨，从原来的八折升到票面价值。但公司长期形势仍不明朗，因此其长期债券的价格仍处于低位。公司避免了倒闭，但债务重组的事实还是触发了信用事件，导致 CDS 买家可以获得 CDS 保护卖方的赔偿。这时候一些非常敏捷的 CDS 保护买方马上在市场上以低价购买了长期债券，并用长期债券进行实物交割，从而大赚一笔。这个事件展示了大家俗称的 CDS 最廉价交割。

ISDA 采用最廉价交割的目的主要还是为市场提供多种的可交割债券的选择，从而产生规模效应，吸引更多市场参与者。同时，由于规模效应又增强了市场的流动性，因此利用 CDS 对冲的效果也更加显著，交易成本也就越低。相应来说也为市场提供一个发现现券价格的机会。正是为了规模效应和流动性效应，ISDA 也在努力地提高产品的标准化，因为产品越标准它流通的效果相对来说也就越高。比如，CDS 的付息日是固定在每年的 3 月、6 月、9 月、12 月的 20 日。除此之外，CDS 息差（或票息）也是标准的。投资级 CDS 票息是每年 100 个基点，即每季度 25 个基点。对于非投资级别的 CDS，其票息是 500 个基点，每个季度 125 个基点。

## 6. CDS 特点

CDS 的主要的特点是高杠杆性。与购买债券不同，前期投资 CDS 不需要，或仅需要少许资金投入，原因之一就是保护买方仅需要按季度支付票息，而保护卖方只需要保证金账户（Margin Account）。在金融危机中的 John Paulson 当时用 10 亿美元通过买 CDS，做空了 120 亿美元次贷市场。

CDS 的买卖不受债券供应的限制。因此在市场上 CDS 的名义本金远远要超过标的资产的本金。2008 年倒闭的投行雷曼兄弟，当时 CDS 名义本金总额高达 4 000 亿美元，但优先级债券为 1 380 亿美元，次级债券 170 亿美元。房利美和房地美 CDS 名义本金总额高达 1.2 万亿美元，但他们的次级债券只有 200 亿美元。

## 7. CDS 优缺点

CDS 的优点体现在增加市场的信贷资金。当前我国银行是市场资金的主要提供者，但银行因为自身在风控、在各项指标上有限制，因此存在惜贷现象，不愿意往外贷款。通过上面的摩根大通银行的案例可知，CDS 可以使得银行把信贷风险释放出去。一些研究也发现运用信用风险转移机制之后，银行给相对高风险的借款方会提供更多的资金，而自身的利润也相对更高。

CDS 为资金放款方提供了信用风险的转移渠道，有利于银行采用精准风险管理工具，而无须出售信贷、债券或者频繁更替资产组合。通过表外支持，可以在不减少资产规模的前提下降低信贷风险。这对当前我国银行仍在追求规模，又希望降低信用风险的管理理念不失为一个好的应用工具。

由于 CDS 买方实际上提供了参照实体的保险，因此，通过提供 CDS，弱评级公司为其贷款方提供了担保措施，从而可以间接降低成本融资。有报道称，最近山西金融办准备筹建山西信用增进投资公司，通过 CDS 为山西省煤企增信，扩大债券融资，采用的就是这一方式。此外，

CDS 由于其规模性、流通性显著高于参照债券，因此它能够给现券的持有者提供一个担保渠道更好地管理所持有债券的风险。

　　特别是在完善的金融市场中，识别风险的金融工具必不可少。如果只能做多，不能做空，市场资产泡沫便难以发现，一旦回落幅度更为剧烈。CDS 的票息对市场信息更加动态化。研究发现 CDS 票息比评级公司的评级能够反映参照实体的风险变化。由于 CDS 提供了更为敏捷的现券价格发现渠道，因此，使得对冲现券持有的信用风险成本下降，也使现券的价格能保持在合理的区间。图 2 反映了雷曼兄弟在倒闭前 20 个月 CDS 的票息 / 息差的变化。

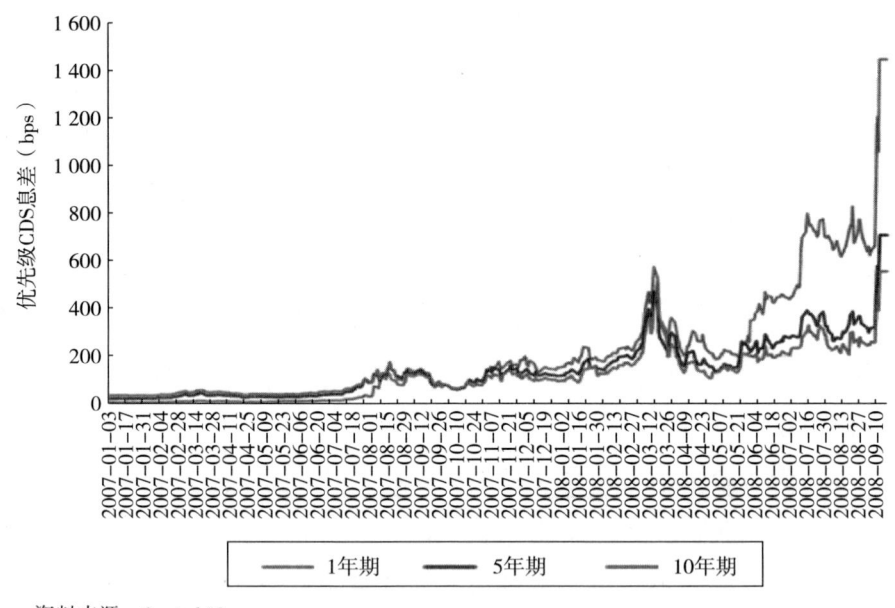

资料来源：Capital IQ.

图 2　雷曼兄弟 CDS 息差变化 2007-01-03—2008-09-15

　　CDS 的主要缺点体现在 CDS 买方在转移信用风险之后仍然保持着对债务人的话语权，特别是如果参照实体发生破产或债务重组时，这个弊端更加明显。

　　CDS 的另一个缺点是裸空。投资人即便没有持有参照实体的债务仍然可以对这个参照实体的信用做空。针对 2008 年金融市场危机时刻的研究发现，80% 的 CDS 合约是裸空[①]。欧盟市场在危机后已经开始禁止裸空的投机活动。

CDS 虽然可以增加市场信贷资金的投入，但也有人认为，这会促使银行增加对高风险项目的放贷，降低放贷质量，也容易促使银行放松贷后跟踪，产生道德风险。CDS 是场外双边交易，缺乏交易所产品的标准性，具有重大的交易对手风险。在危机后，监管部门开始促使中央清算中心，极大地控制了交易对手风险，同时对市场规模和潜在风险有了及时的监控。

## 8. 对 CDS 的误解

在危机之后，监管和市场对 CDS 有较多指责。比如包括索罗斯和巴菲特都认为包括 CDS 在内的衍生品是大规模毁灭性的金融武器，应该被禁止。他们认为 CDS 的收益风险不对等，CDS 买方只有有限的风险，但是有巨大的盈利空间；CDS 卖方有有限盈利空间，但巨大的风险。但实际上，这种认识也具有片面性。

第一，这些论点是定性的、主观性的。事实上，巴菲特自己一直在运用 CDS。2016 年 6 月，其公司支付 1.95 亿美元终止了在一项地方债作为保护卖方的合约。这个合约在 2008 年签署。2004 年他也卖了多个合约，部分因为合约损失，穆迪在 2009 年将其公司等级从 Aaa 级下调到 Aa2 级。

第二，所谓风险和盈利的放大，实际上是所有有杠杆的金融产品的普遍特点，包括房贷（通过首付，可享受房子价格的巨大上升空间），做空股指。实际上可以证明，CDS 的卖方，实际上是近似于做多浮动利

---

① Kopecki D. & Harrington S.D. 2009, Banning "Naked" Default Swaps May Raise Corporate Fund Cost.

率债券，CDS 的买方近似于做空浮动利率债券，只不过这种做多、做空有杠杆作用。因此 CDS 本身也并不是那么复杂。

危机后监管部门在不断加强对 CDS 的管理，包括中央清算机制的设置，风险资本的要求，CDS 标准文本的制定等。此外，也有大量的学术研究发现，CDS 不是信用危机的起源或也没有放大对市场冲击 [1]。

## 9. CDS 的主要参与者

根据美联储纽约分部在 2010 年 5 月到 7 月对 CDS 市场的调查，CDS 参与者层次丰富，但做市商提供了主要的交易活动，为市场的流动性提供了重要支撑（见表 2）。虽然做市商基本上都会在市场中的每一单交易中出现，但调查发现，他们更多身份还是 CDS 保护卖方。做市商之间的交易也非常频繁。对冲基金、银行则主要为 CDS 保护买方，但也积极参与了卖方市场。

表 2　CDS 市场参与者（2010-05-01—2010-07-31）

| 参与者类型 | CDS 买方（%） | CDS 卖方（%） |
| --- | --- | --- |
| 14 个主要做市商 | 77.68 | 85.06 |
| 其他做市商 | 7.41 | 6.29 |
| 对冲基金 | 6.84 | 3.19 |
| 资管 | 3.93 | 2.47 |
| 银行 | 3.36 | 2.64 |
| 保险公司 | 0.16 | 0.06 |
| 养老金 | 0.09 | 0.05 |
| 非金融 | 0.02 | 0.00 |
| 其他 | 0.51 | 0.24 |

资料来源：美联储。

---

[1]　Christop L. Culp et al., 2016, Single-name Credit Default Swaps A Review of the Empirical Academic Literature, ISDA.

# 10. 中国版的 CDS 及市场前景

2010 年 7 月，银行间交易商协会发布了《中国信用衍生品创新与发展问题研究》，提出了以两类产品启动中国信用衍生品市场：做信用风险缓释合约，信用风险缓释凭证。我国信用风险缓释（CRM）与 CDS 有所不同，主要表现在以下几个方面：

CRM 的信用标的是单一的，是指定的债务标的。而 CDS 信用事件定义相对广泛，比如，包括债务重组、债务增速等不含在 CRM 内的可触发信用事件。因此，CRM 信用事件发生相对 CDS 较少。

CDS 中可交割债务有多种，交易中存在最廉价交割的复杂性。而 CRM 相对简单。

CDS 可以按季滚动，具有延续性，为构成规范的信用利差期限结构提供了量化基础，便于定价。同时，由于标的债务多种，这一结构不受具体的债项老化、到期干扰。而 CRM 缺乏连续性，且由于 CRM 的标准化程度较低，也使得 CRM 之间的风险对冲难以实现。

2010 年 11 月，我国首只 CRMW（信用风险缓释凭证）由中债增、交行和民生银行 3 家创设机构设立。到目前为止，总共发行了 CRMW10 单，总计 15.4 亿元（见表 3）。此外，CRMA 交易总额为 18.4 亿元。由此可见，CRM 的推出对市场影响甚微。造成这一局面的主要原因，除了产品规则限制外，刚性兑付的思维理念和实践结果是关键。

表 3  我国当前所发行的 CRMW

| 证券简称 | 创设机构 | 参照实体 | 参照债务 | 参照债务评级 | 信用事件 | 凭证期限（天） | 凭证到期日 | 名义本金（亿元） | 参照债务总额（亿元） | 主体评级 |
|---|---|---|---|---|---|---|---|---|---|---|
| 10 中债增 CRMW001 | 中债增信 | 中国网通通信 | 10 联通 MTN2 | AAA | 破产、支付违约 | 1 032 | 2013-09-20 | 1.3 | 120 | AAA |
| 10 中债增 CRMW002 | 中债增信 | 中国网通通信 | 10 联通 CP02 | A-1 | 破产、支付违约 | 301 | 2011-09-20 | 1.0 | 80 | AAA |
| 10 交通银行 CRMW001 | 交通银行 | TCL 集团 | 10 TCL 集 CP01 | A-1 | 1 破产、支付违约 | 268 | 2011-08-18 | 0.5 | 5 | AA |
| 10 民生银行 CRMW001 | 民生银行 | 云南铜业 | 10 云铜 CP01 | A-1 | 破产、支付违约 | 331 | 2011-10-20 | 2.0 | 20 | AA+ |
| 10 汇丰中国 CRMW001 | 1 汇丰（中国）中石油 | 10 中油股 MTN3 | AAA | 1 破产、支付违约 | 365 | 2011-12-27 | 0.1 | 200 | AAA |
| 10 浦发银行 CRMW001 | 浦发银行 | 郑煤集团 | 10 郑煤 CP01 | A-1 | 破产、支付违约 | 335 | 2011-11-29 | 0.5 | 10 | AA |
| 10 兴业银行 CRMW001 | 兴业银行 | 攀钢集团 | 10 攀钢集 CP02 | A-1 | 1 破产、支付违约 | 286 | 2011-10-13 | 0.5 | 10 | AA |
| 11 中债增 CRMW001 | 中债增信 | 赣粤高速 | 10 赣粤 CP03 | A-1 | 破产、支付违约 | 242 | 2011-11-19 | 0.5 | 10 | AA+ |
| 10 中债增 CRMW003 | 中债增信 | 清华控股 | 09 清控 MTN1 | AA+ | 破产、支付违约 | 605 | 2012-08-27 | 1.0 | 10 | AA+ |
| 16 中信建投 CRMW001 | 中信建投 | 农盈 ABS 信托 | 16 农盈 1ABS | AAA | 支付违约 | 1 825 | 2021-07-26 | 8.0 | 20.62 | AAA |

　　其中，值得强调的是中信建投在 2016 年 8 月创设以农盈 2016 年第一期不良资产支持证券优先档为标的债务的信用风险缓释凭证。名义本金总额为 8 亿元，信用事件定义为支付违约（由于标的实体为信托，在一般情况下，无破产可能）。

　　从 10 单 CRMW 可以看出，参照实体的评级相对较高，至少在 AA 级（2 单）。而参照债务评级至少在 AA+ 级。在海外市场，单一名称 CDS 参照实体以 A 级和 BBB 级为主（见图 3），投资级别占总额的 70%。

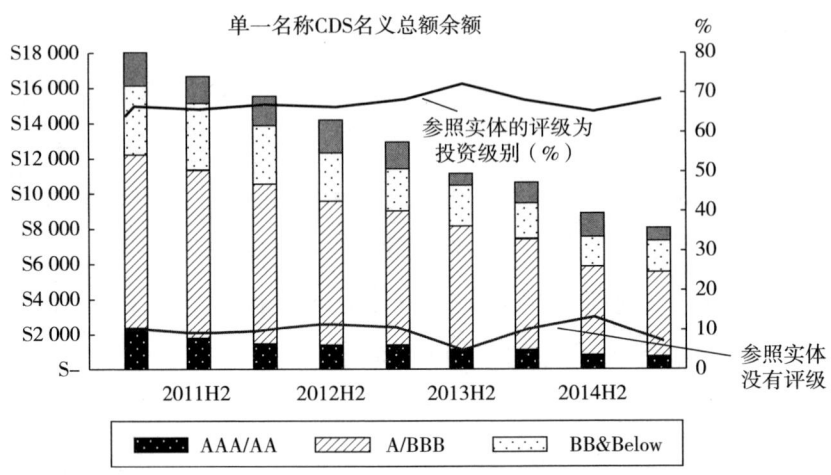

资料来源：ISDA.

**图 3　单一名称 CDS 中各等级参照实体对比，2011—2014**

　　另一方面，我们看到前 9 单的参照债务都是短融、中票，期限相对较短。当前，我们国家的债券发行制度规定了短融和中期票据是不允许引入银行担保的，而 2016 年债券市场违约事件显示，引入担保的必要性。图 4 显示了我国截至 2016 年 9 月 26 日，无担保短融与中票市场规模。因此，即便 10% 的债券引入 CDS，也将是一个极大的市场，特别是这对银行风险转移是个必要的工具。

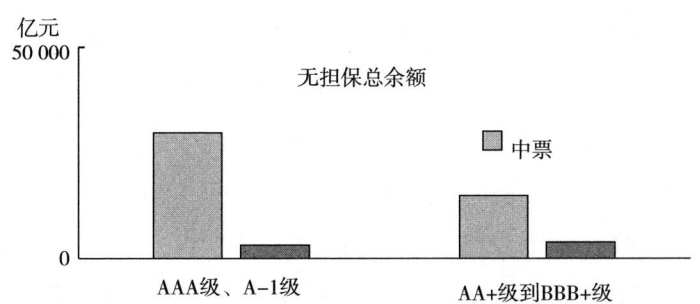

资料来源：Wind.

**图 4　我国当前无担保短融与中票市场规模，截至 2016 年 9 月 26 日**

2016 年 9 月 23 日，《银行间市场信用风险缓释工具试点业务规则》以及 CRMA、CRMW、信用违约互换（CDS）、信用联结票据（CLN）产品指引出台。特别要强调的是在新的业务规则中，信用事件进行了拓展，除了破产和支付违约外，还增加了债务加速到期、债务潜在加速到期、债务重组等信用事件。但是债务重组是一个非常复杂的事。新出台的规则中债务重组怎么定义，还需要研究。

## 11. CDS 的基差交易

由于 CDS 是针对参照债务而设计的金融产品，因此 CDS 的票息与基础债务的票息是相关的。前面阐述了银行可以利用 CDS 对所持有的信贷或债务进行风险转移。交易员也可以同时利用在 CDS 和现券的敞口进行套利。所谓套利，即为无风险下获取正回报的交易行为。图 5 显示了两个单一名称 CDS 与其基础债券的息差在逐步收敛的过程。

因此 CDS 与现券结合，有助于投资人充分利用市场中价格的短期分歧。这种同时持有现券和 CDS 的保护；或者做空现券，同时也卖出 CDS 的保护，使投资人在同一时间拥有两个相关而运行方向相反的风险敞口。交易策略的基本思想是 CDS 息差与参照债务的息差（基差）会收敛，因此当基差显著偏离零时，就可以进行套利。比如，当 CDS 息差显著大于参照债务息差时，可以卖出 CDS 保护，同时做空债券（可以借助回购市场），当基差收敛时，CDS 息差与债券息差会逐步趋同，导致投资人的正回报。反之，当基差为负时，则可用买 CDS 保护，同时做多债券。但在实际过程中，通过基差套利往往比较复杂，主要是因为 CDS 与现券的流通性并不一样，流通性溢价会消耗一部分收益。此外，资金成本、短期市场供求不平衡，也会影响收益。最为关键的是 CDS 中最廉价交割选择，使 CDS 的息差与现券可能出现背离。图 6 显示了西班牙与希腊两个国家在 2009 年到 2010 年 5 年期主权债 CDS 基差走势。西班牙在其间长时期保持在正基差。事实上，在分析息差策略时，常需要审视整个 CDS 曲线，而不是单一时点数值，需要意识到息差可能是趋于发散，而非收敛。除此之外，CDS，特别是 CDS 指数，由于具有不同期限且较好的流通性，进行期限套利也是常用策略。

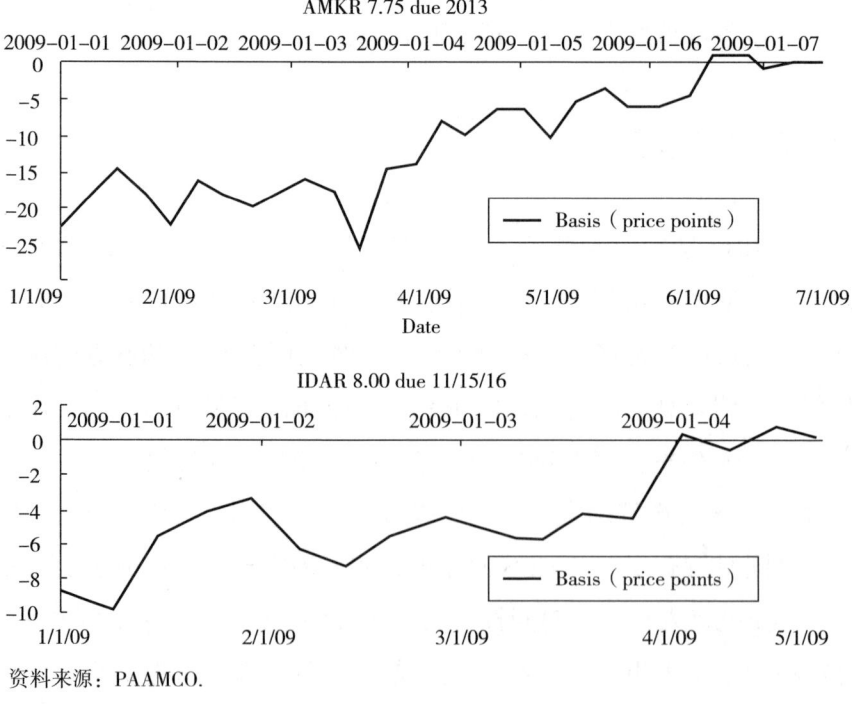

资料来源：PAAMCO.

**图 5　CDS 基差逐步收敛**

资料来源：Credit Suisse.

图6 西班牙与希腊主权债 CDS 息差

## 12. CDS 对我国的启示

CDS 在我国可以有多方面的应用，特别对于银行来说。CDS 在 1994 年产生之后发展比较迅速，主要的原因就是银行意识到利用 CDS 可以转移信用风险，降低资本准备金需求，同时能够保护与客户的关系，也维持资产规模。我们当前绝大多数银行仍然将资产规模放在第一位，客户为主导型的存贷业务仍是银行主业。特别在资产荒情况下，银行对盘活存量的要求还不是主要目的，这也部分解释了为什么中央一直提倡的资产支持证券业务在银行进展并不顺利[①]。但在当前运营模式下，银行的贷款风险难以转移，只能是被动接受市场波动所带来的信贷资产的风险变动，包括日益上升的房地产风险。这个风险随着经济下行走势变得亟

---

① 截至 2016 年 9 月底，本年信贷资产支持证券仅发行 61 单，不到 2015 年 104 单的 60%。而 2016 年发行总量更是低于 2015 年的 50%。

待解决。

在追求资产规模和平衡风险上，CDS 是一个极好的工具。对于主要客户的信用风险，银行可以通过 CDS 达到精准定位，在维持客户关系的同时，转移出信贷风险，并可以在市场波动中调节客户的风险敞口，达到最佳风险优化收益。由于 CDS 市场流通性好，运用 CDS 成本低，因此对银行未来现金流影响小。同时，通过购买或出售 CDS 又可以平衡银行风险资本金与资金管理，比如，在银行资金充裕而风险资本金缺乏时，可以购买 CDS 保护；反之，可以出售 CDS 保护，获得现金流。

当前市场对 CDS 的推出与 2008 年金融危机相挂钩，但实际联系并不如此。以在 2008 年获得美国政府 1 820 亿美元拯救而免于倒闭的 AIG 来说，2007 年末，其所出售 CDS 保护的名义本金总额达 4 400 亿美元，但造成巨大损失的是不到 700 亿美元的针对次级房贷结构化产品的 CDS（又称为 ABCDS），AIG 所出售的 3 700 亿美元其他 CDS 所带来的损失仅占其 CDS 总损失的 10%。特别需要指出的是，由于定价不正确[①]，AIG 出售的 1 000 亿美元 CDS 保护在 2007 年前的 4 年中为公司所带来的收入寥寥无几。由此可见，CDS 本身并不等价于风险，基础资产的质量与风险定价起到更为关键的作用。

当前我国 CDS 的推出不会带来类似美国 2008 年金融危机，主要有以下几个方面原因：

（1）业务规则对核心交易商和一般交易商的净卖出总余额有限制，使得总体规模可控。新业务开展后，由于产品标准化的设置还有待时日。新的规则仅两页纸，很多细节还有待将顺，比如，拍卖结算的流程与规则如何，企业债务重组包括范围，资本计提要求等。因此，交易量不会大。

---

① AIG 平均收取的保费为面值的 0.12%。

（2）虽然 CDS 交易采用备案而不是审批制，但并不表明参与者可以随心所欲，我国当前备案制与隐性的审批制无特别差异。特别是监管部门仍然抱有家长制心态，对参与方的监管仍然严格，资质不强的公司难以介入。

（3）从 CRM 过去 6 年的经验来看，信用衍生品二级市场的交易基本不存在，市场的推进缓慢和谨慎。专业人士缺乏，金融公司对此定价、风控系统不完善，在短期内不太可能大规模推广。

（4）2008 年金融危机中给市场带来很大冲击是 ABCDS。这主要是 CDS 应用于 CDO，而 CDO 又是基于次贷资产证券化（ABS）产品的再结构化产品，所以结构非常复杂。目前，我国资产支持证券业务禁止再证券化，因此，即便 CDS 应用于 ABS，产品结构也相对较为简单，如同我们上面所看到的农盈 2016 年第一期 ABS。

（5）CDS 交易需要保护卖方。从海外市场来看，卖方主要是保险公司、资产管理公司和部分银行。但在我国，当前保护卖方基础比较弱，特别在经济下行之中，愿意做多风险的机构还比较有限，保险业的介入也不会快。特别是在契约精神薄弱的环境下，如何能够降低交易对手风险还是关键问题。

（6）市场普遍认为 CDS 可以分散风险。但如果我国 CDS 市场仅限于银行间交易市场，那么很多类别的潜在交易者，如私募等将无法直接介入，而使风险无法有效地分散。

此外，随着对 2008 金融危机的反思和巴塞尔 Ⅲ 的实施，监管对 CDS 交易的监管和资本要求也加强了，这也是导致国际上 CDS 发行量和交易量严重减少的重要原因。在我国，信用衍生产品定义与国际上还不完全一致，所适用的风险资本的设置与海外可能也存在差异，但海外市场发展的起伏和经验对我国产品的推荐和监管仍有启示作用。

# 对中国信用风险缓释（CRM）的思考

自 2008 年国际金融危机以来，各国经济虽有政府强势货币政策支撑，恢复缓慢而动荡。中国经济也不例外。人民日报在 2016 年 5 月刊登权威人士谈话，明确提到，我国经济下行压力较大，对高杠杆和泡沫化为主要特征的各类风险要高度警惕。的确，2016 年以来违约事件明显增速，仅上半年就有 19 个主体，37 只债券违约。信用违约互换（CDS）作为一种金融产品，其重要功能之一就是风险转移和规避。2016 年 9 月 23 日，中国银行间市场交易商协会（NAFMII）发布了《银行间市场信用风险缓释工具试点业务规则》及配套业务指引文件，首次在中国推出了 CDS 产品。但这一产品的推出却引发不少误解。中国版 CDS 的问世会加剧风险的爆发，还是会助力释放风险，结果取决于 CDS 的设计和市场对其的运用。

事实上，NAFMII 早在 2010 年 10 月就曾推出过第一代中国版的信用风险缓释工具（CRM）。因此，对 CDS 在当前经济风险释放功能的展望上需要对前一版 CRM 有一个有效的总结。

NAFMII 在 2010 年 7 月的研究报告中明确指出，我国信用衍生产品可以按照"从简到繁、由易到难"的思路推动信用衍生产品的有序创新，在加强管理、严防风险的前提下，通过"试点期、加速期、成熟期"三个阶段，循序渐进、分步推动。NAFMII 于 2010 年 10 月 29 日发布了《银行间市场信用风险缓释工具试点业务指引》。从 2010 年的试点来看，我们可以总结，CRM 是我国在当时环境下，对信用衍生品市场的一个创新，达到一定的效用，但还有很大可完善的空间。事实上，在业务指引推出之后的短短两个多月，机构参与度良好。截至 2010 年底，信用风险缓释合约（CRMA）交易 20 笔，名义本金达到 18.4 亿元，信用风险缓释凭证（CRMW）发行 8 单，名义本金达到 8.9 亿元。但随后，市场迅速落入沉寂。而二级市场交易也寥寥无几。

CRM 的停滞有多方面的原因：

在试点中，产品设计上过于谨慎。在发行的 10 单 CRMW 中，参照债务的最低评级为 AA+ 级（仅一单，其余皆为最高级别 AAA 级，或 A–1 级），且为短期（低于 1 年）。高信用、短期限意味信用事件发生的可能性极低，很大程度上降低了风险保护的需求。相比之下，在国际市场中，参照债券 AAA/AA 级别占比仅为 10% 左右，而 A/BBB 级别占有 60% 的市场。同时，CDS 以 5 年期的合约为主。

市场参与主体单一，目前基金与保险机构还不能参与交易。在 47 家批准的 CRMA 交易商中，银行占 33 家，券商 12 家。要使信用风险得到释放或转移，需要有多重主体，包括保险机构、私募基金、资管机构、银行、共同基金、企业、外资等的参与。但银行间市场并不对所有金融机构开放，在很大程度上限制了信用风险的转移。

信用违约参照物单一。在 CRM 中参照债务为指定债券。这一设定，降低了信用违约发生的概率，影响了产品的流动性和整体性。同时，在已发行的产品中，参照实体类型仅涉及央企和国企，过于单一。

此外，监管部门之间的协调还不充分。比如，CRM 的资本缓释规则对于参与银行不明确，缺乏统一设置。CRM 的购买是否可以减少风险资本没有落实。因此，在某种程度上，制约了机构参与的积极性。

监管机构过于强调交易结构（简单明了），信用事件（处理简单），交易意图（易于判断），也即过于强调监管的便利，但忽略了市场参与者的兴趣所在，使得供求错位。当然，考虑到当时刚刚经历了金融危机，社会对衍生品的印象负面，这样的谨慎也有其道理。

最大的问题还是宏观环境和潜在参与机构本身对产品的理解。在刚性兑付的环境或理念下，存在政府干涉的侥幸心理。同时，机构对产品的理解不充分导致市场介入不足。以东北特钢为例，国开行等金融机构蒙受巨大损失，但东北特钢在违约之前就已经有多次显现出巨大的信用风险。如果没有地方政府的介入，金融机构可能不会放贷。但明知道有风险，放贷机构不采用风险规避措施也显不足。

根据 NAFMII，10 月 31 日有 10 家机构开展了 15 笔 CDS 交易，名义本金总额达 3 亿元，交易期限为 1 年到 2 年。在这 10 家机构中，9 家为商业银行[①]。交易参照实体包括中石化，中国联通等高信用等级企业。由此可见，我们上述谈论的部分产品不足还没有得到相应克服。当然，首笔交易可能仍是上级主管部门下达的试点要求，并不反映市场需要。此外，到目前为止，市场上尚无法得到这首批交易的具体数据和信息。这也反映出一个重要问题，即市场信息的不透明性。事实上，如果监管部门需要普及市场对产品的理解，更好地分散风险，那么就要更好地揭示风险，产品、交易信息的公开性、及时性、透明性是完全必要的，无须遮掩。

CDS 成功的一个重要基石是定价。作为美国最大的 CDS 卖方 AIG来说，其所售出的 CDS 名义本金总额近 5 000 亿美元，损失达 300 亿美元左右，最后政府出资 1 823 亿美元拯救，但 AIG 在 2003 年到 2006 年所获得的保费（出售 CDS 保护）却不足 10 亿美元，显然，定价发生严重差错。CDS 的功能在我国要成功施展，定价是关键之一。从我国 CRM的试点来看，定价机制同样存在问题。一些基本因素，如违约率、违约回收率的估算不但缺乏有效历史数据，而且中国特色的、常态化非市场的政府干涉无法量化，这会对产品定价造成严重的不确定影响。

---

① 另外一家为中债信用增进投资股份有限公司。这家公司成立于 2009 年，是我国第一家专业债券信用增进机构。股东包括 NAFMII、中国石油天然气集团公司、中国中化股份有限公司、首钢等。九家银行为工商银行、农业银行、中国银行、建设银行、交通银行、民生银行、兴业银行、浙商银行、上海银行。

随着我国金融体制改革的推进，破刚兑是必然趋势。在我国当前信用风险增大之时，CDS 的应用有利于释放风险。但从监管部门来看，谨慎、有序地推动金融创新应该是基本准则。可以展望，我国 CDS 的推出仍然是基于实体经济发展，而不是虚拟的金融套利的需要。这一点，从当前业务规则中对交易商的设定，对交易规模的控制都有体现。由于 CDS 产品的复杂性，CDS 的设计和监管还会继续完善，在短时期，其释放风险的应用仍然有限。

第五部分

# 资产证券化创新与思考

# 对金融创新的思考 ①

　　人类社会发展到今天已经与金融紧密地联系在一起。诺贝尔经济奖得主罗伯特·席勒曾经说过人类的社会是金融社会。原因非常简单，没有任何人和组织可以在缺乏金融的支持下进行有效的生产活动。笔者在金融业已经耕耘了近二十年，其中既包括在全球金融中心的华尔街，也包括在中国的北京、上海。这么多年来，耳闻目睹国内外金融的发展，和社会对金融的看法变化——从高大上化到妖魔化，如在美国；从默默无闻到趋之若鹜，如在中国（在 2015 年，中国近 40% 的各省高考状元所青睐的专业为经管）。但不论人们的喜好如何，金融成为我们个人、家庭生活中不能忽略的重要组成部分，并进而对整个社会产生举足轻重的影响。因此，对金融和金融创新没有一个公平的评价和认识，不利于推动社会的和谐和人类的进步。

　　首先，金融发展是金融创新的产物，金融创新的历史是人类进步的历史。不但如此，人类社会的进步得益于金融创新。贸易因为货币的产生而变得便利；海运从一开始简单的多船运货（以避免沉船风险）到保险条款的发明而得以促进；信用的运用既使扩大再生产成为可能，又提高了消费者的生活；这类事例不胜枚举。然而，金融发展也富有贪婪、欺诈和暴富美梦的邪恶。不论是美国的庞氏骗局还是中国的 e 租宝事件，金融发展也反映出人性中并不光彩的一面。金融创新的动机并不总是无懈可击的。

---

①　原文部分节选在《中国金融》，2016（14）。

　　金融的复杂度、金融的自由度与一国的经济容量成正比。这种经济容量并不是 GDP 的大小，而是市场长期、持续、有效的调控能力和自我修复能力。在 2008 年国际金融危机后，有不少人认为美国将走向落魄。但回头来看，我们发现实际并不如此。在全球市场中，美国庞大的经济容量使得其能够承受更为复杂的、多样的金融工具、产品和创新，以及由这些金融创新所带来的冲击和动荡。在当前中国，我们听到不少向监管部门的呼吁之声，或要求推出各种金融新产品、新工具，如股票期权等，或要求降低监管；也看到不少政府为发展经济而推出的金融新渠道、新思路。我们需要清醒地看到，国家的经济容量和能力能否达到承受这些金融产品的水准。拔苗助长并不是金融发展的最佳途径，也不是经济增长的推动剂。

　　金融的本质是在不确定风险下对资金的配置与交换。金融一词产生于 18 世纪的法语，原意为对债务、薪酬的支付。今天的金融包含的内容更为广泛，但实质并没有改变。风险可以被汇总、分拆、转移，但并不会消失。金融创新是对风险的一种重新组合，也许它的产生会为经济活动带来便利，也许会提高投资收益，但它在规避风险的同时，也会放大风险，风险本身并没有消失。因此，当处理不当时，金融创新极有可能造成风险集聚，增加系统性风险。此前，国内对互联网金融的姓互联网还是姓金融的讨论完全是个伪命题，因为金融的本质仍然体现在其中，互联网技术降低了资金交易成本、扩大了服务范围，但资金交换的风险并没有被消除。因此，在大力加强金融创新满足社会发展需要的同时，又要警惕金融创新、防范不负责的金融创新给人类带来的灾害。

　　金融是在创新与监管的博弈中成长。市场按照社会、商业的需要创造出金融产品，监管按照社会的需要来制定金融规则，市场灵活地利用监管要求创造出新金融工具来规避监管。创新与监管在交织中前行。同时，金融与经济的紧密关系要求金融监管政策在制定时必须了解新政策带来的潜在影响。监管政策对金融市场的稳定起到关键作用。大家熟知的荷兰郁金香狂潮并不简单地是由于投机者的炒作。事实上，荷兰政府此前对合约政策的修改使得郁金香买家不必以先期的合约价格兑付承诺，市场迅速发现了这一漏洞，并导致套利行为的急剧发展。2008年金融危机的爆发与监管对商业银行金融杠杆的放纵也大有关系。2007年底，美国商业银行的权益资本比例仅为3.8%。而相比之下，即便是在20世纪30年代大萧条之前，商业银行的该指标数值还大约为15%。不恰当的权益资本，过度放大了银行的金融杠杆使得其对金融市场冲击的能力大为降低。

金融创新使得金融机构竞争加剧，但维护金融系统稳定仍然是监管机构的主要目标。凝视当前科技的发展对传统金融的冲击，去中心化、去媒/脱媒的潮流意味着金融处在一个创新的旋涡，众筹、便捷支付、P2P、大数据分析、区块链技术已经使传统金融机构在市场服务中面临逐步失去对整个价值链条的控制地位，虽然从当前的规模来说，这些金融创新还在萌芽期，然而仅仅因为传统金融对实体经济的支持力度不足而对金融创新在法律法规上网开一面、姑息迁就，则会破坏金融法规的严肃性、公平性，并可能引发金融邪恶的另一面，导致系统的不稳定。正如《金融创新：重塑未来世界的智财》一书所述，金融业面临强大的赚钱压力，没有一个行业如金融机构一样能够由于失误而在数秒数分之内倒闭。无论机会是多么危险，只要音乐仍在演奏，你就必须起身跳舞。金融逐利的特性也意味着创新是个永不停止的过程，并给系统带来潜在的不确定因素。金融监管的职能在创新中面临更高的挑战，但其监管目标并没有改变。

监管对金融创新要有谨慎的审视，对金融法规要有充分的调研。由于金融对宏观经济和微观经济的重要作用，监管对其审视需要格外谨慎。当金融创新快速增长之时，风险也会急速增长。监管既不能"一刀切"地拒绝，也不应该漠视其发展，更不能朝令夕改、草率推出新举措。2008年之后，美国监管部门开始对资产证券化产品的道德风险展开调查，并随后开始提议信用风险留存规则。该规则要求资产支持证券发起机构必须至少持有一定比例的证券，而不是如金融危机之前将所有证券卖给市场投资人。但该留存比例为多少并不是一个简单的数字，比例过高则会影响发起机构的兴趣，减少对实体经济的信贷投放；比例过低则不会起到防范发起机构道德风险的作用。为此，监管部门开始了为期多年的探讨与咨询，一直到2015年末才对部分资产证券化产品启动了信用风险留存规则。类似的案例还有很多。监管部门不能因为自己的权力地位而高高在上，过度监管并不利于市场发展。调查研究、充分与市场交流是提高政策有效性的根本途径。

科学带来人类的平等，金融带来人类的自由。平等与自由相辅相成。金融创新不仅仅是产品的创新，也包括科学技术创新。科技的快速演变是无法阻挡的确定性事件。而促进科技的发展，金融的支持是无法逾越的需要。在当今，金融与科技之间的融合将更加紧密，金融创新也将加快步伐。金融创新与科技创新，以及两者的日益融合使金融工具变得更为复杂和难以理解。在此背景之下，任何遏制金融创新的想法都是无助的。了解金融新现象需要了解想象的背景。事实上，只有更好地理解金融创新对社会、对人类的影响才能更好地利用金融创新带来的益处。如果仅仅是观察到金融带来的负面影响，而不去了解影响产生的原因，不但会因噎废食，而且没有有效的手段来解决社会经济发展的需要。互联网金融在我国的发展不仅仅是因为技术的创新，传统金融高高在上的垄断地位、对中小企业融资问题的冷漠、对风险定价能力的不足以及征信体系的不完善等才是根本因素。

纵观金融发展历史，我们必须意识到金融创新是人类进步的依赖，但创意并不一定有良好的结局。不是所有的金融创新都是对社会有用的。判断金融创新的好坏是对社会发展的适用性。贪婪可能扭曲创意，破坏公平、公正。因此监管的存在是必要的。然而被动的监督和管理难以前瞻于市场化的极具生命力的创新活动。制定金融业基本规章制度并严格执行才能防范创新带来的混乱和破坏。规章制度也许不能及时全面地反映社会的变迁和科技的发展，但信息的披露、欺诈的禁止应该是基本规则。美国颁布于 1933 年、此后多次修改的《1933 年证券法》的立法理念值得我们借鉴：必须以完全信息披露为指导，以保护投资者利益和防止欺诈为核心目标。只要人类存在，金融创新必将存在，金融危机也必不可避免。金融将在监管与创新的交替博弈中持续发展。

# 中国资产证券化产品迫切需要的创新和发展方向 [①]

资产证券化可以实现非标资产标准化、通过增强资产流动性来实现存量资产的现金流未来与当前的转换以及资产风险的市场化定价。因而，资产证券化是解决当前中国社会高融资成本难题以及盘活存量的一个重要金融工具。资产证券化在中国的发展可谓一波三折，但近年来随着对国内经济问题的深化认识，资产证券化再次成为焦点。然而在实践调研中我们也发现目前国内资产证券化实践在深度和广度上都非常有限，要取得突破和长远的发展，迫切需要增强对市场的理解，不断进行产品的创新以满足市场的需要。本文结合美国资产证券化市场发展的经验，从产品设计的角度提出和探讨了中国资产证券化产品创新的发展方向。

## 1. 中国资产证券化市场的发展阶段和瓶颈

资产证券化市场的发展具有自己的特点，笔者认为资产证券化的发展大致会经历三个阶段：政策探索阶段、增量发展阶段和存量优化阶段。

第一个阶段为政策探索阶段，始于 2004 年资产证券化业务试点。中国证监会发布的《证券公司客户资产管理业务试行办法》自 2004 年 2 月 1 日起施行，支持证券公司开展资产证券化业务。2005 年 4 月 20 日

---

[①] 原文部分节选发表在《中国金融》，2014（18）。与张立合作。

人民银行和中国银监会发布了《信贷资产证券化管理办法》，11月7日，中国银监会又发布了《金融机构信贷资产证券化试点监督管理办法》。但随后的世界性金融危机的发生使试点被迫暂停。2012年，信贷资产证券化试点重启。2013年试点进一步扩大，同时《证券公司资产证券化业务管理规定》进一步规范了以专项资产管理计划为载体的企业资产证券化，保险资管也开始尝试项目资产支持计划。2014年起，各大监管机构积极探讨新的资产证券化监管方案的可能性，如由审批制改为备案制，实施"负面管理清单"等，这也标志着资产证券化迈入第二个阶段：常态化的增量发展阶段。

在试点过程中，资产证券化业务有了极大的发展，涌现了银行贷款CLO，车贷ABS，信用卡ABS、小额贷款ABS、RMBS等多种产品。但是，目前的资产证券化产品结构设计过于简单，有些情况下为了满足上级任务而发行，并不能真正满足市场发展和融资需要。因此，资产支持债券虽然在总量上有所增加，但实际面临进一步发展的技术瓶颈。比如，信贷资产证券化由于入池资产质量较高导致收益率无明显优势、很多信贷或企业资产证券化产品的风险等级划分不明显、期限的选择有限、与其他固定收益产品没有差异化等。这些实际情况导致发行者发行动力有限，投资者购买意愿不足，投资者的构成单调，形成了资产证券化产品"叫好不叫座"的局面，直接制约了市场进一步的发展，限制了资产证券化对经济活动的作用。

笔者认为，资产证券化产品和结构设计的核心是了解市场上投资者的需求，并通过对现金流的划分设计进行满足。资产证券化产品设计应该从市场的需求出发，并随着市场需求的变化而创新，而不是仅仅从流水线上生产复制出简单产品，再推销给投资者。因而，目前中国资产证券化市场迫切需要产品的创新和突破，真正能够满足投资者需求，优化存量资产，为实体经济服务。

## 2. 中国资产证券化产品创新和发展方向

从国际经验来看，资产证券化产品的主要投资者有货币市场基金、银行、保险公司、债券基金、对冲基金和私募基金等。这些投资者对风险的偏好各不相同，如货币基金偏好短久期的产品，而寿险则需要投资长久期的产品来匹配负债端的现金流。保险公司主要投资安全性有保障的优先层级，而对冲基金则依托其投研和风控能力青睐风险高的次级产品。同样类型的投资者，也会有不同的投资策略，对利率和基本面的判断也会有差异。因此，如何设计出多样性的产品，创造性地满足不同投资者的需求成为资产证券化产品创新的核心。而创新的产品又能加大市场对资产证券化产品的需求，从而扩大资产证券化在盘活存量，优化融资难度的作用。下文将结合美国市场的经验和中国市场的现状，提出产品和结构设计的创新方式。

## 3. 货币市场证券

中国目前的金融环境和美国的资产证券化市场的兴起时有很大的类似：流动性通胀、利率管制下的"金融脱媒"和货币市场基金蓬勃发展。在美国，货币市场基金成了资产证券化优先级证券的重要的投资者。笔者认为，资产证券化产品的优先级提供了潜在的优质的和流动性高的投资标的，监管部门应该出台相关政策支持货币基金投资资产证券化产品。

在资产证券化产品设计方面，一方面，资产证券化产品可以设计货币市场证券层级（Money Market Tranche）以满足货币市场基金对流动性和安全性的特殊需求。美国的《1940 年投资公司法案》禁止货币基金购买期限大于 13 个月的金融产品，因此很多资产证券化产品，特别是汽车贷款 ABS 和 RMBS 通常会包含一个或多个期限小于 13 个月的货币市场证券层级，以满足监管要求。目前国内的资产证券化产品往往只有一个或两个优先级证券，期限大多在一年以上。

我国《货币市场基金管理暂行规定》规定货币市场基金可以投资剩余期限在三百九十七天以内的债券和期限在一年以内的债券回购。因此，一方面可以发挥资产证券化产品设计的灵活性，比普通债券提供更丰富的短期限产品，甚至增设增强流动的特殊条款，以更好地满足货币市场基金投资者的需求。比如，对优先级进行进一步分层，增设一个货币市场证券层级，期限可以选择三个月、六个月或一年，同时可以根据货币市场基金对流动性的特殊要求定制回售条款以弥补目前二级市场流动性的不足。另一方面，目前资产证券化产品只能以现券买卖的方式在银行间债券市场交易流通（少数可以在交易所交易），而不能进行回购，这成为制约其流动性的最大障碍，也成为资产证券化产品发展的制约因素。因此，需要监管机构政策上的支持。

目前，国内货币基金市场也面临可选择性产品有限的现状，扩大资产证券化货币基金证券可以达到一石二鸟的效果。

## 4. 浮动和反向浮动利率型证券（floater 和 inverse floater）

目前中国利率市场一个突出的问题是缺乏规避利率风险工具。对于固定收益债券的投资者，因为缺乏规避利率变动的风险，也不愿投资资产支持债券。因此，在资产证券化产品的设计中，可以考虑把固定票息层级拆分为浮动利率证券和一个反向浮动利率证券，这为满足投资者对利率的做多或做空的多样化要求提供了可能性。图1简要展示了浮动和反向浮动利率证券的设计方法。

浮动利率证券事先选定票面基准利率及特定利差，并定期调整。其票面利率与基准利率的变动方向一致，由于利率上升会使一般债券的价格下跌，因此浮动利率证券可称为"看空"证券。而反向浮动利率证券的票面利率与指标利率的变动方向相反，换句话说，市场利率降低或升高时，债息会增加或减少，因此可作为"看多"证券。"看空"证券可以满足投资者对做空利率或者对冲利率风险的要求，而"看多"债券则可以帮助投资者匹配浮动的资金端。这种结构设计方法，既可以极大地丰富债券市场的产品种类，提高投资者参与热情，也可以反过来促进投资策略的多样性和投资组合的风险控制。另外，此类设计有利于利率市场化的进程和债券市场的健康发展。

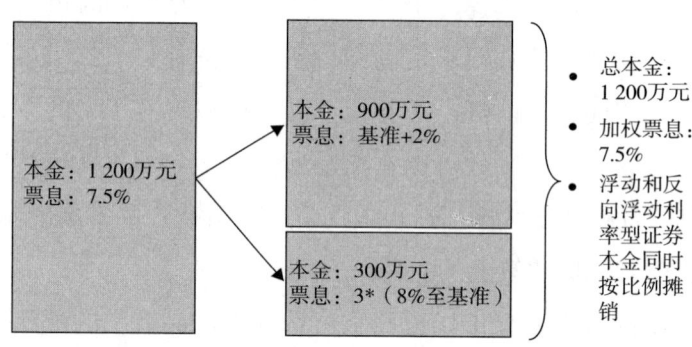

图 1　固定票息层级拆分为浮动利率证券和一个反向浮动利率证券

## 5. 夹层和次级证券

目前市场上资产证券化产品普遍期限单调，无法满足适合于中长期投资者，如社保基金和保险公司的需求。同时收益率也无明显优势，对私募基金和对冲基金没有足够的吸引力。另外，市场普遍产品只有一到两个优先级和一个次级证券，次级证券往往由发行机构自行持有。从而资产证券化的主要购买者还是银行，缺乏多层次的投资者机构，不能实现真正意义上的风险转移。而合理地设计多层次的久期较长的夹层证券及收益率较高的次级证券，可以有效地拓宽投资者的范围。

另一个重要方面，降低融资成本的必要条件之一是实现风险定价市场化，这也是资产证券化产品设计的一个难点。美国的资产证券化的次级证券（通常是非投资级，评级在 BBB 级以下）通常由专业的机构投资者购买。在发行产品之前，发行方就需要邀请一些合格机构投资者对资产池做详细的尽职调查。机构投资者会对产品的结构设计和资产池的质量形成自己的独立意见，并出具竞标书。竞标书中说明投标收益率，以及对结构的要求。一方面，次级投资者能够在资产池的质量对发行者形成制约，成为优先级投资者的"守门人"；另一方面，通过竞标的方式折价出售次级证券，可以实现真正的风险转移和市场化定价。因此，设计次级债券的竞标机制有助于完善多层次资产证券化投资者的构成。

## 6. 动态资产池

资产证券化产品的创新的另一个方向是动态资产池的方式。目前国内的资产证券化产品多为静态资产池的模式，极大地制约了入池资产的种类和资产证券化模式的创新。

从入池资产种类上看，一些期限较短或者期限不确定的应收账款，如信用卡贷款，部分汽车贷款和小额贷款都无法入池。目前的信用卡ABS 的资产多为分期付款的形式，本质上是按揭，期限多为固定，不是真正意义上的信用卡应收账款。解决这一问题的方法是发行动态资产池产品，严格设定再投资标准或新资产入池标准，以不断加入新的应收账款以弥补到期的应收账款的现金流的方式实现资金端和负债端的匹配。

从模式创新上看，美国的资产管理机构可以通过债权或贷款的交易和转让来发行动态的 CLO 产品，运用其资产管理能力，管理资产池的投资组合，为 CLO 投资者创造收益。这种模式为中国的金融机构从通道业务向资产管理业务转型升级提供了可能。同时国内各大金融交易所的金融资产的交易和转让机制的兴起，也为未来形成动态资产池的资产证券化产品准备了前提条件。

综上所述，我国资产证券化的发展前景巨大，对我国调整经济结构、降低社会融资成本、实现利率和风险的市场化定价以及加强金融机构资产管理能力具有战略性意义。在现阶段，资产证券化市场模式单调、缺乏满足市场需求，对进一步发展和升级设立了阻碍，产品创新成为资产证券突破发展的瓶颈。因此，加强对产品和结构设计的认识和实践是从量变到质变，发挥其作为重要金融工具促进中国投融资市场健康发展的关键所在。

# 资产证券化交易结构创新之主信托模式 <sup>①</sup>

　　自 2005 年《信贷资产证券化试点管理办法》的颁布及建设银行和国开行试点资产证券化产品的发行起，我国正式开启资产证券化的 1.0 时代。这一时期，资产证券化实行的是行政审批制。2014 年，证监会和银监会先后出台新规，将资产证券化业务的监管方式由审批制改为备案制，资产证券化自此进入 2.0 时代。备案制的实施解放了束缚资产证券化发展的监管桎梏。2014 年之后，资产证券化的规模实现了爆发式的增长，资产证券化从一个理论上的金融工具逐步进化为我国企业常规的融资渠道之一。中国资产证券化的 3.0 时代，将体现于满足更细分市场需要的创新和发展。本文就资产证券化交易结构的部分创新及落地做一讨论。

　　资产证券化发展的一个重要体现是基础资产的不断丰富，并逐渐扩展至期限较短的循环资产（如信用卡，个人消费贷）。由于此类资产的期限普遍较短，存在较高的再投资风险和期限错配问题，给现有的交易结构如静态池结构，带来一些挑战。循环购买结构虽能解决部分问题，但并不彻底。比如，如果短期循环资产规模增长迅速，发起机构则需要不断设立新的资产池，建立新的资产证券化项目，如此可导致资产证券化平台重复构建，成本高而效率低。针对短期循环资产证券化这一细分市场需求，一种新的模式——主信托模式应运而生。值得指出的是，通过内部交易结构的创新，主信托结构可以降低证券化平台的架构成本和运营成本，同时提高资产证券化的资产利用率。在我国当前消费结构发

　　① 原文部分节选发表在《金融市场研究》，2017（6）。与杨挽涛合作。

生转变，个人消费贷快速增长之际，主信托模式的运用具有重要的意义。

## 1. 主信托模式的起源和发展

主信托模式起源于20世纪90年代的美国。在主信托出现之前，美国的资产证券化交易主要采用的是独立交易模式，即每一单资产证券化产品对应一个独立的基础资产池，每一个新资产池的证券化都需要设立一个为其专设的特殊目的载体。虽然循环池结构允许资产的有限更替，但特殊目的载体并不改变，并随着证券的清偿而解体。这与国内目前典型的单一信托计划和单一资产支持专项计划模式是一致的。

1991年，主信托模式首次出现在市场并被运用于信用卡资产证券化。主信托在资产端和证券端分别展示了两大特点：

（1）在资产端，主信托可以不断取得新的基础资产，而无须为新的资产设立新的特殊目的载体，换而言之，资产池是可以自我更新的，实现了从静态池到动态池的转变。

（2）在证券端，主信托可以在不定时分期发行不同的资产支持证券，且在不同时间发行的各期证券可以有不同的分层结构、期限结构和信用级别。但它们都以同一个资产池作为还款来源，虽然说资产池中的资产可以是不断更新的。

正是由于主信托模式高度的灵活性，发行人可以"精准标靶"，即根据市场行情灵活选择最合适的时机以及所需的融资金额进行产品发行。此外，由于不同期的证券共享资产池，也降低了资产冗余和资金沉淀，提高了资产的潜在融资效率。

主信托结构完美地解决了信用卡资产证券化中的两大痛点：资产支持证券的期限和基础资产的期限错配问题，以及资产证券化平台重复建设的成本问题。这一模式的创造引起了市场重视，并迅速地被推广运用到其他与信用卡资产具有类似循环特征的短期、同质化程度高的资产[①]，如汽车经销商库存贷款、房屋净值信用贷款等。如今，在美国主信托模式已成为信用卡和其他类型的循环资产证券化的重要模式。

## 2. 海外市场主信托的交易结构

在海外典型主信托模式下，资产证券化的发起机构必须将其拟证券化的基础资产真实出售给一个专为实现基础资产的破产隔离而设立的特殊目的载体[②]，该特殊目的载体可不定时、分期发行资产支持证券，并以特殊目的载体的资产所产生的现金流，依合同约定的机制分配给发行的各期资产支持证券的投资人。[③]

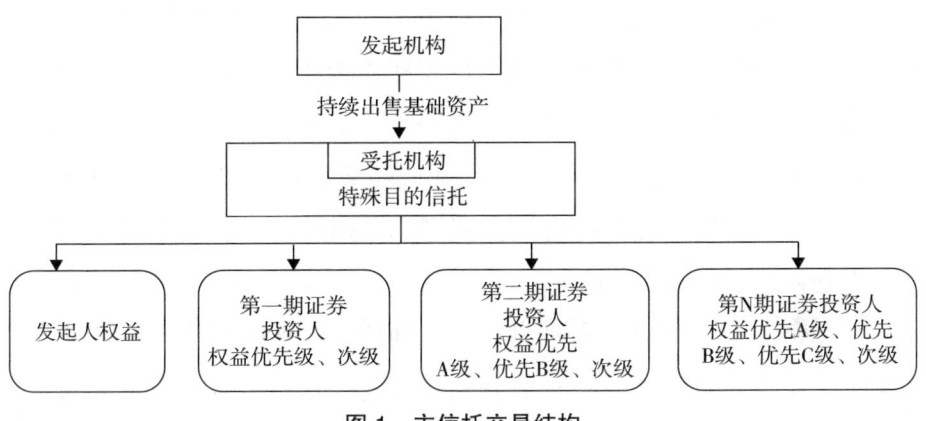

**图 1　主信托交易结构**

---

① 具有循环特征的资产是指允许借款人循环使用贷款额度，在额度内可随时偿还和重新提款的债务，比如信用卡应收款、流动资金贷款等。

② 在美国资产证券化实践中，受限于相关法规的制约，在发起机构和担任资产支持证券发行人的特殊目的载体之间，为了实现基础资产的真实出售，并隔离发起机构的破产风险，一般需要设立一个由发起机构控股的特殊目的载体，该特殊目的载体将从发起机构购买基础资产，进而将基础资产转让给担任资产支持证券发行人的特殊目的载体。

③ 由于我国采用分业监管的金融体系，资产证券化载体包括信托、专项计划、专项管理计划等多种形式。西方市场常见的主信托反映在国内监管体系下可类比的载体或许会被称为主信托、专项主计划等。但无论冠以什么名称，这些都是商业描述，并不影响其依照相应的法律和规章要求去设计具体结构和交易文件。其实，西方市场俗称"主信托"本身也只是一个商业和行业概念，在传统普通法下，并没有特殊的"主信托法律"，主信托的法律关系就是普通的信托法律关系。为行文的便利，本文在讨论市场典型的结构时仍将使用"主信托"。

主信托交易结构有以下主要特征：

## 2.1　循环资产池

由于主信托主要用于期限较短资产的证券化过程，为解决基础资产与资产支持证券的期限错配问题，这一类证券化交易在资产池的构建上普遍采用了循环结构。采用循环结构的资产池被称为"循环池"，其所对应的概念是"静态池"。对于静态池而言，发起机构筛选基础资产组成资产池后，除非发现入池资产不合格，一般不允许再更换或增加入池资产。随着时间的推移，入池资产不断获得本金和利息偿付，资产池的未偿本金余额也因此不断降低。与此相对应的是，对于循环池而言，交易文件允许特殊目的载体（信托）在一定期间（称为"循环期"）内所获得的本金回收款用于从发起机构购买新的资产，以保证资产池的资产维持在一个规定的最低水平之上；此外，主信托模式也允许发起人持续注入新资产，使资产池规模持续增长。在循环期结束后(也称为"摊还期")，资产池所产生的现金流将按照"过手"模式在投资人之间进行分配。

在循环资产池交易结构中，典型的交易安排是，在资产支持证券到期日之前，只向投资者支付利息，而在到期日一次偿付资产支持证券的本金。为了满足在资产支持证券到期日一次性偿付本金的资金需求，资产池的循环期将在资产支持证券到期日前的一段时间终止，之后立即进入累积期（"累积期"）。在累积期，信托不再以资产池所产生的本金回收款向发起机构购买新的资产入池，而是将收到的本金回收款存入一个专门的信托账户进行资金的积累，以便在资产支持证券到期日有足够的资金偿付资产支持证券的本金。发起机构将基于资产池的历史表现以及资产支持证券的本金金额和期限来测算循环期和累积期的长短，并在交易文件中进行规定。但是，交易文件所规定的循环期和累积期可能因为提前摊还事件的发生而提前中断。提前摊还事件通常包括发起机构遭受重大不利变化或者资产池质量严重下降或资产池规模缩减至警戒线以下的情形。为了保护投资者的利益，一旦发生提前摊还事件，资产池将立即进入摊还期。

在主信托模式下，当某一期证券接近到期日时，整个资产池里所有的本金回收款均可对该期证券进行积累，从而加速积累过程，缩短累积期。因此，相比于单一信托模式，主信托模式下资产支持证券的累积期更短、循环期更长。

## 2.2　信托受益权在发起人和投资人之间横向分割

主信托项下有两类受益人，一类是主信托所发行的所有资产支持证券的投资者，统称为投资人；另一类是将基础资产交付信托的委托人，即发起人。投资人获得其所持有的资产支持证券所代表的投资人权益（"投资人权益"），而发起人持有信托中未被分配给投资人的全部其余权益（"发起人权益份额"）。如果用公式来表示，则发起人权益份额＝资产池未偿本金余额 − 主信托已发行的尚未偿还的全部资产支持证券本金余额之和。这意味着，发起人权益份额将随着资产池的未偿本金余额以及主信托所发行的资产支持证券的未偿本金余额的变化而变化。考虑到主信托的资产池本金余额是波动的，假设主信托发行三期证券，且每期证券的本息在到期日一次偿还完毕，该主信托下发起人权益份额和投资人权益的变化如图 2 所示。

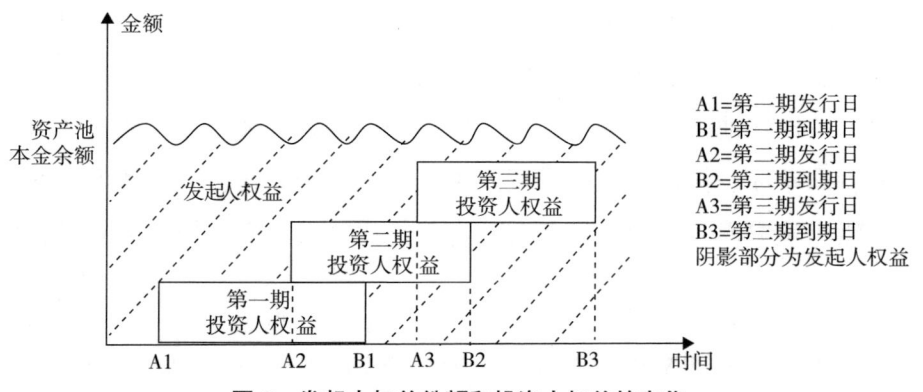

图 2　发起人权益份额和投资人权益的变化

　　图 2 显示，在一定期间内，如果已发行的资产支持证券的未偿本金余额保持不变，则当新入池的资产的本金余额高于资产池同期产生的回收款使得资产池的未偿本金余额上升时，发起人权益份额就会相应增加；而因债务人对发起人行使抵销权、或者因缺乏足够的合格资产可供购买而导致新入池的资产本金余额少于资产池产生的回收款金额，使资产池的未偿本金余额降低时，发起人权益份额也会相应减少。此外，如果不考虑资产池本金余额波动的影响，当主信托发行新一期的资产支持证券导致投资人权益增加时，发起人权益份额就会相应减少；当已发行的资产支持证券因到期或发生提前摊还事件而被清偿，导致投资人权益减少时，发起人权益份额就会相应增加。

　　值得注意的是，在主信托下，发起人权益份额和投资人权益在获得信托的分配方面是完全平等的，即两者之间没有优先性的差别，而只有份额比例上的差别，且二者的份额比例此消彼长。当信托尚未发行任何一期资产支持证券时，发起人权益份额代表着获得 100% 的信托收入分配的权利。当信托每发行一期资产支持证券后，一定比例[①]的信托收入将被分配给该期资产支持证券投资人，用于向其支付该期资产支持证券的本息以及相关费用，发起人获得信托收入分配的比例则相应缩小。在前一期证券还未到期之前，发起人可根据其需求随时发行后一期资产支持证券。由于发起人权益份额与投资人权益在优先性方面是平等的，因此，发起人权益份额并不构成资产支持证券的超额抵押，并且一般也不能对资产支持证券起到信用增级的作用。因为，资产池的任何收入是同顺序、按比例地在投资人和发起人之间分配的，同样，资产池的任何损失也将同顺序、按比例地由投资人和发起人分担。在资产支持证券的信用增级措施方面，主信托模式与独立信托模式并没有实质性的差异，仍

---

　　① 某期证券投资人所获得的信托收入分配比例大致等于该期证券未偿付本金余额除以资产池本金余额。

然依赖于在每一期下发行不同优先顺序的多档证券、设置储备账户、超额利差等方式对资产支持证券进行信用增级。

信托文件将规定发起人基于发起人权益份额获得信托收入分配的比例的最低值，就具体资产和项目而言，这个最低值往往由评级机构测算和决定。要求发起人持有一定比例以上的发起人权益份额的原因在于，由于资产池是一个循环池，其未偿本金余额将不断波动，一定比例的发起人权益份额可吸收资产池的未偿本金余额的波动，从而确保在任何时候都有足够的资产支持主信托下所发行的所有资产支持证券的偿付。让发起人持有一定比例的基础资产的信用风险，使其利益同投资者趋向一致，激励其注重基础资产的质量，从而在一定程度上缓释发起机构的道德风险。此外，发起人权益份额的存在也使主信托项下多次分批发行不同类型的资产支持证券成为可能。从根本上来讲，主信托项下每次发行新一期资产支持证券，本质上都是对既存的发起人权益份额部分所进行的拆分、稀释或转让。

如果发起人权益份额在信托中所占的份额低于信托文件规定的最低值，发起人必须向信托转让更多的合格基础资产，以扩大资产池的规模，使发起人权益份额所占的份额提高到规定的最低比例以上。如果在规定的时间内发起人权益份额所占的份额未被提高到规定的最低比例以上，一般会触发提前摊还事件，之后，资产池所产生的现金流将按照"过手"模式进行分配，其中分配给投资人的部分将用于快速清偿资产支持证券的本金。

## 2.3　同一信托下多次分期发行证券

主信托模式允许在同一个信托载体下不时发行以"同"一个（但动态的）资产池支持的不同期的资产支持证券。这是主信托模式与单一信托模式的核心区别之一。

在主信托设立时，发起机构需要设定规模，比如，设立150亿元的主信托。发起机构可以在最初注入 150 亿元或更少的合格基础资产。当发起人产生融资需求时，主信托可以根据届时发起人的资金需求量以及市场行情精准地发行适当金额的资产支持证券。例如，第一季度发起人的资金需求量是 10 亿元，就可以只发行 10 亿元的资产支持证券；第二季度发起人又有 20 亿元的资金需求，则可以再发行 20 亿元的资产支持证券；第三季度如果市场利率低而发起机构资金需求大，则可以再发行 100 亿元。在发行资产支持证券之前，发起机构基于发起人权益份额可以获得资产池所产生的现金流的 100%。发行资产支持证券后，发起人与投资人根据投资比例分享现金流，如果发起人注入额外基础资产而没有收取现金转让款，则发起人权益份额增加。因此，主信托模式给发起机构提供了商业运营的便利。

需要强调的是，各次发行的发行主体是同一个信托载体，且各次发行的资产支持证券的还款来源是同一个资产池。我们把每次发行的资产支持证券视为一期，每一期下又可以根据需求包括多个品种、多个档次的资产支持证券，每次发行的这些不同品种和档次的证券在支付顺序上可以有优先 / 劣后的差别，还可能有不同的期限、不同的偿还方式、不同风险级别和利率特征。

当主信托下有多期资产支持证券发行并存续时，每一期资产支持证券都代表着一部分投资人权益。每一个收款期间末，受托机构会自行或委托服务机构根据信托文件所规定的机制计算当期发起人份额以及每一期证券的投资人份额，然后同顺序、按比例将可用于分配的信托收入在发起人和每一期投资人之间进行分配。分配给特定某一期投资人的信托收入将根据交易文件所规定的支付顺序用于支付该一期证券相关的税收、费用以及该一期下各档资产支持证券的本息。

## 3. 主信托模式的商业价值和意义

主信托除了具有单一信托模式下的所有传统证券化产品的优点，

如获得比同期发行的以发起机构主体信用支持的公司债券更高的信用评级、更优惠的利率。除此之外，主信托还有一些采用单一信托模式的传统证券化产品所不具备的优势。

## 3.1　更高的融资灵活性

主信托模式下，信托可以根据需要不时发行多期资产支持证券。每次发行的资产支持证券的品种、规模、期限、偿还方式、风险级别和利率特征可以根据发行时的市场条件和潜在投资人的偏好来灵活设计。如果采用"私募"发行的形式，融资方甚至可以根据特定投资者的需求和偏好为其特别"定制"资产支持证券。

对于融资方而言，通过发行各种不同类型的资产支持证券，可以吸引多元化的投资者，这一方面可以从整体上扩大投资者的范围；另一方面也降低了融资来源的集中度，从而提高其在融资方面的稳定性和抗风险能力。

对于投资者而言，主信托模式的引入将极大地丰富资产证券化产品的类型。目前我国资产证券化市场仍主要以过手类证券为主，而过手证券在期限上受到基础资产的期限的限制，并且存在较高的再投资风险。主信托模式的引入可为投资者提供大量目前市场上缺乏的固定期限证券化产品，有助于投资者提高其投资组合的多样性。

## 3.2　更低的发行成本

虽然主信托平台的搭建并不容易，但主信托平台建立起来以后，融资方就可以利用这个平台不时地按需发行资产支持证券。每次发行时只需要就适用于本次发行的法律文件（例如本期证券的信托文件、承销合同）签署相关补充协议，以及针对本次发行的具体情况更新信息披露文件即可，无须重新设立 SPV，无须重新组建资产池，无须重新选任受托机构、资金保管机构和服务机构，无须重新准备全套交易文件。对于那些频繁发行资产证券化产品的融资方而言，每次发行的边际成本将因此而大大降低。

此外，由于主信托平台下后续发行资产支持证券的流程得到简化，每次发行所需要的准备时间将大大缩短。这便于融资方可以根据市场行情变化"精准标靶"，对投资者的需求作出更快速的响应，选择最优的发行时间窗口，以及获得更优惠的发行利率。

## 3.3　更稳定的现金流

主信托模式主要适用于短期循环资产的证券化。这一类资产的核心特征在于允许借款人循环使用信用额度，同时借款人可以在规定的最后还款日之前随时偿还其贷款，这些特征导致循环资产在还款速率方面存在显著的波动性。并且，对于同类型的循环资产而言，同一个循环资产池中的各笔资产在还款速率方面的差异性也很大。但如果我们将多笔同类型循环资产打包成一个资产池，单笔资产的波动性和差异性将在一定程度上被相互抵销，这样，即便资产池内每笔资产的还款速率是高度可变的，但是整个资产池的现金流的"流速"却可以保持相对稳定。正如一个蓄水池，水池越大，入池的水流越多越分散，单个水流对整个池子的流速影响越小，池子流速越稳定；反之，水池越小，入池的水流越少，集中度越高，水流的稳定性越容易受到破坏。

投资者对于资产池现金流稳定性的担忧会反映在资产支持证券的价格中。在主信托模式下，资产池的规模通常会很大，远远超过主信托下发行的单一期的资产支持证券的本金余额，并且，由于发起人权益份额的存在，资产池的规模甚至还超过主信托项下所发行且存续的所有期资产支持证券的本金余额之和。而在单一信托模式下，资产池的规模往往是与所发行的资产支持证券的本金余额相适应的。相比较而言，主信托模式下发行的资产支持证券所依赖的资产池规模更大，现金流稳定性必然更强，投资者所要求的风险溢价也会更低。这意味着，对于融资方而言，在其他条件同等的情况下，通过主信托平台发行的资产支持证券，相比通过单一信托发行的资产支持证券，有希望获得更优的发行利率。对于投资者而言，由于主信托项下发行的每一期资产支持证券背后的资产池是统一的，对资产池的分析结论将适用于该资产池所支持的各期证券，因此，相较于投资单一信托所发行的资产支持证券，投资主信托平台下发行的资产支持证券的综合分析及决策成本会更低。

## 3.4　更高的投资安全性

无论是采用主信托模式还是单一信托模式，都需要通过设置分层结构、超额抵押等方式为优先级证券提供信用增级，这种信用增级常被通俗地称为优先级资产支持证券的安全垫。安全垫被用于吸收基础资产的损失。发起机构和评级机构会根据基础资产的历史违约率来计算所需要的安全垫的厚度。一般情况下，安全垫是不会被击穿的，然而，当因意外事件发生导致基础资产的违约率大幅超出历史水平时，安全垫即有可能被击穿，并导致优先级资产支持证券发生损失。

无论是在时间还是空间维度上，主信托模式下基础资产的集中度都会比单一信托模式下基础资产的集中度更低。这样，单一意外事件对于主信托模式下的资产池所造成的影响，一般来说，会低于其对单一信托模式下的资产池的影响。换而言之，相比单一信托模式，主信托模式下各期发行的优先级资产证券的安全垫更不容易被击穿，其投资安全性更高。

## 3.5　更高的资金使用效率

主信托模式下是以一个非常大的资产池来支持多期资产支持证券的本息偿付。每一期资产支持证券的到期日是不同的。当一期资产支持证券接近到期日时，信托或者受托机构需要停止基础资产的循环购买而累积回收款用于在该资产支持证券到期日全额偿付其本金。在单一信托模式下，资产池的规模与资产支持证券的规模通常是相适应的，即便存在超额抵押，其比例也不会很高。因此，当需要为资产支持证券的到期本金偿付累积回收款时，累积期通常会持续相对较长的一段时间。而在累积期内，所累积的回收款通常只能投资于存款等流动性较高而回报率较低的产品，导致资金使用效率低下。但是在主信托模式下，一期资产支持证券的本金往往只占整个资产池的本金余额的一小部分。当一期资产支持证券接近到期日时，可以整个资产池里所有的本金回收款来给这单证券进行积累，从而加速积累的过程，缩短累积期。换而言之，相对于在单一信托模式下发行的资产支持证券，主信托模式下发行的资产支持证券可以有更短的累积期和更长的循环期，意味着在主信托模式下，资产池的资金使用效率更高，资产池的收益率也更高。

## 4. 总结

本文从主信托模式的起源和发展入手，详细探讨了海外主信托的交易结构，并论述了其商业价值和意义。毋庸置疑，资产证券化在我国正处于一个突飞猛进的发展阶段。按 2016 年发行总量来看，已经跃居亚洲第一。然而，我们也要看到，当前我国资产证券化的产品结构还有待进一步完善。特别是在下一阶段，资产证券化如何能更进一步服务于经济转型、服务于更细分市场的创新和发展。比如，我国当前消费结构已经发生重要转变，互联网金融、消费金融快速突起。根据多个信息来源，2016 年我国个人消费贷款总量已约 20 万亿元。如何充分利用金融工具，提升消费金融的发展，主信托模式的运用具有重要的意义。本文就其交易结构做了细致讨论，值得实践探索。

# 资产证券化主信托结构在我国落地之探讨 [①]

主信托结构是海外资产证券化中的一个重要模式。在美国，主信托模式已成为信用卡和其他期限较短类型的循环资产，如信用卡、个人消费贷等，进行证券化的主要模式。主信托结构具有一系列优点，主要表现在资产端，一旦设立主信托结构后，无须再为每一单产品设立特殊目的载体，而且资产池中的资产可以更新和增加；在证券产品端，主信托可以使得发起人根据市场状况和自身融资需求灵活发行不同的资产支持证券。主信托结构的运用实际上降低了融资人的融资成本，也利于降低违约风险、提高投资人风险收益。[②]

主信托模式在英美已经历经了二十几年的实践考验，是信用卡和其他类型的循环资产证券化的主要模式。然而，对于中国而言，主信托模式尚属于新兴事物。这为主信托的落地和本土化带来了诸多挑战。这些挑战主要分为两个方面：

（1）目前我国证券化法规是否能兼容主信托这一交易结构？

（2）在操作层面主信托模式下的交易更为复杂和细腻，且在国内尚无先例，要实现主信托的本土化，意味着在证券化交易的各个环节，包括交易结构的设计、交易文本的撰写、资产池的尽职调查、产品的评级等各个环节都需要调整。

---

[①]　原文部分节选发表在《中国金融》，2017（18）。与杨挽涛合作。

[②]　杨挽涛，郭杰群.资产证券化交易结构创新之主信托模式［J］.金融市场研究，2017.

限于篇幅，本文仅就主信托本土化在法律层面的几个问题以及可能的解决方案作简单探讨，为其在我国实践中的落地做一铺垫。

## 1. 主信托结构与现有资产证券化法规的兼容性

由于我国采用分业监管的金融体系，根据监管机构的不同，资产证券化载体包括信托、专项计划、专项管理计划等多种形式。西方市场常见的主信托结构反映在国内监管体系下可类比的载体可以是主信托（银监会制度下）、专项主计划（证监会和保监会制度下）、主载体（其他"私募"方式的融资体系下）等。西方市场俗称"主信托"本身只是一个商业和行业概念，在信托起源的传统普通法下，并没有特殊的"主信托法律"，主信托结构这一商业概念适用的法律关系就是普通的信托法律关系。

如果现有法规中对"主信托"或"主专项计划"等有专门的规定，那自然依据专门的规定处理。但是如果没有专门的规定，那么，当这个"新"结构出现时，现有法规能兼容或适应这一需要吗？还是需要制定新的特别法规？

我们以人民银行和银监会直接监管的信贷资产证券化体系为例。2005 年《信贷资产证券化试点管理办法》第三十八条规定："资产支持证券的发行可采取一次性足额发行或限额内分期发行的方式。分期发行资产支持证券的，在每期资产支持证券发行前 5 个工作日，受托机构应将最终的发行说明书、评级报告及所有最终的相关法律文件报中国人民银行备案，并按中国人民银行的要求披露有关信息。"由上面文字可见，尽管当时监管部门只是推出了试点规定，但已经有预见地对于潜在的市场发展留下了空间，规则中第三十八条预留了一次审批、多次发行的机制。只是由于受 2008 年国际金融危机等诸多因素的影响，此后暂停了资产证券化发行，自然多年也没有分期发行的实践。2015 年中国人民银行公告〔2015〕第 7 号，正式推出注册制，规定"已经取得监管部门相关业务资格、发行过信贷资产支持证券且能够按规定披露信息的受托机构和发起机构可以向中国人民银行申请注册，并在注册有效期内自主分期发行信贷资产支持证券。申请注册发行的证券化信贷资产应具有较高的同质性"。〔2015〕第 7 号在一定意义上是对 2005 年试点办法的推进和细化，之后一次注册、多次发行逐渐成为常态。尽管目前市场上分期发行的项目均采用单一信托结构，但单一信托结构本身既不是《信贷资产证券化试点管理办法》第三十八条的要求，也不是人民银行公告〔2015〕第 7 号的要求。也就是说，《信贷资产证券化试点管理办法》和人民银行公告〔2015〕第 7 号与主信托结构具有兼容性，完全可以适用于主信托结构证券化的审批、注册和备案。

除了银监、证监和保监三会的监管体系，资产证券化市场上一直还存在三会之外的结构融资市场采用资产证券化的结构。对于这个市场，因为一直就没在特别的审批、备案和登记体系下，从法规角度而言，其自身的灵活性可能更大。

## 2. 潜在风险重复自留问题

虽然不受法规限制，但在美国的市场实践中，评级机构一般要求主信托发起机构保留的发起人权益份额不得低于一定比例，该比例通常为 15%~20%。

目前人民银行和银监会监管下的信贷资产证券化规则对于发起机构的风险自留也有硬性要求。根据《中国人民银行、中国银行业监督管理委员会公告〔2013〕第 21 号——进一步规范信贷资产证券化发起机构风险自留行为》（21 号文）的规定，信贷资产证券化的发起机构须持有其发起的资产证券化产品的一定比例，该比例不得低于该产品全部发行规模的 5%。对于企业资产证券化而言，证监会并未对发起人自留标准进行强制规定，但从已发行的企业资产支持证券产品来看，作为一种市场惯例，发行人仍会持有部分或全部次级证券。

如果发起机构既要按照 21 号文的规定持有占全部发行规模的 5% 的权益，又要按照评级的要求保留占资产池规模 15%~20% 的发起人权益份额，就会导致风险重复自留，影响资金利用效率。解决该等重复保留的问题，可能有两种方案。

方案一：当发起机构已保留 5% 以上的发起人权益份额时，视为已满足 21 号文下的风险自留的要求。

21 号文要求发起机构持有一定比例的已发行资产支持证券，而评级机构则是要求发起机构在信托中保留一定比例的发起人权益份额，该等权益是信托中未被证券化的权益。由此可见，21 号文与评级机构要求发起机构保留的对象并不相同。不过，从规范目上看，21 号文中所要求的发起机构持有占发行规模 5% 的证券的安排，与评级机构所要求的发起机构持有一定比例的发起人权益份额的安排，都是为了让发起机构持有一定比例的基础资产的信用风险，使其利益同投资者趋向一致，激励其注重基础资产的质量，从而在一定程度上缓释发起机构的道德风险。二者虽然方式不同，但在功能上却是可以相互替代的，可谓殊途同归。既然如此，在主信托模式下，这两种风险自留安排似乎无须重复设置。如果当发起机构已保留的发起人权益份额占资产池的比例超过 5% 时，即视为已满足 21 号文下的风险自留的要求，即可避免风险重复自留问题。不过，尽管这样解释具有合理性，但毕竟与 21 号文的规则可能有一定出入。此外，还有另外一种方案可以考虑。

方案二：发起人根据 21 号文进行的风险自留抵销发起人权益份额的保留。

既然 21 号文所规定的风险自留与评级机构所要求的发起人权益份额保留在功能上可以相互替代，也可以考虑将发起人根据 21 号文进行的风险自留抵销发起人权益份额的保留。假设发起机构保留了总资产池的一定比例作为发起人权益份额，该比例为 X，由于发起人权益份额是发起人持有的未被分配的全部剩余权益，因此已发行的证券占资金池的 1–X，如图 1 所示。

| 发起人权益份额<br>（未分配的剩余权益）<br>X | 已发行资产支持证券<br><br>1 - X |
| --- | --- |

**图 1　已发行证券与资金池关系**

只要保证（1）发起人权益份额占比 X，加上（2）已发行证券的 5%，即（1–X）×5%，两者之和不低于评级机构所要求的比例 Y，即可使得 21 号文要求的 5% 风险自留部分抵销评级机构所要求的发起人权益份额保留，从而实现 5% 的风险自留要求和一定比例发起人权益份额的保留，避免风险重复自留。公式如下：

$X+（1-X）×5\% \geqslant Y$，则 $X \geqslant （Y-5\%）/95\%$

假定 Y 等于 15%，则 $X \geqslant 10.53\%$

通过上述公式，若评级机构要求保留的发起人权益份额为总资产池的 15%，则 X 不得低于 10.53%。评级机构要求的 15% 的风险保留，可以通过持有 10.53% 的发起人权益份额，和已发行证券的 5% 来实现。该方案既满足 21 号文所规定的发起人持有已发行证券 5% 的要求，也应可以满足评级机构的要求。

## 3. 受托机构从发起机构持续取得基础资产的问题

在主信托模式下，发起机构首先将指定合同（商业上俗称账户）下已经产生的应收账款作为初始信托财产转让给受托机构，用于设立信托。信托合同还将约定，在信托设立后，如果指定合同（账户）下因借款人的提款而产生新的应收账款，只要指定合同（账户）和新产生的应收账款符合事先约定的合格标准，发起机构会将该等新产生的应收账款持续转让给信托。但是，这会涉及发起机构和受托机构之间的一个重要问题，即将来转让指定合同（账户）下未来产生的应收账款的约定是否有效？

应收账款的法律性质为债权。关于转让未来债权的合同效力的问题，传统学理上有一种观点（"否定说"）认为：处分债权必须以债权的存在为前提，未存在之权利不得让与，因此转让未来债权的合同无效。另外一种观点（"肯定说"）认为，债权的存在与否，仅影响债权转让效果的发生，但是不应妨碍双方通过契约提前就未来债权的转让作出安排，在双方就未来债权的转让契约的场合，可令转让合同于成立时即生效，并使双方受其拘束，但债权转让的效果，待未来债权变成现实债权后才发生。

上述的肯定说贯彻了区分负担行为与处分行为的法律逻辑，满足了人们在当前社会经济生活中就未来进行提前筹划的需要。随着现代社会日益鼓励和支持资源的流动和转让这一背景，肯定说已逐渐成为通说和主流。与此相对应的是，2012 年出台的《最高人民法院关于审理买卖合同纠纷案件适用法律问题的解释》（法释〔2012〕8 号）认可了学术上的肯定说观点。该司法解释第三条规定"当事人一方以出卖人在缔约时对标的物没有所有权或者处分权为由主张合同无效的，人民法院不予支持"。

为审慎考虑，持续获得基础资产可以设计成基础资产发起人与主载体同意在将来应收账款产生后再转让应收账款的合同。这样的合同，自然不与学术上的肯定说观点相冲突，即使面对学术上的否定说观点，这种合同本身没有让给今天不存在的债权，而只是约定以后债权存在之后方做转让。就市场实践而言，目前已经有不少基础资产循环购买结构的资产证券化项目，这些项目中采用的转让将来产生的应收账款的机制也得到了监管部门和市场的认可。

## 4. 动态池的尽职调查

早期的证券化交易中的资产池一般是静态池，发起机构筛选基础资产组成资产池后，除非发现入池资产不合格，一般不会再更换或增加入池资产。对于静态池的尽职调查比较简单。典型的做法是，从选定的资产池中随机抽取若干笔资产，审阅样本资产是否符合合格标准。由于基础资产一经选定，一般不再发生变动，因此只需要在信托设立前对资产池进行一次尽职调查就足够了。

主信托模式下的资产池是动态池，在信托生效后，信托仍会向发起机构持续取得新的资产。由于动态池是不断自我更新的，在某一时点针对资产池所进行的尽职调查，并不能反映其他时点的资产池的情况。这产生一个是否以及如何对动态池进行持续的跟踪和/或尽职调查的问题。

正如前文所述，由于市场上已经有了基础资产循环购买的实践，对动态池进行持续的跟踪和/或尽职调查也已有了一定的实践，并为市场所接受。随着这一细分市场的成长，对动态池的尽职调查实践也会进一步发展和成熟。

## 5. 总结

主信托模式在海外已经得到广泛应用，特别是对期限较短、循环资产的资产证券化操作中。但这一结构在我国尚未落地。其实践，随符合现代经济发展的客观需求，却可能面临的一些问题，仍需要研究和解决方案。中国资产证券化事业在近几年有突飞猛进的发展，在加剧的市场竞争下，市场细分不可避免。主信托模式独特的优势在于对于那些具有长期持续稳定可产生大量短期循环基础资产的发起人，可以节约融资成本、配合市场变化、加速发行速度。

当然，由于主信托模式的持续运营往往与发起人的业务经营有关，一般较难达到会计出表的目的。此外，近一年政府部门对金融风险的敏感和金融监管的加强，可能也会导致市场对推动"新"结构采取观望的态度。尽管如此，银监和证监一次登记分期发行制度已经对发起人设立了一定的资质门槛。从宏观上讲，这些资质门槛实际上起到了降低金融风险的作用。而且，由于主信托模式的持续运营与发起人的经营能力有关，在目前的监管体系下，一次登记分期发行制度下的资质门槛或许恰恰是一石两鸟，成为降低宏观市场风险和微观单个项目风险的立足点。值得进一步探索和实践。

# 两条曲线，一个价格——论资产证券化产品定价及对国内市场的启示[①]

在资产证券化业务中，合理的定价既是投资者获得投资价值和进行风险管理的关键，也关乎着资产证券化市场的健康发展，以及其盘活存量、降低社会融资成本以及促进金融结构的调整和优化功能的发挥。合理定价是将不流通、非标准的存量资产转变为流通性好的金融资产的必备工具。表面上看，资产证券化产品的定价是以未来现金流为支撑点，非常明了，但实质上资产证券化产品的定价并不容易。2008 年席卷全球的由资产证券化产品引发的金融危机就是一个例子。笔者认为我国的资产证券化市场正处在常态化增量发展阶段并向存量优化阶段突破，而如何实现市场化定价成为制约资产证券化市场进一步发展的难题。本文将根据美国经验，并结合中国的国情，探讨我国资产证券化产品的定价机制并提出发展策略。

## 1. 我国资产证券化产品定价现状和问题

目前我国资产证券化的产品相对简单，一般仅包括优先级和次级证券。优先级产品定价一般采用招标的方式。首先由承销商根据优先级评级、现金流分期以及市场利率水平提出各个层级的利率区间，然后经发起人和委托人确认，签订发行价格区间确认书，报中债登备案，最后向投资者招标确定产品利率来定价。目前发行的产品，大多以同等评级和

---

① 原文部分节选发表在《中国金融》，2014（20）。与张立合作。

类似期限的国债或中期票据为基准并上浮一定基点的利差来定价，类似于"名义利差"的定价方式。这种方式的缺陷是定价不能完全反映资产证券化产品的固有价值和特定风险，如利率期限结构、利率风险、信用风险和提前偿还风险等，同时投资者对不同产品的定价和观点趋于同质化。而对于次级产品，一般来说是由发起人自己留存，一般没有定价。

在资产证券化试点初期，由于投资者对资产证券化产品认知不足、认购不积极，经常出现机构帮忙"抬轿子"的现象，同时，由于资产池不透明，招标利率的确定大都参照其他债券产品的利率而不强调基础资产的质量。由于基础资产的数据不公开，市场化定价不但无从谈起，对定价的要求也不高。自从信贷资产证券化扩大试点以来，产品发行日趋成熟。仅2014年8月就有8个，约390亿元的产品已经发行或发布公告，发行规模是2013年全年规模的两倍以上，创造试点以来单月发行最高纪录。此外，随着市场对券商资产证券化"负面订单"的预期落实，企业资产证券化还有望迎来更好的发展机遇。随着投资者的范围的扩大及对资产证券化产品的逐渐认可，定价机制已经成为资产证券化产品流通的关键，其重要性逐渐凸显。

但在当前，我国资产证券化产品市场化定价受到制约，其突出问题包括：（1）基准收益率曲线不完善，缺乏实现以收益率曲线为核心的零波动率利差定价；（2）缺乏违约历史数据，同时对本土化的模型研究不够深入，对产品的定价大多停留在资产池层级，而不能对基础资产进行深入研究；（3）二级市场交易不活跃，流动性差，投资者基本是长期持有，每日资产估值形同虚设。下文将针对以上问题分别讨论在欧美市场以资产证券化产品信用曲线和无风险收益曲线为基准的两种定价方法。

## 2. 资产证券化产品定价机制探讨

从理论上看，固定收益产品的价格等于未来现金流的折现值，因而其定价主要取决于折现因子和未来现金流的预算。而未来现金流的折现值可以通过（1）信用曲线和无风险现金流，或（2）无风险曲线和风险现金流两种方法来计算。从另一个角度来看，方法（1）是"相对定价法"，即根据市场上已有产品发行和交易的利差来定价，而方法（2）则是"绝对定价法"，通过各类模型测算未来现金流的现值来定价。

资产证券化产品既具有债券的特征，属于固定收益类产品，又与一般的金融债、企业债等有本质不同。如果发起人对资产证券化基础资产进行"真实销售"，即破产隔离，则发起人的其他债权人对这些基础资产没有追索权，即证券化产品的信用与发起机构的信用相隔离，产品的收益仅来源于资产池未来现金流而非发起机构。因此，产品在定价时既类似于债券又有其特殊性。特殊性体现在现金流会受到提前偿还、借款人违约等多种因素的影响，而如何确保预算尽可能与实际相符，则成为定价过程中的关键性环节。

## 2.1　信用曲线和无风险现金流的相对定价法

相对定价法通常又包括名义利差法、零波动率利差法和期权调整利差法（OAS）。我国资产证券化产品发行中通常根据相关国债或中票确定利率区间的定价方法实际上就是名义利差法。在美国市场中，零波动率利差法更为普遍，其假设特定信用等级的资产证券化产品的收益率曲线与基准收益率曲线之间的利差是稳定的，即在任何两点两者的差值恒定为 $s$，资产证券化产品的定价为

$$PV = \sum \frac{CF_i}{(1+r_i+s)^i} \qquad (1)$$

在式（1）中，$CF_i$ 为在市场通用假设下该层级证券第 $i$ 个期间的现金流，$r_i$ 为期限为 $i$ 的基准零息收益率。如果 $r_i$ 为常数，则是名义利差法，因此，和名义利差法相比，零波动率利差法考虑了整个利率期限结构。按照美国市场的惯例，机构（Agency）资产证券化产品一般暗含政

府的信用，故以国债收益率曲线为基准，而非机构（Non-Agency）产品一般以更加市场化的无风险收益率曲线，如利率掉期曲线（Interest Rate Swap Curve）为基准进行定价。我国需要进一步完善基于 SHIBOR 和 IRS 的利率掉期曲线，为包括资产证券化产品在内的固定收益产品提供定价基准。

相对定价法的优点是直接、简便，易于理解和应用。但在应用中的一个难点是难以选定合理准确的利差，一般只能根据同类产品发行利差或二级市场交易信息间接得到。但是，利差往往隐含大量的信息，如结构风险、信用风险、提早偿付风险、流动性风险等，因此仅仅依赖相对定价法，有可能会导致定价脱离产品的内在价值，使之不能和风险匹配。

## 2.2 绝对定价法和风险现金流的测算

未来现金流的现值还可以通过经过风险调整后的现金流和无风险收益率曲线计算，见式（2）。

$$PV = \sum \frac{CF_i^{'}(R,P)}{(1+r_i)^i} \qquad (2)$$

在式（2）中，分子 $CF_i^{'}(R,P)$ 是经过信用风险 $R$ 和提前偿还风险 $P$ 等风险调整后的现金流。一般来说，这种定价方法的关键在测算主要风险对现金流的影响。这里的主要风险包括信用风险、提前偿还风险和利率风险，其中利率风险主要是通过影响折现因子、提前偿还等风险以及信用风险中的再融资风险来影响定价。

信用风险也称为违约风险，简单来讲，信用风险表现为证券化资产所产生的现金流不能及时支付本金和利息。一般的信用违约的形式为期间违约（Term Default）或者到期违约（Maturity Default），前者往往由于净现金流多次无法覆盖当期本息，后者常常由于无法偿付本金或再融资。随着我国资产证券化试点的开展和深入，大量城商行开始发行信贷资产证券化产品。在当前银行不良贷款率逐渐上升的背景下，信用风险的测算和控制尤为重要。同样，信用风险也是汽车贷款、信用卡和小额消费贷款和融资租赁资产证券化产品的主要风险来源。

除信用风险外，提前偿还风险是很多资产证券化产品面临的另一个主要风险。由于提前偿还从本质上说是基础资产借贷者的一种期权，因此在市场利率低于贷款的票息时，借贷人通常可以行使提前还款的权利并以较低利率或更为有利的条款对原债务进行重新融资。提前偿还往往是不利于资产证券化优级产品投资者的，使其会面临现金流不确定和再投资等风险。从国际经验来看，由机构发行的住房抵押贷款支持证券（Agency RMBS）面临的主要风险即为提前偿还风险（违约风险由发行机构承担，从而使得投资者免除任何损失）。从国内来看，邮政储蓄银行于 2014 年 7 月发行的邮元 2014 年第一期个人住房抵押贷款资产支持证券成为试点重启后第一只 RMBS 产品，其面临的主要风险也为提前偿还风险。和发达市场不同，由于我国融资途径不够丰富，再融资成本相对较高。当贷款利率水平低时，借贷人一般难以通过再融资获得提前还款带来的经济效益；反而当贷款利率水平高时，借贷人可能由于消费习惯的原因会加快还款。

根据欧美国家的经验，主要的静态资产池产品，如 RMBS（个人住房抵押贷款资产证券化），CMBS（商业地产贷款抵押资产证券化）等，风险测算可以在资产池总体层面和个体层面。资产池总体层面测算通常使用年化固定违约率（CDR）和年化固定提前还款率（CPR）等指标。以 CPR 为例，美国债券市场协会提供的提前还款模型基准为 100 PSA。该基准情景假设第一个月的 CPR 为零，随后每月增加 0.2% 直到 6% 并随后维持在 6% 的水平。不同的产品的提前还款速度则表示成基准的倍数，如 120 PSA。宏观经济、贷款利率、借款人信用评分分布、地理位置甚至季节性因素都会影响提前还款的速度。

但总体层面的分析常常不能满足定价精度的要求。一方面，由于无法衡量某些资产的个体风险而无法精确测算资产池风险；另一方面，由于资产池总体层面的分层信息大致相同，投资者对资产证券化产品的分析容易过于同质化，不利于构建多层次的投资者结构和多策略的投资组合。因而对部分产品需要进一步深入到资产个体层面进行测算。美国市场中，资产池个体层面的常用的模型是贷款转化模型（Loan Transition Model）和决策树模型。前者主要适用于有大量（如几千个以上）资产的资产池，例如 RMBS，而后者主要应用于少量（如少于 100 个）资产的资产池，例如 CMBS。另外，由于发行产品的期限往往长于资产的期限 CLO，车贷 ABS 和信用卡 ABS 往往采用动态资产池的方式。由于动态资产池里的资产在不断更新，通常需要结合资产池个体层面来测算总体的违约损失分布或提前偿还的各种情景。而我国的资产证券化产品有自己的特点，如和美国的动态 CLO 不同，我国的信贷资产证券化 CLO 产品的资产数量一般少于 100 个，且资产池为静态。因此，国内 CLO 产品可以参考美国 CMBS 的方法进行信用建模，而 RMBS、小额消费信贷和车贷 ABS 一般为静态资产池，均可参照 RMBS 的方式进行建模和测算。图 1 显示了一个典型的静态资产池风险现金流测算和定价的流程示例。

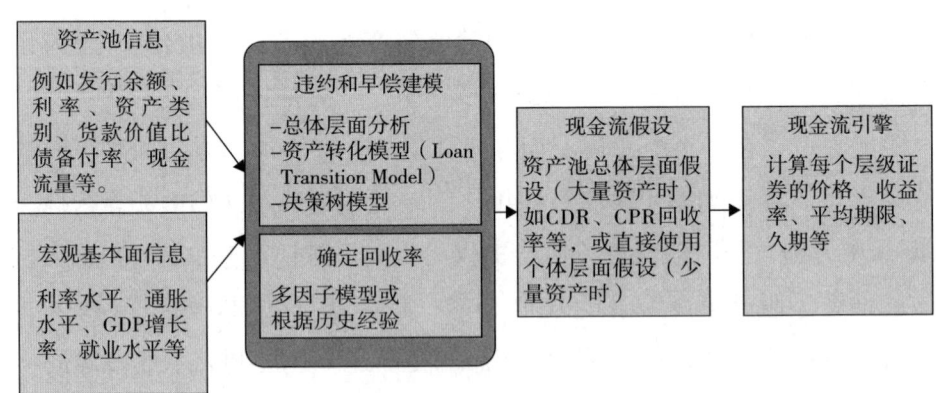

**图 1　风险现金流测算和定价流程**

　　一个简化的贷款转换模型分析框架如图 2 所示，可以把贷款的状态分为正常、拖欠、违约和早偿等，在某个阶段中，从状态 $i$ 转化为另一

个状态 $j$ 的概率是 $P_{ij}$，满足 $\sum_j P_{ij}=1$ 而 $P_{ij}$ 又由资产的参数决定，如借款人信用、杠杆率、利息水平等。概率 $P_{ij}$ 可以根据历史数据构建多因子非线性模型进行估算。通过系统仿真等多种方法，使用转换概率矩阵，可以模拟每个阶段的资产状态，从而测算单个资产或资产组的现金流。值得一提的是，从建模的层面上看，提前还款和违约是一致的，前者可以看成是自愿提前还款，后者可以看做是非自愿提前还款，在建模时只是驱动因子的差异和回收率的不同。因此，在资产个体分析的层面，可以把违约和提前还款归为一个统一的贷款转化模型。

| | 正常 | 拖欠 | 违约 | 早偿 |
|---|---|---|---|---|
| 正常 | $P_{11}$ | $P_{12}$ | $P_{13}$ | $P_{14}$ |
| 拖欠 | $P_{21}$ | $P_{22}$ | $P_{23}$ | $P_{24}$ |
| 违约 | — | — | $P_{33}$ | — |
| 早偿 | — | — | — | $P_{44}$ |

**图 2　贷款转换模型**

如果资产池资产数目较少，难以用统计数据得到转换模型的参数，可以采用决策树模型。一个简单的例子是，假定违约的最低利息偿还覆盖率阈值为 1.05。如果一个贷款的初始值为 1.2，而在悲观的情景中，假设利息覆盖率下降20%，则其利息偿还覆盖率小于 1.05，则可假设其违约。资产池总体层面和个体层面的风险测算结果应该是统一的，如果把个体层面的假设进行汇总，所得到的 CDR 和 CPR 在理论上应该等于总体层面的 CDR 和 CPR。

在得到资产池总体或个体风险假设（预测）后，可以根据产品的结构运行资产池现金流，并得到各个层级证券的本金和利息。一般来说，中间层级和次级产品的现金流会因为违约和违约回收率而受到直接损失，从而导致价值及价格波动；在合理分级下，优先级的现金流中本息一般不会受到损失，但提早偿还和违约会通过加速优先级的摊销而影响其价格。

综上所述，通过研究信用风险、提前偿还率、违约回收率对于精确估算资产证券化产品至关重要。因此，利用大数据，加强对国内借贷人的还款行为分析在目前是非常欠缺而又是非常必要的。

## 3. 流动性和复杂性溢价调整——两条曲线，一个价格

理论上，两条曲线、两种定价方法应该得到一个价格。如果相对定价法的收益低于绝对定价法，则资产证券化产品的收益低于投资者的投资收益率，对投资者缺乏吸引力；如果相对定价的收益率高于绝对定价法，则又会出现套利空间。实践中，相对定价法得到的定价应该接近绝对定价法定价加上溢价调整的和，即相对定价法得到的收益率应该要略高于绝对收益法的收益率，以对投资者进行流动性、复杂性等的补偿。

溢价调整最重要的一个部分是流动性溢价，指将投资标的转化成现金所需要的时间和成本。如果能在较短的时间以接近市价的价格将资产转换成现金则具有较高的流动性；反之，则称该资产流动性差。由于目前大多数资产证券化产品的投资者选择长期持有，由此形成的低流动性对二级市场交易机制的形成非常不利，从而提高了流动性溢价。无论银行间市场还是交易所市场，我国到目前还没有出台专门配套的交易细则。因此，证券公司等资产管理机构如果可以为资产支持证券转让提供双边报价服务将对市场发展极为有利。我们相信，随着投资者对资产证券化产品认可度的提高，以及市场交易机制的完善，流动性溢价应该呈现收窄态势。另外，从国际经验来看，资产证券化产品往往具有一定的复杂性溢价（Complexity Premium），以补偿投资者进行相对复杂的分析以及投研的投入。但这一点也为资管管理机构通过投研能力获得一定的超额收益成为可能。

综上所述，资产证券化的定价是影响资产证券化证券流通的一个重

要问题，资产证券化市场的发展和完善迫切需要市场化的定价机制。欧美发达市场已经有了一套非常成熟的定价机制和数据体系，但是在我国由于资产证券化仍在发展阶段且我国的国情和市场条件与他国不同，目前还没有一套完整的定价理论和方法。另外，我国监管机构对于投资者保护的立法，强制资产证券化发行方公开资产数据方面还远远落后于欧美国家。因此在当前，一方面我们需要特别鼓励大力发展市场化的定价机制和多层次多角度的定价方法；另一方面金融机构也应该注重数据的积累，摸索合适的定价模型和方式，完善资产证券化从资产选择、结构分成、数据展示和风险定价的完整体系。

# 中国次级证券发行机制改革——论资产证券化产品风险留存和风险转移 [1]

"积极发展信贷资产和企业资产证券化，盘活资金存量"，是 2014 年 8 月证监会为落实国务院常务会议关于缓解企业融资成本高而部署的十项举措之一。资产证券化肩负着盘活存量、分散风险和降低社会融资成本的使命。按照海通证券的测算，截至 2013 年 6 月，银行大约有 37.89 万亿元中长期贷款存量可以盘活（约占社会融资总额的 38%）。而资产证券化产品总量截至 2014 年 8 月仅为 0.3 万亿元左右，占比不到可盘活中长期贷款存量的 1%。如何有效地"盘活存量"？笔者认为，其核心在于适度"风险留存"下进行"风险转移"，即在风险可控的前提下释放信贷额度，降低融资成本。在国内调研中，我们发现国内资产证券化实践远远未能达到这个目标。由于资产风险并没有转移出表外，机构对资产证券化的动力并不大。

为了达到盘活存量的目标，发行机构必须要实现"风险留存"和"风险转移"的均衡，二者缺一不可。如果风险大量留存，银行和其他发起机构没有积极性发行产品，无法盘活存量资本，同时发起方的风险会随着优质资本出表而在资产负债表中所占比例增加。如果风险过度转移，一方面会导致发行标准逐渐恶化，无法控制金融产品质量；另一方面又给投资者带来损失，甚至引发金融系统风险（我们所经历的 2008 年国际金融危机就是一个例子）。

---

[1] 原文部分节选发表在《金融市场研究》，2014（12）。与张立合作。

但如何达到"风险留存"和"风险转移"的均衡？这必须通过合理的次级证券的发行机制来实现。本文结合美国资产证券化的经验和中国实际现状对资产证券化发行过程的难点和重点，即以"风险留存"和"风险转移"为核心的次级证券发行机制的发展方向提出建议。

## 1. 风险留存现状和问题

自我国资产证券化试点开始以来，围绕风险留存的问题争论不断。但直到 2012 年信贷资产证券化试点重启后，人民银行、银监会、财政部三部委联合下发《关于进一步扩大信贷资产证券化试点有关事项的通知》，才第一次明确提出了风险自留原则，要求发起机构持有最低档次资产支持证券的规模原则上不得低于发行规模的 5%。为了鼓励资产证券化产品的发行，2013 年 12 月 31 日，人民银行、银监会再次联合下发《关于规范信贷资产证券化发起机构风险自留比例的文件》，并弱化了自留风险比例的要求。文件规定了信贷资产证券化风险自留比例不得低于单只产品发行规模的 5%，同时自留最低档次的比例也不得低于最低档次发行规模的 5%。这一规定，基本和国际规则进行接轨，为适当风险留存下的风险转移提供了前提条件和空间。

金融危机后，美国以参议院银行委员会主席克里斯·多德（Chris Dodd）和众议院金融服务委员会主席巴尼·弗兰克（Barney Frank）为名的《多德—弗兰克法案》中就提出资产证券化发起机构应该保留不少于发行债券 5% 的信用风险，同时对证券化发起机构直接或间接地转移或对冲自留的信用风险设立了严格限制。联邦银行监管机构和证券监管机构认为在适当的情况下，风险自留要求可以由证券化机构与发起人分担。同样在欧盟，《资本要求指令修订版》对资产证券化风险留存的规定为至少自留每一层级证券面值的 5%。值得一提的是，欧美还对风险留存比例都设置了部分豁免条款，这一点目前中国并没有明确规定。美国证券交易法列为可豁免风险留存的资产主要包括具有联邦政府或是政府机构提供担保的住房抵押贷款或其他资产、符合特别规定条件的商业贷款、商业不动产抵押贷款、汽车贷款、学生贷款等。这些特别条件的设立有助于监管部门进行定向释放信贷额度和风险控制。在国内，如果有这些特别规定，政府就可以将资金精准地投放到需要投放的领域，如"三农"、小微企业或棚户改造，符合近年来央行定向精准调控的政策思路。

在国内试点重启以来发行的资产证券化产品中，发起机构都至少持有了全部发行规模5%的次级证券，甚至在大部分情况下，自行持有了全部的次级证券。然而，当前的风险大部分自留的方式虽然能够给投资者提供防范道德风险的保障，但由于发起机构承担了几乎全部的信用风险，直接限制了金融机构资本金的释放，也削弱了相关主体参与资产证券化的积极性。同时，由于次级产品没有在市场上交易，无法实现风险的市场化定价，也为资产证券化产品的风控带来了隐患。另外，由于资产证券化投资者过于单一，主要是银行之前互相持有，缺乏对冲基金、私募股权基金等投研、风控能力相对较强，风险承受能力相对较高的机构投资者的参与，不利于构建多层次投资者和促进资产证券化市场的健康发展，也无法完成风险转移和存量盘活。

笔者认为，风险留存下真正的"风险转移"需要通过合理地设计次级证券的发行机制来实现，下文将结合美国的经验，提出次级政策发行的流程、信息披露、尽职调查和投资竞标等关键技术路线。

## 2. 次级证券发行机制设计

资产证券化产品通常会包括优先级（评级一般为 AAA 级到 A 级）、夹层和次级证券（美国市场一般由评级为 B 级以下和无评级证券组成，国内一般只有一个无评级的次级证券）。一般而言，资产池的本金摊销和利息偿付会先分配给优先级，而违约损失会从次级开始结算。因此，优先级的购买者要求有足够的信用风险"护垫"，而次级投资者则期望有更高的收益作为风险补偿。次级证券持有者承担风险更大，因而寻找更加合适的投资者，发行过程也更加复杂。

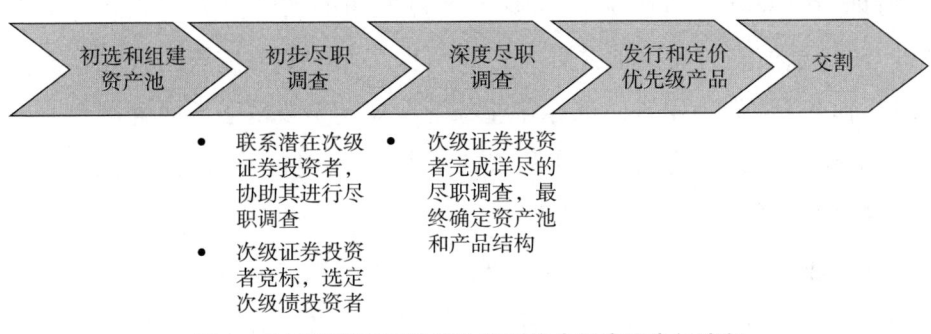

**图1　典型的资产证券化次级和优先级产品发行流程**

如图1所示，以典型的静态资产池产品为例，发行流程大致分为组建资产池、初步尽职调查、深度尽职调查、优先级发行和定价以及证券交割五个阶段。发行人除了与评级公司沟通以外，更重要的是应该在产品发行和设计的早期阶段（初选和组建资产池之后），邀请潜在的次级证券机构投资者洽谈投资意向并协助其进行初步尽职调查。初步尽职调查完成后，由次级证券投资者出具投资竞标书，给出目标收益率，以及对资产池的独立意见和对产品结构设计的要求，如次级产品的厚度要求等。

这种机制设计既有利于次级产品的销售，即在产品设计期间即展开销售工作而不是等产品发行后再进行推销，也有助于提升次级投资者对产品的信心和对风险的全面认识。另外，与次级投资者在产品设计时的互动，能够帮助发行者和承销商了解投资者的购买意愿和对产品的认知，也有利于及时发现风险和控制产品质量。

但是该机制能否成功依赖于三个关键问题：信息披露、尽职调查和投资竞标。

## 2.1　信息披露机制

中国人民银行和银监会 2005 年 4 月发布的《信贷资产证券化试点管理办法》中对信息披露做了原则性规定，并在同年 6 月发布的《资产支持证券信息披露规则》和 2007 年 8 月发布的《信贷资产证券化基础资产池信息披露有关事项公告》中进一步细化的信息披露的管理办法。2013 年的《证券公司资产证券化业务管理规定》规范了券商开展企业资产证券化的信息披露规则。这些规则的颁布使我国的资产证券化产品的信息披露发展到一个新的层次。

然而，在实践中资产证券化产品发行的信息披露普遍不足。一个突出的问题是无论是优先级投资者还是次级投资者，大多停留在对资产池总体的了解层面，而很少能详尽地了解资产池中的个体资产信息。这样的结果导致对产品的分析同质化和形式化，而真正的风险和产品差异性往往需要充分了解个体资产才能发现。根据美国市场的经验，鉴别产品的质量的好坏往往需要深入资产个体层面进行分析和建模，而不是仅仅停留在资产池总体层面。对于资产特大（如资产数量达到上千或上万）的产品，发行者也会采用系统随机抽样的方法，披露特定个体资产样本给潜在投资者。对于少量资产（如 100 个以下）的产品，发行者通常会以电子表格的方式发送全部个体资产的概要信息。比如对商业地产按揭产品，需要的信息包括资产种类、结余、利率、期限、近三年的现金流、杠杆率和利息偿付覆盖率等，同时在募集说明书中会进一步列出主要资产（如前 10 大资产）更详细的信息，如资金使用情况、借贷者信息、市场状况等。对于次级产品的投资者，发行者在与其签订保密协议的基础上，往往还要提供进一步的信息，如第三方估值、单个资产承销报告和回答投资者提问等。笔者建议发行机构积极进行资产证券化产品的信息披露，使投资者对产品的收益和风险有充分的了解，从而有信心购买产品，特别是次级产品，并做好风控，促进产业良性发展。

## 2.2 尽职调查

根据信息披露，次级投资者需要进行独立的尽职调查。尽职调查的范围通常包括个体资产的基本信息、借款者的信用情况、过去的运营现金流情况、承销商的现金流预测、市场和行业分析、现场调研以及审阅第三方估值报告等。尽职调查的方法和详尽程度往往和基础资产的种类和数量有关，一般情况下可以采用定性加定量的方法。如果资产数量特大，往往需要运用统计模型预测资产池违约情况，如果资产数量较少，资产的风险聚集度较高，还需要对主要资产进行单个的现金流分析甚至现场调研。次级投资者根据信息披露、尽职调查和建模分析结果，对资产池和次级证券的各种风险，如信用风险、再融资风险、早偿风险、利率风险等做出评估和预期，并进行情景分析和压力测试，测算各种可能情况下的收益率和损失情况。次级投资者尽职调查的过程其实就是对风险进行市场化定价的过程，其进行尽职调查和风险测算的能力也是我国机构投资者迫切需要培养的资产证券化投研和资产管理能力。

## 2.3 投资竞标和次级投资者的重要性

与优先级产品进行公开募资不同，次级证券往往是进行私募交易。次级投资者完成初步尽职调查后，如果有购买意愿，需要提交投资竞标书。投资竞标书中需要阐明竞标利率，对产品结构的意见和对资产池的意见，甚至细化到对某个资产的意见等。比如，次级投资者可能要求限制某个资产的入池余额、对某个地区的资产比例上限提出要求、对某些资产增加特殊性条款如担保等，甚至要求从资产池中去除某个风险较大的资产。发行者根据投资竞标书中的收益和意见选择投标条款较好并且有独立尽职调查能力的投资者继续完成产品的发行中深度尽职调查工作，并最终敲定入池资产和产品结构。这种机制确保了投资者能够参与产品设计，与发行者进行互动而不是被动接受产品，从而能够对发行者形成一定的制约，成为资产证券化产品的"守门人"。一些资产证券化产品的募集说明书中甚至要求写明次级证券的投资者，因此次级投资者的投研和把关能力，直接影响了优先级产品的销售。

除此之外，次级投资者往往成为资产证券化产品的持有"控股权"的投资者（Controlling Class Shareholder），可以指定和在必要时更换特殊服务商（Special Servicer），以在将来处置和变现不良资产。这种机制进一步加强了对投资者权益的保护。

综上所述，进一步发展资产证券化市场和加强其"盘活存量"的社会融资功能都迫切需要合理地设计"风险留存"和"风险转移"机制，而这一机制的设立与应用需要良好的次级证券的发行机制相配合。我们建议鼓励对冲基金和私募股权基金介入和投资资产证券化次级证券，健全次级产品投资机制，促进形成多层次的投资者构成，使资产证券化产品更好地为实体经济服务。

# 对保险机构参与资产证券化实践路径的思考 ①

近十多年来，我国保险业发展迅速，保险资产规模和保险资金运用额度都大幅提高。统计显示，2015 年前 8 月，行业总资产已超 112 723 亿元，较年初增长 10.96%；保险资金运用余额 101 907 亿元，较年初增长 9.21%。按照《关于加快发展现代保险服务业的若干意见》确定的目标，2014 年到 2020 年，7 年间保险资金可运用规模预计将超过 20 万亿元。

但随着我国经济发展进入"新常态"，保险资金运用规模的持续增长和逐渐放缓的经济增速成为矛盾。同时伴随着我国进入新一轮降息周期和宽松的货币政策环境，保险资金运用的压力日益增大。然而，保险资金的特点决定了对保险资金运用的安全性有较高要求，同时对资金运用的流动性、收益率、投资期限匹配等也有一定设定。从我国目前保险资金运用状况来看，资产配置不尽合理。本文结合美国保险资金运用数据，探讨了保险机构参与资产证券化的实践路径。笔者认为，以资产证券化原理为依托的保险资金运用对于改善我国保险资金运用具有重要意义。

## 1. 保险资金投资资产证券化产品的现状

根据美国保险业界组织 NAIC，保险资金是资产证券化领域的重要

---

① 原文部分节选发表在《清华金融评论》，2015（12）。与张立合作。

投资者之一。仅在2012年底，美国保险业就持有美国资产支持证券（ABS）存量的11.8%。美联储数据显示（见表1），在美国寿险机构，联邦机构（也即房利美、房地美、吉利美）所发行的资产支持证券产品占其所投资信用市场金融产品总规模的10%左右。如果加上私营部门发行的资产支持证券，美国寿险机构投资资产证券化产品比例在2014年达到22%。而在我国，根据中国债券信息网和中债资信数据，2014年银行间市场信贷资产证券化的主要投资者为商业银行，保险机构的投资规模仅为36.35亿元，占总投资规模的1.35%。因此，从规模上看，我国保险机构投资资产证券化产品的规模还有很大发展空间。以当前保险机构债券投资总额的10%来估算，就有3 000亿~4 000亿元的可投资规模。

表1　美国寿险机构投资联邦机构资产支持证券比例

单位：亿美元

|  | 2012 | 2013 | 2014 | 2015 Q1 |
|---|---|---|---|---|
| 美国寿险机构总金融资产 | 56 147 | 59 773 | 62 771 | 63 168 |
| 投资于信用市场工具总额（1） | 33 739 | 34 513 | 35 510 | 35 826 |
| 投资于联邦机构资产支持证券总额（2） | 3 609 | 3 541 | 3 391 | 3 386 |
| 资产支持证券占比：（2）/（1） | 10.70% | 10.26% | 9.55% | 9.45% |

资料来源：美联储。

险资参与资产证券化的不足已经引起监管部门的重视。保监会在2013年8月27日出台了《关于保险业支持经济结构调整和转型升级的指导意见》，其中指出，保监会鼓励创新保险资金运用方式，支持保险资金参与信贷资产证券化。2014年7月，保监会发布《项目资产支持计划试点业务监管口径》，规定了保险资产管理公司作为资产证券化发行人的监管口径，在一定程度上赋予了项目资产支持计划特殊目的载体（SPV）的属性，开启了保险资金直接投资资产证券化的模式。

随着2012年下半年保险投资新政密集出台，保险资金投资渠道大幅扩宽，基础设施债权投资计划、不动产债权投资计划等金融产品较受险资青睐，配置比例不断提升。由于项目资产支持计划更能定制化地满足保险资金投资需求，对保险机构吸引力大。截至 2014 年末，项目资产支持计划发行规模达到约 600 亿元。

但由于优质资产稀缺，2015 年上半年注册的保险资管产品规模同比下降。寻找新的合适金融投资产品迫在眉睫。2015 年 8 月，保监会进一步发布了《资产支持计划业务管理暂行办法》规范了业务操作，推动业务由试点转为常规化发展，为保险机构发行和投资资产证券化产品在政策上提供了发展空间。

## 2. 保险机构参加资产证券化的实践路径

在固定收益资产中，资产支持证券是极具竞争力的产品。如表 2 所示，根据资产证券化原理，在投资主体下沉的同时，通过结构化分层设计、资金流归集等设计来保障投资安全是扩展保险资金交易对手和投资范围，达到收益与风险新的平衡点的重要方式。

### 表 2 资产证券化和债权计划比较

| | 资产证券化 | 债权计划 |
|---|---|---|
| 交易对手 | 无明确要求 | 基础设施和不动产开发运营主体 |
| 主体资质 | 可适当下沉 | 对偿债主体或担保机构要求较高 |
| 增信方式 | 采用更灵活的流动性支持、差额补足、保证保险、超额抵押等多形式内部和外部增信 | 满足一定条件的担保或免增信 |
| 资金用途 | 无限制 | 有资金投向和项目资本金要求 |
| 现金流覆盖 | 资产现金流覆盖计划本息 | 一般要求偿债主体现金流覆盖投资本息 |
| 现金流归集 | 一般要求形成监管资金流 | 无明确要求 |

保险机构参与信贷资产证券化的角色不应仅限于投资者角色，完全

可以充当资产证券化过程中的 SPV，作为受托机构来发行资产证券化产品。由于保险资金的投资偏好具有投资期限长、筹资额大等特点，对投资收益率要求相对稳定。市场上已有的信贷和企业资产证券化产品未必能在期限、收益率和安全性等方面满足保险资金的投资需求，因而由保险机构作为受托人，进行自主发行和直接投资是未来重要的发展方向。

表 3 显示在前期业务积累的市场资源基础上，保险机构参与资产证券化可重点关注基础设施、商业物业、保险机构间接投资领域资产证券化等方向。具体如下。

表 3　保险机构投资资产证券化的资产类别

| 资产类别 | 说明 |
|---|---|
| 应收账款（对基础设施债权投资计划的扩展） | 原始权益人是为电信、铁路、石油、电网等企业提供产品配套的制造业企业 |
| 基础设施收费权（对基础设施债权投资计划的扩展） | 原始权益人为有稳定现金流的供水、供电、供气、高速公路、环保等收费企业 |
| 商业物业证券化（对不动产债权投资计划的扩展） | 原始权益人为大型专业商业物业开发运营的房地产企业、园区开发运营企业、城投企业等 |
| 保险机构间接投资领域（对投资领域的扩展） | 原始权益人为银行、财务公司、租赁公司、小额贷款公司、消费金融公司、金融资产管理公司等 |

## 2.1　基础设施资产证券化

基础设施建设项目普遍具有超前性、投入量大、建设周期长、沉淀成本高、需求弹性小等特点，这恰好与保险资金运用的特性相匹配。

基础设施债权投资计划对担保和增信有较高的要求。大型保险机构一般要求项目的评级达到 AAA 级，且有大型金融机构、央企国企或政府机关提供担保，因而项目的供给存在制约性。此外，随着国发〔2014〕43 号文及后续文件的出台，地方政府不得通过企业举借，剥离了融资平台公司政府融资职能，以政府平台融资、纳入财政预算还款、差额财政补足等传统方式受到限制；另一方面，由于宏观政策宽松，机构更愿意直接发债，而不是投资基础设施债权投资计划。因而，保险机构发起基础设施领域的资产证券化，可以较大地扩展投资领域，在传统的交通、能源、通信、环保、市政等领域，可以通过受让收费或收益权等方式，获得优质存量资产，并通过降低对原始权益人本身的资质要求，扩大可投资范围。

值得一提的是，保险机构开展此类资产证券化业务，需要关注相应基础资产转让的法律风险和资产评估工作，收费权应归属清晰，无不得转让等限制性规定，且未设定抵质押权或其他担保物权等。此外，保险机构可以通过受让应收账款的方式，将交易对手扩展到为信用水平较高的机构提供产品配套和服务的企业；并通过考察债务人的履约能力，对债权人适当下沉主体资质标准。开展此类业务需重点落实现金流归集监管等工作。

## 2.2  商业物业资产证券化

2015 年以来，随着基础设施债权投资计划受地方融资平台政策影响而规模大量减少，保险机构加大了对不动产债权计划的投资。而我国商业物业领域整体供大于求，风险集聚，受保险资金投资安全性的要求，保险资金投资不动产的交易对手信用资质下沉幅度有限。而区位优越的运营成熟的出租型商业物业却能够产生持续、稳定的现金流。以资产证券化原理为代表的创新模式，能在进一步下沉商业物业融资主体资质的同时，通过加强资金归集和监管有效地缓解收益率和安全性之间的矛盾。保险机构应关注商业物业本身的地段、价值和未来现金流，而非仅仅关注内外部担保、增信或处置能力。

商业物业资产证券化的方式包括商业物业收费或收益权证券化，也可兼顾房地产信托投资基金（REIT）。我国此前在商业物业资产证券化的推动上并不顺利，主要是投资周期长以及租金收益率较低，且"商业物业收费权"作为资产证券化的基础资产存在法律瑕疵。近年来，市场上取得了一定的突破，如海印股份信托受益权专项资产管理计划、中信华夏苏宁云创资产支持专项计划等分别在租赁物业的收益权和 REIT 领域进行了创新，为保险资金投资或保险机构作为受托人提供了一定的借鉴意义。

保险机构开展此类资产证券化业务，应以实质风险重于形式的原则，一方面要落实资金流归集监管工作；另一方面，由于基础资产依赖于不动产本身，受托人需要充分考虑因不动产本身被处置而对未来现金流产生的影响，物业应可提供抵押或财产转让隔离等。

## 2.3　保险机构间接投资领域的资产证券化

资产证券化有利于保险机构获得部分金融机构专有的投资机会。同其他金融机构相比，银行机构由于网点布局强，具备私有信息，能够更好地解决融资中的信息不对称问题，因而在很多领域的投资都具有较大优势，如房地产贷款、信用卡贷款、汽车贷款、消费贷款和不良贷款等。当银行把这些贷款作为基础资产进行证券化处理后，保险机构获得了对这类资产的投资机会。

在海外，资产证券化产品以 MBS、CLO 以及信用卡和汽车贷款 ABS 为主。其中 MBS 在资金安全性和期限要求上均比较符合保险资金特点。目前，我国的信贷资产证券化业务受托人局限于信托公司，保险资产管理公司还不能担任受托机构，因此难以满足保险公司投资证券化产品的定制化需求，在一定程度上限制了保险机构认购的积极性。

此外，保险公司目前开展了以小贷、租赁公司为代表的企业资产证券化实践，小贷和租赁资产由于同质化和分散度较好，比较适合作为基础资产，市场认可度也较高，然而其发展空间受制于此类资产的规模和原始权益人资质。

# 3. 问题和挑战

## 3.1 资金成本较高

市场对保险资金有较高的期待，希望保险资金成为资产证券化产品的主要购买方之一。但受制于本身的规模和负债成本，国内保险资金的购买能力有限。保险机构负债成本较高的一个重要原因是高度依赖银保渠道，另外，近年来保险产品理财化的趋势也使得负债成本增加。在目前的条件下，信贷资产证券化产品的收益率难以覆盖保险资金的负债成本，险资开展企业资产证券化也缺乏价格优势。从长期来看，保险机构应不断优化负债结构，拓展直接销售和互联网销售渠道，开发新产品，降低资金成本，提高在资本市场上的竞争力。

## 3.2 市场竞争激烈，保险机构缺乏定价权

在今后一段时间，利率环境进入下行通道，融资主体可供选择的融资工具更加多样，资产证券化领域竞争更加激烈，"大资管"的竞争形势下，银行、券商、信托、基金子公司等机构均可开展资产证券化业务，银行间市场发行的项目收益债等品种也和资产证券化产品形成一定的竞争关系。保险机构起步较晚，人才配备不完善等原因导致在市场定价权方面处于弱势。除了加强人才建设外，保险机构开展证券化业务需要有明确的市场定位，立足于服务保险资金，进行差异化竞争。

## 3.3 制度有待完善

从当前宏观环境来看，资产证券化领域的法制还有待完善，迫切需要顶层设计与市场自主创新，主要包括破产隔离机制的确立、跨监管跨市场合作和流动性增强等。从保险资金运用角度来说，需要监管机构明确保险机构作为信贷资产和企业资产受托人的管理办法，并对于险资投资资产证券化产品在偿付能力和大类投资比例限制上给予一定的优惠政策。

# 资产证券化在互联网金融中的应用 [①]

## 1. 互联网技术对传统消费金融的冲击

2013 年，互联网金融在国内迎来了风口。天弘基金与余额宝的结合，使得其在短短的几个月时间内一跃成为中国最大的货币基金。但一个更有意义的事件是来自于阿里巴巴的小额贷款公司。2007 年，阿里巴巴跟工行、建行建立了合作关系为企业发放贷款。在这一合作中，阿里巴巴的职能主要是作为一个中介机构，为银行提供客户资源。工行和建行作为规则的制定者来决定是否为企业放款以及放款额度。在经历了四年平淡业绩后，合作于 2011 年终止。同年，阿里巴巴出资 16 亿元分别设立了重庆和浙江小额贷款公司。阿里巴巴小贷的工作模式是"310"，也即客户花 3 分钟时间在网上进行贷款申请，阿里巴巴用 1 秒钟审核判断放款，零位员工介入。阿里巴巴的工作模式极大地降低了运营成本，将传统银行每单信贷操作成本从 2 000 多元降到了 2 元多。

截至 2014 年，我国小贷公司注册资金约为 8 300 亿元，放贷存量约 9 400 亿元，放贷 / 注册资金倍数仅 1.14 倍。但截至 2014 年上半年，阿里小贷的贷款余额已经达到 150 多亿元，是注册资金的 9.4 倍（见图 1），累计发放贷款突破 2 000 亿元。这其中的一个重要原因就是阿里巴巴在资产证券化上的实践。

2014 年 7 月，7 家银行决定与阿里巴巴再次对消费者贷款业务进行

---

① 原文部分节选发表在《中国金融》，2016（23）。

合作。与 2007 年合作模式的巨大不同是，这次放贷规则由阿里巴巴，而不是银行设定。游戏主角的变化可能还是表象，实质体现了新型的互联网金融服务公司对传统金融在小额贷款业务上的冲击。

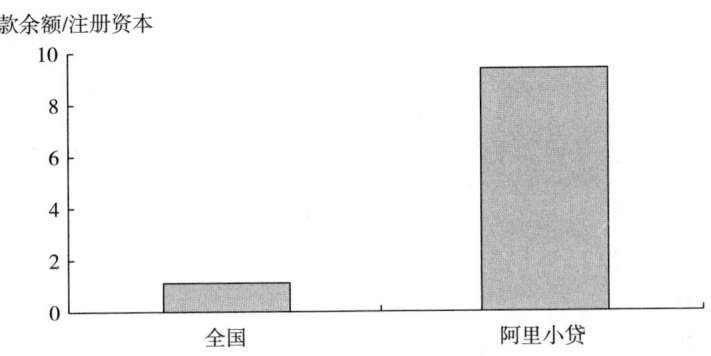

资料来源：清华大学五道口金融学院。

**图 1　贷款余额与注册资本之比**

## 2. 互联网下的长尾理论改变传统营销理论

在传统金融营销中，一个经典理论就是 20/80 法则，也即 80% 的销售来自于 20% 的客户。这一理论产生于 19 世纪末意大利经济学家帕累托（Pareto）。他在对社会财富分配进行研究的过程中，发现 20% 的社会群体占有 80% 的社会财富。这一发现迅速被推广到商业销售中。相对于银行来说，这一理论造成银行更关心大客户，而小微客户则缺乏关注。

互联网使得 20/80 理论（也有人称为 28 理论）被改变。2004 年美国《连线》杂志编辑安德森根据互联网销售现象得出长尾理论。此理论迅速得到市场认同，并获得了《商业周刊》的年度最佳概念奖。长尾理论实际上认为市场上充满大量零碎的不规则的需求，但这些需求又不能够被金融机构所提供的传统的或者标准化的服务而得以满足。的确在 2007 年到 2011 年，以银行为主导的阿里巴巴与工行、建行的合作，仍以大额度信贷发放为主。但是阿里巴巴自己的调研发现，89% 的企业客户（其中包括大量小微企业）需要融资，87% 的融资额度在 200 万元之下。显然，零碎的小微企业需求与传统银行的服务理念并不匹配。《长尾理论》一书提供了很好的案例对比。图 2 显示三个场景：

（1）DVD 出租。百视达是美国最大的实体 DVD 出租商店，为地方居民提供 DVD 影视片租赁服务。一般规模的百视达有 3 000 个 DVD。Netflix 是一个 DVD 租赁网站，没有实体商店。Netflix 有 9 万种 DVD，是普通百视达店可提供影片的 30 倍。安德森发现，那些仅在线上零售店所拥有的（也即实体百视达店中不具有但在网上 Netflix 中具有的）影片贡献出 Netflix 的 25% 销售量。值得一提的是，百视达在 Netflix 的冲击下，于 2010 年申请破产。

（2）书店。鲍德斯是美国最大实体书店。一个普通的鲍德斯大约有 10 万种图书，而网上亚马逊有 500 万种图书出售，是实体书店的 50 倍。结果发现，仅在亚马逊网站上才有的图书贡献出亚马逊 30% 的销售量。

（3）音乐。沃尔玛实体店有 5.5 万首曲目。网上的 Rhapsody 拥有 450 万首曲目，是实体店的近 90 倍。同样，仅 Rhapsody 拥有的曲目才贡献出 Rhapsody 45% 的销售量。

特别需要指出的是，音乐下载中，Rhapsody 的边际成本应该为零。这三个案例充分体现了零碎、异质的长尾客户需求，在互联网的场景下，能够以更低成本提供更多销售。显然，实体店在没有利用互联网技术时，仅依赖“28”原则，会损失远超过 20% 的销售。但传统的金融机构之所以不能顾及这些长尾客户主要的原因还是受限于获客成本。实体店要服务这类客户需要更大的商铺面积，更高的运营费用。同时，在众多客户人群中，传统金融方式也缺乏有效的方法获得客户准确信息，从而无法对客户精准画像，违约率也相应较高。对于传统商业银行来说，克服违约的手段大都为被动地强调实物抵押。我国当前大多数 P2P 公司没有成长前景，主要也是因为所谓的线上线下（O2O）业务模式，也即线上进行投资、放款业务，线下进行对贷款人的尽职调查。线下尽调的实施导致 P2P 公司成本的快速增长，使得 P2P 公司与传统金融机构模式无根本优势。这些 P2P 在运营成本上、资金来源上、客户质量上都没有竞争强项，自然也就缺乏成长空间。相比之下，美国最大的 P2P 公司 Lending Club 在运营成本上仅为传统银行的 40%，且资金来源相对稳定。

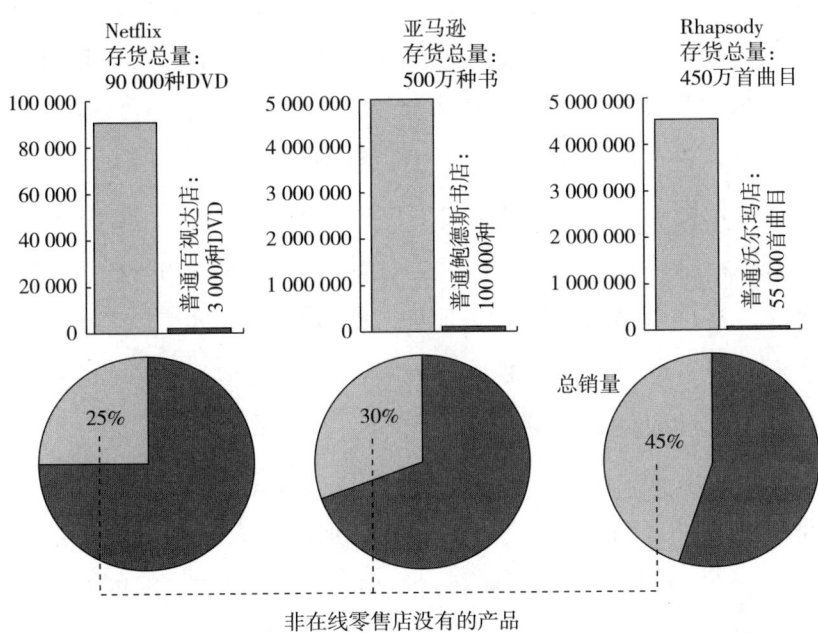

资料来源：《长尾理论》。

图 2　实体店与互联网商业模式下销售量对比

## 3. 资产证券化推动互联网消费金融发展

我国消费信贷市场在 2015 年已经达到 19 万亿元，而网络购物交易才 3.8 万亿元，随着移动互联网、支付系统的发展，消费者理念的转变，网络购物的增长前景非常明显。实际上，互联网公司已经开始布局互联网消费金融业务，这包括京东、百度、腾讯、阿里等互联网公司。这些公司之所以不同于一般 P2P，主要在于商业是基于实际交易场景，拥有庞大的客户群体。

我国互联网公司在扩展消费金融业务之中普遍采用设立子公司模式，比如京东旗下的京东金融。但由于这类公司由于不隶属金融类别，因此在获取资金来源上有很大的限制。如果运营资金需要持续依赖于母公司，那么对母公司的财务报表有很大压力。

在我国，个人消费贷款的商业主体主要有三类：商业银行、金融消费公司和依托于电商平台的互联网金融公司。消费金融公司是由银监会监管，股东大都为商业银行。消费金融公司虽然不能公开吸储，但和银行一样，可以进入同业拆借市场，所以获取资金成本相对来说较低。互联网金融公司则不同。由于其本身定位为非金融机构，因此既不能吸储，也不能进入同业拆借市场，并且不享受国家给金融机构的税务、财政优惠，因此，获取资金成本较高。比如，蚂蚁金服虽然其知名度大，市值很高，但其融资综合成本仍然达到 7% 左右。

资产证券化是解决互联网金融公司融资的重要渠道。图 3 显示了美国个人消费贷款资金来源。20 世纪 80 年代，资金主要来自于商业银行。资产证券化在 90 年代开始进入繁荣期，其在个人消费贷款资金占比也不断上升，在 21 世纪初的时候超过 30%[①]。阿里小贷／蚂蚁金服，京东金融在运用资产证券化方面都非常成功。通过将消费者和客户的应收账款进行证券化，他们巧妙地从市场上获取了低成本资金，满足对其金融平台客户持续放贷的需求。从资金成本上，目前 AAA 级的资产支持证券利率为 3%~4%，远低于 P2P 和银行贷款的融资成本。

---

① 金融危机后，由于政府对资产证券化业务的大力监管，导致资产证券化在个人消费贷款资金占比急剧下跌。

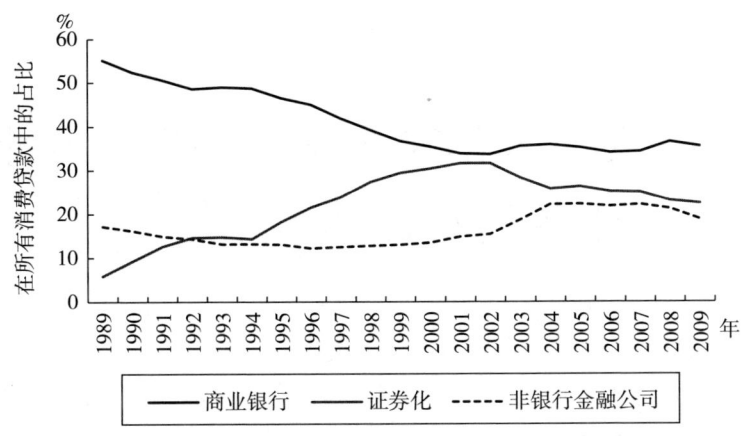

资料来源：Flow of Fund，清华大学五道口金融学院。

**图3　美国个人消费贷款资金来源，1989—2009 年**

资产证券化中的一个重要机制是多元化的组合理论。如同股票投资中强调多元化，资产证券化业务中也重视基础资产的分散度。个人消费贷款由于数额小，资产证券化资产池贷款数量大，因此是非常良好的资产证券化业务的基础资产。此外，个人消费贷款利率相对来说也较高，远超过资产证券化债券的本身利息，因此，在很大程度上提升了债券的信用评级，降低了投资人面临的信用风险。

正因为企业在融资来源上的劣势和资产证券化在个人消费贷款上的优势，我国企业在个人消费贷款上的资产证券化应用比较积极。仅在2016 年，包括阿里小贷、蚂蚁金服、京东金融所发行的个人消费资产证券化产品总额已经超过商业银行自 2013 年以来所有发行的个人消费贷款资产证券化产品总额。

总之，在我国当前，中小企业面临极大的资本市场服务需求，资产证券化有巨大的发展空间。采用互联网金融以及资产证券的结合，可以真正为实体经济提供切实的便利条件，值得关注和实践。

# 叶徒相似，其实味不同——资产证券化业务需坚持基本原理 [①]

资产证券化（ABS）是一个具有多种形态、非常复杂的金融工具。虽然 ABS 的基本原理相对较为明了，但在经过了 40 多年发展之后的今天，ABS 在市场发达国家中的操作、结构、监管也还在不断的转变。在 2008 年国际金融危机之后，欧美监管部门对 ABS 业务可能带来的潜在风险更为警惕，对产品的要求和监管规则也更为严格。毋庸置疑，对于中国经济发展而言，作为连接实体经济与资本市场的资产证券化，如果运用得当，可以在诸如盘活存量、降低杠杆、为中小企业提供低成本资金、助力实体经济转型升级等方面发挥巨大且积极的作用。我们应该看到在中国监管部门的推动下，短短十余年，我国 ABS 发行总量已从零跃居为亚洲第一、世界第二。海外的行业组织也日益关注中国 ABS 的发展，主动的交流日渐增加。

ABS 作为一个创新、试错、成长于他乡的产品，引进后必然要经历一个适应于当地法规制度环境的本土化过程。但是，本土化的改进、改良、创新都应该建立在坚守资产证券化基本原理的基础上，否则就可能是叶徒相似，其实味不同。资产证券化的基础在于破产隔离、风险和收益重组和信用增强 [②]，其基于的原理是大数法则，其体现的功能在于实现资产价值的时间转换和流动性转换。从我国近几年的实践来看，与欧美国

---

① 原文部分节选发表在《中国金融》，2018（14）。

② 郭杰群. 资产证券化之前瞻性思考［J］. 金融市场研究，2016.

家成熟市场相比，虽然我国资产证券化增速很快，但依然处于起步阶段，其中一个重要的差距在于对 ABS 基本原理的理解和落地应用。

任何金融工具都有风险。根据美国金融危机调查委员会的报告，即便是美国优质住房按揭的逾期率在危机之中也比危机前高 150%[①]。因此，在危机后，美国监管部门与市场开始注重产品设计。相比危机前，产品的杠杆率低了，结构更为简单了，发起人责任大了。自 2016 年我国第一单 ABS 产品——大城西黄河大桥通行费收入收益权专项资产管理计划违约以来，不少专业人士对此产品违约根本原因的认识仍然局限在是市场环境造成的通行费收入的降低，而没有意识到是产品设计的不合理性。特别是，随着该项目的底层资产开始因为煤炭市场价格的回升而得以产生收益，大家对该产品违约影响严重性的紧张程度开始消散。该产品的违约被当成是一个经济下行时的特例，而缺乏对比资产证券化基本原理进行的反思。类似产品的设计仍然层出不穷，基于发起人主体担保的现象在现实中仍然无法割断。随着从业人员的不断流动，错误的思维方式只能是得以传播和扩散，不正确的认知却被认为是常态。到目前，资产支持证券的违约已有多起。随着市场利率走势的趋高以及下半年 ABS 产品到期摊还高峰的来临，我国 ABS 之前设计模式的弊端将逐渐体现。由于我国 ABS 行业还没有经历过风险的考验，且资产证券化业务涉及众多机构，今后一段时间，风险还是令人担心的。当然，我国资产证券化总体规模还小，个别产品的违约还有各种方式进行"解决"，对金融系统稳定的冲击尚无可能。但是，我们金融从业人员必须有防患的意识。发展、创新、与防范金融风险应该贯穿在资产证券化发展的整个过程中。资产证券化的风险管理需要时刻予以重视。而重视的基础就是坚守资产证券化的基本原理。

一些人坚持资产证券化规模至今也不足 2 万亿元人民币，在银行管理资产的占比微不足道，应该给创新以空间、政策、大力发展。然而，

---

① The Financial Crisis Inquiry Report, The Financial Crisis Inquiry Commission, January 2011.

从 P2P 的发展中我们可以看到正因为我们不注重前期规则、过分强调宽松政策，在短短的时间里，普通投资人就面临千亿元的损失。最近监管部门开始制定 ABS 原始权益人检查要点，力图促使原始权益人理解并且按照 ABS 的规定及交易各方间的约定进行操作。这在我国当前企业资产证券化的实践中当然非常重要。但基于单一企业资产进行资产证券化操作仍然不足以满足资产证券化的基本原理。

金融市场的发展虽然从道理上说是一个认知和实践循环推动的过程。但是这不是一个自我过程，对前人的错误更需要研究、反思和总结。如果仅仅是基于短期业务规模的业绩便对实践做法加以认可并加以推广是错误和极具风险的。2008 年国际金融危机之前，美国次贷 ABS 给投行带来了丰厚收益。正如电影《大空头》所展示，他们对一些风险的提醒者嗤之以鼻。但随着音乐的戛然而止，这些机构面临的结果是一地鸡毛：顶级投行雷曼兄弟（Leman Brothers）倒闭，贝尔斯登（Bear Sterns）、美林（Merrill Lynch）被收购，庞大的两房（Fannie Mae，Freddie Mac）和美国国际集团（AIG）不得不接受政府的巨额资金注入以避免其崩盘对整个国民经济的巨大冲击。华尔街投行随后开始实施将员工当年业绩奖金的发放递延到未来的若干年。这实际上就是意识到短期业绩的辉煌不一定等价于最终业绩的成功。

当然，由于我国体制的独特性，资产证券化的法律生态环境尚未成熟，所以在现实中依然有许多值得完善、探讨或研究的地方。对资产证券化进行深入的、系统性的前瞻性研究是从业者，特别是领导者的责任。在研究中，不但要深究国外的历史发展变迁、经验教训，也需要对比国内环境，同时基于前瞻性的思考要对现状有改革意识。只有研究视野开阔，切实把握住资产证券化的基本原理，扎根于我国特有的制度环境和市场环境，理性认识中国资产证券化的发展阶段，在坚持资产证券化基本原理的基础上进行创新、改良、预判，我们才能守住不发生系统性金融风险的底线。